Digital
Technology and Applications for Infrastructure
Based on BIM, GIS and IoT

基础设施数字化技术与应用
——基于BIM、GIS与IoT

霍省伟 王 兵 杨凤银 常 佳 赵 宇 **主编**

人民交通出版社

北京

内 容 提 要

本书主要介绍BIM（建筑信息模型）、GIS（地理信息系统）和IoT（物联网技术）三大数字化技术应用基础知识及综合案例，内容包括新基建与数字化转型、硬件的选择、软件的介绍、数据采集（智能化IoT设备）、数字化之融合分析平台、全寿命周期BIM+GIS+IoT应用、案例分享、发展和展望。本书介绍了作者多年来数字化技术应用的体会和经验，先分别介绍各种数字化技术的基本概念、基础操作，再分享多个典型的综合案例。内容循序渐进、由浅入深，既适用于初学者入门，也适用于高水平者学习提升。

本书可供从事数字化技术相关行业的工程技术人员参考，也可以作为高等院校学生的学习教材。

图书在版编目(CIP)数据

基础设施数字化技术与应用：基于BIM、GIS与IoT / 霍省伟等主编． — 北京：人民交通出版社股份有限公司，2024.10． — ISBN 978-7-114-19693-5

Ⅰ．F294.9-39

中国国家版本馆CIP数据核字第2024KK2932号

Jichu Sheshi Shuzihua Jishu yu Yingyong——Jiyu BIM、GIS yu IoT

书　　名：	**基础设施数字化技术与应用——基于BIM、GIS与IoT**
著 作 者：	霍省伟　王　兵　杨凤银　常　佳　赵　宇
策划编辑：	任雪莲
责任编辑：	陈虹宇
责任校对：	赵媛媛　魏佳宁
责任印制：	刘高彤
出版发行：	人民交通出版社
地　　址：	(100011)北京市朝阳区安定门外外馆斜街3号
网　　址：	http://www.ccpcl.com.cn
销售电话：	(010)85285911
总 经 销：	人民交通出版社发行部
经　　销：	各地新华书店
印　　刷：	北京建宏印刷有限公司
开　　本：	787×1092　1/16
印　　张：	22.75
字　　数：	535千
版　　次：	2024年10月　第1版
印　　次：	2024年10月　第1次印刷
书　　号：	ISBN 978-7-114-19693-5
定　　价：	89.00元

(有印刷、装订质量问题的图书，由本社负责调换)

策划委员会

总策划：赵圆圆　姚玲玲
成　员：王一文　韩奇峰　黄明海

编审委员会

主　编：霍省伟　王　兵　杨凤银　常　佳　赵　宇
副主编：李浩浩　赵　洁　曹云枝　周德洋　张治乾
参　编：张巧仙　孙小琳　寇永辉　马　广　李亚龙
　　　　　马前进　冯卫闯　李政普
主　审：宁金城　谷建义　韩功学　张亚超

作者简介

霍省伟 毕业于重庆交通大学土木工程专业,高级工程师。目前主要从事公路市政道路桥梁设计、智慧交通、BIM和交通信息化工作。擅长计算机软件和硬件的集成应用、单片机开发、测绘无人机及无人船的研发等。近年来取得十余项国家软件著作权、实用新型和发明专利。参与编写河南省地方标准《市政工程信息模型应用标准(道路桥梁)》(DBJ41/T 202—2018),所负责的BIM项目在省级及以上大赛中多次获奖。目前是河南省交通厅智慧交通专家、河南省建设厅资质评审专家、中国公路勘察设计协会智慧公路专业委员会会员、郑州市专业标准技术委员会委员及河南省综合评标库专家。

王 兵 毕业于山东理工大学土木工程专业,高级工程师。长期从事工程建设项目立项规划、勘察设计、招投标、施工、验收、审计等全过程管理工作。带领的淄博市公路养护团队,获交通部"最美公路人"荣誉称号。个人先后获得"全省交通运输行业平安建设表现突出个人"和"第一次全国自然灾害综合风险普查工作中表现突出个人"等荣誉称号。参与省级科研项目"公路边坡灾害-孕灾环境互馈机制和灾害协同处治技术研究""基于智能控制的RAP精细分离、精准再生与增值化应用研究"。

杨凤银 毕业于同济大学土木工程专业,高级工程师。长期从事工程建设项目立项规划、勘察设计、招投标、施工、验收、审计等全过程管理工作。取得建设部一级建造师(公路工程)、交通部造价工程师、监理工程师、试验检测工程师等执业资格,受聘河南省综合评标专家库评标专家。曾获得"优秀共产党员""五一劳动奖章""三八红旗手"等荣誉。

常　佳　毕业于河南工业大学,结构工程硕士,高级工程师。长期从事道路桥梁设计、工程咨询、大跨度结构设计等工作。近些年来一直工作在第一线,目前取得多项国家实用新型和发明专利。受聘河南省综合评标库专家。

赵　宇　毕业于重庆交通大学桥梁与隧道工程专业,高级工程师。长期从事工程建设项目立项规划、勘察设计、招投标、现场施工,交竣工验收及项目审计等全过程建设管理工作。曾获得"优秀共产党员"、获得"基于BIM+GIS技术的建设管理系统在苍巴高速中的应用"创新一等奖、获得"仁寿县红星路南延线仁寿段工程"勘察设计省级优秀工程二等奖。

PREFACE 前言

2015年,国务院印发《促进大数据发展行动纲要》,党的十八届五中全会首次提出"国家大数据战略"。2016年,"十三五"规划纲要提出实施国家大数据战略,《政务信息资源共享管理暂行办法》出台,《大数据产业发展规划(2016—2020年)》实施。2021年,工业和信息化部发布的《"十四五"大数据产业发展规划》提出,大数据发展的主要任务是加快培育数据要素市场、夯实产业发展基础、构建稳定高效的产业链、打造繁荣有序的产业生态。同时,在大数据高速发展的过程中,还要加强隐私计算、数据脱敏、密码等数据安全技术与产品的研发和应用。随着数字经济的发展,大数据产业发展的理念也从注重效率转变为更加关注人的需求。

2018年12月19日,中央经济工作会议将5G、人工智能、工业互联网、物联网定义为"新型基础设施建设",即"新基建"。数字化成为新基建的抓手,传统勘察设计及建设管理单位需要快速融入并积极转型,抓住新的发展机遇在数字化浪潮中争得一席之地。

2023年9月,交通运输部印发《关于推进公路数字化转型加快智慧公路建设发展的意见》(交公路发〔2023〕131号),文件贯彻习近平总书记关于大力发展智慧交通等重要指示精神,落实中共中央、国务院发布的《交通强国建设纲要》《国家综合立体交通网规划纲要》《数字中国建设整体布局规划》,按照《加快建设交通强国五年行动计划(2023—2027年)》《交通运输部关于推动交通运输领域新型基础设施建设的指导意见》等有关部署,促进公路数字化转型,加快智慧公路建设发展,提升公路建设与运行管理服务水平。

2023年8月21日,财政部发布《企业数据资源相关会计处理暂行规定》。该规定于2024年1月1日正式实施,标志着中国正式进入数字财政发展时代。为深入贯彻党的二十大和中央经济工作会议精神,充分发挥数据要素乘数效应,赋能经济社会发展,2023年12月31日,国家数据局会同中央网信办、科技部、工业和信息化部、交通运输部、农业农村部、商务部、文化和旅游部、国家卫生健康委、应急管理部、中国人民银行、金融监管总局、国家医保局、中国科学院、中国气象局、国家文物局、国家中医药局等部门联合印发《"数据要素×"三年行动计划(2024—2026年)》(国数政策〔2023〕11号,以下简称《行动计划》)。《行动计划》以推动数据要素高水平应用为主线,以推进数据要素协同优化、复用增效、融合创新作用发挥为重点,强化场景需求牵引,带动数据要素高质量供给、合规高效流通,培育新产业、新模式、新动能,充分实现数据要素价值,为推动社会高质量发展、推进中国式现代化提供有力支撑。《行动计划》强调坚持需求牵引、注重实效,试点先行、重点突破,有效市场、有为政府,开放融合、安全有序四项基本原则,明确了到2026年底的工作目标。《行动计划》选取工业制造、现代农业、商贸流通、交通运输、金融服务、科技创新、文化旅游、医疗健康、应急管理、气象服务、城市治理、绿色低碳等12个行业和领域,推动发挥数据要素乘数效应,释放数据要素价值。《行动计划》从提升数据供给水平、优化数据流通环境、加强数据安全保障等三方面强化保障支撑。

一方面,基础行业的大建设已经进入瓶颈期,后期新建项目各种控制因素也越来越多,传统的规划、设计手段已经远远不能满足当前发展的需求。另一方面,随着目前激光雷达、无人机、三维实景建模、5G技术等的快速发展,各种新的数据采集手段成本越来越低,效率大幅度提高。传统的作业模式不但效率低、成本高,而且数据准确度低,造成后期在规划、设计以及应用过程中出现很多不合理的情况。互联网时代,新的技术手段融合互联网技术可以实现多方基于BIM+GIS+互联网的协同,通过网络进行方案规划、设计和评审。基础建设后期维护也迫切需要应用数字化技术以实现对现有数字资产的管理、对各种事件的管理、基于物联网的安全运营预警,通过大数据的收集和分析提高管理的效率、降低管理成本。

数字化技术作为一种新的技术，不但涉及专业的工程技术，还需要对数字化的软、硬件设备进行研究并对这两方面进行技术融合与应用，这对很多单位来说是一种挑战。编者根据多年的从业经验，总结出以下几个难点和问题：

（1）传统的从业人员有固定的工作模式，且工作任务繁重，学习时间少，也找不到合适的教材去进行数字化技术的学习。

（2）数字化技术涉及的软件众多，受数字化发展阶段限制，完成一项工作需要几种甚至几十种软件配合使用。要完成日常工作需要接触多达百种软件，软件的学习成本高。

（3）数据传递障碍多。由于新技术的数字化，数据量巨大，传统的软件无法处理，需要进行转换处理后才能融合到传统的作业模式中。

（4）数字化进程需要多年的探索才能制订出适应本单位的综合的数字化方案。

（5）数字化技术需要综合的专业人才，目前的发展阶段普遍缺乏相关人才。

基于以上难点和问题，我们编制本书作为大中专院校以及相关从业人员的学习教材，用于培养综合型应用人才，也可以为基础建设行业规划、设计、施工及运维单位提供一种数字化实现思路。

本书第1章、第2章和第3章主要由霍省伟、王兵编写，第4章、第5章和第6章主要由杨凤银编写，第7章和第8章主要由常佳和赵宇编写。其余部分由其他参编人员编写。本书在编写过程中引用了大量参考资料，得到了国内外软件公司的支持，我们对相关作者及单位表示感谢。

由于编者水平有限，书中难免存在不足之处，恳请广大同行和读者批评指正！如果发现有需要改进的地方或阐明问题的建议，请批评指正。联系邮箱：7244130@qq.com，抖音号：1998995836。

编　者
2024年6月

CONTENTS 目录

第1章 新基建与数字化转型 …… 1

1.1 新基建与数字化概述 …… 2
1.2 数字技术的发展现状 …… 5

第2章 数字化之硬件篇 …… 9

2.1 电脑硬件 …… 10
2.2 硬件管理方案——软硬兼施 …… 12
2.3 数字化采集设备 …… 15

第3章 数字化之软件篇 …… 23

3.1 地形数据采集、处理及应用 …… 24
3.2 BIM建模软件介绍 …… 68
3.3 VR渲染软件、VR和视频编辑 …… 122

第4章 数据采集篇（智能化IoT设备） …… 135

4.1 IoT产品的开发 …… 136
4.2 IoT产品在基础建设领域的应用 …… 147

第 5 章 数字化之融合分析平台 — 165

5.1 GIS 平台与公司介绍 — 166
5.2 GIS 平台的选用原则 — 186

第 6 章 全寿命周期 BIM+GIS+IoT 应用 — 187

6.1 规划阶段 — 188
6.2 设计阶段 — 188
6.3 施工阶段 — 189
6.4 运维阶段 — 189
6.5 大数据形成和应用 — 192

第 7 章 案例分享 — 195

7.1 互通立交道路 BIM 应用 — 196
7.2 智慧水利 — 205
7.3 智慧建筑 — 212
7.4 智慧校园 — 214
7.5 智慧乡村 — 218
7.6 智慧管网 — 219
7.7 智慧工地 — 223
7.8 精细化分析设计 — 227
7.9 某国道智慧交通案例 — 232
7.10 某二级路新建隧道健康监测案例 — 295
7.11 智慧景区 — 321

第 8 章 发展和展望 — 347

参考文献 — 350

第1章

新基建与数字化转型

1.1 新基建与数字化概述

信息爆炸的年代,想了解甚至深扎一个领域,首先需要理解其概念。将许多复杂多变的信息转变为可以度量的数字、数据,再以这些数字、数据建立起适当的数字化模型,把它们转变为一系列二进制代码,输入计算机,进行统一处理,这就是数字化的基本过程。

随着经济的发展,数字经济成为驱动我国经济高质量发展的关键力量,而在数字经济中,新基建扮演了日益重要的角色。新基建即新型基础设施建设,是以新发展理念为引领、以技术创新为驱动、以信息网络为基础,面向高质量发展需要,提供数字化转型、智能升级、融合创新等服务的基础设施体系。数字经济不仅涉及5G、大数据中心、人工智能、工业互联网、特高压、新能源汽车充电桩、城市轨道交通七大领域,还涉及诸多产业链。

2020年5月22日,《2020年国务院政府工作报告》提出重点支持"两新一重"(新基建设,新型城镇化建设,交通、水利等重大工程建设)建设。

基础设施,有传统与新型之分。传统基础设施建设(以下简称传统基建)主要包括铁路、公路、机场、桥梁等项目的建设。中国在这一领域的发展相对完善,但仍存在短板。而在新型基础设施建设(以下简称新基建)领域,中国有巨大的发展空间。区别于传统基建,新基建更加注重数字化、智能化等硬核科技。

作为重要的基础产业和新兴产业,新基建一头连着巨大的投资与需求,一头牵着不断升级的巨大的消费市场,是中国经济增长的新引擎。仅就5G网络建设来说,通过培育繁荣的互联网经济、人工智能、数字经济等新技术产业,就将间接带动数十万亿元的经济总产出,能为抢占全球新一代信息技术制高点打下坚实的基础。

1.1.1 新基建的主要内容

新基建主要包括三方面内容:

一是信息基础设施建设。信息基础设施建设主要指基于新一代信息技术演化生成的基础设施。

二是融合基础设施建设。融合基础设施建设主要指深度应用互联网、大数据、人工智能等技术,支撑传统基础设施转型升级,进而形成的融合基础设施,如智能交通基础设施、智慧能源基础设施等。

三是创新基础设施建设。创新基础设施建设主要指支撑科学研究、技术开发、产品研制的具有公益属性的基础设施,如重大科技基础设施、科教基础设施、产业技术创新基础设施等。

伴随技术革命和产业变革,新型基础设施的内涵、外延也不是一成不变的,而是将持续更新。

1.1.2 新基建的特点

(1)与传统基建相比,新基建内涵更加丰富,涵盖范围更广,更能体现数字经济特征,能够更好地推动中国经济转型升级。

(2)与传统基建相比,新基建更加侧重于突出产业转型升级的新方向,无论是人工智能还是物联网(Internet of Things,IoT),都体现出加快推进产业高端化发展的大趋势。

(3)新基建与传统基建最大的不同还体现为时空的变化——不只是设施所在当地一家受益。

1.1.3 新基建实现的难点和面临的问题

1)数字化程度偏低

中国的基础设施发展很快,但是整体数字化程度偏低。要想利用好新基建,就需要整个社会特别是企业领域对数字经济有明确的认知。随着中国提出加快建设现代化产业体系,除了"硬"和"快",基础设施建设"下半场"也要注重"新"和"软"。产业发展离不开基础设施提供的公共服务。在加快建设现代化产业体系的进程中,现代化的基础设施更是重要的支撑"后盾",其中突出一个"新"字。何为"软基建"? 如果说"硬基建"以看得见、摸得着的"钢筋水泥"为代表,新基建则指向新一轮科技革命核心关键领域,正成为中国经济发展的硬核支撑,"软基建"则更注重让基础设施效能"如虎添翼"。

2)起点

新经济的起点在于企业家,新基建应该为这些数字经济起点的企业提供服务。现在还有不少企业欠缺数字化思维和数字化的运营、管理、服务、市场、推广、销售、财务、税务的完整体系。当中国企业开始广泛使用数字系统提高效率的时候,新基建的数字经济应用场景就出来了。"有人谈及数字经济,必提人工智能、大数据、区块链。你问问企业,它用得上吗?有的企业连自身的数字化都没实现,标准的信息化系统都没有,就去搞大数据和人工智能。这就像一辆残破的车,动力还在用马拉,就要去参加F1。"(普华商业集团董事长、中国与全球化智库常务理事翟山鹰)

3)新基建技术难度大

新基建的内在核心是以信息化为基础、以高新技术为条件的新型基础设施。

新基建具有如下特点:

(1)新基建具有技术密集的特点,新基建的芯片、传感器、服务器、操作系统等领域还存在较大的短板和不足。

(2)新基建具有技术更新快的特点,在建设初期需要考虑技术扩容升级空间。

(3)新基建具有"硬件+软件"的特点,在大量传统行业企业网络化、智能化转型升级的过程中,建设初期需要大量专业技术人才建设,同时由于普通用户对新技术及其成果不懂,需要专业技术人才指导用户使用。

4)数据中心供需布局存在结构性失衡

当前,我国数据中心供需大致保持平衡,但存在供需结构失衡,主要表现为"经济发达地区需大于供,经济欠发达地区则供大于需"。北上广等一线城市人口及互联网用户密度大,大型互联网、云计算、科技创新类企业和政企用户数量大,对数据中心的业务需求旺盛,数据中心大量集聚。但数字中心能源消耗过大、散热要求高,对数据中心能效等指标要求日趋严格,准入门槛越来越高。而二三线城市和中西部地区因为数据中心大幅扩张出现供过于求的情况,可能产生结构性过剩的问题,实际市场需求不足以支撑其健康运转,设备机房"晒太阳"的情况时有发生。数据显示,我国数据中心计算与存储产能的总体利用率仅为50%,一些西部省区市数据中心的产能利用率不到30%。在新基建浪潮下,数据中心新建和扩容步伐会加快,可能会继续拉大东西部地区数据中心供需剪刀差,造成更多数据中心闲置。

5) 新基建资金不足

新基建资金不足体现在以下三个方面:

(1) 资金投入不足。新基建项目面临较大的资本投入压力,政府财政实力有限,在地方人民政府融资收紧的情况下,单纯依靠企业自有资金或者财政资金无法满足新基建项目资本金要求。同时,政府投资的引导和杠杆作用不明显,社会资本进入渠道有限。

(2) 金融机构传统授信限制。新基建大多属于高技术创新和轻资产项目,部分企业受自身实力限制,抵押或担保不足,传统贷款无法满足融资需求。

(3) 创新融资模式不足。目前,新基建项目融资思路比较单一,直接融资主体较少,民间投资热情不高,创新业务模式如房地产投资信托基金(Real Estate Investment Trusts,REITs)、资产证券化、以公共交通为导向的开发模式(Transit-Oriented Development,TOD模式)、生态环境导向的开发模式(Ecology-Oriented Development,EOD模式)应用不足,新基建的整体融资能力受限。

6) 新基建应用场景不足

新基建领域的投资将成为拉动中国经济增长的重要驱动力,对于整个行业来说意味着巨大的机遇。新基建的应用场景与高技术紧密相关,但是,新基建项目应用场景仍然不多,项目盈利模式和投资回报周期不确定,5G网络的应用场景较少,与5G适配的IoT、增强现实(Augmented Reality,AR)、虚拟现实(Virtual Reality,VR)、全息投影、人工智能、无人驾驶等相关应用仍然较少,导致5G网络的需求尚未充分释放。为防止建设后缺少应用市场,新基建应根据市场需求来进行建设。为更好地发挥新基建的效用、持续平稳地运行应用场景,需要拓宽应用场景、突破技术和验证商业模式。

7) 网络安全和数据安全

新基建涉及5G、大数据、人工智能等新技术,催生了远程医疗、工业互联网等领域大量新业务,同时带来新的安全挑战。新基建的各类数据中心承载着国家、社会和个人的海量大数据,将面临严峻的数据安全问题。新基建作为重要的数字化基础设施,扩大了网络安全威胁的暴露面,可能会导致高危险性的网络安全威胁,新基建的安全防御难度增加。

传统基建企业如何实现新基建数字化转型?

传统基建企业向新基建企业转型既存在优势也存在劣势。新基建企业由于自身行业的属性,专业技术门槛相对较高,很多参与数字化的企业不了解行业需求和技术难点,而传统基建企业普遍缺乏数字化能力。这就需要对数字化技术和传统基建技术都了解的技术人员去总领、协调,制订数字化方案。

然而很多中小企业受资金和人才的限制无法深度参与新基建,在传统基建市场萎缩的情况下,迫切需要找到新的增长点。本书将通过介绍新的技术手段和数字化工具,改变传统基建的作业模式,在提质增效、降低成本的同时,逐步实现企业的数字化转型,更好地为数字化建设提供更优质的服务;通过传统基建的数字化转型为智慧城市(City Information Modeling,CIM)提供基础的完备的基础建设数字化信息,助力城市发展和城市精细化管理水平的提高,提高人民群众的满意度。

1.2 数字技术的发展现状

1.2.1 BIM技术在国内外的研究发展现状

虽然建筑信息模型(Building Information Modeling,BIM)的时代可以追溯到1974年Eastman发表的论文,但真正形成世界级的风潮还是要以1995年国际协同联盟(the International Alliance for Interoperability,IAI)决定推出工业基础类(Industry Foundation Classes,IFC)标准为里程碑,迄今已有29年。它的发展主要经历了三个阶段:

第一个阶段:前BIM术语期/三维计算机辅助设计(3D Computer Aided Design,3DCAD)时期。

20世纪90年代中期,中国政府提出甩图板愿景,催生了一大批本土CAD厂商。这一时期既是中国CAD事业的开端,也是全球BIM的开端。

第二个阶段:BIM术语期。

2001年,国际标准化组织(International Organization for Standardization,ISO)开始编制关于建筑信息的12006标准,其主要内容影响了日后的Omniclass标准。

第三个阶段:BIM新时代。

公路、市政、建筑、水利、电力等行业逐步开始制定BIM实施的计划及标准。

2017年,住房和城乡建设部发布《建筑信息模型施工应用标准》(GB/T 51235—2017),自2018年1月1日开始实施。

2017年,《交通运输部办公厅关于印发推进智慧交通发展行动计划(2017—2020)的通知》多次提到BIM技术应用。

2021年2月,交通运输部发布《公路工程信息模型应用统一标准》《公路工程设计信息模型应用标准》(JTG/T 2421—2021)。

……

随着国内技术标准的颁布和国产软件的广泛应用,国内的BIM发展正进入快速发展的时期。国内在众多项目中也进行了应用和尝试,在设计、施工、管理、运维等方面也取得了一定的成果。

1.2.2 GIS技术在国内外的研究发展现状

1)GIS在国际上的研究发展史

地理信息系统(Geographic Information System,GIS)在国际上的研究发展史分为以下几个阶段。

(1)开拓阶段(20世纪60年代)

GIS在这一阶段的主要特点如下：

①提出了GIS这一专业术语。

②与GIS相关的组织和研究机构相继成立。

③GIS软件开发初见端倪。

(2)巩固阶段(20世纪70年代)

进入20世纪70年代，可以说GIS进入了真正的发展阶段，主要表现在以下几个方面：

①一些发达国家先后建立了许多不同专题、不同规模、不同类型的各具特色的GIS。

②探讨以遥感数据为基础的GIS逐渐受到重视。

③许多团体、机构和一些商业公司开展了广泛的GIS研制工作，推动了GIS软件的发展，使GIS逐渐步入商业轨道。

④专业化人才不断增加，许多大学开始提供GIS专业人才培训。

(3)突破性阶段(20世纪80年代)

20世纪80年代是GIS普及和推广应用的阶段，是GIS发展的重要时期，主要表现在以下几个方面：

①在20世纪70年代技术开发的基础上，GIS技术的全面推广与应用。

②国际合作日益加强，开始探讨建立国际性的GIS，并与卫星遥感技术相结合，研究全球性的问题。

③GIS研究开始从发达国家逐渐推向发展中国家。

④GIS技术开始进入多学科领域。

⑤计算机价格的大幅度下降，功能较强的微型计算机系统的普及和图形输入、输出和存储设备的快速发展，大大推动了GIS的微机化进程，对GIS的推广和普及起到了决定性的作用。

(4)社会化阶段(20世纪90年代)

进入20世纪90年代，随着信息高速公路的开通、地理信息产业的建立，数字化信息产品在全世界迅速普及，GIS逐步深入各行各业乃至千家万户，成为人们生产、生活、学习和工作中不可缺少的工具和助手。

2)GIS在国内的研究发展史

我国的GIS研究工作开始于20世纪80年代初，以1980年中国科学研究院遥感应用研究所成立全国第一个地理信息系统研究室为标志。纵观其发展历程，可以归纳为四个阶段。

(1)筹备阶段(1978—1980)

1978年，中国实行改革开放，加快了与西方先进国家的学术与技术交流。此时，地理信息产业被引进中国，但是由于人才、技术、设备、资金等因素的影响，GIS发展还不成熟。因此，这一阶段主要是进行舆论宣传，提出倡议，组建队伍、组织个别实验研究等。

(2)起步阶段(1980—1985)

从1980年中国科学院遥感应用研究所成立全国第一个地理信息系统研究室开始，我国GIS开始步入正式发展阶段，并进行了一系列的理论探索和区域性研究，制定了国家GIS

规范。

(3) 发展阶段(1985—1995)

这一时期,GIS的研究作为政府行为,正式被列入国家科技攻关计划,开始了有计划、有组织、有目标的科学研究、应用实验和工程建设工作。

(4) 产业化阶段(1996年以后)

"九五"期间(1996—2000),GIS软件作为重中之重的科技攻关项目得到支持和发展,出现了一大批拥有自主版权的国产GIS软件,我国的GIS产业化模型已初步形成。

3) 基于三维的GIS平台快速发展

随着三维采集技术和计算机软硬件性能的提升,三维数字模型技术快速发展,精细化程度越来越高,这就对GIS的三维承载技术提出了越来越高的要求。国内外的GIS产业规模进一步扩大,成为新基建不可缺少的工具。

1.2.3 BIM+GIS+IoT融合技术发展现状

BIM和三维GIS作为最近几年的新技术,基础软件主要是依托国外的大型软件公司,国内软件公司和大型设计院以及施工单位基于国外软件的二次开发较多。国内软件和国产的基础软件平台也在快速发展,GIS平台也逐步打破国外软件的垄断。国内大型基础建设项目从前期规划、施工管理控制、后期管理养护等方面进行了许多尝试,形成了很多应用案例,积累了很多经验。比如,虎门二桥、深中通道、港珠澳大桥等项目都进行了有益的探索和应用。目前这些技术的应用主要集中在发达地区大型国企及软件开发咨询公司手中,中西部欠发达地区和地方中小企业技术发展相对缓慢。

近年来,随着基于BIM+GIS+IoT的CIM建设的快速推进,BIM+GIS在全国很多城市开展试点应用,根据《2021年城市信息模型(CIM)发展白皮书(指数报告)》,截至2021年12月31日,政府及相关部门公开发布的CIM相关政策及标准文件,包括直接相关(标题中带有城市信息模型或CIM字样)的政策文件16项(个)及间接相关(文中有提及城市信息模型或CIM)政策(个)文件218项(个),合计234项(个),政策数量大幅度增长,且增长速度越来越快。大型基础建设项目也都越来越多地采用BIM+GIS+IoT融合技术,从项目的规划、设计、施工到后期运维全过程应用,取得了较好的经济效益和社会效益。

受制于技术、资金、人才等因素,中小型项目应用比例比较小,造成发展的不平衡。整体来说,发达地区技术、资金和人才优势明显,推广应用较多。不发达区域有部分应用,受资金因素影响较大;大型企业参与度高,中小型企业参与度较低。

近年来国内有很多城市也开始了试点应用。

根据《重庆日报》报道,2023年重庆市已建成城市级CIM基础平台数字底座,覆盖包含中心城区建成区在内的约5400km^2的范围,支撑打造了智慧东站、保交楼、智慧管网等多个"CIM+"应用场景。

在重庆市住房和城乡建设委员会办公大楼数字住建指挥大厅,随着鼠标轻轻一点,一幅巨大的重庆建筑地图便呈现在眼前,不仅可以随意缩放,还可以查看所有已建和在建项目。

在建的重庆东站是市重点建设项目,随着工作人员的操作,整个车站的平面图、各部分的剖面图、各类管线的分布图不到5s就能全部查询。"这些信息和图纸，对于车站的日常维护、管理运维、抢险应急等工作来说意义重大。"重庆市住房和城乡建设委员会相关负责人介绍。

"这是重庆加快建设数字住建的缩影。"该负责人介绍，重庆市住房和城乡建设委员会加快打造贯通市区的住房和城乡建设"一网智治"平台，努力形成全市住建业务"一张网服务、一张图治理、一平台调度"的整体智治体系；积极开展云、网、数据、应用、能力组件等数字资源的梳理编目，推动住建领域CIM平台的开放共享，为全市一体化平台的打造部署、城市运行和治理中心的三级贯通提供支持。

截至目前，重庆市初步建成了住建领域CIM基础平台，实现了数据汇聚、数据管理、数据查询、数据展示、开发接口共五大类、40余项平台核心功能，初步形成协同共享的住建行业空间数字底座。比如，GIS数据汇聚了全市809万栋房屋普查、60万个地质钻孔等12个大类81个小类的数据；模型数据汇聚了两江四岸70km^{2}倾斜摄影、中心城区528个三维模型等数据；物联监测数据汇聚了房屋安全、建筑能耗、智慧工地等24类IoT数据。

同时，重庆推动了基于数字底座的"住建一张图"建设和统一项目库的打造，"CIM+"智慧东站、保交楼、智慧管网、智慧工地、数字化建造等多个应用场景创新落地，构建了数字孪生城市，实现了"让城市自己管理自己"。

第2章

数字化之硬件篇

2.1 电脑硬件

需要根据不同的应用场景进行硬件的选择，下面分别进行介绍。

2.1.1 显卡选择

随着计算机技术的发展，计算机的性能越来越强，对应的设计软件也有更强的功能。随着人工智能技术和VR技术的发展，使用者对高性能图形处理器(显卡)(Graphics Processing Unit，GPU)的需求越来越多，三维设计和三维建模都需要GPU的支持。这就需要采购的GPU满足数字化的需求。目前GPU主要是N卡(英伟达)和A卡(ATI显卡即AMD显卡，俗称A卡)。由于部分三维建模软件对A卡支持不是很好(如Context Capture早期版本不支持A卡)，建议选择N卡。高端主流的显卡(N卡)GeForce主要是2060系列、2070系列、2080系列和3050系列、3060系列、3070系列、3080系列、4080系列。其中有Super版本和TI版本为更高版本，侧重于图形工作站的版本为RTX Quadro版本，主要有A系列和T系列。同样性能的RTX Quadro比GeForce系列要贵不少，但是稳定性和图形渲染更胜一筹。这些显卡的显存为4G到24G不等，具体的性能受制于显存的大小，还有设计的架构及流处理器个数、工艺、功耗等。

目前，在预算有限的情况下可以采用GeForce2080系列或GeForce3080系列；如果预算充裕，建议工作和学习采用GeForce4080系列。随着国产显卡的发展，针对三维建模算法的优化，相信会有更质优价廉的国产显卡。

处理无人机航测数据建议进行集群管理，客户机和服务器(数据提交)可以根据预算采用不同的配置。一般服务器要采取更高的配置，客户机可以适当降低配置，可以采用目前主流的GeForce 3080系列。

注意：显卡在使用过程中要经常更新显卡驱动，显卡驱动版本低可能造成部分软件兼容性差的问题，如驱动版本低会显示显卡不支持人工智能功能等。

2.1.2 CPU选择

中央处理器(Central Processing Unit，CPU)一般选择英特尔(intel)系列的，客户机一般选择最新的(2023年上半年一般为13代)I7系列，主机可以采用I9系列，主流偏上的配置一般能满足需求，同时期的A卡(AMD显卡)也可以参照购买。图形处理主要需求是GPU运算能力，对CPU的运算能力要求不是很高。

2.1.3 内存选择

数据处理内存一般选择主流的，兼容性较好的，一般客户机选择64GB，服务器选择128GB，如果预算充足可以选择256GB或者更高的(建议选择同一品牌、同一型号保证兼容性)。选择主板时应选择具备可拓展性，数据传输带宽较大的，避免采用小主板造成后期扩容困难。

2.1.4 硬盘选择

三维建模数据量比传统的大很多，无人机航测处理数据也很大，这就需要较大的存储空间。随着技术的进步，单个硬盘的大小机械盘常见容量有4T、8T、10T、12T、18T，固态硬盘常见容量有500G、1T、2T、4T。由于固态硬盘价格较贵，可以采取组合的方式，正常的客户机可以采用500G固态硬盘搭配8T机械盘，固态硬盘作为系统盘，机械盘作为数据存储盘。当然根据需求也可以采取网络附属存储(Network Attached Storage,NAS)方式存储数据。NAS只能作为存储，不能作为数据处理时的存储盘，否则不仅会严重影响集群的性能，还有可能造成任务失败。编者在日常工作中发现很多任务建模任务失败是因为计算机负荷过大卡机所造成。为避免此类问题发生，一定要协调平衡好电脑的配置，避免出现木桶效应现象。

硬盘的选择也要考虑数据的存储安全性，固态硬盘有读写速度上的优势，但是一旦损坏数据恢复难度很大，而机械硬盘数据安全性稍好，建议重要的数据经常备份(可以采用云服务备份或者本地备份)。

2.1.5 其他硬件选择

计算机的性能不但受制于以上的设备，也受制于主板数据接口的传输速度，高性能、高通信带宽的主板(建议选用可扩展性强的主板，内存和其他接口种类丰富)也是必要的。作为高性能设备，电源功率和主要部件散热也是关键的，必须选择性能稳定、功率大的电源(可以接入更多的外设，如多个硬盘，多个显卡)，散热可以采用水冷系统或组合系统。如果散热不好，极易造成设备快速老化和性能下降，极端情况下可能宕机或造成设备损坏。若有条件，设备存放在恒温恒湿专用机房；如果条件不具备，可以配备柜式空调以保证长时间运行的环境温度。

2.1.6 显示设备

正常建模机(进行BIM三维建模设计、渲染以及绘图作业)可以采购2个大尺寸显示器，正常的独立显卡都支持2个及2个以上显示设备。2个显示器可以同时显示不同的内容，有利于提高工作效率，减少图纸打印，降低成本。

航测处理客户机可以不采购独立显示器，而是通过网络远程管理。由于部分显卡不插入显示器，不能充分发挥显卡的刷新频率和计算性能，且远程控制时分辨率较低(分辨率过低会造成部分软件无法运行)，可以采购显卡欺骗器或者称为假负载[根据需求采购适合显卡的高清多媒体接口(High Definition Multimedia Interface,HDMI)、DP(DisplayPart)等不同接口类型的设备]来解决，通过假负载充分发挥显卡的性能。为方便管理和调试航测处理主服务(集群控制电脑)可以接入一个显示器或多个显示器，满足使用要求。

2.1.7 网络设备

由于三维GIS数据浏览和三维实景模型在生产时数据交换量巨大，需要大量的局域网数据转发，这就需要网络交换设备具备较高的背板带宽和包转发率。交换机应依据背板带宽和包转发率两个主要指标进行采购，网线建议采用六类，以保证数据交换通畅。

2.2 硬件管理方案——软硬兼施

2.2.1 多台主机硬件连接共享一个显示设备（硬件解决方案）

所谓KVM（Keyboard Video Mouse）切换器，也被称为多计算机控制器，正式的名称为多计算机切换器。简单地说，KVM就是一组键盘（Keyboard）、显示器（Video）和鼠标（Mouse）的编写，它能控制2台、4台、8台、16台甚至4096台以上的计算机主机。KVM的配置示意图如图2-2-1所示。

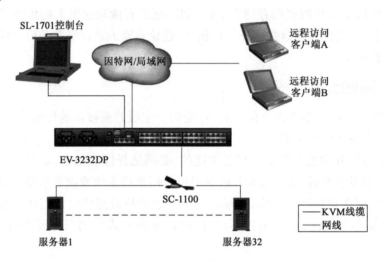

图2-2-1　KVM配置示意图

KVM切换器简单地说，就是让系统管理员可以通过一组键盘、显示器和鼠标，控制多台服务器或主机的计算机外围设备，这意味着只需一个人就可以和所有计算交互，当然一次只能与一台交互。KVM切换器除了能节省多个键盘和显示器的开销，还可以腾出更大的桌面空间。KVM配示意图如图2-2-1所示。KVM主要是一机多用，解决多服务器或工作站共用一台显示器的问题，方便切换，减少显示器占用的空间。更重要的是，KVM相当于一台可以固定在机柜内的笔记本，可以折叠收缩到机柜内，只有1U的占用空间，管理起来非常方便，也可以实现远程访问，非常适合机房服务器多的情况。

2.2.2 多台主机硬件连接共享一个显示设备（软件解决方案）

目前解决该问题的方案有很多种，Intel在发布了基于底层（不依托操作系统）的远程操控管理方案，甚至有些木马软件也可以解决，下面介绍编者的解决方案。

1）Synergy鼠标键盘共享

很多人都会同时使用多台计算机，如台式计算机+笔记本，但如果桌子上摆放多套键盘、鼠标，桌面是不是显得很凌乱，使用也很不方便呢？其实，可以只用一套键鼠，就能"同时控制"全部计算机。

　　Synergy能使多台计算机共用一套鼠标键盘,甚至还能共享剪贴板,只需移动鼠标,指针就可以神奇般地在各台计算机屏幕之间来回穿梭,无缝切换,体验极佳。同时,Synergy跨平台支持Win、Mac、Linux三大系统。Synergy控制示意图如图2-2-2所示。

屏幕1　　　　　　　服务器　　　　　　屏幕2
无键盘或鼠标　　键盘和鼠标共享　　无键盘或鼠标

图2-2-2　Synergy控制示意图

　　使用Synergy,所有的计算机在您的桌面上形成一个单一的虚拟屏幕。您要使用的只有一台计算机的鼠标和键盘,而您使用的显示器上能显示所有计算机。你告诉Synergy多少屏幕和它们的位置。然后它检测时,移动鼠标到一个屏幕的边缘时,它立即向邻近的屏幕上跳跃。该键盘的作用是进入哪个屏幕便在那个屏幕显示光标。

　　在图2-2-2中,用户从左至右移动鼠标。当光标移动到右边的屏幕上时立即向左边的屏幕跳跃。用户可以安排屏幕并排、上下或任何组合。Synergy还可以实现计算机之间的剪切和粘贴、屏幕保护、密码解锁屏幕。

　　2)红蜘蛛多媒体网络教室解决远程控制

　　红蜘蛛多媒体网络教室软件简称红蜘蛛软件,是一款教学软件,上市已经超过20年。该软件可以运行于WindowsXP、Windows7、Windows8、Windows10、Windows11环境,同时支持32位和64位Windows系统,主要在局域网络上实现多媒体信息的教学广播,是一款实现在电子教室、多媒体网络教室或者计算机教室中进行多媒体网络教学的软件产品,集计算机教室的同步教学、控制、管理、音视频广播、网络考试等功能于一体,并能同时实现屏幕监视和远程控制等网络管理;具备学生上线情况即时监测、锁定学生机的键盘和鼠标、远程开关机和重启、计划任务、时间提醒、自定义功能面板、班级和学生管理等功能。

　　可以利用该软件实现远程开关机(需要设置主机BIOS进行激活,大部分新主板都支持,采购硬件时可以要求销售商提前设置好)、快速远程管理、批量执行命令、批量传输文件等。

　　该软件支持多服务端,可以用2台以上的服务器控制客户机(同时只能一台控制),可以充分利用客户机完成不同的生产任务。另外,用户可以通过该软件的屏幕巡检功能检查每台计算机的运行状况。

　　为提高效率可以通过图2-2-3所示的界面设置批量安装程序、执行命令,进行快速作业。

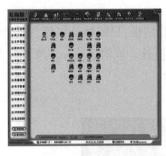  

图 2-2-3　红蜘蛛软件界面远程运行客户端程序打开客户端 I 盘

3) 配置服务端和客户端系统需注意的问题

主要需解决服务端和客户端的管理与数据交换问题。首先,服务端需要共享一个硬盘或者文件夹给客户端。Windows7 和 Windows10 为保证数据安全都需要设置密码后才能共享,且共享的最大连接数量建议不大于 20(系统自身限制)。由于设置了系统登录密码,系统默认无法自动登录,会造成红蜘蛛软件无法启动(软件不能设置为系统服务),这就需要设置系统自动登录,设置如图 2-2-4 所示。

图 2-2-4　自动登录设置界面

设置自动登录步骤如下:

(1) 在操作系统桌面上,按键盘上的 Win+R 组合键打开"运行"对话框。

(2) 输入"netplwiz"命令,单击"确定"按钮打开"用户账户"对话框。

(3) 勾选"要使用本计算机用户必须输入用户名和密码",然后点击"应用"按钮。

(4) 在弹出的"自动登录"对话框中输入自动登录的用户名和密码,单击"确定"按钮即可。

共享的硬盘盘符尽量选择排序靠后的(如 u、v、w、x、y、z 等),这样后续共享时候不容易和客户机盘符冲突,这就需要参照图 2-2-5 修改盘符。修改盘符参照以下步骤:

(1) 右击"我的电脑"(Windows7) 或"此电脑"(Windows10、Windows11),在弹出的下拉菜单中选择"管理"。

(2) 单击"存储"—"磁盘管理",选中要修改的盘符,右击,在弹出的下接菜单中选择"更改驱动器号和路径",根据提示更改盘符。

(3) 重启计算机后修改生效。

4) 手机、计算机和 Pad 端控制软件

远程控制可以采用 Windows 自带的远程协助功能进行,移动端典型的免费 App 有 RDClient (苹果 iOS 系统可以在 Apple store 下载,其他系统可以在应用商店搜索下载),PC 端可以采用系统自带程序。网络传输可以采用以下方式:

(1) 如果有固定 IP(可以在路由端进行端口映射进行设置)。

(2) 如果无固定 IP 可以用商业虚拟专用网络(VPN),也可以在自己公司独立 IP 服务器上

采用免费开源软件SoftEther(SoftEther是一款由日本筑波大学研究的服务器软件),自己搭建VPN服务器。

(3)采用向日葵免费版(商业版传输速度更快)、NAT123、TeamView、ToDesk、VNN(免费版本支持5用户7天试用,到期后更换新名称可继续试用,也可以购买商业版)等进行内网穿透。

用户利用以上工具可以随时掌控计算机的运行,并远程操控整个集群进行正常的作业。

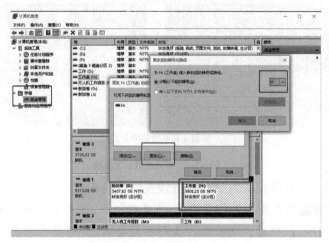

图2-2-5 修改盘符

2.3 数字化采集设备

2.3.1 影像采集

影像采集分为两类:一类包含坐标信息,另一类不包含坐标信息。比如,数码相机大部分是不带坐标的。进行三维实景建模需要精确位置信息进行空中三角计算,如果无准确坐标信息则无法建立带真实尺寸的实景三维模型。专业的航测相机一般可以与GNSS进行联动工作,照片包含位置信息(POSITION,POS),有些航测设备自动写入POS信息到照片属性里(exif信息),可以在建模软件里面自动读取相关的信息,有的POS信息在建模时根据照片名字单独设置,通过文本、Excel表格等提前进行定义,对照导入软件,进行建模。

对局部或者小型物体的精细化建模不考虑尺寸可以采用高清数码相机拍照建模,根据建模要求,照片的重叠率一般不低于65%,场景内要有足够的匹配点,反光、透光物体(如水面、玻璃幕墙等)建模精度很差或者无法成图,就需要后期手动设置匹配点或者用专业工具进行模型修正。

1)采集设备的选择

目前测绘设备成本比之前大大降低,价位从几万元到几十万元基本能满足测绘需求。根据不同的作业场景可以采用不同的作业方案。主流设备主要分为固定翼和多旋翼,不同类型的无人机如图2-3-1所示。固定翼设备之前方案采用手抛起飞、降落伞降落设备,操作复杂,运行成本高,现在已经很少采用,现在主流采用固定翼加垂直起降方案。

a) 多旋翼无人机

b) 固定翼垂直起降无人机

图 2-3-1　不同类型的无人机

从镜头个数来说，有单镜头、三镜头、五镜头。单镜头倾斜摄影一般采用五向飞行、井字飞行、环绕飞行及智能镜头摆拍等作业模式，作业时间长，效率低。多镜头利用镜头数量优势可以同时多方向拍照，效率高。多镜头设备存在重量大、价格贵等问题。同样个数的镜头分辨率的大小也会影响测绘的精度和作业时间等。在同样的环境、飞行高度、重叠率等情况下，分辨率越高，测绘的精度越高时间也会相对减少。

目前行业内专业设备生产有专门设备制造商制造和自主研发两个渠道。专业级测绘设备制造商有大疆、飞马、纵横、极飞、赛尔、中航等。在行业内也有许多发烧友通过开源、飞行控制器自己组装航测设备，产业链也比较成熟。有专门改装航测相机及配套控制系统的玩家，通过购买配件，像组装计算机一样组装一台自己的测绘无人机。

设备的选择要针对自身的需求，不同型号和价位的设备对应不同的需求和作业环境。无人机的单次作业时长、飞行环境（抗风能力、桥下等）、便携情况、镜头像素、作业环境（山区、平原）、RTK\PPK 精度、航线规划软件易用性等是主要的控制因素。

可以先对上述控制因素进行分析，再根据不同的场景选择不同的方案和设备；也可以根据现有的设备制订作业方案，为采购装备提供参考。

(1) 单次作业时长，单次作业时长是衡量无人机的一个重要参数。比如，大疆精灵 4RTK 官方标称续航 30min，无人机飞至指定高度和位置需要消耗 10% 左右的电量，预留 20%～30% 的电量保证安全返航（目前很多设备会自动计算距离返航点距离，电量不足强制返航），实际的工作时间有 16～20min。

(2) 为了保证作业的速度，合理布置航线和起飞点位置可以缩短工作时间。为了延长续航时间，需要加大蓄电池容量。蓄电池容量增大后存在散热、安装空间以及自身质量增大等问题，所以我们要根据能效比合理确定无人机的蓄电池容量和电芯型号。随着技术的发展，很多供应商设置了很多新的功能，如大疆精灵 4RTK 遥控器蓄电池更换可以不用重启，M300RTK 可以不关机更换蓄电池，蓄电池箱直接带充电功能，都节约了时间，提高了工作效率。

2)飞行环境和作业内容

在飞行作业前,应仔细了解作业区域是否存在禁飞区、限飞区、涉密区域、强磁干扰区域(如磁铁矿、电解车间等)以及有无临时空域管制等,及时申请空域和进行备案。

飞行作业前应对设备进行仔细的检查校准,保证设备蓄电池电量充足,防止设备带病作业。无人机的起降区域应进行安全警示(防止车辆、行人等闯入影响飞行安全),并远离各种管线、树木、桥梁、高大建筑及山体等,确保在作业区域内遥控端与飞行器之间的通信不受遮挡。

不同飞行环境和作业内容要求不同的作业方案。总结起来,作业方案大概受以下因素制约:

(1)航测精度要求,如1:500、1:1000、1:2000等。

(2)航测范围及测绘区域的形状等。

(3)地形情况,如平原、丘陵、局部大高差山区等。

(4)特殊需求,如低矮建筑细部建模,山体、桥梁、大楼立面测量。

(5)设备价值。设备价值也是要考虑的重要因素,特殊情况下可能发生炸机,采用便宜的机型先做粗模,然后用高性能设备进行精细化建模。

(6)设备支持的航线软件。不同的设备有不同的航线设置软件,以适应不同的作业环境。

(7)设备抗风性能。

(8)设备续航时间。

航测精度主要受以下因素制约:

(1)相机像素、镜头尺寸、画幅等。相机一般分为半画幅、全画幅。相机拍摄的照片若存在畸变,需要对畸变进行矫正计算,准确矫正是提高航测精度的重要环节。

(2)无人机飞行高度。高度越高,精度越低,单张照片的范围越大。无人机的飞行高度越高,采集的照片区域越大,工作效率高、精度低;无人机的飞行高度低对建筑物的边缘及结构物侧面建模效果有大幅提升,减少变形和拉花。

(3)测区特征点个数。建模软件建模之前先进行空中三角计算。空中三角计算需要提取每张照片的特征点。特征点越多,空中三角计算精度越高。目前建模软件对玻璃幕墙、水面、大范围林区等建模精度和效果都比较差。

(4)无人机RTK或PPK刷新频率。一般来讲,刷新频率越高,位置信息越准确。比如,大疆精灵4RTK频率为20Hz,市场上现在主流硬件设备为100Hz,相机的拍照频率制约了航测的效率,在选择时匹配对应的设备即可。

(5)建模软件选择。不同的建模软件建模效果不一样,不同的建模软件空中三角计算的算法也不一样,同样一个架次的照片采用不同的建模软件处理可能会出现不同的空中三角计算结果,详见图2-3-2~图2-3-4。在数据处理过程中,会经常

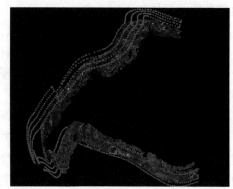

图2-3-2 异常空中三角计算结果(与正常空中三角计算结果为同一段)

出现空中三角计算翘曲变形等情况。较大的空中三角计算翘曲变形容易发现,而较小的空中三角计算翘曲变形则很难发现,这就需要进行控制点校验。目前很多无人机厂商宣传的免像控是在特定条件下的,建议大家在作业时通过相控点来校核测绘精度,防止测绘出现较大误差或错误。

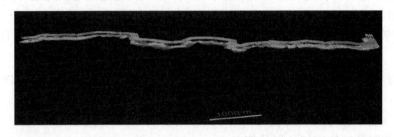

图2-3-3 正常空中三角计算结果(与图2-3-2对比)

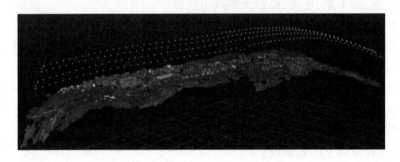

图2-3-4 常见异常空中三角计算形态

3)一般外业作业流程

(1)大疆无人机的特点

大疆创新在2018年发布了行业级测绘无人机精灵Phantom4 RTK,把专业测绘无人机带入了"平民时代"。Phantom4 RTK是一款小型多旋翼高精度航测无人机,面向低空摄影测量,具备厘米级导航定位系统和高性能成像系统,便携易用,全面提升航测效率。2022年,大疆发布了替代型号御3E RTK,其特点是续航时间、拍照间隔减小、图传更远,具备智能绕障和智能返航功能。具体如下:

①小型无人机,便于携带。一人一机,轻松作业。

②一体化地面站遥控器,高清实时图传,全智能航线规划。

③支持一键导入KML文件,也可以现场手动划分,快速确定作业区域。支持山区仿地飞行和立面测量。

④全自主飞行作业,配合自主避障,保障作业安全。

⑤大疆御3E RTK还支持实时建图功能,建图航拍模式下可以实时建图以及上传照片和视频。Phantom4 RTK支持大疆智图实时建图。两者的区别是,智图是在飞行场地附近建图,也可以通过网络建图以及将成果分发给项目成员。

(2)航测作业流程

航测作业流程如图2-3-5所示,具体如下:

①外业——测区确定。

通常根据需求按照以下步骤进行测区的确定：

a.从甲方直接获取KML文件。有些甲方有可能提供，一般情况下甲方不会提供，需要大家自己通过图像确认。目前可以生成KML文件的地图软件比较多，如BIGEMAP（大地图）、奥维地图、图新地球、GoogleEarth（谷歌地球）、91地图、水经纬图、ArcGIS等很多商业软件和免费软件。编者选择的是图新地球，免费版本的功能基本够用，操作比较方便。

b.与甲方沟通，确定作业区域，在地图软件中框出，导出为KML格式。

c.到达现场，与甲方沟通，现场确定，在遥控器上框出。也可以在计算机上进行航线的规划确认（部分带遥控功能的无人机如精灵4RTK、御3E RTK、M300RTK等）。

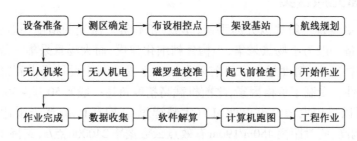

图2-3-5　航测作业流程图

②外业——相控点（检查点、控制点）的布设。

根据经验，在布设控制点时应注意以下几点：

a.建议飞行外延线外不要打点，选点应在测区范围线内均匀分布，宜选在空旷平地上。目前建模软件至少需要3个控制点。

b.不宜在房屋、牌楼、花圃、树木等地物拐角处选点，因立体影像容易拉花，影响内业刺点精度。

c.选点不宜选在汽车车位处，防止汽车遮挡点位，影响内业刺点精度。

d.建议按规范打点，点位精度不够，最终影响成图精度。

e.油漆采用对比度较大的颜色。一般混凝土地坪采用红色，沥青路面可采用与标线颜色一致的白色等，提高对比度便于后期内业整理。

f.控制点采集完可以采用外业精灵（App支持安卓，可以导出含有照片的KMZ文件）打点标记控制点，也可以手机拍摄，在pix4d等软件上读取照片经纬度。

g.相控点的尺寸根据航测的高度和相机的分辨率确定，一般可以采用宽15～20cm，长80～100cm。设置原则是便于发现和快速识别，在设置后采集坐标时应进行拍照记录，如图2-3-6所示。

h.为保证精度，建议在喷绘相控点时采用硬纸板或者定制模板保证喷绘质量。

i.建议制定单位标准，统一采集单位的内角或者外角，防止由于作业习惯造成测绘错误。

j.喷绘标识和编码根据需求统一数字标识方向和字体，方便内业识别。

图 2-3-6　相控点布设

2.3.2　激光点云类

激光点云采集设备一般可以分为手持、车载、机载等。激光的精度一般受采集速度和点数影响。手持设备一般为小场景采集，小构件精细化建模，而大场景采集一般用无人机搭载。采集距离越近采样越密，精度越高。目前采集设备主要的测绘设备提供商都有，而且配备专业的数据处理软件。受制于价格因素，之前机载高精度雷达一般要 50 万～300 万元，生产成本较高。低精度可以采用大疆 M300RTK+L1（大疆禅思 L1 拥有 Livox 激光雷达模块，框幅式设计，有效点云比例高，测量距离 450m/190m 有效点云数据率 240000 点/s，支持 3 次回波，支持重复扫描模式与非质量扫描模式。测绘相机拥有 2000 万像素，1 英寸传感器，机械快门。高精度惯导，辅助定位相机，全球导航卫星系统（GNSS）、惯导、视觉数据三方融合。）组合，价格在 20 万元以内，数据处理可以采用大疆制图快速建模，M300RTK+L1 雷达作业过程和输出成果如图 2-3-7 所示。2023 年大疆发布了禅思 L2 雷达，L2 对比 L1 具有以下优势：

（1）在同等精度下，单次效率（1∶500 地形图）提高 5 倍，相同任务难度下（150m）成果精度提高 4 倍。

（2）穿透性、量程大幅提升，L2 惯导无须预热，精度大幅提升，手动航线惯导校准时间缩短 67%。

（3）相机机械快门寿命提高 4 倍。最短拍照间隔支持 0.7s（L1 为 2s）。

（4）L2 新增支持在外业过程中通过遥控器快速获取并查看点云质量和抽稀模型成果，及时了解数据采集状况，避免返工。

（5）L2 新增支持云 PPK（过程性能指数）功能，可以匹配离线基站数据重建高精度模型。

图 2-3-7　大疆 M300RTK+L1 设备及成果

目前市场上有很多型号的激光雷达，也可以自己采购设备进行改装后挂载在无人机上、车载、背包等。

2.3.3 无人机三维实景模型和激光点云的优劣对比

激光雷达采集的点云和无人机采集的影像各有各的优势,综合从以下方面进行对比:

(1)设备价格。一般来说影像采集设备成本稍低(多镜头和高端镜头价格也不菲,同等情况下影像采集成本占优势)。

(2)测绘精度。测绘精度跟设备性能相关,精度相当,相机采集存在盲区,在树林植被较多的情况下精度无法保证。

(3)采集速度。激光雷达采集速度较快。

(4)后期处理速度。数据处理速度是三维采集的重要指标,影像处理速度慢。

(5)成果应用方便度。影像更直观,纯点云相对影像识别度较低。随着技术的进步,现在很多设备也做了点云和影像的融合,给点云赋予了影像信息,但是放大后识别度会降低,呈现离散点的形式,如图2-3-8、图2-3-9所示,远视效果较好,近视离散后显示效果较差。

图2-3-8 彩色激光点云远视图

图2-3-9 彩色激光点云近视图

(6)室内建模通过手持设备更方便。手持云台采集影像目前没有自动化装备,后期可以作为一个研究方向。

通过以上的对比相信大家已经对实景模型和三维点云有了初步的认识,在实际项目中还需要根据项目情况和自身设备的情况进行综合方案配置,在保证精度的情况下快速完成作业。

2.3.4 车载和人工三维实景建模设备

近年来,实景中国、数字孪生技术广泛应用,迫切需要一种能快速采集数据的采集设备对道路、建筑进行数字化近景摄影测量,并根据数字化成功进行精细化管理。

目前采集车辆普遍采用激光点云(含彩色点云)和视频影像采集,该方式存在以下问题:

(1)采集的信息不含坐标信息。

(2)彩色激光点云放大后为离散点,无法对纹理进行显示,可视化效果差。

(3)采集的数据无法进行三维数字化,应用范围有限。

目前的采集设备无法满足数字孪生技术的要求,无法形成具有精确地理信息的成果。

为解决目前采集车存在的问题和禁飞区道路采集难题,设计出基于高清照片和GNSS位置信息的采集仪,可以通过车载和背包方式采集含有坐标信息的高清影像,通过图像运算技术生成三维实景地图。目前实现思路和问题如下:

(1)通过采集设备进行外业采集,采集设备需要具备采集带有精准坐标信息的影像的能力。

(2)需要采集满足建立三维模型的具有特定需求的影像。数量不足会造成无法成模或者精度不足,数量冗余过多会造成算力浪费。

(3)采集完的数据需要进行三维重建,形成三维实景模型,如图2-3-10所示。

图2-3-10　车载设备采集影像建立的实景模型

(4)依托模型和影像信息进行人工智能识别,分类生成需要的信息,桥梁裂缝病害自动识别和三维量测如图2-3-11、图2-3-12所示。

图2-3-11　桥梁裂缝病害自动识别　　　　　图2-3-12　三维量测

(5)导入GIS平台形成智慧城市或者其他智慧平台的三维数字底板。

目前我们已经研发出第一代产品,主要应用于交通、市政、建筑、水利、文物保护、智慧城市、工程测量等。后续产品将升级后在不同的细分应用场景进行应用。

第3章

数字化之软件篇

3.1 地形数据采集、处理及应用

3.1.1 航线规划

航线规划是采集的第一步一般为根据作业要求制定航线。上一章我们对航测的流程进行了梳理,这里主要介绍内业航线规划软件及作业原理。一般情况下,我们首先确定测量范围,并转存为 KML。KML 是标记语言(Keyhole Markup Language)的缩写,最初由 Keyhole 公司开发,是一种基于 XML 语法与格式的、用于描述和保存地理信息(如点、线、图像、多边形和模型等)的编码规范,可以被 Google Earth 和 Google Maps 识别并显示。Google Earth 和 Google Maps 处理 KML 文件的方式与网页浏览器处理 HTML 和 XML 文件的方式类似。像 HTML 一样,KML 使用包含名称、属性的标签(tag)来确定显示方式。因此,用户可将 Google Earth 和 Google Maps 视为 KML 文件浏览器。2008 年 4 月微软的 OOXML 成为国际标准后,Google 公司宣布放弃对 KML 的控制权,由开放地理空间信息联盟(Open Geospatial Consortium,OGC)接管 KML 语言,并将"Google Earth"及"Google Maps"中使用的 KML 语言变成一个国际标准。Bigemap、Google Earth、奥维地图、水经纬图、91 卫星助手、图新地球、ACGIS、Mapgis 等常见的地图软件都可以快速生成并导出。很多软件为商业软件,操作简单方便。没有商业软件的建议用目前免费版本的图新地球。图新地球支持由线创建面,通过设置线偏移距离快速创建带状区域,尤其适用于线路工程。具体操作如下:选择"编辑"—"划线"—"创建缓冲区",输入偏移宽度,确定后可以得到想要的区域。带状航线创建示意图如图 3-1-1 所示。

图 3-1-1

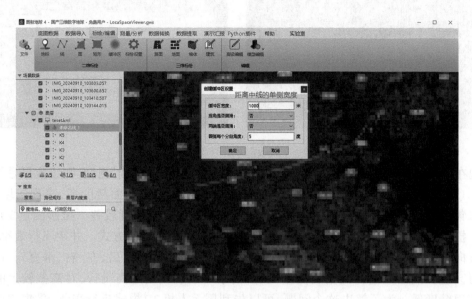

图 3-1-1　带状航线创建示意图

1) 规划航线软件

无人机的航线规划是决定作业精度和速度的重要因素，所以要选择合适的作业方式开展工作，提高效率与精度并降低成本。目前航线规划软件大致有以下三种：

(1) 无人机遥控或配套商业规划软件。

(2) 针对某些市场保有量大的无人机开发的专用软件，解决无人机配套软件功能不足的问题或者 bug。

(3) 针对开源飞控的开源软件，可以根据自身需求进行调整，有更好的针对性和特殊功能。

目前，根据常见的三维采集方式，航线可以分为五向、井字、环绕飞行。五向飞行就是 5 个航向采集，分别从前、后、左、右和垂直 5 个方向进行采集，这种采集方式效率比较低，但是能采集 5 个方向的数据，精度较高。井字飞行是井字形网格状飞行，是五向飞行的改进版，效率大幅提高，精度相对也较高。环绕飞行是环形航线，适合对建筑物精细建模，整体三维成图效果好，生成的照片数量也比较少，后期处理速度快，整体效率较高。除以上方式之外，还有多镜头折线飞行（三镜头、五镜头）和折线单镜头快速摆动模拟多镜头采集（如大疆 M300RTK+P1）。其中，多镜头折线飞行采集飞行速度快、采集精度高，但照片数量多，后期处理慢。

我们根据市场上比较流行的一些机型进行简单的介绍。这里仍然以大疆精灵 4RTK 为例进行介绍。该机型小巧、精度高，航测范围可以导入 KML、KMZ 文件，也可以现场手动划定范围。划定范围后可以进行摄影测量 2D、摄影测量 3D（井字飞行）、摄影测量 3D（五向飞行）、仿地飞行、航点飞行、航带飞行、RTK 规划、变高航带、斜面航线等。大疆精灵 4RTK 遥控器界面如图 3-1-2 所示。

图 3-1-2　大疆精灵 4RTK 遥控器界面

现在对以上功能进行简介。摄影测量 2D 就是我们常说的正射测量，测绘成果是平面二维地图（类似于卫星地图）。无人机测量时摄像头垂直向下，平面精度高，高程精度较低。正射采集的影像也可以生成三维倾斜摄影模型，但侧面纹理精度较差。摄影测量 3D（井字飞行）、摄影测量 3D（五向飞行）这两种均为三维模型数据的采集方式。井字飞行效率高，精度较五向差；五向飞行相当于同范围内需要单一镜头飞 5 遍（前、后、左、右、垂直）。仿地飞行针对高差大的区域进行高精度测量飞行，由于一般航线是定高飞行，对高差较大的区域造成高程精度低。为了解决这个问题，可以先利用无人机 2D 模式进行采集，采集完成后生成精度较低的数字表面模型（DSM），然后将 DSM 模型导入无人机遥控器（目录为 DJI/DSM），根据 DSM 高程进行相对高程点的定高飞行，实现根据地形起伏情况自动调整航高，解决高差较大的区域测量精度问题。航点飞行是通过设置关键点（设置航点的高度、镜头朝向、镜头倾斜角度等）让无人机进行视频数据采集，解决手工操作航向难操作问题。变高航带和斜面航线功能主要在特殊的应用场景不采用仿地飞行来快速解决作业难题，操作时务必详细阅读使用说明和注意事项，确保飞行安全。大区分割功能解决在大范围作业时，考虑边缘区域重叠问题：重叠过大会降低作业效率，重叠过小会造成测绘精度降低，甚至出现无法建模的问题。

除了大疆无人机遥控上内置 App 的功能外，市场上也有二次开发的软件（基于 M300RTK 和精灵 4RTK 等机型）可以实现在计算机端设置航线、航高等参数，完成既定航线的任务，然后通过网络或者 SD 卡导入遥控器。由于无人机不支持曲线飞行，需要对曲线进行折线化，然后进行数据采集，这种采集方式适合对既有线路的巡查或者对新建道路踏勘。目前在道路选线和电力巡线等项目中应用，解决了缺少参照物无法手工操作（手工操作精度和安全性都很低）和手动打点效率低的问题，取得了不错的效果。在应用时，应特别注意设置的航高是相对航高还是绝对航高，高差大的地方应设置合理的航高，以保证飞行安全。目前该功能存在一些不尽如人意的地方：无人机进入折线段会自动减速，导致采集的视频速度不是很理想，需要后期通过视频处理软件进行修正。

航带飞行是选择一个路径，然后通过设置路径偏移快速设置航测区域，并且能够设置终点关注区域进行精细化作业。

2）大区域数据处理方案探索

近年来，数字中国、智慧城市建设等在全国开展了试点。智慧城市的模型基础是 CIM 平台，CIM 是智慧城市和数字孪生城市建设的重要技术支撑。CIM 是以 BIM 为基础，融合 GIS、

IoT等新一代信息技术,构建智慧城市和数字孪生城市的信息技术系统。这里GIS是非常重要和基础的数据。之前发展的GIS系统主要采用二维数据(传统电子地图或航空遥感影像),随着采集技术和图像处理技术的进步,GIS系统开始采用三维实景数据。无人机作为重要的采集手段,为三维GIS技术发展注入了新的动力。

大范围作业需要分区域制订比较完善的作业方案。根据之前作业经验,我们总结出之前的工作步骤供大家参考:

(1)查询作业区域有无禁飞或限飞区域(大疆网站上可以查询),根据作业时间提前申请空域。

(2)通过BIGEMAP、图新地球等软件下载作业区域的粗略地形(包含等高线),然后根据现场道路分布情况、地形起伏情况、建筑物情况、作业无人机性能及控制点布设情况等在计算机上进行作业分区。必要时去现场踏勘,提前布设控制点。为保证测绘精度可以在每个测区设置校验点,为后续精度校验提供数据。

(3)根据上一步分割好区域,对区域进行分类编号,可以打印后随时携带,方便对照。然后导出每个区域并存储为KML文件,命名按照分类编号进行,方便后续对照应用。

(4)区域分割时应尽量避免建筑物被切分,保持完整性,防止误差导致拼接效果差。

(5)提前查询工作区域的经度,如果区域大,需要提前给每个区域编号后备注经度,防止设置错误。

(6)规范采集数据文件存储,提前制定存储规则,建立存储台账,方便后续查询校对,如存储的文件夹名字、路径、编号等(注意:路径和文件名由于中文字符会很多,存在软件兼容性问题,建议采用规范编号)。为保证数据安全,可以用网盘或者移动硬盘进行备份。

(7)建议每个区域采集采用同一设备。由于软件处理算法等问题,建模软件识别不同的设备、不同的采集高度和不同的相机等容易建模失败,为保证效率和成功率建议采用同一设备采集。这里说的是同一设备而不是同一种设备。之前作业时发现同一种型号的无人机,采集的文件名字可能出现重复,造成处理数据时部分软件提示文件名一样无法导入,影响建模效率。当然也可以通过改名字工具(Advanced Renamer)加以处理(这会造成备份的数据和建模的数据不一致),建议在数据采集后就进行改名字处理。

(8)由于不同的建模软件有不同的优势,为保证作业精度和作业效率,建议提前准备好不同的软件。有些软件空中三角计算[空中三角计算是在立体摄影测量中,根据少量的野外控制点,在室内进行控制点加密,求得加密点的高程和平面位置的测量方法。其主要目的是为缺少野外控制点的地区测图提供绝对定向的控制点。空中三角计算一般分为两种:模拟空中三角计算,即光学机械法空中三角计算;解析空中三角计算,即俗称的电算加密。模拟空中三角计算是在全能型立体测量仪器(如多倍仪)上进行的空中三角计算。它是在仪器上恢复与摄影时相似或相应的航线立体模型,根据测图需要选定加密点,并测定其高程和平面位置]精度高、速度快,有些建模速度和效果好,为保证充分利用硬件资源,不同的软件在不同的建模时段消耗的CPU、GPU和内存都不一样,做好搭配可以大大提高效率,降低成本。在以后建模软件中会介绍。

(9)大范围作业前应对重难点进行试采集,测试精度能否满足需求,并对结果进行分析。如果测试精度不能满足采集需求,需要针对复杂节点制订专门的作业方案,进行局部采集和模型修正。

(10)根据甲方精度和时间要求进行软硬件和人员配置,制订合理的作业方案。

以上介绍的是大范围数据采集的注意事项。随着需求的不断提高和软硬件技术的进步,采集的效率和大数据处理的能力越来越强,我们的作业流程也会越来越简单、快捷。目前国内大的云服务商都提供三维建模的云服务,帮用户解决了很多难题,工作效率也大大提高。

用户需要综合考虑建模软件(单一建模软件能否满足需求)、数据传输速度(航测数据、处理过程、成果都产生大量数据)、数据安全(如涉密数据传输)、生产效率、生产成本等因素,选择云服务(公有云)或在本地搭建服务器(私有云)。

3.1.2 航测数据处理

通过无人机、相机、GNSS、雷达、激光雷达等设备产生的数据都需要通过建模软件进行处理,生成需要的数据文件。无人机航拍数据的一般流程为读取航测照片和POS数据—空中三角计算—查看计算结果—如果能够满足精度要求开始建模;如果不能满足精度要求,应更换不同的软件或者重新采集数据,直到满足精度需要。不同的软件在不同的处理阶段有不同的优势,使用中需要根据不同的需求进行选择。现在介绍几种常见的商业建模软件,以及一些开源的建模软件的功能,为大家在学习和应用过程中提供一些帮助。

1)Agisoft Photoscan Pro

Agisoft PhotoScan Pro是一款根据数码照片,将2D图片转换为3D模型的三维重组软件。该软件最大的特色就是它的三维重组技术,无须设置任何初始值,用户只要将多张图片添加进去,软件便可以自动生成真实的三维坐标模型,将二维图片变为三维模型。另外,它还有精确的纹理网格模型重建功能,可以轻松地生成高分辨率的地理正交影像,精确度可达到5cm,为用户的工程设计和工程操作施工带来非常大的帮助。

Agisoft PhotoScan Pro支持的输入格式包括JEPG、TIFF、PNG、BMP、JEPG、Multi-PictureFormat(MPO),输出格式包括(三维建模常见的格式)GeoTIFF、xyz、GoogleKML、COLLADA、VRML、WavefrontOBJ、PLY、3DSMax、Universal3D、PDF。

根据官方介绍,Agisoft Photoscan Pro具备以下常用功能。

(1)摄影三角测量

①处理各类图像:航空(最低点,斜)/近距离,如图3-1-3所示。

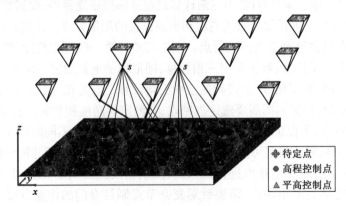

图3-1-3 摄影三角测量

②自动校准:框架(含鱼眼)/球形摄像机。支持多摄像头项目。

(2)点云编辑与分类

对准确的结果进行精心的模型编辑。对点云分类,定制几何重建,如图3-1-4所示。经典的点数据处理工作流程更利于LAS(LAS格式是一种广泛使用的二进制格式,用于存储LiDAR点云数据)输出。

(3)DSM/DTM

DSM/DTM如图3-1-5所示。根据投影,地理参考基于EXIF(图像文件格式)的元数据或飞行记录的GNSS/控制点数据。

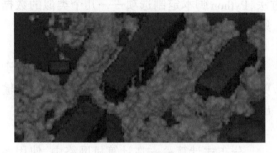 

图3-1-4 点云分类　　　　　　　　图3-1-5 DSM/DTM

模型采用的EPSG记录坐标系支持WGS84、UTM、CGCS2000等。

(4)正射影像

地理参考:GIS兼容的GeoTIFF格式;谷歌地球的KML文件。大项目批量输出。对均匀纹理进行颜色校正,正射影像图如图3-1-6所示。

(5)三维测量

内置工具可以测距、面积、体积,进行更复杂的测量分析,如图3-1-7所示;可以顺利地导出到外部,支持多种输出格式。

图3-1-6 正射影像图　　　　　　　　图3-1-7 三维模型

(6)GCP

GCP地面控制点是GIS和测量中的基本工具。有时不需要GCP,如当测量结果仅用于相对准确性或自行评估某个区域的某些细节时。但是,当航测必须具有绝对位置精度时——地图上的所有点都具有与它们所代表的地球上的点紧密对齐的地理位置——GCP是帮助确保精度的一种方法。

GCP控制结果精度编码/非编码的目标自动检测便于控制点的快速输入;不用定位设备,利用比例尺工具来设置参考距离,如图3-1-8所示。

图 3-1-8 GCP

(7) 二次开发

除了批量处理——一个节省人工干预的方法, Python 脚本定制选项——几个类似的数据集形成一个参数模板;中间处理结果检查。

(8) 多光谱影像分析

多光谱图像处理,如图 3-1-9 所示。基于更好的渠道的快速重建;多通道正射影像输出,方便进一步归一化植被指数计算和分析。

图 3-1-9 多光谱点云

(9) 分布式计算

分布式计算——在计算机网络中,使用多个节点的联合力量,处理一个项目中的巨大数据集。

(10) 精细纹理

①各种场景:如考古遗址、文物、建筑物、内饰、人等。直接上传 Verold 和 Sketchfab 资源。

②纹理:高动态范围成像(HDR)和多文件,超级详细的可视化。

(11) 4D 时序

多相机站数据处理;在电影艺术、游戏产业等中创建项目;依据大量的视觉效果与时间序列进行 3D 建模。

(12) 全景拼接

三维重建捕获的数据来自同一个相机位置——相机站,提供至少 2 个相机站。

360°全景拼接为一个相机站数据,如图 3-1-10 所示。

2) Trimble Inpho

Trimble Inpho 软件采用先进独特的摄影测量技术,把原始的航拍图像和卫星图像精确地转换成连贯准确的点云和地表模型、正射影像和三维特征地物。Trimble Inpho 软件采取模块化结构,既可以整合成完整完美的工作流程,也可以采用其中一些独立的组件整合到空间地理信息的生产工作流中。这些处理能力为国家测绘、林业、农业、采矿业、公用事业和能源、城市开发、国防和灾害应急的地理信息处理工作提供了有效的帮助。

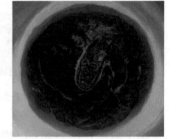

图 3-1-10 360°全景拼接

Trimble Inpho 软件经历了 30 多年的研发,具有遍布全球的数千个实施案例,是众所周知的开拓性数字摄影测量技术,如今已被视为行业标准。其工程设计符合数字摄影测量和激光扫描数据生产的严格标准,它提升了地理信息处理的科学和技艺水平,使地理信息处理在最新一代Trimble Inpho软件中焕发了生机。借助Trimble Inpho，通过进一步研发尖端技术以及提供高资质技术支持和咨询服务，天宝公司履行着保护客户投资的承诺（免费的系统启动核心，空中三角计算加密、DTM自动提取、正射纠正等均在此系统下启动）。Trimble Inpho软件具体包含以下四款：

（1）MATCH-AT是专业的空中三角计算加密软件，处理自动、高效、便捷，自动匹配有效链接点的功能非常强大，在水域、沙漠、森林等纹理比较差的区域也可以很好地进行匹配。

（2）MATCH-TDSM是全自动的自动提取DTM/DSM软件，可以基于立体像，自动、高效地匹配密集点云，获得高精度的DTM或DSM。

（3）OrthoMaster是高效的正射纠正软件，可以对单景或多景甚至数万景航片、卫片进行正射纠正，并可以进行真正射纠正处理。处理过程完全自动、高效。

（4）OrthoVista是卓越的镶嵌匀色软件，对任意来源的正射纠正影像进行自动镶嵌、匀光匀色、分幅输出的专业影像处理，处理极其便捷、自动，处理效果十分卓越。自动拼接功能如图3-1-11所示。

图3-1-11　自动拼接功能

3）PIX4D

PIX4D是一家专业的无人机测绘和摄影测量软件公司，总部位于瑞士，主要的建模软件产品有PIX4Dmapper、PIX4Dmatic、PIX4Dreact、PIX4Dfields、PIX4Dengine，主要的数据采集软件有PIX4Dcapture、PIX4Dcatch。下面介绍其中几款。

（1）PIX4Dmatic

PIX4Dmatic是PIX4Dmapper高级版本用于近景、廊道和大规模测绘。作为新一代的无人机测绘软件，与最新一代的人机配合使用，在专业应用中快速将大量无人机影像转换为精准的点云、DSM和正射影像镶嵌图。PIX4Dmatic支持任何相机、任何无人机、任何影像；支持多种常见格式输出，为进一步分析和行业应用做准备；支持导出全彩点云（las、laz、ply、xyz）、正射影像镶嵌图[GeoTIFF（TIFF）、kml]、DSM（GeoTIFF、las、laz、xyz）、三维纹理模型（ply、fbx、dxf、obj、pdf）、指数地图[GeoTIFF（TIFF）、shp]及热力图[GeoTIFF（TIFF）]，如图3-1-12所示。

（2）PIX4Dreact

PIX4Dreact是快速拼图软件，可以根据采集数据快速获得可靠的态势感知，在现场进行快速决策和协作。该软件有以下三个优点：

①在数分钟内完成航空影像的拼接，可以在紧急时刻为现场团队提供可靠的信息。

a) 全彩点云 las, laz, ply, xyz

b) 正射影像镶嵌图 GeoTiff(tif), .kml

c) 数字地表模型 (DSM) GeoTiff(tif), xyz, las, laz

d) 三维纹理模型 ply, fbx, dxf, obj, pdf

e) 指数地图 GeoTiff(tif), shp

f) 热力图 GeoTiff(tif)

图3-1-12 导出多种格式成果

②普通的计算机即可运行Pix4Dreact，无须网络连接也可进行处理。

③使用简单直观，即使在紧急而复杂的情况下也是如此。Pix4Dreact由公共安全和人道主义援助专业人士共同开发，以应对他们的独特挑战。

（3）PIX4Dcapture

PIX4Dcapture是免费的移动端飞行规划App，实现无人机最佳测绘和建模，提供安卓版和iOS版，只需一部手机即可控制和规划无人机飞行。该软件有以下三个优点：

①灵活，性能可靠，可控制多旋翼和固定翼无人机飞行；可控制可见光、多光谱和热红外相机拍照；可规划和执行飞行任务，无论有无互联网。

②控制精准。根据地面分辨率定义飞行高度，设置相机拍摄角度、影像重叠率和飞行速度。

③支持云服务。将影像直接从移动设备上传到Pix4D云平台进行处理。

（4）PIX4Dcatch

PIX4Dcatch是一款可以让移动设备变身成专业3D扫描仪的软件。它可以围绕兴趣区域边走边拍摄，软件自动采集包含位置信息和姿态信息的影像。该软件有以下三个优点：

①轻松拍摄。轻轻一按，每个人都能获得自己想要的数据，用于创建地面三维模型。智能AR实时进度提醒，帮助用户更高效地完成数据采集。

②数据更有价值。与视频数据不同，PIX4Dcatch利用来自移动设备的GNSS和IMU(惯性测量单元)信息，生成的三维成果具有地理坐标和真实尺寸。

③与Pix4D生态系统无缝衔接。作为Pix4D产品生态系统的一部分，PIX4Dcatch能够拓宽用户的业务范围，即刻创建地面三维模型。

4）大势智慧

大势智慧是一家专注于真实世界三维数字化重建及三维数据服务的高新技术企业，创始团队成员主要来自武汉大学测绘遥感信息工程国家重点实验室，公司在城市高精度三维建模、模型应用及语义化理解和文化遗产数字化保护领域具有较强的技术优势和丰富的实践经验。

大势智慧的三维建模软件是重建大师。重建大师是一款专为超大规模实景三维数据生产而设计的集群并行处理软件,输入倾斜照片、激光点云、POS信息及相控点,输出高精度彩色网格模型,可一键完成空中三角计算、自动建模和多细节层次(Levels of Detail, LOD)构建。

重建大师拥有单体化建模模块,实现模型的动态单体化与切割单体化,并内嵌实体编辑器;升级地理场景重建模块,具备碎目标感知、优化模型构网、多源数据融合、调整总体色差等技术能力,全方位提升建模效率。重建大师的特点如下:

(1)轮廓提取模块可以对三维场景进行深度学习、语义识别,再自动提取并优化地理实体边界轮廓,实现动态单体化与切割单体化,并内嵌实体编码编辑器。

(2)可全自动识别地物二维矢量范围线以及地物类型(植被、房屋等类别)组成,并以shp文件格式进行输出。

(3)具备超大数据、稳定空中三角计算的解算能力,可多机并行空中三角计算,提高生产效率,解决了单次空中三角计算的数据量限制以及空中三角计算分层问题。与此同时,针对疑难数据集,重建大师5.0均可自适应处理,同时保证收敛,解算稳定,空中三角计算通过率99%以上,具备一天处理5万张影像的空中三角计算能力(重建农场)。

(4)碎目标感知的重建增强(图3-1-13)。针对交通标志牌、围栏、玻璃等碎目标物体采用"先识别,再重建"的方法,可有效保证重建后碎目标物体的完整性,提高模型后处理效率,如 $10km^2$ 的实景三维模型,至少减少30人日精修工作量。

a) 其他软件

b) 重建大师:碎目标感知

c) 其他软件

d) 重建大师:碎目标感知

图3-1-13 碎目标感知的重建增强

（5）避免错误的纹理映射（图3-1-14），冬季树木枝干过于细小，重建后树干阴影很容易倒映在地面上，影响模型美观。重建大师5.0可对地面错误纹理进行修复和处理，智能地去除地面细小的树干阴影，保证路面的整洁度与美观度。

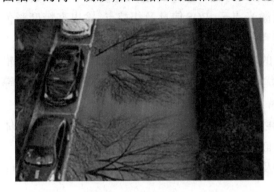

图3-1-14　避免错误的纹理映射

（6）多源数据融合重建（图3-1-15）。面向全息采集手段，对倾斜摄影、空中激光、车载激光、背包激光等多源数据进行全自动空中三角计算、密集点云生成、构建不规则三角网（Triangulated Irregular Network，TIN）、自动纹理映射等，实现全自动成果输出，提高模型精度，改善近地面端和遮挡导致的模型缺失和扭曲。

图3-1-15　多源数据融合重建

（7）具备智能调度功能。可以自动调度也可以根据需要调度，通过调度充分利用算力。具备优先级调整、分组管理、实时监控、无人值守以及局域网一键升级等功能。

（8）支持定义本地坐标系。具备无GNSS空中三角计算处理和坐标系转正功能，支持多种文件格式的生产，支持输出类型：obj、osgb等实景三维模型格式成果输出，全自动数字正射影像（DOM）、DSM、数字高程模型（DEM）成果输出，支持3DTiles、S3mb、FBX、DAE、PLY、3DS、3MX文件生成。

（9）综合地物查全率85%以上，查准率80%以上。

（10）具备实体编码编辑器。实体编码器是一款三维地理实地采编管理一体化软件，可用于编辑、采集、编码自动提取的实体轮廓。实体编码编辑器可以采用二维、三维一体化的方式编辑，可以对轮廓进行分解，当提取出来的轮廓存在不准和偏差的时候可以进行编辑，可以进行提取精确的轮廓，以及对实体进行编码与属性赋予。

提取结果统计：某省会城市新型基础测绘项目软件单个计算节点 $2km^2/h$ 的处理能力。应用案例：三维不动产管理。当实景三维模型建筑被单体化后，可以直接被赋予属性，进行属性挂接与三维分析。另外，还可以对整片模型区域的房屋进行统计分析。这对于智慧城市、智慧房产建设具有重要的作用。

大势智慧的 DasViewer 三维浏览器也是不错的免费工具，可以打开 osgb 单个文件和目录文件，支持多个目录一起打开，并且支持漫游录像和标注等一些常用功能，可以做一些简单的方案演示和汇报。

5) Mirauge3D

Mirauge3D 是一款中测智绘公司开发的专业全自动、高效、二三维一体化的影像智能建模系统，不限于影像的采集手段和设备，支持对倾斜摄影数据进行处理，可以生成十万张以上影像的高精度、高清晰度三维模型。Mirauge 3D 支持导出主流模型格式，并且支持生产 DEM、DOM、精细 DSM、TDOM 等地理信息产品，满足测绘、地图产品、3D 打印、数字城市、虚拟旅游、虚拟购物、游戏以及工业零件建模等领域进一步的生产和处理需求。例如，强大的 AT 系统能够处理数十万张影像，并且能够应对各种复杂场景；高效的平差系统，能够处理百万级的数据量；二三维一体化的重建能力，既能生成精细三维模型，也能制作常规正射影像；强大的语义分类功能，能够在三维场景中自动解译出地物类别；亲民的集群方案，真正让"集群"处理成为标配。

到目前为止，Mirauge3D 已覆盖常用操作系统，支持 Windows x86、Windows x64 和 Ubuntu x64 系统，为用户提供不同平台的一致使用体验；支持多核并行处理架构和 GPU 集群运算。

例如，M3PointEditor 是 Mirauge3D 中一个功能强大的点云处理模块，支持 las、txt、ply、xyz、m3c 等格式的点云快速加载和保存，以及双窗口同步显示、自定义赋色和多种赋色模式切换，实时生成 TIN，可直观地查看地形。用户可以快捷地进行地面点分类，加上随机森林算法监督分类达到专业制图效果，也可以对处理数据进行精加工并导出 DEM。

再如，Mirauge3D M3OrthoMosaic 是 Mirauge3D 中一个专业的正射影像智能拼接模块，它可以帮助用户对导入的正射影像智能寻找出影像之间的拼接缝，并提供手动修改拼接缝的功能，可以人工进行检查与编辑，最终可通过使用匀光算法生成一张无缝、色彩一致的正射镶嵌图。

Mirauge3D 提供了完整的三维建模模块，在使用 M3ATRECON 完成高精度的空中三角计算处理之后，可以直接进行三维建模，获得高质量的精细三维模型。

Mirauge3D 提供了优质的自适应密集匹配模块。Mirauge3D 可为需要进行精细三维场景重建的用户提供全自动三维场景重建功能，既可以对小型的物体、文物进行重建，也可满足海量数据城市地形重建需求。

Mirauge3D 软件有以下优势：

（1）全自动影像自由网构建空中三角计算解算 M3ATRECON。Mirauge3D 具备强大的 M3AT 模块，能够智能化地处理航空、无人机、手机、家用相机等一系列框幅式相机。M3AT 智能、高效，能够同时处理多源数据，适应性强。

（2）Mirauge3D 的 AAT 设计可以高速处理海量数据，不受数据量的限制。对于海量数据的处理，建议引入 GNSS 信息，将有效加快处理速度。

（3）Mirauge3D 的 AAT 策略能够在应付复杂数据的同时，兼顾海量数据处理的稳健性和效率，在空中三角计算阶段完成后生成详细的空中三角计算报告给用户提供参考。

M3ATRECON 支持稀疏控制点的 GNSS 辅助平差，用户只需要在四角布点或者四角加中心布设控制点，再使用 PPP 单点定位解算 GNSS 即可达到极高精度，以下案例使用四角加中心 5 个控制点布点，影像分辨率为 6cm，15 个检查点，在 GNSS 存在较大偏移的情况下，M3ATRECON 解算后可以达到 1:1000 的精度。

（4）空中三角计算成果通过率高，速度快。13 万张影像，大面积测区单个工程，空中三角计算一次通过。

（5）多架次、不同航高、高差变化大、大面积、弱纹理、复杂地形等，5 镜头，多架次、不同航高，测区建筑物高差差异大，空中三角计算无分层，一次解算成功，67km² 采煤塌陷区，包括城区、村庄、塌陷区以及水坑，75000 张、10 个节点、3.5 天空中三角计算一次通过。空中三角计算时间和配置见表 3-1-1。

空中三角计算时间和配置　　　表3-1-1

GSD	数据影像数	空中三角计算时间(h)	节数	机器配置
0.01	5000	5	2	16G,i7-7700,1050
0.02	29000	17	7	64G,i7,1070
0.03	38000	10	10	64G,i9,1080
0.05	11000	6.5	4	64-128G,i7-7,1080ti
0.05	11000	6.5	4	64-128G,i7-7,1080ti
0.05	26000	48	2	16G,i7-7700,1050
0.15	90000	48	10	128G,i7,1080

注：GSD（Ground Sampling Distance，地面采样距离）表示数字影像中单个像素对应的地面尺寸，它描述了两个连续像素的中心点之间的距离。

（6）无控制点超长带状数据，8000 张影像，全长 13km 长带状公路，无须控制点，顺利完成空中三角计算。长带状数据空中三角计算结果图如图 3-1-16 所示。

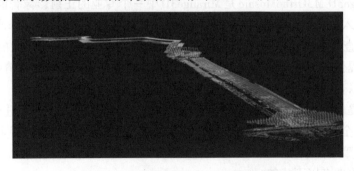

图 3-1-16　长带状数据空中三角计算结果图

6）睿景Smart3D

Smart3D实景三维数据生产方案的产品组成：一共6个模块，包括从外业航飞到内业生产和后期应用全流程工具，实现"一键"航飞、"一键"处理，提高数据采集效率和生产效率。Smart3D是睿景自主研发，具有自主知识产权的三维建模软件。它通过导出空中三角计算数据可以与其他建模软件进行数据交换。

Smart3D可以根据照片和点云全自动化地生产高精度的实景三维模型。根据官网介绍，相较于市面上其他的软件，Smart3D的优势在于以下几个方面：

（1）空中三角计算一遍过，精度有保障。

（2）建模细节优，人工修补少。

（3）效率大大提高（自动化处理效率和人工操作效率）。

（4）成果多元化，国内外数据格式应有尽有。

（5）节点管理方便，大数据中心必备之利器。

（6）自主国产，随时增加用户提出的需求，支持国产操作系统和Linux。

7）iTwin Capture Modeler（Context Capture）

Context Capture是由Bentley收购的法国的Acute3D公司的Smart3D Capture软件发展而来的。2023年6月，Bentley官方公布将现实数据功能（创建、管理和交付）整合到一个独特的品牌下，Context Capture更名为iTwin Capture Modeler。Context Capture是一款功能强大、专业性强的三维实景建模软件。它的功能就是帮助用户快速地创建一个或多个细节丰富的三维实景模型，用户只需要将照片导入软件，再导入静态或移动激光扫描数据，将其与照片结合使用便可获得高精度的真实感网格物体，随后使用高保真成像工具来支持精确映射和工程设计。利用它几乎可以将任何格式和投影图像组合在一起，使用并显示非常大的地形模型，以提高大型数据集的投资回报率。Context Capture将地形模型与DGN文件、点云数据等源数据同步，帮助用户快速地完成相关工作。除此之外，它在动画创建方面也是一款利器，其通过渲染任何大小的快照来生成高分辨率的正射影像和透视图图像。

行业内，Context Capture简称"CC"，该版本为单机版本。Context Capture Center简称"CCC"，是带集群服务的高级版本，支持多台计算机并行计算。

Context Capture是业内较早的三维建模软件，有很多自身的优势：建模效果和建模的精度较高；生产效率高，支持生成文件格式多，操作稳定性和易用性强。Context Capture也有其不足之处：空中三角计算能力相对较弱，本地化语言支持较弱。整体来说，Context Capture软件有以下特点：

（1）支持来自许多类型相机和传感器的图像，支持使用从智能手机到高度专业的机载或地面多向采集系统的各种摄像机，利用任何可用的图像格式和元数据来创建3D模型。

（2）支持激光扫描数据。导入静态或移动激光扫描数据，将其与照片结合使用以获得高精度的真实感网格物体。

（3）创建动画、视频和浏览。通过渲染任何大小的快照来生成高分辨率的正射影像和透视图图像；使用输出标尺、比例尺和位置，设置图像尺寸和比例，以实现准确的重用；利用直观的基于时间的穿越和对象动画系统，快速轻松地制作电影。

(4)创建高保真图像。使用高保真成像工具来支持精确映射和工程设计。几乎可以将任何格式和投影图像组合在一起。

(5)创建可扩展的地形模型。使用并显示非常大的地形模型,以提高大型数据集的投资回报率;以多种模式显示可缩放的地形模型,如带有阴影的平滑阴影、纵横比、高程、坡度、轮廓线等;将地形模型与DGN文件、点云数据等源数据同步。

(6)可扩展的计算能力。通过将最新的计算系统用于台式机和集群处理单元来加快生产速度,并能够利用GPU计算、多核计算、高级捆绑块调整、平铺机制、任务排队和监视、网格计算以及超大型项目管理。

(7)生成2D和3DGIS模型。使用各种地理空间数据类型(包括真实的正射影像、点云、栅格DEM和EsriI3S格式)生成精确的地理参考3D模型,包括一个SRS数据库界面,以确保与GIS解决方案的互操作性。

(8)将多来源的数据与现实网格集成。将现实网格附加到网格的特定部分,可以使其具有诸如地理空间信息之类的附加数据,从而可以根据关联数据随后搜索和可视化网格区域。

(9)整合定位数据。利用地面控制点或GNSS标签精确定位地理参考模型,用户可以对项目进行地理协调,并准确地测量坐标、距离、面积和体积。

(10)测量和分析模型数据。直接在3D观看界面中进行距离、体积和表面积的精确测量,节省了获得准确数据的时间。

(11)提取现实建模数据的几何模型。从现实模型中提取折断线、绘制线、曲面、平面、圆柱体和圆柱体中心线,有效地修剪和剖切点云和现实网格以简化矢量提取。

(12)执行自动空中三角计算角和3D重建。通过自动识别每张照片的相对位置和方向完全校准所有图像。采用自动3D重建、纹理贴图以及对关系和重建约束进行重新纹理化,以确保获得准确度高的模型。

(13)在点云上执行自动照片块对齐。在空中三角计算过程中,自动调整照片块以适合点云,从而实现两个数据源的精确校准和对齐,以创建具有高保真度的真实网格。

(14)在2D图像和3D现实网格中同时执行导航和查看。单击现实网格中的一个点,显示全分辨率照片和同步的3D场景,利用照片导航来分析和执行质量评估。

(15)发布和查看可用于Web的模型。生成针对Web发布进行了优化且可以使用免费的插件——Web查看器进行查看的任何大小的模型,这样可以在Web上即时共享和可视化3D模型。

(16)云按需扩展生产速度。直接从Context Capture桌面界面切换到Context Capture云处理服务,通过多引擎云处理满足最苛刻的期限。

(17)在最终生产之前可视化,分析和测量现实网格。进行空气三角测量后,可以利用Splat显示模式查看现实网格的草稿,以便更快地执行质量评估、照片导航和测量任务。

(18)可视化操纵和编辑现实建模数据。使用数十亿个点可视化和编辑点云,更改其分类、颜色并删除或编辑点;使用数以亿计的三角形来处理现实网格物体和可扩展的地形模型。导入、修饰和导出多种格式的网格。

8）Altizure

深圳珠科创新技术有限公司是一家由香港科技大学孵化的科技型企业。它拥有全球最大的航拍三维社区，服务对象为无人机爱好者及无人机行业应用专业用户。用户可免费注册，上传无人机航拍数码照片，自动完成模型重建，之后付费下载与物体真实尺寸一致的三维模型成果。目前，该公司已有农业、电力设计、规划、测绘、建筑设计、建筑施工、文物保护、应急救灾、公安、消防、地理信息、VR、CG、影视娱乐、3D打印等行业用户付费下载模型数据。

Altizure网站的所有服务于2020年10月关闭。目前官网无法打开。之前App（安卓和iOS）还可以从网上下载。手机App可以为大疆等非专业测绘无人机提供航线规划等功能，初学者购买入门级无人机都可以进行专业建模操作。网站之前还提供手机等拍照后上传建模功能。很遗憾，随着官网服务的关闭，用户只能利用App进行航线规划应用。

9）大疆智图

大疆智图是一款提供自主航线规划、飞行航拍、二维正射影像与三维模型重建的PC应用软件，通过一站式解决方案帮助行业用户全面提升航测内外业效率，将真实场景转化为数字资产。

（1）航线规划

在地图上设定一系列航点即可自动生成航线，支持为每个航点单独设置丰富的航点动作，同时可调整航点的飞行高度、飞行速度、飞行航向、云台俯仰角度等参数。对于精细化飞行任务，还可在已建好的二维正射地图或三维模型上进行航点规划，规划效果更直观。

（2）一站式获取高精度成果

①简单高效，界面简洁直观，便于导入图像数据。数据处理效率最高可达400张影像/1GB内存，在作业现场即可快速完成建模。多显卡重建，大幅提升作业效率。

②精益求精，设置控（检查）点，生成绝对精度更高的二维地图和三维模型。输出详细质量报告，让建模精度数据一目了然，确保符合项目交付精度要求。

③运用自如，内置8500多种成果坐标系，根据需求选择对应输出坐标系。支持导入POS数据、GCP数据，提升重建精度，满足多种场景的重建需求。

（3）模型重建

①实时二维重建。基于同步定位、地图构建和影像正射纠正算法，在飞行过程中实时生成二维正射影像，实现边飞边出图。在作业现场就能及时发现问题，灵活采取更具针对性的应对措施。

②后处理二维重建。根据农田、城市等不同场景分别优化算法，全面升级的TDOM技术，有效避免图像扭曲变形，准确细致地呈现目标对象和测区。

③二维多光谱重建。针对精灵4多光谱版，支持辐射校正，输出反射率地图用于遥感科学研究；也可直接生成NDVI、NDRE等植被指数图，帮助判断植物生长状况及异常问题；支持进一步输出变量喷洒处方图，配合大疆农业植保机使用，可减少运营成本，提升产量，实现精准农业。

④实时三维重建。基于大疆先进的实时重建算法,将无人机采集的数据可视化,实时生成高精度、高质量的三维模型,满足事故现场、工程监测、电力巡线等场景的展示与精确测量需求。

⑤后处理三维重建。导入多角度拍摄所得影像,自动生成实景三维模型。提供高、中、低三种重建精度,满足不同事故现场建模、电网设备重建、建筑项目进度跟踪等应用需求。基于统一计算设备架构(Compute Unified Device Architecture,CUDA)智能重建算法,可在短时间内处理大规模数据,高质量地输出重建结果。支持兴趣区域重建(Region of Interest,ROI)功能,圈定重建关注区域,减少重建处理时间,在提高作业效率的同时提高了模型或点云的美观度。

⑥激光雷达点云重建。支持禅思L1点云数据处理,包含POS解算、点云与可见光数据融合、标准格式点云输出、作业报告输出,实现点云数据处理一键式操作。

(4)数据分析

①可以进行二维、三维测量。轻松测量目标对象的坐标、距离、面积、体积等关键数据,为进一步分析提供数据支撑。

②模型标注,在测量结束后对测量结果进行管理,如命名测量对象、标注尺寸、导出结果等,让数据存储更加合理,项目优化与报告更加直观、高效。

(5)无缝兼容

支持以下机型的航线规划:精灵Phantom4RTK(带屏遥控器)、精灵Phantom4 ProV2.0、精灵Phantom4Pro+V2.0、精灵Phantom4Pro、精灵Phantom4Advanced、精灵Phantom4、御3E等。

大疆智图通过大疆软件硬件的结合、人工智能驱动的定制化航测解决方案,能够从地理位置信息数据获取、处理、应用等各个环节着手,轻松制订全方位的解决方案,提高精细化程度,加快业务交付。

10)DP-Smart

武汉天际航信息科技股份有限公司(以下简称天际航)成立于2011年8月,依托武汉大学科研实力,采用"产、学、研"结合的模式,专注于倾斜摄影测量技术的研发与应用,致力于实景三维倾斜影像空间数据服务,形成以全自动建模软件DP-Smart、精细化建模软件DP-Modeler、实景三维测图软件DP-Mapper、AR系统AR-Explorer为核心的产品体系,实现空地一体、室内外一体的高精度数据处理作业,并构建了实景三维数据生产体系和影像增值服务平台,广泛应用于国土测绘、智慧城市、桥隧检测、电力巡检、施工监测、军警防务、应急指挥等多个领域。

全自动建模软件DP-Smart是天际航自主研发的一套基于简单连续影像,无须人工干预,全自动生成高分辨率真三维模型的自动化建模软件。软件基于摄影测量、计算机视觉、人工智能与计算几何算法,支持全自动空中三角计算、密集点云生成、构建TIN网、自动纹理映射等步骤,实现真三维模型的快速生成。

DP-Smart的主要特点:

(1)完全自主研发内核,支持千亿级以上像素影像数据处理;数据输入自动处理,实时更新处理进程,同时提供影像视图、全景视图、真三维模型视图等多种视图查看结果。

(2)支持航空倾斜影像、卫星影像、热红外影像、室内影像、全景影像、地面近景影像等多源数据联合处理。

(3)基于CUDA的CPU/GPU协调并行计算;空中三角计算与建模集群式处理;按摄站模式

进行空中三角计算与建模;与RTK/PPK解算软件集成,实现免像控空中三角计算。

(4)自动输出OSGB、OBJ、3DTiles、Ply、DSM、TDOM等多种国内外平台支持的成果数据。

11)开源软件

国内外开源软件有很多,开源程序虽然是免费的,但是需要使用者具有较强的计算机应用能力。很多开源软件无中文版且不支持微软Windows操作系统,很多用户很难尝试应用。现在对OpenDroneMap进行简单介绍。OpenDroneMap(ODM)是一个开源的航拍图像处理工具,由开源地理空间基金会(Open Source Geospatial Foundation,OSGeo)开发。ODM可以将航拍图像进行点云、正射影像和高程模型等转换处理。使用OpenDroneMap可以生成点云、DEM、DSM、3D实景模型等。

ODM的目标是支持开发开放的解决方案生态系统,以收集、处理、分析和显示航空数据,并在其周围建立强大的、自我维持的社区。其生态具体如下。

(1)ODM:命令行工具集。拥有用于处理航拍图像的命令行工具包,自2014年创建以来,它已成为开源无人机图像处理的事实标准。

(2)WebODM:用户界面。用户友好,拥有可扩展的应用程序和应用程序编程接口(API),用于无人机图像处理;提供具有可视化、存储和数据分析功能的ODMWeb界面。

(3)NodeODM:轻量级API。拥有用于访问ODM的轻量级RESTAPI,还提供了一个最小的Web界面来访问其功能。

(4)LiveODM:便携式USB。预先安装了具有ODM、NodeODM和ODMWeb的可启动DVD/USBISO。

(5)CloudODM:命令行客户端。拥有用于处理云端航空影像的命令行工具。

(6)PyODM:Python SDK。一个Python SDK,用于向应用程序添加航拍图像处理功能。

(7)ClusterODM:可扩展NodeDOM。兼容NodeODM API的反向代理、负载平衡器和任务跟踪器,可轻松进行水平扩展。

从上面的生态来看,ODM为无人机遥感的数据处理提供了完善的工具链。相对Pix4D、Smart3D(Context Capture)等商业解决方案,ODM为用户多提供了一种选择。

12)航测成果处理软件对比

这里通过一个案例来对部分建模软件进行简单对比。由于不同的测绘地形、地物以及作业方案会对软件效果有影响,本案例不能代表软件自身的优劣,建议用户根据自身情况进行选择。

某山区规划测量,采用大疆精灵4RTK进行作业,航线规划采用井字飞行,采用RTK模式,飞行高度150m,两个方向重叠率均采用75%。区域规划采用BIGEMAP,在现场与业主方进行沟通修正,了解区域内有无禁飞区、限飞区及其他不良的飞行条件。经了解,该区域有磁铁矿,在实际踏勘后对该区域进行避绕(编者在日常工作中遇到过电解铝车间强磁干扰、磁铁矿干扰以及重点敏感区域的GNSS信号干扰,这些干扰会对安全飞行造成很大影响)。

在选择起飞点时,考虑信号及途中更换蓄电池等原因,选择相对空旷、干扰因素少及在测区中央附近,如图3-1-17所示。在现场对测绘区域修正后,飞行时长约为75min(无人机系统预估时间)。在采集过程中也出现了遥控器信号弱的问题,通过调整天线和选择遮挡少的区域,正常采集3个架次后,出现RTK信号无法固定的问题,多次尝试问题无果后,选择一个折中方案:

先关闭RTK,采用GNSS起飞,起飞后再打开RTK信号即可恢复到RTK模式作业(一般有地面遮挡时,空中RTK信号比地面好很多),问题完美解决。经过5个架次的飞行采集1708张照片。

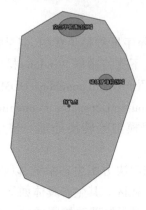

图3-1-17　测绘区域示意图

内业空中三角计算我们采用4款软件进行对比:

(1) ContextCapture Master

采用ContextCapture Master Update 20.0-v10.20.0.4117版本,按照默认设置,空中三角计算后有261张照片无法参与重建,如图3-1-18所示。图中绿色点为正常区域,橘红色点为无法正常进行空中三角计算的区域,最终橘红色点的区域也无法生成模型。

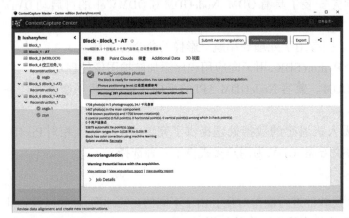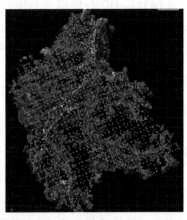

图3-1-18　ContextCapture Master空中三角计算结果图

(2) Mirauge3D

采用Mirauge3D V1.0版本,按照默认设置,空中三角计算后有340张照片无法参与重建,如图3-1-19所示。

(3) 瞰景Smart 3D

采用瞰景Smart 3D V5.0版本,按照默认设置,空中三角计算后有105张照片无法参与重建,如图3-1-20所示。图中黄色点为无法进行空中三角计算的区域。

(4) 重建大师

采用重建大师V5.1.1.1410版本,按照默认设置,空中三角计算后全部照片都能参与重建。重建大师空中三角计算结果如图3-1-21所示,三维重建模型如图3-1-22所示。

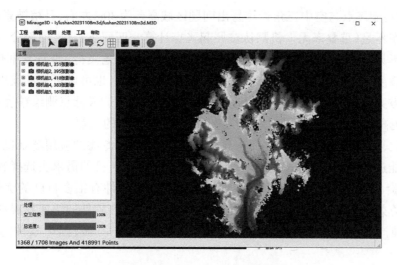

图 3-1-19　Mirauge3D空中三角计算结果图

图 3-1-20　畅景 Smart 3D空中三角计算结果图

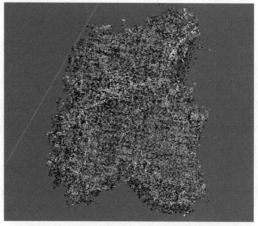

图 3-1-21　重建大师空中三角计算结果图

图 3-1-22　三维重建模型

原因分析：起飞点与空中三角计算易出问题区域高差为30m左右，且植被繁茂，造成实际采集的重叠率不足（重叠率无人机默认按照起飞点计算），匹配点较少，使部分区域空中三角计算精度低不易成模。为避免此类问题，在有条件时采用仿地飞行；如果条件不允许可以加大双向的重叠度，可以在不改变起飞点的情况下加大重叠度，也可以更换起飞点到测区的高点。前两种方案可以有效保证测绘精度，最后一种方案可能造成低点测绘精度降低。当然，有条件采用更高配置的相机可以有效解决最后一种方案带来的问题。

通过对比，编者认为，每款软件都有自己的特点和优势，专注的应用场景也不同，我们可以对软件功能进行了解，并及时关注软件功能的更新，根据自己的需求去选择软件。根据编者的使用经验，相较于国外的一些老牌软件，国产的一些软件有很多自己的优势，有些软件空中三角计算效率和精度高，有的软件处理细节好，随着国产软件的快速发展和国家信息安全的需求，国产软件操作习惯也比较符合国内用户的操作习惯，国产软件的发展也越来越好。

以上为大家提供一个整体的梳理，具体的功能和性能对比需要我们在工作中积累对比，探索出适合不同应用场景和自己硬件采集设备适用的软件配置方案。

3.1.3 航测数据应用

1）二维数据生成

目前基于航测影像的成图软件有很多，有传统手工的成图软件，也有基于人工智能的自动成图程序，目前自动成图作为尝试，准确率为80%左右。随着技术的发展，测绘的内业工作越来越多地被人工智能代替。下文就目前应用较多的测绘成图软件进行简介。

（1）EPS

北京山维科技股份有限公司（以下简称山维科技）是一家专业从事地理信息领域（包括3S技术）软件开发、软件产品销售及GIS工程建设的北京市高新技术企业和"双软认证"企业。

早在1994年，山维科技就与清华大学合作，首创了"电子平板"测图新概念，开发的数字测绘软件EPSW风靡全国，改变了传统手工平板仪测绘制图的历史。

经过多年的坚持不懈努力，山维科技在空间数据采集、空间数据加工与处理以及GIS、MIS与办公自动化（Office Automation，OA）的结合等方面都形成了自己独具特色的技术。山维科技具有行业技术领先的优势和已积累的经验，在以GIS数据采集、建库、更新服务为核心的软件及工程项目实施方面都取得了成功，目前山维科技的客户遍布全国各个省市。

山维科技在自主核心技术的基础上开发的GIS前端数据采集、GIS数据处理和GIS管理三大类共十几种软件产品，提供从数据采集、数据编辑、数据监理、跨平台数据转换、整合与多格式数据分发、大型数据库建设、数据更新到GIS分析应用（主要是房产、土地、规划等行业）和专业网络办公自动化建设等全方位服务，整体形成了以数据库为核心的基础地理信息全面解决方案，正在步入市场高速发展时期。

EPS目前主要包含以下软件产品：

①EPS地理信息工作站是山维科技历经20年持续自主创新研发的高度集成的测绘与GIS领域的专业软件平台，为用户提供基于全野外、倾斜、点云、立测、二三维一体化的数据采集编

辑、三维不动产权籍调查、数据建库更新管理、数据共享分发应用等整体解决方案,是建立信息化测绘技术体系、提高GIS数据生产作业效率、保证生产成果质量、实现数据建库更新管理的产品。

②EPSOffice平台是一个可以快速设计业务流程和表单,进行简单配置便可快速搭建各种信息应用系统的基础平台,支持Oracle、SQLServer等数据库。

③EPSGIS平台是跨平台集成、直接面向GIS的搭建平台,它提供多源、跨平台服务集成管理、统一认证及权限控制、应用分发、组件共享、二次开发等功能;该平台具备强大的集成与开放性、简易开发,效能高,助力企业轻松实现从数据提供商过渡到应用系统提供商的转变,为企业降低成本与加强市场的多元化竞争,为企业提供GIS应用搭建的完整解决方案。它基于现代Web技术,以"界面组装"为思路,实现可视化表达组件"积木化",实现交互式拼装,快速满足行业应用的可视化展示与数据挖掘分析需要。同时,该平台集成丰富的解决方案、功能样例、可视化展示等应用案例,引导、启发用户实现对实际需求的分析应用。

④EPS点云矢量对象化协同处理系统是山维科技基于自主版权的EPS地理信息工作站研发的点云数据管理与生产处理软件,该系统支持海量高密度点云高效渲染与实时捕捉,支持多视角、多数据源、多人协同生产作业,提供了多种自动和人机交互的采编功能,同时支持对点云数据的管理、分类识别、输出DEM等功能,有效拓展了点云数据成果的应用领域。

⑤EPS立体测图系统是山维科技基于自主版权的EPS地理信息工作站研发的新型立体测图系统,该系统支持航空摄影、卫星遥感、倾斜摄影等数据源的戴眼镜双目立测,支持同一平台的多数据源立体测图。

⑥EPS外业测图系统是基于Windows系统的外业采集系统,它与EPS内业编辑平台共用底层。该系统可以在Windows平板电脑上运行,界面适应6寸、8寸、10寸等多尺寸平板。

EPS外业测图系统具备多业务支撑:面向地形测绘、国情监测、土地确权、地下管线、放样、断面测量、控制测量等业务,不仅能做到及时准确地完成数据的采集任务,而且能使用平板自身的多种传感器辅助获取一定的多媒体参考数据,辅助内业工作。

⑦EPS平板调绘系统是山维科技基于EPS地理信息工作站平台,结合外业实际作业环境、外业调绘习惯定制开发,满足航测外业调绘、外业检查以及其他各类外业数据采集更新业务使用需求的一款软件。

⑧EPSG地图自动综合与缩编系统,又称地图综合,或称地图缩编,是不同比例尺基础地理信息数据梯次获取的一种重要手段。

⑨EPS地图综合(缩编)软件以模板、脚本、工程化为主要特点,支持自定义缩编方案,能够一键全自动化缩编且灵活可控;针对数据的取舍与数据的化简综合,软件集成百余个缩编功能,能,功能全面且操作灵活;经大面积使用,与传统方式相比,效率提高5~10倍。

⑩EPS数据生产与质检验收系统,建立标准化的质量检查流程,开发集成数据检查工具和质量控制工具,提高基础地理信息数据检查工作效率,实现质量检查过程的有效控制,实现检验工作的标准化、可量化和效率化。

⑪山维星球系统是山维科技基于EPS、Cesium、PostgreSQL/MongoDB等推出的海量多源数

据的高效存储与管理以及数据的 Web GIS 服务系统。山维星球系统可解决各类二三维数据的存储、管理、展示、分析、应用等问题,可实现点云、实景三维模型、EDB 文件格式、DWG 文件格式、遥感影像数据源完全一体化,支持作业分配以实现多人协同作业与数据更新,并实现历史数据追溯;支持 Web GIS 服务,实现数据对外服务应用。系统适用于国土、规划、城勘、测绘、水利水电、电网管理、交通、城管、公安、救灾应急、工程施工等众多行业。

⑫EPS 三维实景模型处理系统(EPS 3D Model Processing System,EPS3DMP)是山维科技自主研发的一款三维实景模型修饰及单体化处理软件,支持航测原始相片、街景、手持拍照、全景照片、激光点云、BIM 模型、矢量数据等多源多类数据集成,是集模型修复与简化处理、模型单体化及重构、纹理处理、三维量算、质量检查与精度评定、数据入库、二次开发为一体的信息化模型处理系统,可为场景展示、规划比选、三维量算、空间分析和决策等三维数据的高质量、精细化生产和调度提供技术支撑。

⑬EPS 三维测图工程版是基于 EPS 三维测图系统(EPS 3D Survey)打造的精简版。这里我们重点介绍 EPS 的三维测图功能。EPS 三维测图系统可提供正射影像、实景三维模型的二三维高效采编功能,提供大数据浏览及采编制图建库一体化技术。EPS 三维测图系统自推向市场以来,得到用户高度认可。EPS 地理信息工作站作为专业信息化测绘生产建库管理一体化产品,涉及专业广泛,功能丰富,现针对三维测图用户的测图需求,打造 EPS 三维测图精简版,它功能简化、界面优化,高效便捷,降低了采购成本,其数据处理过程如图 3-1-23 所示。

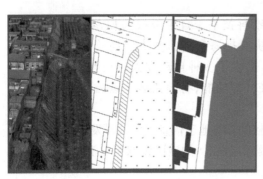

图 3-1-23　数据处理过程图

产品特点:

a.二三维采编制图建库一体化。

b.海量数据快速加载浏览。

c.网络化数据管理与调用。

d.多数据源、多窗口、多视角协同作业。

功能特点:

a.多数据源支持。

b.DOM。

c.DOM+DEM 叠加。

d.倾斜模型。

e.倾斜影像原片。

倾斜模型和影像原片如图 3-1-24 所示。

采编功能:

a.二三维一体化采编功能,如图 3-1-25 所示。

b.调整高程矢量数据,房屋切片采集,如图 3-1-26 所示。

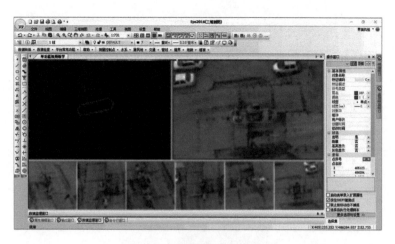

图 3-1-24 倾斜模型和影像原片

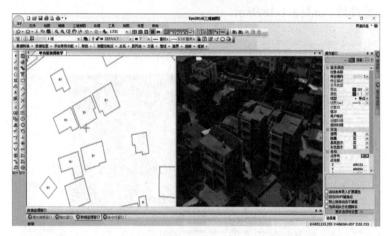

图 3-1-25 二三维一体化采编

图 3-1-26 房屋切片采集

c. 地物高程快速升降。

d. 自动提取矢量数据(任意切面),如图 3-1-27 所示。

第 3 章 数字化之软件篇

图 3-1-27　自动提取矢量数据

e. 自动生成等高线,如图 3-1-28 所示。

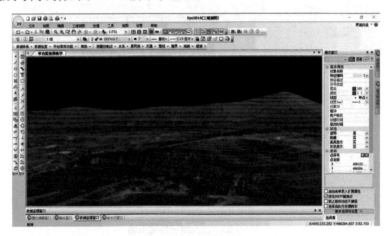

图 3-1-28　自动生成等高线

f. 手绘等高线,斜坡采集,如图 3-1-29 所示。

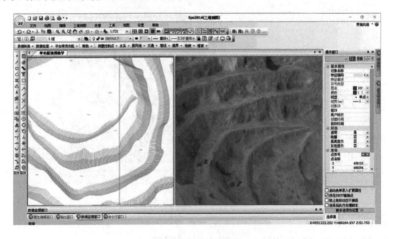

图 3-1-29　斜坡采集

g.立面测量,如图3-1-30所示。

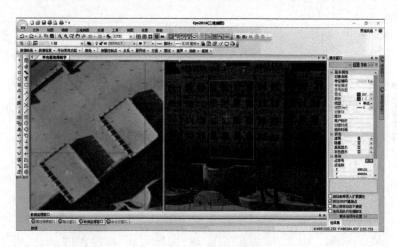

图3-1-30　立面测量

h.土方计算。

模型场景编辑功能:

a.模型水平、竖直、任意角度切割。

b.包围盒裁剪模型。

c.模型切片生成正射影像。

协同生产管理:

a.多数据源、多窗口协同作业。

b.多窗口同步测图、二三维一体化联动。

c.网络化生产,数据统一管理调用。

(2)天际航DP-Mapper

实景三维测图系统DP-Mapper是天际航自主研发的一套裸眼三维测图软件,提供基于三维模型、航空影像、地面影像、正射影像、点云数据的二三维一体化采集编辑工具,支持自定义文件模板以及符号样式,支持采编、制图、建库一体化,数据转换支持编码对照及属性字段映射;可以基于倾斜影像裸眼测图,测图可以实现二、三维一体化联动,实现快速测图,学习成本低。适用于基础地形测绘、地籍测图、不动产测绘、征地拆迁测量等。

DP-Mapper支持多源数据:

a.实景三维模型测图。

b.倾斜影像测图,如图3-1-31所示。

c.卫星影像测图。

d.空地一体影像测图。

e.点云测图。

f.正射影像测图。

图3-1-31 倾斜影像测图

DP-Mapper支持自定义模板，支持自定义图层、属性字段、要素编码、字典值域等，适应不同地区或者不同项目成果标准；基于影像的高精度采集，影像上观测地物更真实完整，没有扭曲、变形、纹理拉花等问题，基于影像采集观测精度高。

(3) 南方测绘

广州南方测绘科技股份有限公司（以下简称南方测绘）创立于广州，是一家集研发、制造、销售和技术服务于一体的测绘地理信息产业集团，其业务范围涵盖测绘装备、卫星导航定位、无人机航测、激光雷达测量系统、精密测量系统、海洋测量系统、精密监测及精准位置服务、数据工程、地理信息软件系统及智慧城市应用等，致力于行业信息化和空间地理信息应用价值的提升。南方测绘专注测绘地理信息行业，以振兴民族产业为己任，坚持自主创新，陆续实现了测距仪、电子经纬仪、全站仪、GNSS等一系列测绘仪器的国产化，取得了一系列拥有自主知识产权的技术成果，成为中国电子测绘仪器的开创者与领导者，是中国高精度卫星导航产业的领导者，也是中国地理信息软件和数据系统的领航者。原国家测绘地理信息局（现为自然资源部）组织的专家经过鉴定，认定南方测绘的产品和综合技术达到世界先进水平，跻身行业世界四强。目前，南方测绘电子经纬仪、全站仪及RTK产销量均位居世界前列，北斗地基增强系统（CORS）建站数全国领先，测绘成图软件市场占有率超过90%，拥有中国颇具规模和实力的无人机航测和激光雷达数据获取与处理专业团队。

南方测绘uFeature3D是一款面向航测的信息化测绘软件，集成测绘、CAD、GIS三个领域的实用技术，提供空间和属性数据的浏览、查询、采集、编辑、管理、分析、制图输出等测绘和GIS核心功能。uFeature包含三维采集模块，支持用户在实景三维模型上进行地物采集和成图等工作，并提供多种多样的量测和绘图工具，满足多样化的绘图需求。

uFeature3D重点功能包括实景测图、立面测和质检模块。

①实景测图有五大房屋绘制方式，实现地物快速采集，提高作图效率。具体如下：

a. 五点绘房:用于规则矩形房屋的快速绘制。

b. 偏移构面:实现阳台、飘窗等地物的便捷绘制。

c. 墙面绘房:自动计算角点,实现"以点带面"。

d. 房棱绘房:面向模型效果好,轮廓清晰,形状特征明显的房屋绘制。

e. 面面相交绘房:自动计算房屋角点,用于角点非90°的房屋绘制。

②立面测图:提供全流程立面测图工具,全方位满足立面测图要求。绘制立面范围线—生成立面图框—开启立面模式—绘制立面线—立面出图。

③质检模块:强大的数据处理引擎,提供丰富的元规则,可按需自由搭配,实现数据自动处理,一键运行,高度自动化,满足多种质检要求。

uFeature有以下优势:

①多种矢量工具:提供多种矢量处理工具,可对矢量进行编辑、渲染、统计。

②二三维一体化:二三维采集建库一体化,信息化与同步符号化。

③地物快速采集:提供不同类型地物快速采集方法和策略,提高用户作图效率。

④对接最新国家标准:对接最新国家标准编码与图式,绘制地物更规范、标准。

⑤数据协同处理:多数据源、多窗口、多视角协同作业。

⑥轮廓自动提取:自动化提取房屋轮廓线,满足低精度的批量采集工作需求。

(4)Bentley Orbit

Bentley Orbit是一款三维和移动测绘软件,使用从街头移动、倾斜、无人机系统(UAS)、航拍、地面和室内测绘获取的数据,不仅可以轻松地访问和更新地上或地下三维城市模型;还可以通过Orbit访问和更新扫描的数据、图像、三维矢量、网格和二维GIS/CAD数据。Bentley Orbit的解决方案可以帮助用户管理、提取和共享大量影像、点云以及三维测绘数据,以供其在实景建模和数字孪生模型中使用。

与硬件无关的Orbit可通过实时融合从任何系统中收集的任意大小的街头、航拍、室内和静态数据,为用户提供三维360°全景图。工程师、地理信息专家和基础设施业主运营商可以通过Orbit的解决方案促进4D勘测,以满足如今越来越准确、多功能、可管理和嵌入式使用数字孪生模型的项目需求。

Bentley Orbit具体包含以下两款软件。

①Orbit 3DM Content Manager。

Orbit 3DM Content Manager在采集后管理三维测绘数据,然后进行处理、地图制作、资产建模或数据共享。Orbit 3DM Content Manager使数据采集专家能够轻松地优化和管理各种来源的大量图像、点云和三维测绘数据。

Orbit 3DM Content Manager具有可扩展性和硬件中立性,可通过启用街头、航拍、倾斜、室内和静态数据收集的实时融合,为用户提供测绘项目的完整三维360°视图,使用户轻松浏览TB级点云、图像和三维移动测绘数据。

该软件有以下主要功能:

a. 三维测绘数据分类和归档,随时维护所有可用三维测绘数据以及图像、矢量和栅格测绘数据的综合概述。打开目录即可快速查看、处理、归档、整合或交付以及与利益相关方共享。

b. 清除点云的多次传递、移动对象、噪声,通过移除人员、移动对象以及消除不一致和其他多余要素，在整合或导出共享之前提高点云的质量。

c.提高和校正三维测绘数据的位置精度，通过选择任意轨迹的延伸线、地图上的图表和彩色显示轻松分析位置精度。加载地面控制点并测量约束值，以立即预览点云的轨迹，调整或测量图像位置和角度，以执行轨迹分析。

d.管理公司范围内的大量三维测绘数据，从任何系统快速导入和组织任意大小的三维测绘数据。轻松查看、合并、清理、更正、分类和归档移动、倾斜、地面、UAS和室内测绘项目中的TB级数据。

e.优化点云数据，以优化性能、使用和存储，在共享测绘项目之前，通过消除重影、优化图像质量以及分析和报告位置精度，有效清理LiDAR（激光雷达）点云数据。

f.处理点云数据并对其着色，以进行共享；利用稀疏化和剥离功能轻松处理着色的点云数据，优化图像以及从点云和球面图像，获取正交图像；可以使用任务管理器快速整合要交付和共享的数据。

g.上传和共享三维测绘数据。将整合的移动测绘项目直接上传到基于云的在线平台Orbit 3DM Cloud上，或交付给内部部署解决方案Orbit 3DM Publisher，以便在线共享点云和图像。

②Orbit 3DM Feature Extraction。

利用Orbit 3DM Feature Extraction可以在完整的三维视图中快速有效地浏览所有类型和大小的测绘数据。Orbit 3DM Feature Extraction支持所有已知的移动、UAS、斜航拍、室内和地面测绘硬件系统，将不同的设备设置和规格转换为单个用户友好的环境。Orbit 3DM Feature Extraction使用针对每个车辆设置的进行调整的模板，简化了测绘数据导入操作，节省了用于导出视图和特征或创建准确报告的时间。

客户端与服务器有3个版本的Orbit 3DM Feature Extraction软件：Orbit 3DM Feature Extraction、Orbit 3DM Feature Extraction Backpack Edition和Orbit 3DM Feature Extraction C/S。客户端与服务器设置使专业的建模团队能够根据团队的特定要求来组织和管理生产工作流程。

该软件有以下主要功能：

a.访问工作流辅助的特征提取管理功能。借助辅助的特征提取管理功能，用户可以轻松定义和管理图层主题，从而改善工作流，更快地完成特征提取。用户可以创建具有任何测量特征的对象，以及向三维测绘数据添加属性、创建快照和文档。

b.分析测绘数据并创建报告，有效地沿轨迹处理横截面或三维路径创建剖面图。轻松计算测绘数据，然后分析体积；使用导入或设计的形状快速检测碰撞；取得最佳剖切视图以进行深入分析，并在预定义区域内生成轮廓线；分析和记录测绘数据后，创建结果报告。

c.自动检测电线杆和交通标志。利用自动检测功能快速检测电线杆和交通标志，并通过定义参数来完成质量控制的程序验证。数据库中存储的结果包括所有必需的元数据，如地面位置、高度、快照和标志形状。

d.自动识别点、表面、棱线和角，使用首选项框优化悬停和测量操作，以精确找到测绘工作流所需的信息。使用彩色悬停功能有效地可视、查看测绘数据，以检测基础点云，捕捉最近的点，以及在点与轨道表面、棱线和角之间进行插值。

e.导出测绘视图和特征，查看测绘数据后，轻松提取特征并保存在GIS/CAD中。查看三维天际线背景，制作三维动画并快速导出三维视图的漫游场景。

f.测量测绘数据和图像。只需单击鼠标,即可准确测量二维和三维测绘数据,并获得三角测量值。应用辅助的点、线、面积、圆、悬链线、平方和体积的自动测量值,沿轨道树、路缘、道路标记、护栏、人行道边界和电缆提取。

g.以完整的二维或三维视图浏览测绘数据。快速地以二维或三维方式查看测绘数据,播放所有支持的图像,并叠加任何二维和三维矢量数据;可以设置透明度、视图深度,并可以对任何三维点云进行高度调整;设置不同的模式来获取立体图、透视图和轴测三维视图。

h.通过客户端与服务器设置优化三维测绘。团队合作,使用面向团队经理和多个操作员的浮动式许可结构,轻松组建生产部门。团队经理可以导入和准备移动测绘数据、工作流设置、数据管理、主题和数据库导出以及操作员控制。操作员可以共享资源,包括移动测绘数据、主题、可视化和权限。生产要素将被提取到中央数据存储环境,方便所有操作员进行实时调整。

i.使用楼层平面图生成器进行水平和垂直剖切。始终通过采集的点云进行正确的剖切并轻松更新室内或室外测量数据,节省工作时间和精力。重新开始绘制平面图或使用整合的 Floor Plan Builder 更新现有平面图。

j.与他人有效共享360°平面视图、街景和倾斜影像。通过 Orbit 3DM Publisher,可以发布无限量的移动、倾斜、室内、UAS 或地面测绘数据的平面/全景图、网格和点云。通过本地服务器或基于云的服务,可以定义用户凭据并通过 Internet 将测绘数据共享到 Web 浏览器、移动设备和嵌入式查看器,从而将数据集成到任何工作流中。Orbit 3DM Publisher 提供了一个用户友好的在线配置控制台,用户可以使用其基本的导入和设置工具来管理三维测绘内容。

(5)瞰景 Smart3D Mapper

瞰景 Smart3D Mapper 是新一代基于实景三维模型的测绘数据生产软件。它可为用户提供从三维数据采集、编辑、质检到入库的一整套测绘数据生产解决方案。

该软件有以下特点:

①真立体显示模式,协助精度检查;零级模型提取确保采集精度。其倾斜影像测图如图 3-1-32 所示。

图 3-1-32　倾斜影像测图

②三维、正摄、真立体一键切换。
③原始相片定位,提高采集精度。
④纵切、横切方式便于模型局部确认。
⑤利用按边采集、多点拟合等功能精确采集房屋数据。
⑥采用数据库管理结构实时保存数据。
⑦实现全方位地形图内业调绘。
⑧三维透视选择捕捉技术,获取自然使用体验。

2)三维模型修整工具

无人机数据采集硬件、高度、环境因素(水面、玻璃幕墙等匹配点少的构造物)、建模软件功能不完善等因素影响会造成模型空洞、拉花、变形等问题,这就需要后期进行采集修补。

(1)天际航DP-Modeler

①DP-Modeler。图像快速建模系统DP-Modeler是天际航自主研发的一款集精细化单体建模及Mesh网格模型修饰于一体的新型软件。它通过特有的摄影测量算法,支持航测摄影、无人机影像、地面影像、车载影像、激光点云等多数据源集成,实现空地一体化作业模式,有效地提高了三维建模的精度及质量。DP-Modeler可对实景三维模型进行踏平、桥接、补洞、纹理修改等操作,实现模型整体修饰,解决自动化成果几何变形、纹理拉花、模型浮空、部件丢失等问题。

DP-Modeler有以下功能:

a.自动映射纹理。实现对多源时空海量影像数据的管理与调度,快速检索影像,根据影像与模型面的关系计算出每张影像的准确权值,匹配出当前模型对应的最优影像,一键完成模型贴图,无须U和V坐标轴调整。

b.建筑贴图。内置公共素材库,根据建筑高度,一键完成测区四级模型纹理贴图。

c.色彩调节。使用直方图描述出的整张图片的明暗信息,扩大照片的动态范围,查看和修正曝光,调色,提高对比度,改善照片曝光或暗沉等问题。

d.快速屋脊。将屋脊线等特征边作为约束边插入,删除屋顶轮廓之外多余的三角形,得到由三角化所构建出来屋顶三角面片几何模型,利用房屋轮廓点构建竖直墙面,快速完成复杂屋脊房屋的几何建模。

e.快速化建模。根据已有的二维平面测绘数据,系统可根据层高、楼层信息自动创建分层分户模型和建筑附属结构(如阳台等)并自动赋予阳台透明通道材质。

②DP-Modeler场景编辑。由于倾斜摄影受硬件、飞行高度、天气等因素影响,DP-Modeler场景编辑成果存在瑕疵。DP-Modeler集成街景采集影像,把街景和倾斜模型进行配准,经过Mesh模型局部的分离编辑,单体模型精细修编,最后将成果更新合并输出,实现模型整体修饰,解决自动化成果几何变形、纹理拉花、模型浮空、部件丢失等问题,其单体化成果也满足后期三维GIS应用的要求。

DP-Modeler场景编辑有以下功能:

a.一键水面修复。针对大区域水面缺失、隆起、纹理扭曲等问题,DP-Modeler实现多瓦片联合处理,无须切换,简单几步就可以实现大面积水面自动修补,且适用于所有水面一键水面修饰。

b.道路置平、场地复原。使用DP-Modeler能快速高效地修复路面凹凸不平,直接利用原始影像替换,或是采用已有的DOM进行纹理替换,一键修复路面半车等纹理,使整个场景自然。

c.建筑局部修饰。通过该功能可以进行女儿墙修补、招牌修补、去除粘连、立面置平等。

d.一键删除底部碎片。通过此功能可以解决建模时地面以下出现漂浮物的问题。

e.植被处理。针对场景中植被拉花、悬浮、孔洞、植被盲区灰色纹理等问题,提供悬浮物删除功能,去除路面不能完整表达树木基本轮廓的模型;提供模型种植功能,补充缺失树;提供按颜色选择、纹理映射、纹理修改等功能,对植被盲区纹理进行修复,使整个植被区域显示恢复正常。

③DP-Modeler立面测量系统。DP-Modeler立面测量系统采用轻量级地面拍照设备,结合天际航后处理软件DP-Modeler立面测量模块,实现非接触式、高效率、高精度房屋立面测图,厘米级测图精度,满足工程测量需求;支持无人机超低空航空影像、激光点云等多源数据联合处理,极大地降低了工作成本。

DP-Modeler立面测量系统有以下功能特点:

a.安全性高。数据集中管理、隐式网络共享、统一权限分配。

b.良好的协同性。多源作业数据实时调用、生产进度实时更新。

c.灵活性强。计算引擎可更换,支持数据、文件分布式管理。

d.兼容性好。生产工序工具间多源数据自动转换,无须人工操作。

e.标准化出图。作业标准统一、易于控制出图质量。

DP-Modeler有很好的联动性,可以与3ds Max、Photoshop等设计软件进行联动,大大提升了建模效果和精度。

(2)模方

模方(Model Fun)是武汉大势智慧科技有限公司开发的,为精致的实景三维数据而生,是一款针对实景三维模型的冗余碎片、水面残缺、道路不平、标牌破损、纹理拉伸模糊等共性问题研发的实景三维模型修复编辑软件。模方3.0新增了单体化建模模块,可与第三方软件联动实现模型的几何白膜构建,再通过模方完成模型纹理的贴图与修饰,最终进行数据(格式)的输出。

模方主要有单体化建模模块(全功能、无限制永久免费)和场景修饰模块。

①模方软件的单体化建模模块主要功能特点如下:

a.易上手。联动操作简单而功能强大的三维建模软件——草图大师SketchUp,如图3-1-33所示。

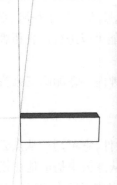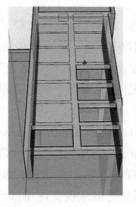

图3-1-33 联动草图大师

b. 更智能。纹理整体匀色、映射遮挡检测。

c. 更灵活。多种纹理处理模式,极大地提升纹理编辑效率。

d. 组件库。支持三维组件模型库,建设部件级三维实景。

② 模方软件的场景修复模块主要有以下特点:

a. 多瓦片联合处理。模方具有多瓦片同时处理的功能,极大地提高了处理效率;同时解决了对瓦片逐一处理后,瓦片之间色彩拼接不匀等问题,使处理效果更加美观,操作更加人性化。

b. 水面修整。上百块的大型水域修复仅需几步操作即可完成,修复后的水面纹理还原度高,带有波浪效果,且在水面与岸边的纹理交接处进行了颜色融合处理,纹理过渡自然。无视交界问题,自动生成水面,无缝链接Photoshop。水面修整如图3-1-34所示。

图3-1-34 水面修整

c. 道路修复。运用模方,可以修复模型中由车辆等物体造成的路面结构和纹理问题,让模型从实用性和观感上得到质的提升;可以一键置平道路、智能化结构置平、自动替换纹理。

d. 表面置平。针对模型中几何凹凸不平的问题,可将模型几何立面部分自动置平,无须删除、补洞等多步操作。在采用原有Photoshop联动修复纹理的操作方式的同时提供自动添加纹理功能,自动为模型贴上原片纹理。该功能可以进行广告招牌表面置平、大面积表面置平及断开不真实的连接。

e. 立面修补。针对模型中立面纹理模糊、拉花、结构破损等问题,模方提供了补洞、空中三角计算映射等各种精细修复工具,从纹理和结构上精细调整。该功能可以进行广告招牌快速替换、复杂几何墙体修复及建筑物几何快速挖除。

f. 删除底部碎片。通过在模型中快速选取种子点,即可在几分钟内一键删除三维模型底部所有碎片。

(3) Context Capture CONNECT Edition Editor

Context Capture Editor CONNECT Edition是现实建模高级处理软件,它可用于从点云和现实网格中提取特征,从现实网格中提取地面模型和正射影像,以及从点云中提取地面模型和对地面点进行分类。用户可以从现实网格或点云中提取地形模型,以获得符合旧版工具和工作流程的数据。Context Capture Editor CONNECT Edition集成了Reality建模数据和工程数据,可在任何方向生成可交付成果，如i模型、3D PDF和Ortho Images。Context Capture Editor CONNECT Edition有限的点击次数和更符合人体工程学，可以获得更高质量的网格，并提供更大的可扩展性；生成带有真实网格物体的横截面——通过x截面轻松分析3D真实网格物体，并简化3D建模和特征提取在x剖面中进行测量；可从Reality网格或点云中提取地形模型——从点云或Reality网格中自动提取地形点作为分类点云和/或TIN文件；可创建高度可移植/可互操作的可交付成果，并生成要在地形模型上叠加并在设计工作流中使用的垂直正射影像；允许在3D现实环境中访问有关资产的业务信息。

Context Capture Editor CONNECT Edition软件的主要特点如下：

①平台基础功能如下：

a.2D约束和2D参数单元格。

b.2D创建、操纵和修改工具。

c.3D实体建模工具、3D表面建模工具。

d.设计历史。

e.地理坐标系。

f.导入和导出标准格式（如OBJ，FBX等格式）。

g.网格工具（网格修饰）、命名边界。

h.工程边界和位置标签、命名表达式。

i.MDL应用程序和宏、照片导航、点云可视化、发布到i模型和3DPDF。

j.栅格可视化、现实网格可视化。

k.外部参照（如DGN，DWG等格式）。

l.从ProjectWise ContextShare流式传输表格、报告、数据库和项目类型等。

②现实网格处理。导出地形、特征提取、地面提取、快速地面提取、实时网格分类、上传到ProjectWise ContextShare、体积计算。

③点云处理。3D线追踪、分类编辑、剪辑、从Orthophoto着色、提取管道功能、特征提取、地面提取和地面分类、演示样式管理、Smart Snap和Visual Explorer浏览器。

④DEM/DSM。主题展示管理、可视化。

⑤图像处理。合并栅格马赛克、正射影像生成。

⑥混合栅格/矢量。

(4) 大疆智模

2024年大疆发布首款智能三维模型编辑软件——大疆智模，号称"像修图一样简单修模"。大疆智模支持一键导入由大疆智图生产的三维模型。模型在生成的过程中，由于受到天气和地理条件的限制，常常会出现干扰其使用的悬浮物。大疆智模只需单击一次即可精准识别并自动选中数十平方千米的悬浮物，还能一键全量删除。

对于模型中因水面反光而无法正确生成的区域，通过简单的单击与拖拽，就能快速修补，并且可以实时预览水面编辑成果。

在处理城市实景测绘模型时，大疆智能算法能让精细化编辑的效率显著提升，即使需要在单平方千米内清除数百辆车，大疆智模也能一键识别并将三维车辆压平。此外，该软件还支持手动选择区域、压平以及精细修饰，对于车辆压平后遗留的二维图形，可以利用纹理修复工具,选中目标区域,自动修补纹理。

编辑完成后,可将模型上传至云端,验收人使用指定链接,即可直接查看模型,满足测绘、消防等领域的作业需求。

大疆智模软件有以下特点:
①无感连接:与大疆智图高效互联,实现修模工作的无缝连接。
②智能识别:内置智能识别算法,识别悬浮物、车辆、破洞等缺陷,实现一键修模。
③简单易上手:实时预览模型修饰,支持自动、批量模型修复。
④快速分享:无须安装特定软件,模型处理成果可通过链接快速分享。

3.1.4 点云数据处理

1)3DReshaper

3DReshaper是一款处理3D扫描仪、CMM、激光扫描仪等3D点云数据的建模软件,软件解决方案覆盖了所有的点云、3D网格、曲面重建、检测及逆向工程等,重建的模型可以直接用于原型速成、刀具路径生成、动画、仿真模拟、有限元分析、地形、CAD、计算机辅助设计(CAM)等。此软件提供高标准的逆向工程功能。

该软件主要功能如下:

(1)DTM模型。3DReshaper具备地面提取、轮廓线提取以及断线提取的功能,利用3DReshaper可以对点云进行分类,设置山体的倾斜角度和树木形态,可以生成平滑的精度较高的三维模型。

(2)将三维扫描图像及实景运用(其中包括建筑修复和改造、数字化存档、设备管理、土地测量以及基础设施工程)在建筑测量中已经越来越普遍,3DReshaper可以满足精准竣工信息的需求。

(3)遗产保存、展示及重建经常需要用到三维扫描。3DReshaper借助其三维网格的优点,可以将数以百万计的点云便捷地转为可用的成果,如图3-1-35所示。

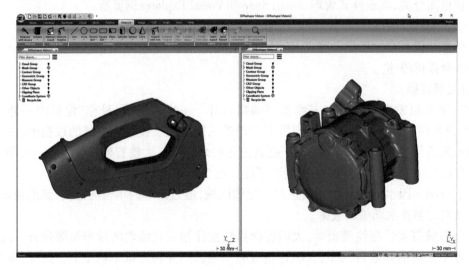

图 3-1-35

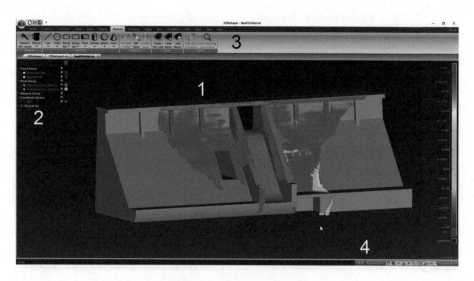

图 3-1-35　3DReshaper 软件界面

（4）隧道和竖井的建造、修改或检查是很大的挑战。3DReshaper 有专门针对隧道工程和检测流程的强大且简单的功能。

（5）有强大的检测和比较功能，可以快速进行对比并给出对比结果。

①矿山及采石场测量应用。3DReshaper 是一个强大的解决方案，可以以网格计算容量及体积，即使网格不是完全封闭的，也可以很容易地计算出路堤和坑道开挖量、大坝库容、因地表下降集中的水量、蓄水槽中特定高度的容积等。

②3DReshaper 可在一般蓄水槽检测时快速储存高精度和高密度资料，以评估储罐体状况。3DReshaper 和专用模块可以进行全流程引导式操作分析，使用 *Welded Tanks for Oil Storage*（API 650-2020）、*Tank Inspection, Repair, Alteration, and Reconstruction*（API 653—2018）API650/653 公差，进行 3D 检测，检查圆度、竖直和垂直度，计算槽底沉降。

③3DReshaper 有许多符合造船要求的指令（船体逆向工程、甲板平整度分析、变形控制）。

④先进的网格和纹理能力可以满足获取美学和轻量级的三维模型的需求，这些模型可以用于 AR 或影视产业（视觉效果）。

2）Global Mapper

Global Mapper 是一款经济实惠且易于使用的 GIS 应用程序，可以访问各种空间数据集，并提供恰当的功能，以满足经验丰富的 GIS 人员和初级用户的需求。Global Mapper 的空间数据处理工具非常丰富和全面，在多源格式方面具有优势，性价比高。Global Mapper 直观的用户界面和逻辑布局有助于平滑学习曲线，并确保用户立即运行，如图 3-1-36 所示。

针对 GIS 专业人员和地图爱好者开发的 Global Mapper 具有 GIS 软件中所需的全部功能。

（1）数据导入/导出

Global Mapper 特有的和定义性特征之一是其广泛而多样的数据格式支持。通过直接访问 300 多种栅格、矢量和高程数据类型，Global Mapper 可以支持几乎所有类型的地理空间数据，而无须附加组件。Global Mapper 还在不断添加新的和修改的格式，以满足用户需求。

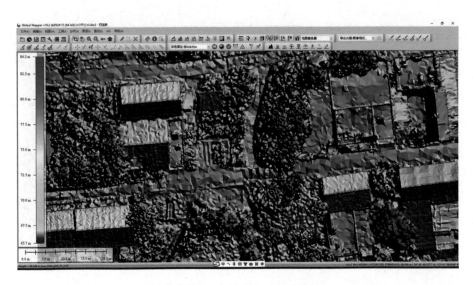

图3-1-36　Global Mapper软件界面

栅格、矢量和高程数据几乎可以以每种常见文件格式以及许多专有类型导出。在导出过程中，可以将数据平铺为更小或更易于管理的文件，或者可以将导出区域裁剪到定义的区域或当前屏幕视图范围内。

（2）访问在线数据

Global Mapper的访问在线数据功能包括与许多此类型数据服务的直接链接，如美国的一米航拍图像、全球海拔数据、地形图、Landsat卫星图像、土地覆盖数据、完整的缅因州地理信息系统目录、航空图、OpenStreetMap矢量通过仓库管理系统（WMS）采集的数据等。此外，如果本地机构或组织开发了Web Mapping Service，则可以轻松地将此数据的自定义链接添加到在线数据源列表中。这些基于Web的数据集可以实时流传或导出到本地文件以供离线使用。

（3）灵活的查看界面

Global Mapper中的多视角地图显示允许在界面内显示多个停靠的地图窗口，以更好地实现数据可视化和操作。这些视图既支持自上而下的2D渲染，又支持倾斜的3D视图，可以独立缩放和平移，并且可以调整大小，以有效地利用可用的屏幕空间。

（4）数字化工具

除了提供对现有空间数据集的访问权限外，Global Mapper还提供了大量数字化工具，可用于在地图上创建和/或编辑地图项。除了标准的点、线和面创建功能之外，Global Mapper还有一些工具可用于创建特殊的几何特征，如范围环、网格和缓冲区——只需输入每个线段的几何尺寸，就可以使用高级坐标几何输入在地图上创建对象。创建对象后可以用Global Mapper编辑功能修改创建的对象。

Global Mapper的编辑功能包括在地图上旋转、缩放和移动要素。修改可以应用于整个要素或确定要素形状和大小的单个顶点。Global Mapper具有完整的属性和几何编辑功能。结合脚本和批处理工具，它具有使许多GIS处理任务自动化的功能。

（5）功能渲染

Global Mapper可以为地图上的矢量特征分配特定的视觉特征。Global Mapper预安装或自定义符号可归因于点；可以将多个线型和权重应用于线性要素，并且可以将实体或图案填充阴影指定给区域要素。Global Mapper 中要素的外观通常由为每种类型要素建立的样式控制，但是样式也可以反映数据的属性，从而可以创建专题地图。

(6) 地形分析

Global Mapper 包括一些强大的地形分析工具，可用于处理或建模高程数据。这些工具作为标准安装的一部分，不需要其他扩展组件或插件组件。

(7) 线性分析/视线

Global Mapper 可以对地图上的任何线要素进行轮廓分析，以创建基础地形的横截面图。这些配置文件可用于计算与沿路径的海拔和坡度有关的各种统计信息。可视化选项允许"路径轮廓"显示在 3D 视图中，渲染为地形剖面图。

(8) 视场计算

视场计算与视线计算类似，Global Mapper 视场分析工具通常用于确定具有指定发射机高度的广播站点覆盖或不覆盖的区域。视域分析确定了距信号源指定半径内所有方向的覆盖范围。高级选项包括菲涅耳区确定和远距离信号强度损失。

(9) 分水岭轮廓

分水岭计算工具根据地形形态，确定河流的可能线性路径以及这些河流的排水或集水区域。该工具还可以用于进行水滴分析，在其中可以映射来自定义的源的理论流量模式。

(10) 轮廓创建

任何导入或处理的高程图层都可用于生成矢量格式的轮廓。选择自定义轮廓间隔和多边形特征生成，用于确定指定高度以上或以下的区域。轮廓工具还可以用于识别地形中的局部峰和凹陷。

(11) 切割和填充计算

切割和填充计算工具用于精确计算必须切割和/或填充以在指定高程上平整地形的材料量。该工具可以在区域要素上或沿着一条线执行挖方和填方计算，以模拟挖沟。其可选功能允许计算区域内的收支平衡高度。这表示切割和填充量相同时的高程值。

(12) 地形修改/平整

分配给区域要素的高程或 z 值可用于在地形中创建人造水平面。修改后的地形建模功能对于可视化现场施工或道路切割特别有用。

(13) 海平面上升

海平面上升工具提供了一种手段来测量水位上升对水体周围区域的影响。

(14) 地形绘画

针对地形模型的表面，地形绘画工具提供了一种方便的方法来更改、增强或添加景观要素。"TerrainPaint"菜单允许用户填充间隙、平滑地形、升高和降低地形等。

(15) 地图打印和网络发布

当需要共享地图或数据时，Global Mapper 提供了许多输出选择。

(16) 要素标签

Global Mapper 提供了一种创新的工具，用于在地图上创建和管理标签。单独的标签层允许移动、编辑或删除单个要素标签，也可以为此层建立定义的缩放级别范围，以便仅在需要时显示标签。

(17)制图出版

Global Mapper 的制图出版工具为设计新的印刷地图提供了必要的功能。该工具可以将比例尺、罗盘玫瑰和地图图例等制图元素精确地放置在布局框架中，可以轻松地将补充文本和公司品牌图形添加到设计中，并保存为模板备用。对于创建地图集或创建地图册，地图布局工具提供了用于设计地图的平铺阵列，其中所有页面共享一致的布局结构。

(18)捕获屏幕内容

捕获屏幕内容功能可用于只需要快速查看通用图像格式的地图，是非常简单的选择；可以添加世界文件或投影文件，以便其他 GIS 应用程序识别其位置。

(19)打印

Global Mapper 的"页面布局"选项包括添加地图标题、描述性文本、水平和/或垂直比例尺、指南针玫瑰和地图图例等功能。此外，任何图像文件或数据层都可以放置在屏幕上的固定位置，以允许在印刷地图上放置公司徽标或横幅。打印过程支持所有标准和自定义页面尺寸，包括大幅打印或绘图仪打印。

(20)PDF 生成

与打印过程的设置类似，PDF 输出功能提供从当前页面布局创建地理空间 PDF 的选项。生成的文件包括坐标信息以及各个图层的特性，因此，在兼容的 PDF 阅读器中查看时，可以显示固有的地理详细信息。

(21)Web Tile Exporting

Global Mapper 提供了将当前地图视图导出为一系列可与 Wed 兼容的在线栅格图块的选项，这些栅格图块与常见的在线地图格式（如 Google 和 Bing Maps）兼容。导出过程中还会生成一个伴随的 html 文件。该文件用于在所选格式的网络界面中显示图块，并带有通用的地图导航和布局工具。这个预先配置的 html 文件允许将地图轻松集成到现有的网络结构中。

(22)MangoMap 发布

在一项共同的开发工作中，Global Mapper 用户可以将地图数据直接从软件上传到 MangoMap 托管的在线地图站点；该站点可以轻松地与客户或成员共享。

(23)3D 数据

Global Mapper 经过优化，可以处理 3D 数据。它支持多种 3D 格式，包括海拔或地形模型以及三维网格等格式的 Collada、Wavefront、3DSMax 等。使用地形图层时，可以使用几个预配置的着色器以及创建自定义着色器。该软件包括一个功能强大的 3DViewer，可以将其停靠并链接到 2D 地图，因此平移、缩放和添加矢量功能将自动在两个窗口中复制，这种强大的功能还包括在 3D 查看器选择和测量的功能中。

Global Mapper 的 3D 功能包括对录制高清 3D 飞越视频的支持，这提供了一种强大的方式来可视化 3D 项目以进行演示和分析。Fly-Through 工具，也可用于播放与每个顶点时间同步到任何线要素的视频文件。3D 窗口还允许在图像上叠加矢量数据。GNSS 跟踪用于在 3D 中渲染天空模拟的 Skybox，以及显示和操作 3D 网格（如草绘）。有一些工具可以选择和编辑 3D 要素，并可以使用 3D 窗口、2D 窗口和停靠设置中的路径配置文件进行复杂的分析和 3D 数据操作。

(24)激光雷达和点云

Global Mapper是用于可视化、编辑和分析激光雷达或任何格式的点云数据的理想应用程序。该软件安装后即可使用,支持几乎任何大小的点云,并提供工具来有效地利用这些数据。该软件大大提高了渲染和处理速度,这在处理越来越常见的高密度点云时尤其重要。Global Mapper提供访问点云文件属性的功能,提供了关键信息的快照,这对于任何数据处理工作流程都是必不可少的。

对于更高级的点云处理工具,Global Mapper Lidar Module提供了广泛的功能,包括自动点分类、特征提取、水压平整、摄影测量点云生成等。

(25)图像校正

Global Mapper能够导入任何图像文件并创建地理对齐和缩放的栅格图层。图像校正过程支持手动输入图像要素和相应的地面控制坐标,或简单标记图像上可识别的点以及基础地图图层上的相应位置。高级选项允许选择整流方法、重采样方案和地面投影参数。

Global Mapper和任何其他导入的图层一样,Global Mapper可以对生成的栅格图层进行分析和处理,并且可以以任何一种受支持的栅格格式导出。

(26)地理编码

Global Mapper包含强大的地理编码功能,即将实际坐标分配给导入的地址数据库。地理编码过程可以使用预先配置的在线服务或用户导入的道路网络来准确确定代表每个地址位置的点。如有必要,可以将这些数据(包括坐标值)以表格形式导出或绘制在地图上,以提供可视的视角。

(27)数据处理

Global Mapper包含许多用于处理导入数据的功能。对于重新投影,不管其原始参数如何,任何层都可以在导出之前重新投影到另一个系统中。该软件中预先内置了数十种投影,用户还可以根据自己的要求配置投影。对于高级投影管理,Blue Marble的地理计算器软件提供了一个庞大的投影和坐标系参数数据库以及转换算法。如果将地理计算器与Global Mapper安装在同一台计算机上,则通过启用GeoCalc Mode可以在Global Mapper中使用这些投影管理功能。

(28)属性管理

Global Mapper提供了完整的属性编辑和处理功能。Global Mapper除了标准的属性搜索功能之外,还有强大的搜索和替换工具。高级选项包括连接表格文件以将属性附加到地图要素上的功能以及从现有属性字段中获取新属性的计算功能。

(29)要素提取

创新的要素提取工具可与栅格和高程图层一起使用,要素提取工具有强大的自定义功能,可以通过自定义创建具有共同特征的矢量区域要素来批量选择所需要素。比如,在特定颜色或颜色范围匹配选择、在特定高程内具有指定斜率值的区域匹配选择等。

(30)密度网格计算

密度网格计算是使用加载的点数据集,创建彩色的密度或热图,以突出显示点层中数值属性中点浓度大的区域。

(31)批处理

为了简化数据处理工作流,Global Mapper提供了批处理功能。该功能允许转换、重新投影、网格化和重命名多个选定文件或指定文件夹中的全部兼容文件。

(32)栅格计算器

栅格计算器用于在多波段图像上设置数学运算,以提取不同类型的信息。用户可以使用预定义的公式(如NDVI和NDWI),或者使用常见的数学运算(如加、减、乘、除和幂),或者使用简单的运算符(如绝对值、Min和Max),创建自己的手绘公式。

(33)Google地球支持

Global Mapper内置支持以Google的KML/KMZ格式导入和导出数据的工具。该工具具有强大的导出菜单,可通过灵活地选择界面为用户提供指导,包括从半透明到功能描述再到zip文件编码的全部内容。用户可以显示或不显示标签,突出显示光标,操纵3D要素类型的导出以及更多内容,包括平铺选项。Global Mapper还可以将发布到Google网络地图上的图块和KML/KMZ网络地图导出,以创建在线Google地图界面。

(34)GNSS跟踪

通过将兼容的GNSS接收器连接到计算机,Global Mapper可以实时叠加在当前地图或数据层上实时显示的位置,可以跟踪或记录运动,也可以将路点创建为带有时间戳的矢量要素;随后可以使用Global Mapper的3D飞越可视化工具回放跟踪文件。

(35)脚本编写

启动脚本可以执行Global Mapper中的许多功能。脚本格式为简单的ASCII文件,通常用于自动执行或重复执行的任务,从而无须手动处理数据。Global Mapper脚本语言支持导入、转换、重新投影、分析、计算属性、拆分图层、以交互方式提示用户输入文件和文件夹以及导出全部支持的数据格式。

(36)空间数据库支持

Global Mapper支持对常见的空间数据库读取和写入数据。

①ArcSDE,即数据通路,是ArcGIS的空间数据引擎,它是在关系数据库管理系统(RDBMS)中存储和管理多用户空间数据库的通路。从空间数据管理的角度看,ArcSDE是一个连续的空间数据模型,可以实现用RDBMS管理空间数据库。在RDBMS中融入空间数据后,ArcSDE可以提供空间和非空间数据进行高效率操作的数据库服务。ArcSDE采用的是客户/服务器体系结构,所以众多用户可以同时并发访问和操作同一数据。此外,ArcSDE还提供了API,软件开发人员可将空间数据检索和分析功能集成到自己的应用工程中。

②Esri文件地理数据库。Esri文件地理数据库存在于一个文件夹中,提供了改进的性能和大小限制。

③Esri个人地理数据库。Esri个人地理数据库基本是包含空间信息的Microsoft Access文件。

④MSSQLServer。

⑤MySQLSpatial。

⑥OracleSpatial。

⑦PostGIS/PostgreSQL。

⑧SpatiaLite/SQLite。

(37) 功能扩展插件支持

使用 Global Mapper SDK，软件开发人员可以通过创建扩展来向软件添加功能。使用扩展的示例包括扩展格式支持、增强的可视化选项或新的工具栏按钮。扩展也适用于在 Global Mapper 和第三方应用程序中直接提供接口。

Global Mapper SDK 提供了一个 Windows DLL。Windows DLL 允许从第三方应用程序访问 Global Mapper 的许多功能。该 SDK 包含 32 位和 64 位 DLL，因此用户可以使用任何 Windows 系统。Global Mapper SDK 是标准的 Windows DLL，可与 Windows 平台上的许多编程语言一起使用，包括 Visual C ++、Visual Basic 和 Visual C #。

3) Bentely Descartes

Bentely Descartes 是一款先进的三维图像处理软件，可将点云、可扩展的数字地形模型、光栅文件和原有文档与用户的基础设施工作流集成，使用户在利用项目数据的同时提高生产效率，获取更高的 ROI。

Bentely Descartes 具备以下功能：
(1) 先进的点云数据处理。
(2) 利用可扩展的 DTM。
(3) 经过强化的光栅处理。
(4) 结合光栅和矢量的混合工作流。
(5) 纠正三维纹理图像。
(6) 大多数基础设施项目需要转换原有文档，并且使用图像和点云。Bentely Descartes 帮助用户在工程流程中集成所有图像，提高项目的整体质量。

Bentely Descartes 可使用任何大小、任何类型的数据，使用先进的建模、裁剪和分节工具搭建与完工环境一致的三维模型，简化点云几何转换，对点云进行丰富、细分或分类，并与工程模型相结合，形成混合模型，生成用于演示的动画和渲染。除了强大的成像功能之外，该软件还与 ProjectWise 无缝集成，提供的流媒体，可以帮助用户处理非常大的文件，降低数据管理不善的风险，保持文档的完整性。

3.1.5 数据格式转换及应用对比

三维图像的文件格式有很多种，现就几种常见的进行介绍。

1) OSGB

OSGB 是目前市面上常见的倾斜模型，尤其 CC 处理的倾斜摄影三维模型数据的组织方式一般是二进制存储的、带有嵌入式链接纹理数据 (.jpg) 的 OSGB 格式。此类数据由于具有文件碎、数量多、高级别金字塔文件大等特点，难以形成高效、标准的网络发布方案，无法实现不同地域、不同部门之间的数据共享。作为一种标准的文件格式，目前主流的三维建模软件都能生产 OSGB 文件，但是每家软件公司生产的 OSGB 文件的存储和命名方式又存在细微差别，这就导致某些应用程序在读取的时候出现错误和不兼容的情况。

2) OBJ

OBJ 文件是 Alias|Wavefront 公司为它的一套基于工作站的 3D 建模和动画软件 Advanced

Visualizer而开发的一种标准3D模型文件格式,适用于3D软件模型之间的互导,也可以通过Maya读写。比如,Smart3D中生成的模型需要修饰,可以输出OBJ格式,之后就可以导入到3ds MAX中进行处理;或者在3dsMAX中建立一个模型,想把它调到Maya里面渲染或动画,也可导出OBJ文件。OBJ文件一般包括三个子文件,分别是.obj、.mtl、.jpg。除了模型文件,还需要.jpg纹理文件。目前几乎所有知名的3D软件都支持OBJ文件的读写,不过其中很多软件需要通过插件才能实现此功能。另外,OBJ文件还是一种文本文件,可以直接用写字板打开进行查看和编辑修改。值得一提的是,Wish3D网站也支持OBJ格式数据的上传加载,上传方式如上述。OBJ可以是传统模型,也可以是倾斜模型。

3) FBX

FBX是FilmBoX软件所使用的格式,后改称Motion Builder。因为Motion Builder扮演的是动作制作的平台,FBX最大的用途是在诸如3ds Max、Maya、Softimage等软件间进行模型、材质、动作和摄影机信息的互导,这样就可以发挥3ds Max和Maya等软件的优势。可以说,FBX方案是很好的互导方案。

4) 3ds

3ds是3ds MAX建模软件的衍生文件格式,做完Max的场景文件后可导出成3ds格式,可与其他建模软件兼容,也可用于渲染。其优点是不必拘泥于软件版本。例如,某3ds MAX文件是使用3ds MAX 2015制作的,那么这个文件无法在3ds MAX 2014以及更低的版本中打开。如果想用低版本的文件打开,就只能选择保存为3ds文件,这样即便是3ds MAX 08、3ds MAX 09版本都是可以打开的。

5) STL

STL文件格式(Stereo Lithography,光固化立体造型术)是由3D Systems公司于1988年制定的一个接口协议,是一种为快速原型制造技术服务的三维图形文件格式。STL文件由多个三角形面片的定义组成,每个三角形面片的定义包括三角形各个顶点的三维坐标及三角形面片的法矢量。STL文件是在计算机图形应用系统中用于表示三角形网格的一种文件格式,它的文件格式非常简单,应用很广泛。STL是众多快速原型系统所应用的标准文件类型。STL用三角网格来表现3D CAD模型。STL文件格式简单,只能描述三维物体的几何信息,不支持颜色、材质等信息,是计算机图形学处理(Computer Graphics,CG)、数字几何处理如CAD、数字几何工业应用,如三维打印机支持的常见的文件格式。表面的三角剖分之后使3D模型呈现多面体状。输出STL文件的参数选用会影响成型质量。所以如果STL文件是粗糙的或是呈现多面体状,输出的模型会有真实的反应。在CAD软件包中,当用户输出STL文件时,用户可能会看到参数设定名称,如弦高(Chord Height)、误差(Deviation)、角度公差(Angle to Lerance),或是某些相似的名称。建议储存值为0.01或是0.02。

6) DAE

DAE是一种3D模型格式。3ds MAX与Maya需要安装DAE输出插件才可输出成后缀为.dae的文件。谷歌地球的模型就是DAE。

7) DGN

DGN 是 Bentley 公司的 MicroStation 和 Intergraph 公司的 Interactive Graphics Design System (IGDS) CAD 程序所支持的文件格式。2000 年前，所有 DGN 格式都基于 Intergraph 标准文件格式 (ISFF) 定义，此格式在 20 世纪 80 年代末发布。此文件格式通常被称为 V7DGN 或者 Intergraph DGN。2000 年，Bentely 创建了 DGN 的更新版本。尽管在内部数据结构上 DGN 和基于 ISFF 定义的 V7 格式有所差别，但总体上说它是 V7 版本 DGN 的超集，一般来说我们称之为 V8 DGN。尽管 DGN 在使用上不如 Autodesk 的 DWG 文件格式广泛，但在诸如建筑、高速路、桥梁、工厂设计、船舶制造等许多大型工程上，它肩负着更为重要的使命。两种 DGN 文件格式都得到了其开发者的书面保证，确保 DGN 用户在相当长的时间内不会因文件格式的变化造成访问原始设计数据的困难。

8) DWF

DWF(Web 图形格式)是由 Autodesk 开发的一种开放、安全的文件格式，它可以将丰富的设计数据高效率地分发给需要查看、评审或打印这些数据的人。DWF 文件高度压缩，因此其设计文件更小，传递更加快速，无须一般 CAD 图形相关的额外开销（管理外部链接和依赖性）。使用 DWF，设计数据的发布者可以按照他们希望接收方所看到的那样选择特定的设计数据和打印样式，可以将多个 DWG 源文件中的多页图形集发布到单个 DWF 文件中。DWF 文件不能替代原有的 CAD 格式（如 DWG），设计者仍然需要原始文件来编辑和更新设计数据，但 DWF 使设计者、工程师、开发人员及其同事能够与任何需要了解设计信息和设计意图的人进行充分的交流。用户可以使用小型的免费软件 Autodesk ExpressViewer 来查看 DWF 文件。DWF 是一种不可编辑的安全的文件格式，以 DWF 文件格式分发和检查的设计数据能够按照设计者的意图显示；使用 Volo View，审阅人员可以查看、标记和打印 DWF 图形，但不能修改原始图形。

9) IGES

初始图形交换规则 (Initial Graphics Exchange Specification, IGES) 是被定义基于 CAD 和 CAM 不同计算机系统的通用美国国家标准学会 (American National Stardards Institute, ANSI) 信息交换标准。3ds MAX 可以实现这种 IGES 格式以用于机械、工程、娱乐和研究等不同领域。用户使用 IGES 格式后，可以读取从不同平台传来的非均匀有理样条 (NURBS) 数据，如 Maya、Pro/ENGINEER、SOFTIMAGE、CATIA 等软件。为了得到完整的数据，建议使用 5.3 版本的 IGES 格式。IGES 重点支持以下模型的交换：二维线框模型、三维线框模型、三维表面模型、三维实体模型、技术图样模型。

10) LAS

LAS 是一种用于交换三维点云数据的公共文件格式，由美国摄影测量和遥感学会 (American Society for Photogrammetry and Remote Sensing, ASPRS) 维护。该格式不仅可以用于激光雷达点云数据，还支持其他任何三维 x、y、z 元组。该格式是专有系统或通用 ASCII 文件交换系统的替代方案。专有系统的问题很明显：数据不能轻易地从一个系统转移到另一个系统。ASCII 文件交换有两个主要问题：第一个问题是性能，因为 ASCII 高程数据的读取和解析可能非常慢，即使是少量数据，文件也可能非常大；第二个问题是所有基于激光雷达数据的信息都丢失了。LAS文件格式是一种二进制文件格式,不复杂,也可保留激光雷达所特有的信息。

11)LAZ

LAZ是针对LAS文件的无损压缩文件格式,LASzip压缩器是无损的、非渐进的、流式的、保留原有点顺序的、支持随机访问的。

12)PCD

PCD是点云库(Point Cloud Library,PCL)官方指定格式。其优点是支持n维点类型扩展机制,发挥PCL的处理性能。PCD文件的文件头用于确定和声明文件中存储点云数据的某种特性,描绘点云的整体信息,必须用ASCII码。PCD文件存储的数据如果采用ASCII形式,每点占据一行,用空格键或Tab键分开,没有其他任何字符;也可以用二进制存储格式。

13)txt/asc/neu/xyz/ptx/pts/csv

txt/asc/neu/xyz/ptx/pts/csv等数据格式都是ASCII格式。其优点包括:可以直观地查看数据,记事本、写字板、NotePad++等都可以打开;灵活性较强,可以自定义格式,点号、颜色、强度等属性可按需添加。但是,这几种数据格式读写慢,占用空间大,不适合对海量点云。其中,例如:.ptx和.pts是Leica的扫描仪与相关配套软件所使用的点云文件格式。例如:.ptx文件采用单独扫描的概念,每个文件中可以有多组点云,一般一站为一组。每组点云都提供了单独的头信息,包括行列数、扫描仪位置、扫描仪主轴和转换矩阵等。.pts基于头信息和存储的点坐标,除了可计算激光点在统一坐标系中的坐标外,还可以恢复每个激光点的扫描信息。.pts文件的第一行是点数,其后每一行单独存储一个点的信息,有7个值:x、y、z、Intensity、R、G、B。强度和颜色值的范围是0~255。

以上是三维点云和实景三维模型常见的文件格式,我们要根据项目需求选择合适的格式。不同的设计软件和GIS平台对文件格式的支持不一样,进行三维建模作业前应沟通好作业要求,有时候需要生成多种格式。大部分生成软件生成一种格式后再生成另外一种格式仅需要格式转换花费的时间,转换时间比第一次大大缩短。生成数据时还应该特别注意以下两点:①由于三维模型生成过程中中间文件很碎,很大,生产后第一时间应检查精度并生产以后可能需要的格式,避免因为文件备份迁移浪费时间。②生成数据时需要进行分块,根据需要提前规划好分块的大小,这不仅影响生成效率,对后期应用影响也比较大。

3.2　BIM建模软件介绍

以上章节介绍了地形数据的采集、处理及应用软件,如何将三维地形数据与BIM建模数据融合在一起,达到真实地形与建成后工程的完美贴合,达到更加直观的效果,为后续的碰撞检查、可视域分析等提供基础分析数据?

随着BIM理念的逐渐普及,各大软件商纷纷推出了各自的BIM软件。由于不同软件商所处的发展阶段和公司特点不同,不同的软件平台拥有各自擅长的领域和应用模式。在实际应用过程中,不同的工程所采用的设计流程是大不相同的。因此在将BIM技术应用到基础建设领域之前,有必要对当前主流BIM软件进行分析,深入了解各类软件的特点和适用范围。目前主流的BIM软件分别由国外的Autodesk、Bentley及Dassault三家公司提供,还有国内的一些专业的软件应用开发商。下面将分别介绍以下各家BIM软件应用于基础建设领域的优缺点。

我们在查阅相关书籍和数据资料(2021年调查)时发现,在建模工具类软件中,Autodesk Revit、Civil 3D、Infraworks等国际主流BIM软件应用仍是主流(占比87.08%)。值得关注的是,一些国产BIM品牌产品也得到了市场认可,如广联达/广联达鸿业系列软件,占比52.84%;品茗系列软件,占比32.79%。在"其他"45条记录中,Revit出现了18次,易达出现了12次,如图3-2-1所示。

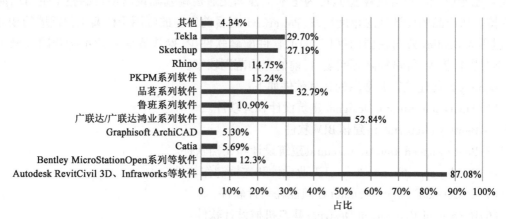

图 3-2-1　建模软件占比图

3.2.1　国外BIM软件发展现状

1)Autodesk平台

Autodesk公司通过推出核心建模软件Revit、对带状物进行设计建模的Civil3D、用于模型三维动画渲染的3ds MAX、进行可视化碰撞检查与施工管理仿真模拟工作的Navisworks、对模型结构进行分析的Robot以及在项目信息化展示过程中运用的Infraworks360等一系列软件来构建其BIM生态圈。

Autodesk公司研发的AutoCAD在我国得到了广泛应用,为其BIM软件积累了庞大的潜在用户群,这是Autodesk平台在BIM软件应用中非常大的优势。同时,该平台在国内技术支持完善,用户界面友好,基于Revit和Civil3D等BIM软件的二次开发插件很多,且Autodesk平台产品免费试用版方便,这些都为Autodesk平台BIM软件的推广应用提供了良好的支撑。Autodesk平台Revit是2002年被Atuodesk公司收购的,它与AutoCAD本身的底层不一样,因此无法兼容发展。Revit自身版本之间升级后也需要转换,高版本无法兼容低版本。Revit的兼容性和轻量化都不如Bentley平台的ORD、OBD以及MicroStation。建筑行业应用Revit市场占有率和应用占主导地位。

目前Autodesk公司有Civil3D(侧重路线设计)、Infraworks(前期方案设计,与鸿业路易、OpenRoads ConceptStation功能类似)、Navisworks Manage(集成模型、碰撞检查、动画等)、Revit(建筑、桥梁)软件。但针对道路、桥梁工程设计应用,其核心建模软件Revit还存在三维地理模型处理能力弱、不支持复杂曲面设计等问题。而且该平台下不同BIM软件使用的文件格式不同，在数据传递过程中会产生一定的损失，模型在软件间的传递转换需要进行一定的二次开发，这些是制约Autodesk平台在桥梁工程BIM应用中进一步发展的因素。

2) Bentley平台

Bentley公司建立了MicroStation平台来对其旗下BIM软件进行管理。该公司针对不同专业分别研发了不同的BIM软件，涉及地理、土木、工厂及建筑等领域。针对道路、铁路、桥隧、场地、雨水道等基础设施领域，该公司推出专业的BIM软件为PowerCivil(内嵌MicroStation，可集成其他专业产品设计的模型)，可为土木工程和交通运输基础设施项目的整个生命周期提供支持。从产品的设计理念角度出发，PowerCivil是目前专业的应用于桥梁工程领域的BIM软件，但因为Bentley公司在国内推广，加上软件配套软件少、操作界面复杂不符合国人操作习惯、学习资料较少、价格较高等问题，目前的应用范围较窄。

Bentley公司建筑行业常用的BIM软件如下：

(1) AECO simBuilding Designer 建筑设计BIM软件。
(2) Bentley MicroStation 建模BIM软件。
(3) Bentley speedikon Architectural 建筑设计和文档软件。
(4) Bentley speedikon Industrial 工业设计和文档制作软件。
(5) AECO simEnergy Simulator 建筑能耗设计软件。
(6) Hevacomp Mechanical Designer 建筑机械设计软件。
(7) Hevacomp Electrical Designer 建筑电文设计软件。
(8) Hevacomp Dynamic Simulation 建筑模拟软件。
(9) Generative Components 计算型建筑设计软件。

Bentley公司土木交通行业常用BIM软件如下：

(1) Bentley OpenRoadsDesigner 道路设计BIM软件(旧版本为PowerCivil)。
(2) Bentley OpenBridgeModeler 三维桥梁建模软件。
(3) Bentley Power Bridgemaster 桥梁设计软件。
(4) Bentley OpenRoads Navigator 土木工程软件(移动版)。
(5) Bentley OpenRoads ConceptStation 概念公路网络设计软件。
(6) Bentley SITEOPS 概念性土木工程现场设计软件。
(7) Bentley PowerRail Track 铁路轨道设计和分析软件。
(8) Bentley PowerRail OverheadLine 铁路接触网设计软件。
(9) Bentley MXROADSuite 道路设计和分析软件。
(10) Bentley In RoadsSuite 道路设计和分析软件。
(11) Bentley Power In Roads 道路设计和分析软件。
(12) Bentley GEOPAK Civil Engineering Suite 道路设计和分析软件。
(13) Bentley Power GEOPAK 道路设计和分析软件。
(14) Bentley Subsurface Utility Engineering 地下公用设施工程软件。
(15) Bentley LARS Bridge 桥梁额定载荷分析和建模软件。

(16) Bentley RM Bridge 桥梁设计、分析和施工软件。

(17) Bentley LEAP Bridge Concrete 混凝土桥梁设计和分析软件。

(18) Bentley LEAP BridgeSteel 钢筋桥梁设计分析软件。

(19) Bentley Bridemaster 桥梁大师——广泛运用于国内常规结构桥梁设计，可以与北京跨世纪 CSD 软件数据互通生成三维模型。

(20) GEOPAK 土木工程设计软件。

(21) Bentley Navigator BIM 模型审查和协同工作软件。

3) Dassault 平台

Dassault 公司将旗下用于设计、仿真、管理等功能的一系列软件 CATIA、SIMULIA、DELMIA、ENOVIA 整合为一个统一的业务体验平台——3DExperience。该平台并非将各软件简单地集成在一起，而是真正从底层编码开始将模型数据进行统一。该平台避免了对桥梁结构进行仿真分析时需要对模型格式进行转换或重新建立计算分析模型等一系列对 BIM 模型使用相互割裂的问题，有助于实现 BIM 技术在桥梁工程项目全生命周期内应用的一体化。该平台在桥梁设计阶段用来建模的应用是 CATIA。CATIA 是一款面向机械设计制造的全球高端软件，在航空、航天、汽车等领域具有接近垄断的市场地位具体如下：

(1) CATIA 可为桥梁项目设计提供强大的支撑。

(2) 在模型建立阶段，CATIA 提供了强大的曲线及曲面设计功能，既能满足建立平顺桥梁道路中心线的要求，也能实现桥梁异形构件的精细化建模。

(3) CATIA 拥有强大的参数化能力，通过将构件参数化，在设计优化时可以完成对模型构件尺寸的快速修改工作；利用其知识工程阵列命令及实例化命令可以快速完成建模，以供设计人员对桥梁设计方案进行比选。

(4) CATIA 提供了丰富的功能，不仅可实现钢筋设计、碰撞检查、自动出图等 BIM 应用，还可以通过与有限元分析软件 Abaqus 无缝对接，实现对桥梁的结构计算分析。

(5) 在施工阶段，CATIA 可将建立的模型导入同一平台下的 DELMIA 中进行施工模拟以及施工组织方案比选。

(6) CATIA 利用 3DE 平台可实现桥梁工程中的绝大多数 BIM 应用，且不存在文件格式转换问题，是进行桥梁 BIM 应用的极佳平台。

其缺点在于相较于 Revit，学习教程少、学习成本高、软件价格昂贵。目前国内也有不少基于 CATIA 的二次开发软件，方便国内用户使用。

3.2.2 国产BIM软件发展现状

纵观国内的 BIM 软件企业，主要分为 BIM 软件研发、BIM 咨询、BIM 培训三类。

目前，国内 BIM 软件企业是 BIM 产业中的核心大军，诸多本土 BIM 软件开发商结合国内软件应用环境和实际情况，围绕建筑设计、建造、运维三个阶段进行 BIM 软件的研发，推出符合中国市场的 BIM 产品。近几年，国内 BIM 软件开发商的发展总体呈良好态势，通过本地化产品和配套的技术服务支撑，取得了不错的成绩。但因软件研发需要大量的资金投入，目前有实力的 BIM 研发企业数量还较少，主要有几个大的软件厂商的软件，如鲁班、广联达、鸿业、盈建科、理正、品茗等。

全球建筑业界已普遍认同：BIM是未来趋势，还将有非常大的发展空间，对整个建筑行业的影响是全面性、革命性的。BIM技术的普及成熟对建筑业变革产生的影响将超越计算机当前对建筑业的影响。

目前BIM软件之间数据信息交互还不够畅通，无形中给应用的企业增加了重复劳动，提高了使用成本。当前设计施工两大极端BIM数据对接已有较好的成果。要推动设计、施工、运维阶段数据的打通，更要寄希望于BIM软件开发商之间的合作以及市场竞争的自然选择。随着应用的广泛，市场会自然根据主流BIM软件开发商应用的数据标准形成社会的事实标准，最后通过国家层面以事实标准为基础通盘考虑，在此基础上深化和完善，最后形成国家标准，类似于国外IFC标准。

大土木工程专业类别众多，从房建、厂房、市政到钢结构、精装、地铁、铁路、码头、化工等，十分庞杂，专业差别巨大，建模技术要求不同。不同的工程专业的工艺流程、管理体系也十分庞大，各专业要真正用好BIM技术，需要自己的专业BIM系统。各专业都拥有专业化非常强的BIM技术系统将是一个发展方向，相关厂商应将专业需求、规范，甚至是本地化进行深度结合，做出用户体验好、投入产出高的专业BIM技术体系。

BIM与IoT结合，可以为建筑物内部各类智能机电设备提供空间定位。建筑物内部各类智能机电设备在BIM模型中的空间定位有助于为各类检修、维护活动提供更直观的分析手段。随着智慧城市的发展，利用"BIM+GIS+IoT"建设数字化城市越来越需要通过BIM来获得海量的城市建筑设施模型数据。从BIM到CIM，将成为BIM技术升级面临的更大市场。

1）交通建设领域

（1）纬地软件

纬地是道路交通行业应用广泛的专业CAD软件，是工程勘察设计行业CAD解决方案的核心。1998年，率先突破三维DTM技术瓶颈，而DTM无疑是工程CAD技术实现三维设计的核心技术和关键点。

2003年，在国际上最早实现路线、路基、涵洞、桥梁、隧道全三维工程实体建模技术，即依据项目集成设计成果，一键式自动生成公路项目全三维实体模型。

2004年，最早成功研发路线三维互动优化设计，首次实现路线平、纵、横和实体三维模型之间的实时关联互动。

2007年，结合安徽岳潜高速公路，实现三维模型与工程属性信息的关联，首次提出数字公路基础信息平台构建技术。

2012年，首次将数字公路基础信息平台构建与应用技术，延伸到高速公路建设期的质量与进度管理，实现模型与图纸信息、施工进度信息、设计要素信息等的实时关联。

2014年，首次基于数字公路基础信息平台技术，结合广东包茂高速公路粤境段，实现复杂工程施工数字化推演技术和功能。

2014年，研发成功工程地质三维重构与再现技术。

纬地BIM2.0是2018年度发布的纬地道路与交通工程BIM解决方案（最新版本）。该解决方案在纬地软件既有三维道路集成CAD的基础上，通过倾力研发和自主创新，在BIM技术研

发与应用方面达到了全新的技术高度,其主要技术特征表现在以下几个方面:

①首次实现了道路交通全专业、BIM正向设计,覆盖路线、桥涵隧道、交通安全设施、工程地质等各专业;基于BIM核心,协同设计,效率更高。

②首次实现多专业、高精度BIM自动建模,彻底改变当前BIM应用重点就是"翻模"的现状,而且模型精度高于工程设计的精度要求。

③首次实现海量模型BIM自动编码和属性信息关联,突破了"翻模"方式难以实现海量模型编码和属性关联的技术瓶颈。

④唯一提供符合道路交通专业需求的BIM仿真分析应用功能,超越了BIM应用主要是"碰撞检查"的浅表层次。

纬地软件V9.0版本在V8.0的基础上创新开发实现了一系列重大技术功能:

①世界首创互通智能模板设计技术,实现从一条匝道乃至整座互通立交线位的自动化布设功能。

②在多项目关联、连接部自动记忆的基础上,实现匝道纵断面自动接坡、断高和超高加宽过渡。

③自主开发工程BIM正向设计平台,实现道路几何、路基、挡土墙、涵洞、交通工程、隧道、工程地质等多专业的BIM正向设计、BIM自动建模、BIM交付。

④系列软件完成脱平台开发改造,在继续支持国外通用CAD平台的基础上,首次全线移植/支持国产中望CAD平台(2023版本)。

⑤增强开发支持最新的Windows 11操作系统;支持最新AutoCAD 2023版本等。

从用户实际工程应用角度看,纬地V9.0系列软件使得互通式立体交叉等复杂工程设计,"更智能";能够让一线工程师随时、零障碍实现多专业BIM正向协同设计,"更BIM";从多专业辅助设计,到BIM全专业建模与交付,"更高效"!

纬地BIM技术的主要应用:

①先进行初步的平纵剖面设计,进而生成工程实体三维模型。

②以三维模型为参考,对设计进行修改和优化,平、纵、横的修改与三维模型是实时关联刷新的,同时可生成平、纵、横相关设计图纸。

③基于工程三维模型,虚拟仿真分析工程项目在设计阶段和运营阶段可能存在的各种问题如视距检测、运行速度分析、标志牌合理性分析、互通立交出入口检查等,如图3-2-2~图3-2-4所示。

图3-2-2 三维建模与仿真分析

图 3-2-3 三维仿真分析、标志牌合理性分析

 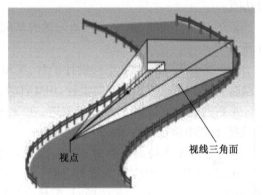

图 3-2-4 视距分析

④对三维模型渲染贴图处理后,可输出道路全三维动画视频,给建设单位介绍展示工程项目设计方案。

由于专业特点和设计原理的不同,道路 BIM 技术必然与通常理解的建筑工程 BIM 技术有所差异。而纬地软件的三维互动设计技术和 VR 分析平台正是公路专业 BIM 技术在勘查设计阶段实现方式的典型代表,或者说纬地软件是公路专业实现 BIM 技术的成功途径和方式。

配套软件系统:纬地道路交通辅助设计系统(数模版)、纬地 BIM2.0、纬地公路路线安全性分析系统、纬地交通与安全工程设计系统、纬地数字交通与工程仿真平台系统。

(2)狄诺尼设计软件

狄诺尼 BIM 建设管理云平台(简称狄诺尼 BIM 云平台),涵盖进度计划管理、质量管理、安全管理和投资管理。在 BIM 轻量化三维可视化平台中,基于 BIM 构件级细度,关联工程的进度、质量、安全、成本等信息。狄诺尼 BIM 云平台为工程参建各方提供了一个信息互联、协同管理、智慧建造的 BIM 信息集成环境。BIM 模型伴随着工程的推进不断丰富、完善,为运维阶段提供信息完整、可追溯的竣工模型。该平台将提高精细化管理水平,降低工程投资成本,为行业提供闭合周期的智能化、数字化信息技术和解决方案。

狄诺尼 BIM 云作业软件在浏览器端运行,大大降低了对应用方的硬件需求;通过安全授权用户和密码登录使用,软件免安装。与云平台配合使用的远程协同管理 App——"掌握",为用户随时随地提供现场资讯。

狄诺尼BIM云平台包含下列软件：

①EICAD数字设计系列软件：基于集成交互式道路与互通立交设计的基础模块，经过多年的发展，目前已形成覆盖公路、市政及轨道交通，包括外业调查、DTM、路线、互通立交、路基路面、桥涵、隧道、交通工程、给排水等多个专业模块的数字设计软件全家桶。EICAD设计软件始终坚持提升设计效率和设计品质，持续创新，不断丰富产品功能，为客户创造价值，为基建提供优质的数字化软件产品。

EICAD数字设计系列软件作为交通行业的主流设计软件，与用户建立了广泛的、长期的双赢合作关系，合作伙伴遍及全国各省（自治区、直辖市）的公路、市政、铁道、城建等数百家设计院、高校和建设管理单位。

EICAD5.0互通立交模块汇集了国内领先的路线曲线形设计思想，用户可以使用数据输入、鼠标拖动等方法，更加灵活地处理线位。道路中线上的若干夹点的任意拖拽如同摆弄桌面上的一根绳索，方便用户快速、准确地完成互通立交布线和成图，如图3-2-5所示。

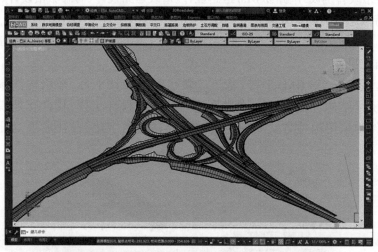

图3-2-5　边坡连接部设计

该软件同时实现了单喇叭、双喇叭、菱形、苜蓿叶形等常见的互通立交形式的全自动布线，使用该功能，一个平面方案图的完成时间小于1min。

②AIRoad 快速方案研究系统软件：一款专注于前期研究的三维快速方案设计软件。该软件基于自主知识产权的三维渲染引擎，遵循二维设计习惯，融入自动设计理念，实现设计输入—快速方案布设—方案展示、比选—成果输出的全专业整体解决方案。该软件主要功能包括三维环境、地形模型的创建，道路三维平纵横联动设计，桥隧参数化快速设计，互通立交自动设计以及交通安全设施自动布置等，设计数据与EICAD互通，可满足从方案研究到初步设计到施工图设计的全过程、全专业的设计需求。

(3) 广联达鸿业软件

广联达鸿业软件是基于广联达国产BIM图形平台和参数化建模技术，为路桥隧设计师和BIM工程师全新打造，聚焦路桥隧从方案到施工图设计，符合国内设计习惯和标准规范的BIM专业化设计软件。其产品包括广联达数维市政设计产品（广联达数维道路设计）、Civil市政设计产品集（管立得市政管网设计、路易BIM道路设计、市政道路设计、海绵城市设计、鸿城InfraFuser等）。其产品特点总结为以下几点：

①国产化。软件从图形引擎到专业设计功能均采用国产自主研发技术，彻底摆脱国外平台，做到完全自主可控。

②BIM化。脱离二维CAD平台，基于广联达数维设计平台，采用构件参数化建模，完成道路板块、桥梁结构、隧道结构、交通设施等构件的设计工作；构件化建模，道路及附属设施、桥隧构件均采用构件方式实现，带构件编码的"数字化"设计成果，如图3-2-6所示。

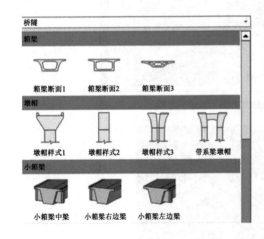 

图 3-2-6 构件化建模

③专业化。用专业设计过程驱动模型生成，如用平纵横设计驱动道路BIM模型的生成，隐藏非专业的复杂的建模处理过程。

④一体化。支持市政道路和公路设计，包含完整的平纵横设计、平交设计、互通立交设计、边坡设计、挡土墙设计、普通桥梁方案设计、高架和互通立交桥梁方案设计、隧道方案设计等专业设计功能；支持盾构隧道设计，包括衬砌管片设计选型、管片建模、衬砌环模型自动拼装等；路桥隧数据一体化互通，设计BIM模型与GIS深度融合，如图3-2-7～图3-2-9所示。

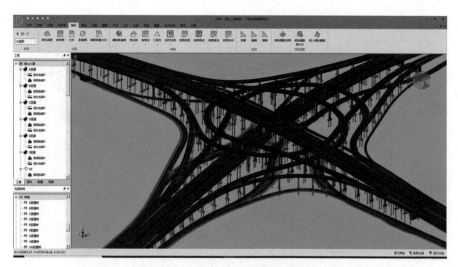

图 3-2-7　路桥隧数据一体化互通+GIS

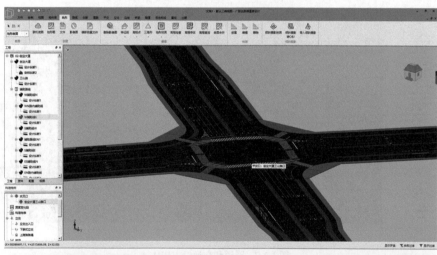

图 3-2-8　道路桥梁 BIM

第3章　数字化之软件篇 77

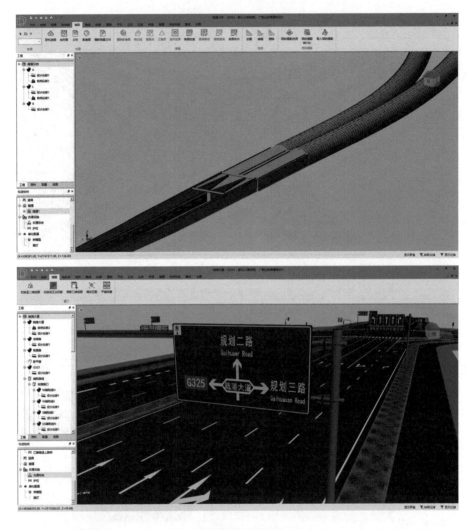

图 3-2-9　隧道和交通标志 BIM

⑤协同化。设计成果具有开放性接口,可以与其他专业设计软件、施工及运维软件及平台进行数据互通,实现协同化管理。

⑥技术优势。基于国产自主知识产权 BIM 设计建模平台研发的独立的设计软件;全参数化构件驱动的设计软件,首个实现支持公路和城市道路中道路、桥梁、隧道一体化设计的软件。

⑦应用范围。支持从方案到施工图阶段的市政道路、公路、桥梁、隧道设计。

(4)同豪土木

上海同豪土木工程咨询有限公司(以下简称同豪土木)自创建20年来专注于基建行业的数字化、智能化技术研发与工程技术服务,主营业务涵盖交通行业内道路、桥涵、隧道等多专业软件研发与定制、工程设计与咨询、公路工程全生命周期 BIM 咨询、桥隧检测与咨询、专业培训与高校服务等。通过数字技术与土木基建专业的深度融合,公司自主研发的多款数字化智能化软件在行业内广泛应用。例如,桥梁结构分析软件——桥梁博士、桥梁自动化智能设计绘图软件——方案设计师及BIM智绘大师、公路工程三维正向设计软件——公路工程设计BIM系统。而依托公司20多年的软件开发及桥梁工程设计经验,研发团队历时5年全新打造的桥梁三维正向设计软件——桥梁BIM设计师于2021年面市,在令领域同行耳目一新的同时,为行业BIM技术应用助力赋能。

(5)MidasCIM

MidasCIM是桥梁专用三维正向设计软件,该软件具有以下特点:

①自适应道路路线变化(自动考虑平曲线、竖曲线、横坡等变化)的直线桥梁建模技术。

②专业、便捷、快速的桥梁设计功能(包含布梁、变宽、构造、钢筋及钢束、加劲肋等常规设计功能)。

③实现与MidasCivil及信息化CAD绘图平台的实时数据交互,真正意义上完成结构专业的三维正向设计。

(6)金思路(JSJ)

JSJ是中交第二公路勘察设计研究院有限公司下属子公司开发的道路专业CAD软件。JSJ主要功能是公路路线设计、互通立交设计、三维DTM应用、公路全三维建模等。JSJ不但支持金思路自身的软件体系,也支持常见的路线设计软件,纬地、Eicad、Dicad等软件的项目文件可以快速导入转换。

该软件的主要特点是:在设计二维图纸的同时生成BIM三维模型。

2)建筑行业

建筑行业BIM发展比交通行业要早,软件成熟度也高。目前国产的BIM软件大部分基于国外开发商进行的二次开发,也有部分开发商推出了基于自主知识产权的国产BIM软件,如广联达科技股份有限公司(以下简称广联达数维)开发的数维房建设计产品。

广联达数维房建设计产品集包含数维建筑设计软件、数维结构设计软件、数维机电设计软件以及数维协同设计平台。

(1)广联达数维建筑设计软件

广联达数维建筑设计软件服务于设计院及建筑设计师,聚焦施工图阶段,以参数化建模为基础,实现数摇动的智能化、模块化、一体化设计,支持跨专业协同设计,满足施工图出图的需求,数据成果可传递至广联达算量等应用,不断延伸BIM设计价值。

广联达数维建筑设计软件有以下优势:

①智能化。

a.产品快速作图,一键批量标注、一键生成门窗大样。

b.自动化建模,一键生成楼板、墙体等构件。

c.模型检查,辅助设计师规范检查,保证模型的合规性,提高交付质量。

②模块化。

a.以户型、房间等空间对象为模块,提高建模效率,沉淀企业资源。

b.软件内置标准层,减少软件性能消耗,提高软件使用效率。

③本地化。

符号、图例、样式齐全,构件库模型构件类别丰富,出图表达符合国标要求。

④一体化。

设计算量一体化,施工图BIM模型快速转化生成成本清单,缩短算量周期,拓展设计交付价值;设计审查一体化,满足地方图审需求。

广联达数维建筑设计软件有以下功能特点:

①智能化辅助建模出图。

a.支持CAD识图建模,支持楼板自动创建。

b.智能提取模型信息生成门窗明细表,一键创建带标注的门窗大样图,大幅提高门窗设计效率。三道尺寸一键标注,基于模型生成各类标注信息。

c.智能模型检查,快速提升模型质量,部分问题已支持智能修复。

②模块化减少重复工作。

a.模块提供衍生功能,满足户型变异与同步。

b.模块集成注释模块,实现出图成果的封装。

c.构件重叠自动消隐,满足出图要求;模块高程独立,可以与楼层高度自适应。提供云模块库,满足不同楼栋、项目间数据的同步、更新。

③本地化易学易用。

a.丰富的模型构件库及二维图例符号库,满足出图及建模需求。

b.快捷键默认中文拼音首字母,符合国内设计师习惯。

c.软件界面简洁,功能直观,操作简单,易于上手。

④一体化提高设计交付价值。

a.设计模型快速转化为GTJ模型(广联达BIM土建算量),缩短60%的施工图预算时间。

b.设计模型精确转化为GTJ模型,算量结果的准确率大于99%,造价师可直接从网页获得转化后的设计模型。

(2)广联达数维结构设计软件

广联达数维结构设计软件是一款贴合国内设计环境、打通分析—设计—出图业务闭环的三维设计软件。它具备面向对象的参数化建模工具,能够利用结构计算模型,快速创建详细的设计模型,灵活的自动出图程序和跨专业协同应用,可以缩短制图时间,减少设计错误和缺陷,帮助设计师实现基于BIM理念的结构专业正向设计。

广联达数维结构设计软件有以下优势:

①打通设计和分析模型数据,提升设计师工作效率。

a.结构分析模型快速转换为结构设计模型,减少重复设计建模。

b.模型作为协同设计的基础数据,支持增量更新,提升结构设计效率。

c.实现设计和分析模型的双向互通,降低设计师两处调改的工作量,从而减少错漏碰缺问题,提升项目设计质量。

②跨专业高效协同,同步建筑构件精准定位,提升项目设计质量。

a.与建筑专业进行充分的构件级协同,同步建筑特定类构件,快速、准确地获取模型,读取建筑模型墙体材料、门窗洞口等数据。

b.自动计算荷载,一键校核荷载错漏问题,保证设计周期内的跨专业设计一致性。

c.实现建筑模型、结构设计模型、结构分析模型的高效互通。

③自动设计和校审,提升设计效率,提升项目设计质量。

以内置设计业务规则进行构件施工图的自动化设计,减少设计师重复性劳动,提升工作效率,并对设计师的设计结果进行规范条文的检查,以提高设计质量。

广联达数维结构设计软件功能特点:

①快捷建模、精准处理、高效设计。

a.提供专业构件,快速创建模型。

b.参数化设置自动布置,无须反复推算构件间关系。

c.基于结构业务规则自动进行模型处理,无须关注模型扣减细节。

d.自动检查并智能修复模型存在的构件重叠、部分相交、未区分内外墙等问题,保证模型在不同阶段的重复利用。

②快速自动出图、便捷修改。

a.自动化生成平法施工图,智能处理文字避让。

b.平法标注随心移,快捷调整平法表达。

c.配备灵活的配筋助手,双击直接选筋。

d.自动生成层高表、墙身表、墙柱配筋表。

③标准层及钢筋标准层。提供结构模型标准层、钢筋标准层,使建模免重复工作,提升模型创建和编辑性能,标准层自动更新,提高修改效率。

④快速校审,便捷出量。

a.丰富校审选项,按照工程需求,快速调整校审方案,出具详细的校审高程,避免遗漏自动定位校审问题,方便快捷。

b.支持模型检查、图模一致检查后云算量。

(3)广联达数维机电设计软件

广联达数维机电设计软件是一套基于BIM的三维正向机电协同设计工具。它为设计院提供高效、专业、协同、一体化的解决方案,为设计增效,提升设计质量,降低设计难度。它以规范和标准赋能机电设计,支持给排水、暖通、电气及深化设计的一体化解决方案。

广联达数维机电设计软件有以下优势:

①基于"云+端"的协同设计,高效完成施工图设计。

a.以数据标准为基础,提供丰富的构件及配置等设计资源。

b.采用"云+端"模式的新型协作方式,实现机电设计资源多端实时更新并保持统一。

c.基于机电业务场景的智能化布置连接及一键自动标注功能,辅助设计师快速完成施工图设计,为机电设计提效,发挥设计价值。

②基于规范的专业计算,计算驱动设计,保障设计质量。

a.提供满足国内规范标准的机电设计专业计算功能,支持设计师自定义相关参数,设计和交互流程更贴合国内设计师习惯。

b.基于模型自动提取,计算结果驱动模型的优化设计,辅助设计师高质量完成项目成果交付。

③模型数据专业间互通,拓展BIM价值。

a.使编码体系贯穿机电分类与属性集,植入机电构件库与管材库,在机电设计、机电深化、机电算量等多个阶段实现数字化信息传递,实现一模多用。

b.为施工、运维等后端应用提供数据基础,让设计数据贯穿建筑全生命周期,拓展、落地BIM价值。

(4)广联达数维协同设计平台

广联达数维协同设计平台是一款面向设计院客户,集二三维协同设计、设计资源管理、设计项目管理、智能审查、数据化交付于一体的BIM设计过程协同管理平台,支持广联达数维设计软件、Revit及主流二维维设计工具,提供基于云端的多专业BIM协同设计解决方案。

广联达数维协同设计平台特点如下:

①构件级协同,协同效率翻倍。

a.构件级设计协同,专业协同实时、精准、高效。

b.设计过程中线上实时沟通与修改,第一时间解决错漏碰缺问题。

②设计过程智能审查,强条规范零违反。云端模型智能审查"快、准、省",全面支持国家强条,自动生成审图结果,云端轻量化在线校验,精准定位问题构件,大大缩短人工审查时间,解放审图人力,助力设计质量的提升。

③BIM成果数字化,随时随地云交付。

a.BIM成果交付效率和质量提升。

b.BIM可视化成果形成具有价值的数据资产,贯通上下游进行高效传递,真正实现设计—算量—施工全流程数据一体化。

④多专业全平台支持,多种数据无缝集成。多端全专业支持,适用数维设计软件、Revit、CAD等多个设计软件,一个平台支持不同类型设计项目。

广联达数维协同设计平台功能特点如下:

①二三维协同。通过二维设计协助三维设计工具成果后续深化,定制工具端插件,成果二次修改无缝衔接,支持更新三维工具端设计成果。

②设计资源管理。管理企业级资源及项目资源,沉淀设计标准和设计资产,通过资源模板一键复用已有项目的资源和配置,上传管理企业标准图纸,可在CAD端布置使用。

③设计项目管理。通过浏览器随时随地查看最新图模,项目看板可视化查看进度、工时、质量的最新数据,问题功能支持对模型、图纸、视图提问,并精准推送。

④智能化审查。支持国家有关规范,智能化审查,一键生成审查结果,助力项目设计质量的提升;审查结果精准定位构件,关联问题,助力设计师及时追踪问题。

⑤数字化交付。支持模型分享、离线包交付、交付包交付等多种方式,设计成果快速分享,多方协作,实时在线沟通。

3.2.3 二次开发插件

目前国内很多软件开发商都在积极推进BIM产业链的发展,一些大的软件平台研发出了很多插件,具体如下。

1)BIMCAD

BIMCAD是一款基于Revit开发的路桥快速建模插件,未来将重点发展交通、市政、高铁、地铁等基础设施相关行业的全专业BIM快速建模。

BIMCAD支持多专业建模。

(1)路线

支持直线、圆曲线、缓和曲线等平面线形,和交点法、积木法两种平面设计方法;支持直线、圆曲线等纵断面线形;支持加宽、加宽渐变、超高、超高渐变等横断面变化;支持纬地、EICAD等路线软件源文件的导入;弥补了Revit无路线的短板。

(2)桥梁

涉及先简支后连续T梁、先简支后连续小箱梁、简支大箱梁、三跨连续箱梁四种桥型,可自由组合盖梁、挡块、背墙、牛腿、墩柱、承台、桩基、系梁等构件,支持长、宽、高、梁数、斜交、伸缩缝槽口等几乎所有尺寸的参数化。

(3)道路

涉及整幅、分离两种断面,单幅、双幅两种路幅形式;涉及一级混凝土挡土墙和边坡两种路基防护形式。

(4)零散构件

支持自定义构件(如景观灯、桥铭牌等)指定位置的放置;可按坐标点进行单构件摆放,也可按路线、桩号进行多构件摆放。

(5)标线

支持行车道、可变车道、路口导向、待转区等车道线,支持停止线、人行横道线,支持各种导向箭头、路面文字和路面图形。

(6)校准

支持对模型坐标系和展示平台(Infraworks、Lumion、Fuzor等)地形图坐标系不一致时的特征点校准,可按绝对坐标点、路线桩号两种方式进行校准。

2)isBIM模术师

isBIM模术师包含以下模块:

(1)通用功能模块:解决运用Revit建模时遇到的功能限制问题。

(2)土建结构模块:可以进行模型构件的修改及圈梁、过梁、构造柱等构件的快速创建。

(3)装饰装修模块:提供墙面贴砖、墙体砌块、楼板拆分、抹灰操作等功能。

(4)快速建模模块:快速、高效、精准地提取链接或导入的DWG图纸信息,并将其转换为Revit模型。

(5)机电管线模块:追求快速、方便、高效地建模,提高效率。

3)橄榄山软件

橄榄山软件包含以下模块:

(1)橄榄山快模:一款专业的建筑DWG自动翻模插件,拥有建筑翻模和结构翻模两种功能。

(2)橄榄山土建:高效的土建翻模工具,可以快速将图纸中的构件在Revit中转换生成模型,支持天正图纸。

(3)橄榄山机电:拥有喷淋管道和风管翻模,直接在Reivt下完成碰撞检查和净高分析并出具碰撞报告和净高分析图;具有多种类型的管线编辑和调整工具,并可进一步优化模型设计。

(4)橄榄山算量:提供混凝土算量、模板算量和模板的创建;模板的创建可以支持多种构件类型并且创建速度快,算量精准。

(5)橄榄山精装:提供墙砖和地砖的铺贴功能,支持多种铺贴方式,正铺、斜铺均可,铺贴完成可一键统计用砖数量;支持链接模型。

(6)橄榄山云族库:实现族库的云端和本地多级管理,建立和保护企业云族库,实现族的在线预览和加载,快速准确地搜索目标族;提供多种族工具,能够快速完成族的传递与转换。

4)呆猫

呆猫软件是一个基于Revit的插件合集,主要包含以下功能:

(1)族管理器:对族进行统一管理,可以添加、删除、更新族库,可以从族库中直接将族载入项目。

(2)幕墙生成:选择按照标准建模的横(竖)挺族,自动生成幕墙。

(3)房间装饰:自定义房间墙、顶、地的族和参数,自动生成这些模型。

(4)详图转换:批量将CAD的DWG详图文件转换成Revit的rfa格式。

(5)内置文档:提供一些标准文档的分享下载功能。

(6)房间图纸:生成房间的东、南、西、北立面图纸。

5)柏慕1.02——BIM标准化应用系统

柏慕1.02基本实现了BIM材质库、族库、出图规则、建模命名规则、国标清单项目编码以及施工、运维的各项信息管理的有机统一,初步形成BIM标准化应用体系,并具备以下六个突出的功能特点:全专业施工图出图,国标清单工程量,建筑节能计算,设备冷热负荷计算,标准化族库、材质库,施工、运维信息管理。

6)理正建筑软件

理正建筑软件对Revit软件功能进行了扩展,提供了30多个工具,可有效提高Revit的操作效率,减少手工重复操作。部分构件(如管道、梁、柱等)以2D线条及标注为基础可以批量转化为Revit构件。天正或斯维尔的墙柱门窗等构件可通过该插件直接转换为Revit构件。

7)Revit建模助手

Revit建模助手(翻模大师)是辅助快速创建Revit模型的插件,可以根据已经设计好的CAD平面图纸快速制作Revit模型,能够缩减BIM建模的时间及成本。

8)北京跨世纪软件

北京跨世纪软件技术有限公司(以下简称跨世纪)打造正向设计BIM软件Civil Station Designer(CSD)和施工综合管理云平台Civil Station Construction(CSC),实现了设计平台与施工管理平台的联通,从根本上提升了BIM产品带给中国用户的价值。

(1)CSD

CSD是跨世纪自主研发,面向土木交通行业桥梁、隧道、路基、地质、互通、交安、接触网等专业的正向设计BIM软件。CSD具有本地化、参数化、对象化三大特点,能快速进行BIM三维设计,直接与路线模型进行信息交换和关联修改,自动关联IFC/国际字典框架(International

Framework for Dictionaries,IFD)标准,可实现模型计算分析、工程量统计。CSD可将设计模型进行深化设计,直接转换为施工模型,一键发布GIS,在5D施工管理中快速应用。目前,CSD已在国内外多个大中型公路、市政、铁路工程中应用。

CSD具有以下功能:

①桥梁设计:基于桩号、高程定位,具备专业的桥梁参数化设计建模能力;内置桥梁上、下部参数化构件库,可快速进行方案、详细设计阶段的桥梁三维设计,分类统计桥梁工程数量,并可与有限元分析软件Midas等对接,通过桥梁大师实现出图。

②互通设计:支持OpenRoads设计互通路线,也可导入纬地、EICAD、金思路等软件的平面、纵断面、横断面宽度及超高横坡数据,生成完整的路线模型,并基于路线模型一键绘制偏执线,支持交互/自动绘制连接部模型并处理变速车道和渐变段偏执线;同时,用户可以灵活设计构造物布置方案或导入已有的方案,进而快速创建互动立交路基、桥梁模型,可一键智能处理连接部位置路基及桥梁结构的过渡,生成完整的互通立交模型,如图3-2-10所示。

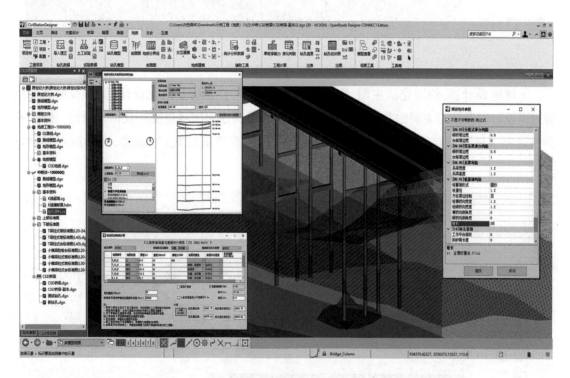

图3-2-10 桥梁、互通设计

③地质设计:通过钻孔数据、试验数据、钻孔模型、剖面图、地质建模、辅助工具(物理力学统计赋值、赤平投影等)、工程计算、勘查出表出图等实现地质勘查解决方案;结合地质进行路桥隧结构设计,可根据地质模型生成虚拟钻孔,为重要工点施工提供指导;可根据地质纵断面快速生成沿线地质三维模型,同时对岩性进行岩体材质贴图,支持结构面、断层、透镜体等精细地质构造的建模,坐标系基于大地绝对坐标系。桥梁与地质互联设计如图3-2-11所示。

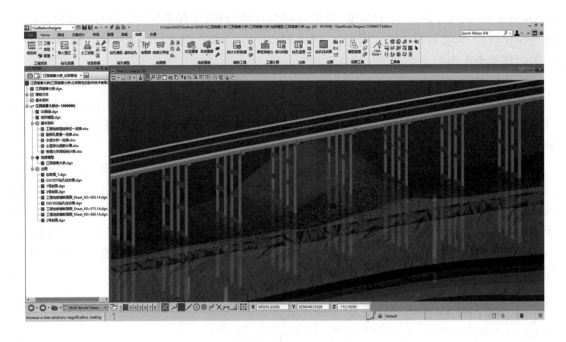

图 3-2-11　桥梁与地质互联设计

④隧道设计：可快速完成主洞、明洞、横通道等各种设施的参数化设计，能够很好地完成横通道设计以及其与主洞的裁剪，如图 3-2-12 所示；可快速完成隧道锚杆及钢架设计、建模，并能快速完成隧道洞口边坡、仰坡、回填、洞门等设计；支持削竹式、端墙式、半明洞式等洞口形式。

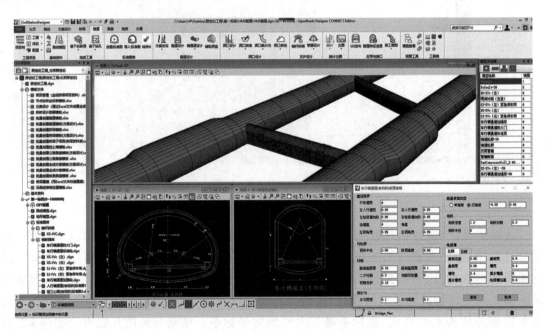

图　3-2-12

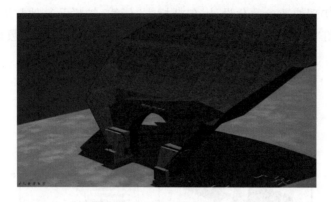

图 3-2-12 隧道参数化设计

⑤路基设计:支持参数化路基断面设计,可一键布置分离式路基、支挡结构交互式设计、坡面防护批量设计、一键地基加固设计、工程量快速统计。路基设计如图 3-2-13 所示。

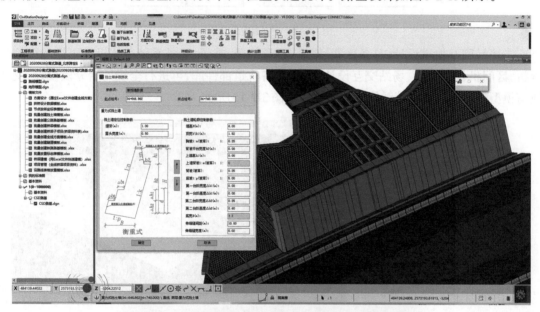

图 3-2-13 路基设计

⑥交安设计：实现快速参数化设计，包括标志、标线、护栏及其他常用沿线结构物（如隔离栅、防落网、路灯、绿植、收费站等）模型，并自定义扩充。交安参数化设计如图3-2-14所示。

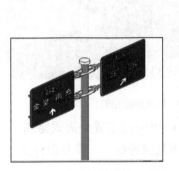

图3-2-14　交安参数化设计

⑦接触网及轨道设计：具备区间、锚段、参考柱线、柱子、悬挂系统总体设计电缆的模拟和分析，区间批量化设计，场站交互设计功能；具备轨道部件库，可进行全线灵活分段设计，支持轨道模型的快速建立。接触网和轨道设计如图3-2-15所示。

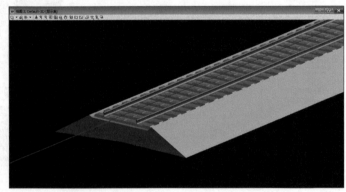

图3-2-15　接触网和轨道设计

⑧施工模型深化：可根据具体设计信息，在三维设计过程中自动创建模型结构树，方便模型管理；模型快速轻量化，一键发布到GIS+BIM可视化施工管理平台，进行模型及设计信息GIS端快速浏览。

（2）CSC

CSC基于BIM技术、GIS技术、实景建模技术与IoT等技术，实现工程项目建设阶段的可视化、数字化，将项目管理过程从平面转向立体、从静态转向动态、从封闭转向协同共享，完成工程质量、进度、投资、成本等的综合管理和互通。

9）酸葡萄市政BIM助手

酸葡萄市政BIM助手是基于Revit开发的三维建模插件，主要是通过参数化快速搭建三维地形、道路、明挖、暗挖及盾构隧道、桥梁、基坑支护、综合管廊等模型,自动完成墙板开洞、批量布置设备构件、道路标志、标线等建模工作,如图3-2-16所示。

 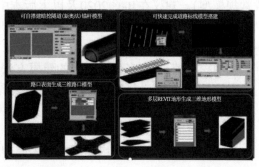

图3-2-16　酸葡萄市政BIM助手

酸葡萄市政BIM助手主要功能如下:

(1)常用工具

①原位插入:按坐标原位插入DWG及RVT。

②线生万物:根据直线、曲线坐标,自动搭建模型线、结构框架、管线等模型。

③批量放置:根据族名、族类型名、坐标及旋转角度等信息,批量放置族实例及模型组。

④批量楼板:可以将CAD图中的闭合多段线、直线、圆弧在Revit中批量创建为楼板。

⑤按桩号放置:导入路线后,根据输入的桩号放置族实例。

⑥上移下移:将选择的构件批量上移或下移至最近的构件上,适用于搭建道路标志、标线,在非平整的底板上放置设备,顶板上吊装设备等。

⑦左移右移:将选择的构件批量左移或右移至最近的构件上,适用于搭建隧道中的各种设备箱等贴墙构件。

⑧伸长缩短:将选择的柱、桩伸长或缩短到其他构件表面或地形上。

⑨楼板贴面:可以将楼板移动贴在斜面或曲面上。

⑩构件贴面:可以将基于面的常规模型移动贴在斜面或曲面上。

⑪墙板开洞:批量选择管线,自动对与其相交的墙、板开洞,并在需要时加穿墙防水套管。运行本程序,应事先载入相应开洞及防水套管族。

⑫自动剪切:自动批量剪切模型。

⑬手绘空心:可以在Revit中手绘闭合轮廓,直接创建并载入可以用于剪切的空心族。

⑭建轮廓族:自动批量制作轮廓族。

⑮构件命名:自动批量根据构件参数组合,修改构件类型名称。

⑯导出明细表:批量导出Revit中的明细表为Excel文件。

(2)道路建模

①批量路桥隧:批量搭建道路、隧道、桥梁上部结构模型。

②三维地质:根据多层Revit地形,生成三维地质模型。

③道路建模:可根据轮廓生成各层分开的道路模型。

④道路表面:根据自定义数据生成道路表面,后续可用楼板绘制道路,再使用楼板贴面贴

到道路表面,以调整其高程。

⑤道路放坡:选择道路左侧边线、右侧边线、地形,自动按自定义数据生成道路放坡(地形或常规模型)。建议在Revit2020及以上版本中采用以地形方式创建道路放坡。

⑥道路路口:根据路口表面(使用Revit地形制作),生成分层三维道路路口模型。

(3)隧道建模

①明挖暗挖:采用多截面融合的建模方法,自动搭建明挖及暗挖隧道模型。

②暗挖锚杆:自动搭建暗挖隧道(新奥法)锚杆模型。

③盾构隧道:自动搭建盾构隧道模型。

(4)桥梁建模

①下部结构:自动搭建桥梁下部结构模型。

②上部结构:自动搭建桥梁上部结构模型。

(5)管廊及其他

①综合管廊:参数化搭建综合管廊标准段。

②支护结构:自动搭建基坑支护结构模型。

10) Solid Civil Designer

为解决桥隧施工模型的细度、信息标准、深化方式、数据交互等正向应用等难题,Solid Civil Designer(以下简称SolidCD)基于Open Roads Designer平台进行二次开发,让模型深度与工艺工序分部分项,利用程序实现智能的深化。

SolidCD主要有以下功能:

(1)实现桥梁的模型深化设计,并进行参数化配筋。

(2)隧道施工深化工具以围岩等级、断面参数化编辑为基础,以模型创建、过渡段处理、配筋、工程量统计、通用放置与拉伸工具等为主要研发内容,实现了具备施工深度的隧道施工深化系统。

(3)快速进行隧道断面设计和断面施工深化设计。

(4)快速进行隧道建模、开挖模型、系统锚杆、横通道、二次衬砌等设计。

(5)创建的构件身份信息可以与信息平台进行方便的信息交换。

11) BIM市政模架智能设计软件

广东星层建筑科技股份有限公司自主研发的BIM市政(桥梁)模架智能设计软件,可用于市政道路、桥梁结构满堂脚手架设计,包括盘扣式和碗扣式,并可根据实际情况局部布置贝雷架。该软件内置桥梁快速建模软件,用户只需导入CAD桥梁平竖曲线及截面即可快速创建桥梁BIM模型,然后手动输入脚手架设计相关技术参数,即可实现智能设计,生成脚手架BIM模型。另外,该软件还提供自动计算校核、设计优化及导出计算书功能,方便用户及时发现不合理的设计参数。设计完成后,能够导出各构件工程量清单及项目平面图、断面图,大大提高了设计效率和准确性。图3-2-17所示为桥梁、满堂脚手架建模,图3-2-18所示为脚手架和贝雷梁模型。

12) 比目迅建模助手

比目迅建模助手是一款基于Autodesk平台的插件,主要功能是快速转换纬地道路的平纵数据到Civil3D,并可以导出Infraworks和Civil3D模型的平纵数据到纬地道路设计软件。该插件由郑州市交通规划勘察设计研究院组织开发,为免费开源软件。

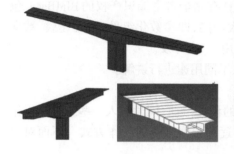
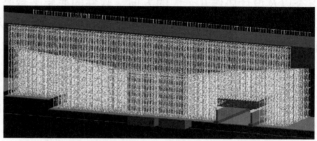

图3-2-17　桥梁、满堂脚手架建模

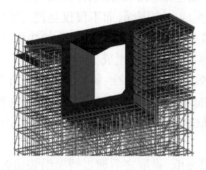
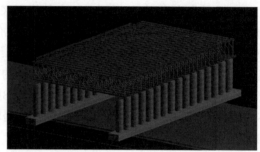

图3-2-18　脚手架和贝雷梁模型

13) CNCCBIM

中交第一公路勘察设计研究院和Bentley软件公司正式发布了双方共同合作研发的道路工程BIM正向设计软件CNCCBIM OpenRoads,该产品主要面向公路、市政设计院,很好地解决了现有BIM设计软件缺乏本地化设计规范、标准、模板及数据无法联动等行业难题。CNCCBIM OpenRoads基于Bentley OpenRoads平台,融合了中交第一公路勘察设计研究院领先的专业能力和丰富的业务实践,可全面满足国家规范、标准、模板等本地化需求。该产品有以下特点:

(1)深度定制符合道路工程设计要求的专业化的工作空间。
(2)更加自动化,更符合设计习惯。
(3)基于BIM模型,出图流程简便、工程图纸专业。
(4)全自动化、专业出表(支持Excel、txt)。
(5)自动化生成图纸目录、总览。
(6)自动生成图纸索引与管理及批量打印。
(7)标注风格、图纸、报表符合公路工程设计文件编制办法。

14) PKPM-BIM

PKPM-BIM(建筑全专业协同设计系统)主要应用于建筑、结构、装配、设备、节能、机电、协同等领域。

全新的国产BIM软件PKPM-BIM以北京构力科技有限公司开发的PKPM为基础,可以提供建筑、结构、水、暖、电五个主要专业的数字化建模和应用功能,主要包括模型创建、BIM模型审查以及设计协作几个大的方向。软件的底层平台是具有完全自主知识产权的BIMBase,包含几何引擎、渲染引擎、数据引擎三大核心,提供了九大功能,即参数化组件、通用建模、数据转换、数据挂载、协同设计、碰撞检查、工程图、轻量化应用、二次开发。

PKPM-BIM中细节和功能较多,这里按照不同阶段、不同用途进行讲解。

(1)工具视角:提升效率

在产品的研发理念上,PKPM-BIM借鉴了很多二维的设计习惯,同时引入一些三维的工作方式,尽可能让设计师在继承传统工作流程的前提下,逐渐习惯BIM的工作方式。下面对此进行详细介绍:

①出图:PKPM-BIM虽然采用三维工作方法,但本质上继承了CAD软件里面图纸布局的理念。PKPM-BIM是先有模型,然后通过一定的规则来生成一个图面,而不仅仅是把三维模型的平面投影"切"出来。比如,为了符合国内出图的标准要求,软件提供了符号化的功能,通过选择和匹配三维的设备构件可以用符合国内要求的二维符号来替代生成。

②识图:方案阶段图纸会有大量的调整,二维的效率要高于三维,所以往往是在方案设计师已经生成了一套CAD方案图纸的情况下,基于BIM的深化设计才正式介入。在这种情况下,基本的墙柱板不需要手动建模,可以从图纸中提取这些基本数据。除了一般的CAD图纸,软件还支持识别天正的图纸。

PKPM-BIM可以在同一个文件里逐层提取标准层图纸,提取之后通过楼层组装功能,定义好每一层的高程以及标准层的数量,就可以初步自动生成建筑模型。图纸中的墙、柱、门窗、楼板等构件,以及房间信息,都会按照设定好的楼层关系识别到三维软件环境里,节省基本建筑的建模时间。

③机电智能连接:目前PKPM-BIM对常规常见系统都可以完成管线绘制和设备布置,同时支持设备管线智能连接、自动规划路径、自动计算参数等快捷功能。其中,机电专业的绘制已经达到比较自动化的程度,绘制管道的过程中可以自动生成过渡件、弯头和三通等管件,也可以通过框选,自动生成正确系统的支管,连接干管和末端设备。在调整管线的过程中,PKPM-BIM也通过内置避让规则,提供了一些便捷的调整工具,如管道对齐、打断、连接、翻弯等。

④碰撞检查:用PKPM-BIM做碰撞检查,不需要导出模型检查出错误再回到模型修改,而是选择楼层、构件和检查范围,就能在软件内生成检查报告,可以在报告里直接单击,定位到碰撞位置,直接修改。

(2)专业设计视角:解决核心设计业PKPM-BIM的总体定位问题

PKPM-BIM设计院的一线人员希望提供一个替代现有设计工具的选择,去完成自身的核心设计工作业务,而不仅仅是满足BIM翻模的需求。下面对此进行详细介绍:

①规范检查:PKPM-BIM可以设置整个建筑的各种属性,如建筑分类、耐火等级、建筑级别、消防系统、最大净高等。模型检查之前,可以选择依照哪个规范来进行审查,如基于所在省份的BIM审查规则进行模型自检;对于不满足要求的构件,可以高亮定位,批量修改。自检完成之后,就可以一键把模型上传到服务器,进行正式的BIM审查,审查结果会从服务器返回

到PKPM-BIM,弹窗提示模型中哪些地方不符合审查规范中的哪一条。用户可以直接选择某一条,对应的未过审构件会以列表形式显示出来,用户按照审查要求做出修改。对应的错误全部修改之后再提交,就可以通过审查。

②结构计算:PKPM-BIM 和 PKPM 结构计算是可以无缝对接的,结构计算模型可以在 PKPM-BIM 里直接打开,生成结构构件。当然也可以用常规的三维结构模型,添加符合出图规范的轴网、标注、剖面示意等元素。反过来,PKPM-BIM 中建立的模型,也可以直接导出到 PKPM 结构计算软件中来验算结构。

③节能分析:

a. 基本建模工作完成之后一键跳转到节能设计专业模式,可以设置项目的位置信息、用地性质、建筑类型等属性。

b. 选择这个项目遵照的节能设计标准,给 PKPM-BIM 节能计算做基础参考。利用 PKPM-BIM 提供的智能房间匹配功能,可以直接把建筑模型中的房间类型与标准中规定的房间类型进行匹配,不需要重新定义房间。

c. 对建筑内的材料进行编辑,给屋面、内外墙、窗、幕墙等构件设定传热系数、太阳辐射吸收系数、传热阻等参数。

d. 剩下的规定性指标计算交给软件自动完成,还可以直接生成一份节能设计报告书,不满足要求的部分会重点提醒。

④设计与运维对接:目前很多项目的设计不仅要满足施工出图的要求,还要与后期的运维对接。PKPM-BIM 使用的是 xdb 数据格式,里面的数据类型还在不断完善,PKPM-BIM 提供了类型属性管理器,让设计师能方便地添加不同构件的属性。

(3)协同工作视角:让工作流通起来

PKPM-BIM 使用基于中心数据库构件级别的协同模式,这种协同模式带来的直接好处就是跨专业的设计师可以从各自画图、定期开会的模式转变为随时互相帮助的实时协作模式。其中部分重点功能如下:

①权限管理:管理者可以通过预设不同专业的权限,解决工程师对构件的管理和编辑问题,避免多个设计师的操作冲突。当一个构件被某个人锁定,其他人就失去了对这个构件的编辑权限,但可以查看它的所属权限,直到锁定这个构件的设计师释放锁定,其他人才能进行操作。

②变更查询:设计过程中可以查看不同版本构件的变更情况。每次从服务器上下载数据,都可以查看最新的变更情况,同时变更构件会高亮显示,方便快速定位。对于服务器上记录的不同版本,还可以通过版本比对的功能查看两个版本构件的变化情况,并且通过列表和构件高亮的方式呈现出来。

③开洞提资:PKPM-BIM 提供了一套从提资到处理的工作流程。比如,对很多管道穿墙穿板的地方,PKPM-BIM 提供了自动开洞和加套管的功能,机电专业设计师只要批量选择楼层、机电专业和建筑结构,就可以一键在整个项目范围里实现,结构专业也可以实现与机电专业的开洞提资处理。另外,除了基于模型内部的协作,PKPM-BIM 也支持轻量化的协作模式,模型可以生成二维码,以在线方式提供给没有建模软件的人浏览内嵌了信息的模型,也可以在

特定视角对构件在线批注,方便多人在线协作。

15)盈建科软件

(1)YJK for Revit

YJK for Revit(侧重于BIM设计)主要应用于建筑、结构、变电构架等领域。YJK for Revit产品主要分为通用工具、辅助建模、结构模型、平法施工图、结构计算五个部分,实现了在Revit中的快速建模、模型几何定位、结构计算,以及结构计算信息、平法施工图信息和三维实体钢筋的数据共享等功能。

(2)BeePC

BeePC软件是基于Revit平台的装配式智能深化BIM软件,是一款内置规范与图集,可以边建模边教用户做装配式深化设计的BIM软件。

16)PDST

PDST(Structure Draft in Plant Design)是一款基于Revit的结构三维模型出图与算量的设计软件。PDST采用插件模式的模块化软件设计,扩展支持结构计算软件只需要增加相应的插件。PDST-REVIT结构配筋出图软件主要包括结构计算软件接口、模型处理、结构施工图生成、三维钢筋及钢筋算量方面的功能。

PDST(侧重于BIM设计)主要应用于翻模、导结构数据计算、出图,有以下主要特点:

(1)PDST支持与多种计算软件的数据交换,支持PKPM、YJK、SAP2000、STAAD Pro、Midas等结构计算软件,如图3-2-19所示。

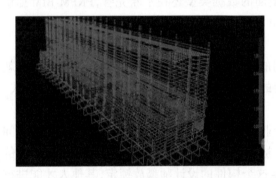 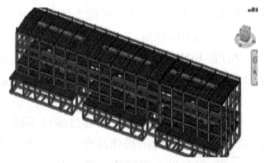

图3-2-19 通过PDST将SAP2000结构计算模型转换为Revit结构模型

(2)自动楼板合并;自动杆件合并;自动生成和匹配Revit截面族;自动楼板、梁面对齐;通过简单操作鼠标就能完成模型转换。

(3)混凝土结构自动配筋、一键出图,自动从计算软件读取计算结果,自动多跨杆件识别、配筋并附加到Revit结构三维模型。

在Revit三维模型上维护好配筋信息后可随时生成梁、柱、楼板施工图,如图3-2-20所示。

(4)在三维模型中查看和维护配筋;自动生成的施工图,可一键处理文字重叠,钢筋、尺寸定位标注齐全,完全符合施工标准;提供DWG格式刷,一键处理Revit导出DWG文件字体、线形、颜色等样式,智能添加图框,批量化处理,操作简单。

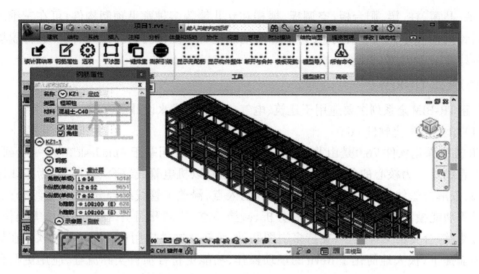

图 3-2-20　通过 PDST 在 Revit 三维模型上维护选中构件的配筋信息

17）探索者

北京探索者股份有限公司（以下简称探索者）十年磨一剑，从 2008 年至今一直专注 BIM 技术研究及产品研发，推出的探索者全专业正向 BIM 设计系统（BIMSys.）以私有云平台及三维协同管理平台为支撑，将"三维设计、二维表达"的理念贯穿全专业的建模、设计、计算、出图、应用正向 BIM 设计全流程。探索者为设计院的 BIM 发展提供软硬件及协同管理平台的一体化部署方案，提供全专业（建筑、结构、水暖电）、全流程（建模、计算接口、设计、出图、算量、应用）、一站式（培训服务、标准制定、项目咨询）正向 BIM 设计应用解决方案。探索者配备了一支高水平的 BIM 服务团队，为全国几十家客户进行 BIM 实际项目的软件应用、技术咨询与项目伴随服务，得到客户的高度认可。软件功能图如图 3-2-21 所示。

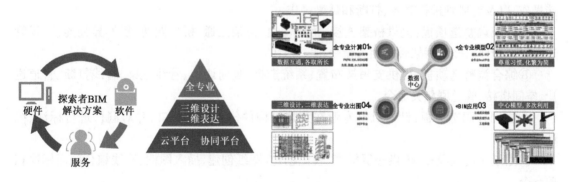

图 3-2-21　软件功能图

18）GSRevit

GSRevit 是深圳市广厦科技有限公司和广东省建筑设计研究院在 Revit 上二次研发的结构 BIM 装配式设计软件。GSRevit 功能概述：基于 Revit 平台，Revit 模型直接可算、可出图；GSRevit 可快速统计装配率；可自动或手动生成拆分图；可建立三维施工模型，模型包括叠合板、内外墙、梁墙、凸窗、柱、梁、阳台板、空调板、楼梯和女儿墙等多种常见预制构件；可在三维施工模型中对预制构件布置三维钢筋，支持对三维钢筋进行碰撞检测；可对预制构件进行脱模验算和吊装计算，一键生成加工图。

19）天正TR-BIM

天正TR-BIM全系列主要应用于建筑、电气、暖通、给排水设计等领域。

(1) TR机电深化软件V6.0

TR机电深化软件V6.0是由北京天正软件股份有限公司基于Autodesk Revit平台研发的，以机电管线综合为核心的分析调整类软件。该软件以机电管线综合项目流程为主线进行功能布局，以解决管线综合阶段的实际痛点为切入点，涵盖了管线综合分析、管线综合调整、天正工具等功能模块。该软件支持净高分析、碰撞检查、协同开洞、管线综合调整等操作；支持配电检测、综合支吊架等操作；支持多视图联动，跨链接文件应用；TR机电深化软件在保障精准度的前提下，极大地简化了Revit的烦琐操作，功能更符合项目实际流程，应用更贴合使用习惯。

该软件的功能选项板如下：

①净高分析选项板：包括净高设置、净高分析命令，可以对房间、空间、区域对象完成净高分析。

②碰撞检查选项板：包括碰撞检查和显示报告命令，可以对项目中的构件进行碰撞检测。

③配电检测选项板：用于检查项目中未接入回路或位置重合的设备。

④重管检测选项板：用于检查项目中管道的重合，也可用于检查固定距离范围内管道重合的情况。

⑤管道调整选项板：提供多种管道连接功能，支持管道间批量、分类、指定管件的连接操作。

⑥风管调整选项板：提供多种风管连接功能，支持风管间批量、分类、指定风管管件的连接操作，以及对风管进行对齐、打断和贴梁操作。

⑦桥架调整选项板：提供桥架连接、桥架弯通、桥架三通、桥架四通、桥架异径连接、线管连接、局部升降、竖直桥架转向相关命令。

⑧综合调整选项板：提供支吊架布置、系统选择、竖向调整、管线贴梁、管线打断、管道避让、空间搭接、管道刷相关命令。

⑨协同开洞选项板：针对机电专业在穿建筑构件位置创建洞口，并对洞口进行标注、统计等。

⑩图纸布局选项板：提供楼层标高、视图创建、图纸创建、插入图框、管线综合剖面标注相关命令。

⑪管理链接文件选项板：提供链接多文件、编辑链接文件、返回主体文件、更新链接文件、链接映射相关命令。

⑫其他工具选项板：提供开关菜单、导入天正快捷键、版本信息、帮助手册相关命令。

TR机电深化软件V6.0包含三个核心模块，即管线综合分析、管线综合调整和天正工具。TR机电深化软件V6.0从项目实际痛点出发，功能命令既符合项目流程，又贴合用户操作习惯,操作简单高效,可快速检测项目中的构件、管道碰撞、净空净高、管道重叠、管道排布不合理等诸多实际问题,并提供相应解决方案;功能命令与项目数据关联,数据实时记录,一处修改,处处更新,为设计阶段中的机电深化提供高效、智能的设计应用软件。

该软件功能如下:

①净高分析:实时净高分析,针对房间、空间、区域不同的对象类别,通过多种选择范围的方式,快速生成净高分析报告,在报告中可以快速在三维视图中定位构件,及时调整构件信息,实时更新房间净高值,如图3-2-22所示。

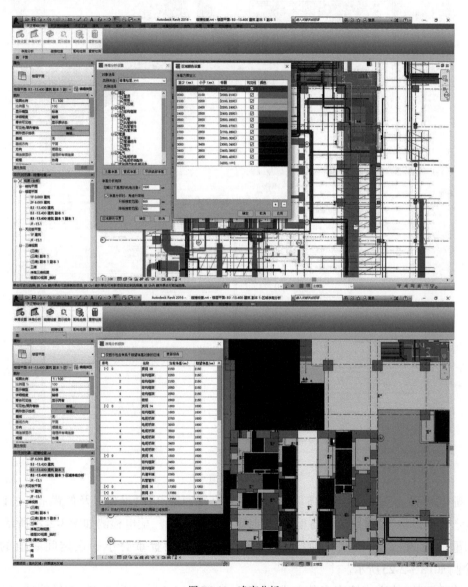

图3-2-22 净高分析

②碰撞检查:支持项目文件选择、构件选择、系统选择及楼层选择多种方式进行范围设置,并可自动生成碰撞点截图,详细记录碰撞点位置和构件信息;单击碰撞列表可快速准确定

位碰撞点构件,及时调整构件参数,实时更新碰撞结果,并支持手动截图替换系统截图,导出碰撞报告,如图3-2-23所示。

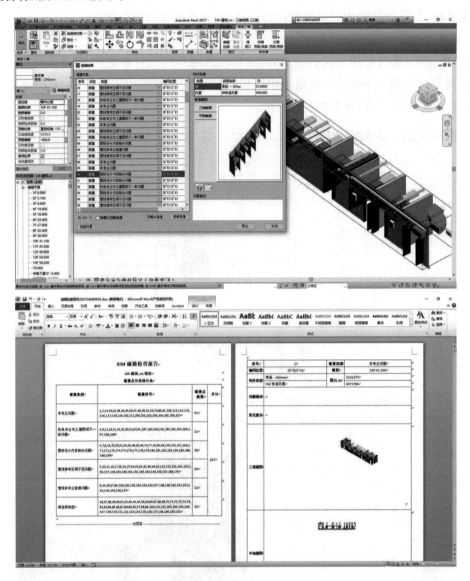

图 3-2-23　碰撞检查

③配电检测:快速检测当前项目所有未接入电气回路、电气设备以及位置重合的设备,并能快速定位到设备,及时修改设备信息,实时更新检测结果。配电检测如图3-2-24所示。

④重管检测:快速检测当前视图中所有可见的、位置重叠小于设定间距值的管道。重管检测如图3-2-25所示。

⑤管道调整:管道连接有多种方式,快速生成弯头、三通、四通、双弯、变径管件,并能快速完成水平管和立管的对齐、平行管线的快速等距排列,通过指定坡度值或指定末端标高值,高效地对整个系统进行坡度的调整。管道调整如图3-2-26所示。

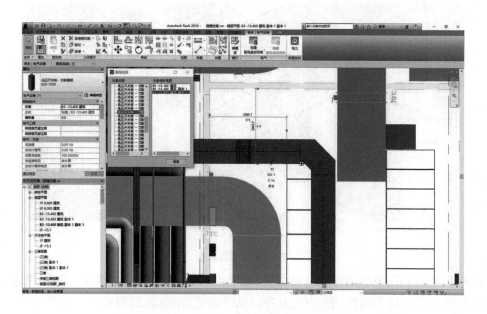

图 3-2-24　配电检测

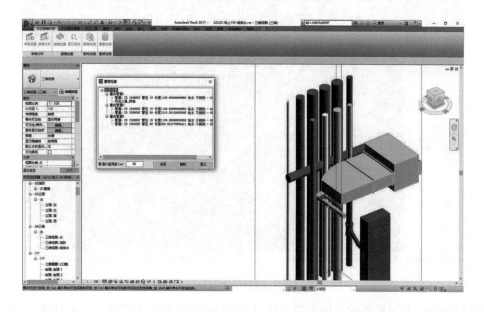

图 3-2-25　重管检测

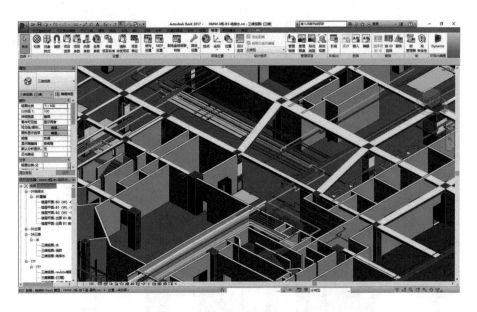

图 3-2-26　管道调整

⑥风管调整：利用风管的多种连接方式，自动生成对应的管件，如弯头、三通、四通、变径、乙字弯等，快速完成风管的顶、底、中心对齐。风管调整如图 3-2-27 所示。

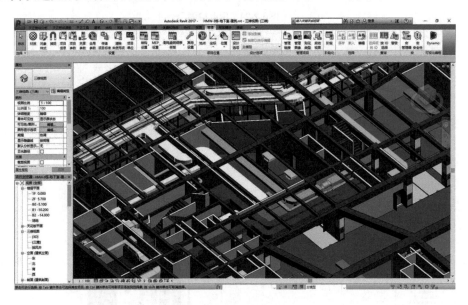

图 3-2-27　风管调整

⑦桥架调整：利用桥架的多种连接方式，自动生成指定管件，如弯通、三通、四通、异径连接，并能快速完成垂直和水平避让，高效地完成桥架管线综合的调整。桥架调整如图 3-2-28 所示。

⑧综合调整：快速选择管道或风管的整个系统；将系统或所选管线调整至设定高度值；完成管线的彻底打断，不生成任何管件；可以将不同标高、相互垂直的管线快速连接；将源管线的类型参数和实例参数选择性地赋值给目标管线；管线综合完成之后，可以通过提取机电管线位置信

息,利用多种布置方式完成支吊架的布置,并能自适应管线参数。综合调整如图3-2-29所示。

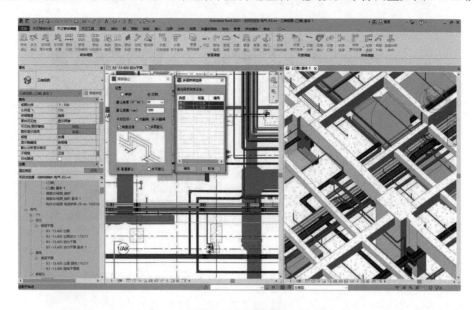

图3-2-28 桥架调整

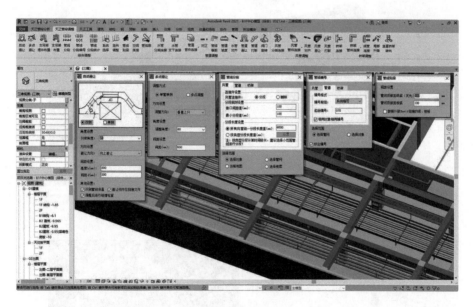

图3-2-29 综合调整

⑨协同开洞:多专业协作,支持多种建筑开洞主体,如墙体、楼板、屋顶、天花板、梁等;对于间距值小的管线可以实现合并开洞、共享洞口;管线、开洞主体、洞口或套管全部关联,洞口或套管随着管线的调整自动更新;对项目中的洞口和套管进行标注,并能生成所有洞口和套管统计表,放置在平面视图中。协调开洞如图3-2-30所示。

⑩管理链接文件:多专业链接,全专业综合,一次链接多个rvt文件,支持当前项目编辑链接文件,快速地将链接文件中的轴网和标高复制到当前项目。管理链接文件如图3-2-31所示。

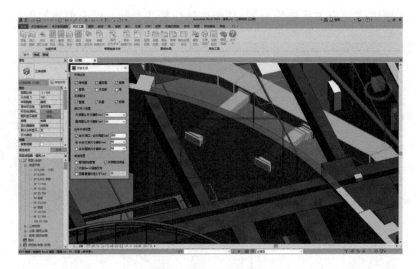

图 3-2-30　协调开洞

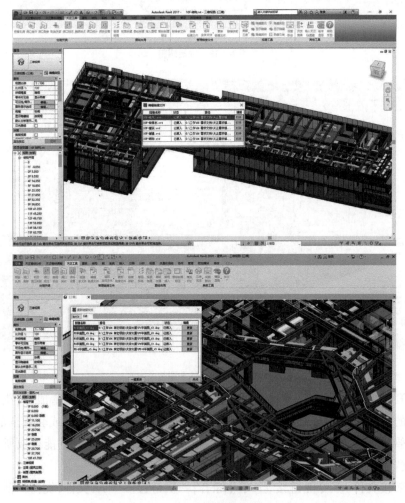

图 3-2-31　管理链接文件

⑪视图联动:对两个或两个以上的视图进行同步操作,实现同步缩放、移动等,便于用户多视角地查看构件。视图联动如图3-2-32所示。

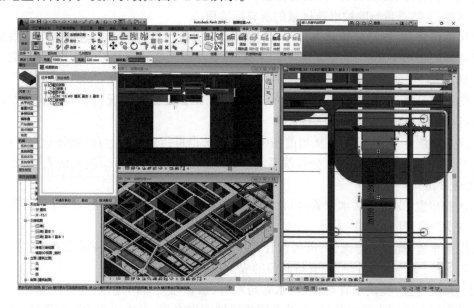

图3-2-32　视图联动

(2)TR天正暖通软件V6.0

TR天正暖通软件V6.0是一款三维BIM辅助设计软件。该软件基于Autodesk公司的Revit设计平台,包括天正暖通风系统、天正暖通水系统和天正工具三大模块。其中,天正暖通风系统和天正暖通水系统按照专业的设计流程分为系统设置、管线布置、设备布置、连接、编辑、标注、计算、统计等模块,支持依据《建筑防烟排烟系统技术标准》(GB 51251—2017)编制的防排烟计算;支持管线和立管的绘制,并可多管绘制、沿墙绘制;支持风口、阀门附件、散热器、风机盘管等暖通常用设备的布置;支持多联机室内外机布置、冷媒管绘制、多联机与管线连接自动生成分歧管、系统计算、标注等功能;支持设备连接、散干/立连接、管线互连;支持对既有设备、管线的参数、位置关系进行编辑;支持对管线/风管、设备等进行标注;支持设备、管线等的统计,设置统计范围,设定输出内容;支持Excel和图面表格两种形式;提供多专业间协同开洞、图纸布局以及管道避让功能。

TR天正暖通软件V6.0主要工具包括如下:

①天正设置:支持自定义标准的导入导出,统一设置风系统、水系统的类型、颜色、线形等,可对风系统、水系统的类型进行增加、删除处理。

②风管布置:实现风管、立风管、软风管的布置,提供矩形、圆形、椭圆形风管截面。

③设备布置:提供风口、风阀、风机盘管、风机等设备库,支持设备的选型、布置,支持支吊架的布置。

④风系统连接:提供风管与设备、风管与风管、风管与立管的连接;支持同系统间风管的连接以及不同系统间风管的连接;支持选定连接件连接风管。

⑤风系统编辑:提供风管、风口的编辑;支持编辑风管的连接件;支持对风管添加、删除保

温层;支持编辑风管的相对位置,对风管进行绕梁、绕柱处理。

⑥风系统标注:提供设备、管线的标注,支持风口间距的标注,支持自行输入标注文字的引出式标注;支持批量删除被框选区域的所有标注项。

⑦风系统计算:支持风管基本的水力计算;支持设定风管计算参数、推荐流速,根据输入的风量推荐风管截面尺寸,并显示流速计算结果;支持风系统计算结果图面预览;提供单位换算小工具。

⑧防排烟计算:新增防排烟模块中的计算软件,根据建筑物情况,依据《建筑防烟排烟系统技术标准》(GB 51251—2017)进行计算。

⑨风系统统计:统计范围可从当前图中直接框选也可指定楼层,可以统计垂直管段长度,可以自行选择统计内容,支持区分管线系统进行统计。统计结果可绘制图面表格,也可输出Excel表格形式。

⑩水管布置:支持提供水管管线、水管立管的布置,管线的编辑布置方式(平行管道和沿墙布管);支持多管同时绘制。

⑪设备布置:提供水管阀件、风机盘管、冷却塔、空调器等设备库,支持设备的选型、布置;提供散热器库,支持布置散热器;支持阀门的成组布置。

⑫水系统连接:提供水管与设备、水管与水管、水管与立管的连接;支持同系统间水管的连接以及不同系统间水管的连接;支持选定连接件连接水管;支持坡度管间的连接;提供水管与散热器连接,立管与散热器连接。

⑬水系统工具:提供水管的编辑;支持编辑水管、立管的相对位置,对水管进行绕梁、绕柱处理;支持对水管添加、删除保温层。

⑭水系统标注:提供设备、管线的标注,支持散热器的标注,支持市政入户管的编号标注,支持自行输入标注文字的引出式标注,支持批量删除被框选区域的所有标注项。

⑮水系统计算:支持采暖、水管的水力计算;支持分水器的设备选型计算;提供水系统定压补水设备的选型计算,并可计算水泵扬程等;提供单位换算小工具。

⑯水系统统计:统计范围可从当前图中直接框选,也可指定楼层,可以统计垂直管段长度,也可以自行选择统计内容,支持区分管线系统进行统计。统计结果可绘制图面表格,也可输出Excel表格形式。

⑰多联机:提供VRV(变制冷剂流量多联式空调系统)设置,支持多联机设备及管线的布置与自动连接;支持在系统划分的基础上,对VRV系统进行计算及将结果赋回。

⑱负荷计算:支持对Revit建筑底图进行前处理,搜索房间,将房间对象标注在图面上;支持一键房间建筑信息,并生成可用于负荷计算的xml文件;负荷计算可直接导入xml文件,并支持将计算结果导出,支持输出计算书等操作;支持将计算结果赋回标注在图面上。

⑲通用工具:支持对支吊架的布置;支持标准层中暖通构件(如风管、水管、管件等)的跨楼层复制;支持同楼层内暖通构件的复制;支持对当前视图进行过滤器设置;支持管线对构件的自动避让;支持一键进行系统选择及系统竖向调整;支持删除阀件后管线自动连接,以及提供自动保存及测量工具命令。

⑳协同开洞:支持协同操作,识别当前项目或链接文件中的机电管线,完成管线穿越构筑物时的开洞操作;支持机电管线密集处进行合并开洞;支持对链接文件进行更新从而刷新洞

口;支持洞口关联;支持对洞口进行标注并统计。

㉑图纸布局:支持批量添加楼层标高并创建对应视图;支持创建指定浏览器组织下的指定视图并进行编辑;支持批量创建图纸并将相应视图关联到图纸中;支持快速在图纸视图插入图框。

㉒其他工具:支持天正Revit平台与CAD平台的导入或导出,方便数据互通。版本信息包含暖通的版本信息及启动界面设置。

天正暖通风系统主要功能如下:

①系统设置:提供综合水管、风管的所有系统分类及系统类型,支持系统类型的增加、删除,支持管线颜色、线形、线宽的统修改。所有改动均适用于后续管线绘制、编辑等操作。系统设置如图3-2-33所示。

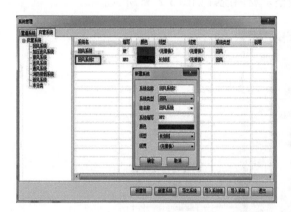

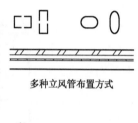

多种立风管布置方式

软风管

图3-2-33　系统设置

②设备布置:提供丰富的风口、风管阀件等设备族库,支持多种方式风口布置功能,快速绘制风管阀门阀件、过滤器、静压箱、消声器等附着于管线的设备。设备布置如图3-2-34所示。

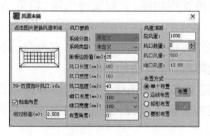
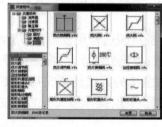

图3-2-34　设备布置

③风系统连接:提供风口、风管自动连接功能;支持图面框选一根风管、多个风口批量连接并生成连接件;自动延伸,自动生成连接构件,并可设置是否带有标记。

④风系统编辑:快速完成风管、立管、设备、构件等对象的各种修改编辑;编辑后构件间保持联动关系,提高设计改图效率;提供局部避让命令,适用于风管局部升降和局部偏移,用于风管的绕梁、绕柱处理。

⑤风系统标注:软件提供自由标注和引出标注两种标注样式标注风管;提供风口、设备、风口间距、引线标注等多种标注工具,满足暖通风系统基本出图需求。

⑥风系统计算:风管水力计算支持一键提取风系统,计算界面就操作方式与T20操作方式保持一致,支持修改计算条件及计算控制条件,支持将计算界面赋回图面,自动更新风管截面尺寸,支持输出Excel计算书。

⑦防排烟计算:支持《建筑防烟排烟系统技术标准》(GB 51251—2017),支持对机械防烟系统计算并进行查表校核,支持对机械排烟系统不同防烟分区排烟量综合计算,并可以进行查表校核;支持单个排烟口最大允许排烟量的校核计算;支持自然排烟系统排烟窗(口)的计算。

⑧材料统计:统计范围支持图面框选和指定层,对图面风管、水管、设备、阀门等进行统计,可以表格形式插入图面,也可输出统计表格。材料统计如图3-2-35所示。

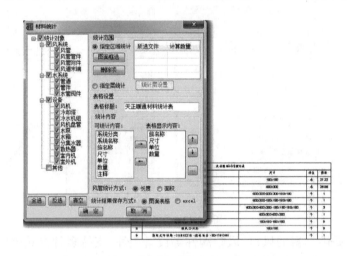

图3-2-35 材料统计

天正暖通水系统的主要功能如下:

①专业水管布置工具:水平管线支持沿墙布管、平行布管等功能,立管支持沿墙、墙角、沿散热器布置等功能。

②丰富的水管设备族库:提供暖通常用设备的布置功能;提供丰富的阀门库,支持自行扩充阀门库并用于当前图面布置;提供分集水器、散热器等供暖常用设备的布置。

③智能水管连接:常用水系统的管线连接支持自动连接和分类连接,并提供多种连接件连接;设备与管线提供设备连管功能,操作模式同T20,支持批量连接;提供供暖独有的散热器与干管、立管连接功能。

④散立连接:支持单管顺流和单管跨越系统形式,批量连接散热器与立管。散立连接如图3-2-36所示。

⑤散干连接:可实现散热器与干管的连接,支持双管、单管顺流式和单管跨越式系统形式,支持设置自动生成支管的管线长度。散干连接如图3-2-37所示。

⑥自动水系统标注:提供多种水系统标注功能;对于管径标注,提供多种标注样式,支持自行设定标注样式、文字高度等参数;提供标注散热器功能、设备标注和阀件标注。

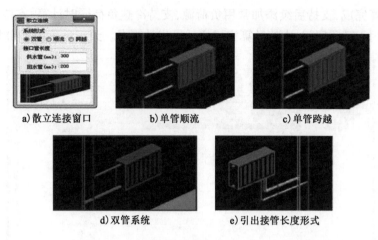

图3-2-36 散立连接

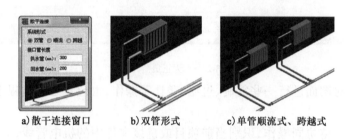

图3-2-37 散干连接

⑦水管水力计算：支持一键提取水系统，计算界面就操作方式与T20操作方式保持一致；支持修改计算条件及计算控制条件；支持将计算界面赋回图面，自动更新水管管径，支持输出Excel计算书。

⑧采暖水力计算：支持三维环境下一键提取采暖系统分支，计算操作方式与T20操作方式保持一致；支持修改计算条件及计算控制条件；支持将计算界面赋回图面，自动更新水管管径；支持输出Excel计算书。

⑨多联机模块：提供多联机的管道布置、设备选型、管道与设备连接、系统计算等功能。

⑩VRV设置：可对分歧管的绘制样式及大小、自动连管伸出长度等进行设置。

⑪室内(外)机布置：产品库中选择室内(外)机进行布置。

⑫冷媒管/冷媒立管绘制：进行冷媒管、冷媒立管的绘制。冷媒管绘制分为两种模式，即气液管一体绘制和气液管分开绘制。

⑬连接VRV：可按系统批量实现室内(外)机和冷媒管及冷凝管线的连接，同时实现对冷媒一体管变气液双管进行连接；支持对图面上的多联机系统进行划分，后续对图面上的多联机系统进行提取、计算及将结果赋回原图；计算结果显示在计算界面上，包括校核计算、冷媒管、分歧管以及充注量四个显示框；计算完毕后显示系统高度差校核、冷媒管管径大小、分歧管选型以及系统充注量的大小，支持将冷媒管管径信息赋回原图。

天正工具模块的主要功能包括如下：

①负荷计算。与T20完全一致的操作界面，支持将提取的建筑底图一键导入，整栋建筑导

入之后直接计算完成,支持后续添加常用负荷源,支持冷热负荷同时计算,支持导出xml,支持导出计算结果用于赋回房间,支持计算完成之后导出计算书。天正负荷计算如图3-2-38所示。

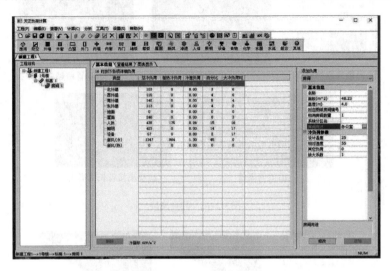

图3-2-38 天正负荷计算

②通用工具:对图面进行一些复制、过滤、避让等操作,也包含绘图过程中常用的测量、保存等小工具。

③协同开洞:支持协同操作,识别当前项目或链接文件中的机电管线,完成管线穿越构筑物时的开洞操作,支持在机电管线密集处进行合并开洞,支持对链接文件进行更新从而刷新洞口,支持洞口关联,支持对洞口进行标注并统计。

④预留孔洞:支持识别当前项目或链接文件中的机电管线,完成管线穿越构筑物时的开洞操作,并可以同时生成套管。

⑤洞口合并:在机电管线密集区域,穿越构筑物时可以选择多管线合并开洞,此时可以通过设置管线最小间距值,灵活生成合并的洞口。

⑥洞口刷新:支持对链接文件进行更新,同时对已有洞口或套管进行更新。

⑦洞口关联:用于控制洞口、套管与机电管线的关联关系;在开启洞口关联,管线改变的同时,对洞口和套管及时更新,无须担心洞口和管线孤立操作;关闭洞口关联,也无须担心管线的调整影响洞口的存在。

⑧洞口标注:协同开洞模块不仅能完成机电管线开洞和添加套管的操作,还能对洞口和套管进行标注,在平面视图中清晰、准确地标注洞口和套管信息,并能生成统计表,放置在平面视图中。

⑨删除洞口、洞口统计、洞标设置:支持批量删除洞口、洞口示意或洞口标注,支持对指定区域内的洞口情况进行统计,支持对洞口标注进行设置。

⑩图纸布局:支持批量添加楼层标高并创建对应视图,支持创建指定浏览器组织下的指定视图并进行编辑,支持批量创建图纸并将相应视图关联到图纸中,支持快速在图纸视图插入图框。

⑪视图联动:用于实现项目内不同标高和不同类型的视图缩放、移动等查看操作的联动,

便于查看模型在不同视图内的表达,有助于用户更好地理解项目的真实结构情况。

⑫导出天正:用于打开在Autodesk平台上的T20系列天正软件绘制的图纸存成的tgl格式文件。

(3)TR天正电气

TR天正电气软件是基于Revit平台开发的BIM软件,结合国内设计师的使用习惯一共分为14个部分,分别为设置、设备、导线、线管、桥架、电缆沟、变配电室、支吊架、系统图、电缆敷设、标注统计、计算、协同开洞与其他工具,每个部分均按照设计师的设计流程来组织软件功能,将专业化和BIM平台智能化紧密结合,有效降低了设计人员采用BIM平台进行设计的难度,显著提升了设计效率,可以帮助设计师实时优化设计方案。

① 主要功能。

TR天正电气软件提供电气设置、系统设置、桥架设置、过滤器设置功能。

a. 电气设置:调用Revit命令,并对配电系统、配电类型与线管尺寸进行扩充和改善,使得软件默认数据更加适应中式电气设计系统。

b. 系统设置:实现项目电气系统的分类和编辑管理。为桥架、电气设备、导线创建系统分类,不同系统的显示样式支持自定义。创建系统分类的同时生成相关的过滤器,弥补了Revit没有电气系统分类的短板,配合过滤器设置功能,可设置不同系统在视图中的显示状态。

c. 桥架设置:单独调出,一次操作就能快速设置,内容相对全面,形式多样,标注内容可导入、导出,支持配件载入自创的相关对象族,配件切换预览相对较快速。

d. 过滤器设置:可对当前视图的可见性、颜色、线宽和填充图案等进行设置,也可将当前设置应用到所有平面视图,支持导入、导出功能,大大节省了设计师在统一项目标准上需要耗费的时间。

② 平面设备。

TR天正电气软件提供多种布置方式,支持设备替换、旋转、翻转等功能,可快速布置按钮,对当前视图的过滤器进行设置。该方式与T20风格统一,便于操作。多种布置方式采用循环操作,大大提高了设计师绘图效率。平面设备具体如下:

a. 沿墙布置:可自动识别分段墙,更加实用、快捷、智能。

b. 布置按钮:可批量在消火栓箱上自动布置按钮,根据对话框设置自动计算按钮生成位置。

c. 门侧布置:支持批量对开关距门侧位置的设定与调整。

d. 位置调整:支持一键调整开关和门框指示灯位置,如图3-2-39所示。

e. 温感烟感装置:提供自动布置和手动布置两种方式;接线方式与感应半径布置高度等参数均可以进行设置,在布置过程中可以进行感应范围预览。

图3-2-39 位置调整

f. 自动吸顶:对项目内布置的电气设备进行吸顶调整,调整其距楼板或天花板的底面的距离;支持多种方式对项目内的设备进行筛选,支持识别外部链接模型的楼板、天花板。自动吸顶如图3-2-40所示。

g.配电检测:检索项目当中未接入回路或位置重合的设备,即检测孤立或重叠的设备。随着选中的设备名称切换显示选中设备所在标高相关的设计平面视图名称。双击设计平面视图名称切换到对应视图窗口,并缩放选中的设备到视图中央。配电检测如图3-2-41所示。

图3-2-40　自动吸顶　　　　　　　　　　　　　　图3-2-41　配电检测

③导线。

a.TR天正电气软件可绘制导线、避雷线、接地线、光缆,可进行导线连接、导线转正、设备之间连线、配电引出以及插入引线和导线属性编辑。导线属性编辑与设备连线均可分别设置火地、中地、地地,前者拾取导线属性功能,更智能,后者可对设备回路编号进行定义,更加方便、快捷。导线功能如图3-2-42所示。

图3-2-42　导线功能

b.配电引出支持直连式、等长引出、引出式,更好地实现出线效果,导线设置健全,操作方便。

c.防雷线、接地线、光缆支持绘制与拾取两种生成方式,且可在对话框中实时更改参数信息。

④线管。

a.支持线管以及平行线管的绘制,可完成线管与线管以及线管和设备之间的连接。

b.支持导线生成线管且可脱离墙将导线生成线管。

c.根据设置参数进行线管绘制,在绘制的过程中可自动生成线管弯通、线管三通、线管四通等线管配件。

d.设备连管:选择图中的设备,将其与图中的线管进行连接,支持多个设备的选择。

⑤桥架。

TR天正电气软件提供桥架、竖直桥架、多层桥架、平行桥架、线槽连接桥架配件的基本绘制功能,可以实现桥架的精确连接、桥架的局部升降与异径连接;支持生成多层桥架;绘制过程中自动生成弯通、三通、四通、变径等构件,桥架各部分构件相互关联,拖动一部分,其余相关联部分随之联动。桥架具体功能如下:

a.<u>竖直桥架</u>:可生成空间的竖向桥架,自动根据连接关系生成桥架配件弯通、三通。

b.<u>线槽连接桥架配件</u>:支持配电柜间的线槽连接。分别单击两个配电柜自动线槽连接,可自动生成拐角路径。

c.<u>平行桥架</u>:支持一键创建多条平行桥架,自动根据桥架路径偏移相应间距。

d.<u>桥架属性编辑</u>:在桥架标注前可对其进行赋值,设定桥架的系统分类、类型和型号;桥架标注时读取这些信息以及桥架高度和长度等。

⑥支吊架。

a.支持根据图面桥架管线等的断面位置关系自动调整支、吊架的各部位尺寸。

b.支持手动修改各部位尺寸和组件的型材。

c.支持多种布置方式快速布置支吊架,直接将支吊架布置到图面托起桥架、管道的位置。

⑦电缆沟。

a.该模块内含电缆沟、电缆沟属性编辑、电缆沟连接3个命令,支持绘制、属性和连接关系的编辑。

b.实现Revit电缆沟绘制,实现模型二三维准确表达,支持对电缆沟属性和三维关系编辑。

⑧变配电室。

a.提供丰富变压器族库及尺寸类型。

b.支持变压器及配电柜的绘制功能,实现桥架生成电缆沟。

c.对配电柜尺寸进行标注,快速完成变配电室设计。配电柜和配电尺寸在变配电室设计图中按要求个数和尺寸插入配电柜设备,布置完成后,可对其进行尺寸标注。

⑨系统图。

a.该模块内含系统生成、系统导线、低压单线、插开关柜、造开关柜、套用表格等命令。

b.实现了在Revit平台绘制电气系统图,清晰易读地表达电气关系。

c.支持手动绘制导线系统元件到视图,组成回路并储存为开关柜常用回路。

d.支持一键套用表格,符合传统电气系统图表达方式。

⑩电缆敷设。

a.该模块内含工程管理、清册导入、电缆敷设、敷设统计、查容积率、导出器材、信息查询等15个命令。

b.通过清册表导入,按照设定的敷设规则自动进行电缆敷设;敷设完后支持对电缆敷设路径进行查看以及对桥架容积率、电缆信息进行查询,以便使自动敷设满足规范相关要求。将敷设的电缆和器材通过导出器材汇总到Excel,导出到本地。

⑪标注统计。

a.支持对图面上的设备进行标注,支持对导线信息、导线根数以及导线回路编号的标注,支持多线标注、批量标注。

b.可以在导线上标注文字或插入箭头,支持桥架标注,功能基本来自天正CAD,其中导线标注、标导线数、引出标注、沿线符号、桥架标注样式丰富、美观、人性化。

c.支持对电气设备的统计,包括桥架、管线、设备等。在统计前可以设置统计的范围,可以多选进行统计,也可以按照标高统计。统计完成后可以将统计结果以表格形式插入本图或新建的图纸,也可以将其导出到Excel表格内。

⑫计算。

a.提供电压损失、多行照度、计算电流、负荷计算、无功补偿、电力变压器保护、3~10kV电动机继电保护、发电机继电保护、3~20kV电力电容器、6~110kV母线及分段断路器保护整定、6~20kV线路的继电保护、桥架、防雷击数等的计算,计算结果均可导出Word或Excel。

电压损失:支持12种不同线路的计算,更加全面;提供长度拾取功能,可拾取视图中导线或设备线路的长度信息,方便设计师估算,智能快捷。

照度计算:利用系数法计算房间的平均照度与灯具数,操作界面与ACAD平台天正电气完全一致。支持最新照明设计规范;计算结果可导出Word计算书,并可在Revit中自动输出计算结果表。多行照度可一次性计算多个房间,对灯具选型后自动布灯。

无功补偿:可根据计算负荷与年用电量进行计算,提供多种电容器供选择计算,智能、快捷。强大的数据库供桥架计算、防雷击数计算调用。

负荷计算:可算出负荷总容量,有功/无功/视在功率、计算电流和补偿器前功率因数,选出合适的变压器,且当实际补偿有值时,可计算出实际补偿后的功率因数,方便设计验证方案。

b.可以参考《工业与民用供配电设计手册》(第四版)。此处只简单介绍其中几项。

⑬其他工具。

a.提供标高创建、视图创建、图纸创建、图框插入、族库管理及升级、视图观察工具、天正数据联通命令和版本信息命令。其中,楼层标高、视图创建、图纸创建等命令实现批量标高、视图和图纸的创建、视图和图纸关联。天正导入、导出可以实现与基于AutoCAD平台开发的T20天正电气软件模型的互导功能,在一定程度上提高了设计人员的工作效率。

b.提供专业词库、显示隐藏图元等编辑查看命令,以及快捷键的设置导入功能。

c.提供了本版本帮助学习手册,方便广大设计师使用查询。

⑭TR天正电气软件特色。

a.专业电气设计与计算工具;丰富的专业族库;具有与CAD平台天正电气相一致的操作界面;降低学习成本,提高设计效率。

b.支持过滤器的多视图一键设置相同参数。批量刷新当前过滤器设置到其他视图平面,实现图元颜色替换和显示状态一致。

c.桥架模块支持在绘制过程中基于横向绘制的桥架位置关系自动生成竖向桥架连接件,支持一键生成多层桥架和平行桥架,支持配电柜间的线槽连接。

d.支持电缆沟的三维绘制和二维出图表达。在绘制过程中自动生成电缆沟的弯通、三通和四通等配件。

e.在Revit平台绘制电气系统图,清晰易读地表达电气关系;支持手动绘制导线系统元件到视图,组成回路并储存为开关柜常用回路;支持一键套用表格,符合传统电气系统图表达方式。

f.支吊架布置:支持根据图面桥架管线等的断面位置关系自动调整支吊架的各部位尺寸;

支持手动修改各部位尺寸和组件的型材;支持多种布置方式快速布置支吊架,直接将支吊架布置到图面托起桥架、管道的位置板。

g.电缆敷设:支持通过清册表导入,自动进行电缆敷设;支持对电缆敷设路径进行查看,以及对桥架容积率、电缆信息进行查询,自动敷设符合规范相关要求;将敷设的电缆和器材通过导出器材汇总到Excel,导出到本地。

h.针对BIM出图,天正TR系列定制了上百种"标注族""符号注释族",力求让专业标注注释符合使用习惯及出图标准;解决困扰设计行业多年的BIM出图难的问题。

(4)TR天正给排水

TR天正给排水软件是一款三维BIM辅助设计软件,软件基于Revit设计平台,包含给排水系统和消防水系统两个大模块。TR天正给排水软件以符合工程实际与规范要求为基础,同时给予设计师较大自由度的操作空间,将专业化和BIM软件智能化有效结合,大幅度降低设计师采用BIM平台进行设计的难度,显著提升设计效率,体现了专业设计与快速建模相结合的设计理念。

①TR天正给排水软件选项板。

a.绘制管线选项板:提供多种方式用于绘制管线。

b.连接选项板(图3-2-43):提供多种管道连接方式进行快速连接。

c.布置选项板:包含布置消火栓、布置喷头、布置水箱等设备的布置功能,如图3-2-44所示。

图3-2-43 连接选项板   图3-2-44 布置选项板

d.编辑选项板(图3-2-45):包含管道编辑、重管检查、水管刷等功能,对已绘制实体进行编辑修改。

e.标注选项板:提供多种标注样式进行快速标注,如图3-2-46所示。

 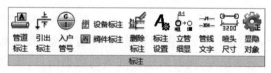

图3-2-45 编辑选项板   图3-2-46 标注选项板

f.材料统计选项板:对管道长度、管件、设备等进行数量等信息的统计并形成表格。

g.计算工具选项板:提供给排水专业各种符合规范的专业计算,包括消防、喷淋、给水、排水计算等。

h.协同开洞选项板:用于与专业设备协同对墙体、楼板进行开洞及标注、示意等。

i.通用工具选项板:包含视图创建、插入图框、楼层复制等通用功能。

j.其他工具选项板:提供导入天正和导出天正命令,可与基于AutoCAD平台开发的T20天正建筑软件进行图纸转换。

②天正给排水设计软件特色。

天正给排水设计软件按照专业的设计流程分为设置、绘制管线、布置、连接、编辑、标注、计算工具、材料统计等子功能模块。

　　a.系统设置:提供综合水管、风管的所有系统分类及系统类型,支持系统类型的增加、删除,支持管线颜色、线形、线宽的统一修改。所有改动均适用于后续管线绘制、编辑等操作。

　　b.专业水管布置工具:提供专业水管设计功能——立管设计、平行管道布置、沿墙布管等专业工具,降低使用难度,提高设计效率。

　　c.快速管连洁具:提供基本卫生洁具族库,可快速进行洁具布置;提供管连洁具功能,只需绘制干管,软件就会自动将所框选洁具中所有与管道类型相同的接口进行连接,并根据用户设置添加附件。可根据实际情况控制连接样式、考虑明装、暗装形式。

　　d.立管细显:针对立管出图打印,一键指定立管细显显示。出图时,立管的线宽往往要求比水平管细,这样才能保证打印出来清晰。粗线立管打印效果模糊不清。立管细显如图3-2-47所示。

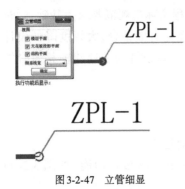

图3-2-47　立管细显

　　e.重管检查:快速检查模型中的重合管道并可以进行视图缩放和删除。在表中选中要检查的重管,模型中会实时显示,如图3-2-48所示。

图3-2-48　重管检查

　　f.丰富设备布置:提供布置洁具、布置设备、布置水箱、布置水泵、布置附件、阀门仪表等给排水设计基本族库,同时对应详细族的数据信息;族库支持扩展;可满足室内给排水设计基本需求。所有设备都能与管线智能连接,并支持材料统计。收录了标准图集《矩形给水箱》(12S101)中的水箱数据,可浏览全部数据或单独类型的数据。

③天正消防水设计。

　　a.消火栓设计:据消火栓接口系统类型,将接口连接到与之最近的相同系统类型的消防管道上。

　　b.喷淋设计:支持项目中喷头族的检索,布置工具,提供多种喷头布置方式,随用户设置参数快速完成喷头布置;根据所选管道系统类型,连接相同类型接口的喷头;喷淋管径可根据连接喷头的数量,自动调整自喷系统中各管道的管径规格;支持侧喷头形式及沿边墙自动布置。

喷淋设计如图3-2-49所示。

c.喷头尺寸：快速标注喷头尺寸。

d.显隐对象：隐藏喷淋系统中与喷头连接的立管。功能现阶段支持隐藏与喷头连接的短立管，保证显示符合国标。

e.材料统计：提供明细表，对图面风管、水管、设备、阀门等内容进行统计，生成Revit明细表，可对输出内容进行选择；对图面风管、水管、设备、阀门等内容进行统计，直接输出Excel表格，可对输出内容进行选择。

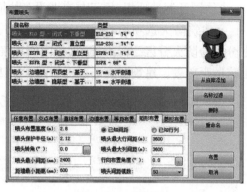

图3-2-49　喷淋设计

④天正给排水软件专业计算功能。

a.依据国内计算规范，提供专业给排水计算工具。

b.计算界面与方式与ACAD平台天正给排水产品保持一致，计算快捷、准确。

c.提供多个系统水力计算，可调整管网最优管径，并提供水容器计算工具，辅助选定设计参数。

d.部分计算结果可输出WORD计算书，并在Revit中生成计算结果表。计算主要包含给水计算、热水计算、排水计算、消防计算、喷淋计算、水箱计算、气压水罐计算、储水池计算和灭火器计算。气压水罐和储水池计算如图3-2-50所示。

图3-2-50　气压水罐和储水池计算

(5)TR天正建筑软件

TR天正建筑软件利用Revit2016～Revit2020图形平台及其操作概念开发，具有楼层轴网、墙体门窗、房间楼梯、标注出图、其他工具、协同开洞、建筑防火、车库坡道等功能模块。TR天正建筑软件整合了BIM建模软件的主要功能，以模块划分为多个选项板并呈现在界面上，方便用户使用。

①TR天正建筑软件的选项板。

a.楼层轴网选项板：用于定义建筑楼层信息以及轴网的绘制及标注。

b.墙体门窗选项板：包含绘制建筑墙体、建筑柱、门和窗构件的命令。

c.房间楼梯选项板：包含绘制坡道楼梯、生成房间对象、绘制屋顶和楼板等一系列命令。

d.车库坡道选项板：包含绘制坡道、编辑坡道的命令。

e.其他工具选项板：提供导入天正和导出天正命令，可与基于AutoCAD平台开发的T20天正建筑软件进行图纸转换。

f. 协同开洞选项板:用于与专业设备协同对墙体、楼板进行开洞及标注、示意等。

g. 建筑防火选项板:基于《建筑设计防火规范(2018年版)》(GB 50016—2014),用于自动划分校验防火分区,并导出防火分区面积表;判定走道及房间内疏散距离路径是否正确,并导出疏散距离表。建筑防火选项板如图3-2-51所示。

图 3-2-51　建筑防火选项板

h. 标注出图选项板:提供快速标注门窗墙厚等构件尺寸的相关命令,以及符号注释、插入图框等命令。

②TR 天正建筑软件主要功能:

a. 专业建筑设计工具:与 CAD 平台天正建筑相一致的操作界面,降低学习成本,提高设计效率,如图3-2-52所示。

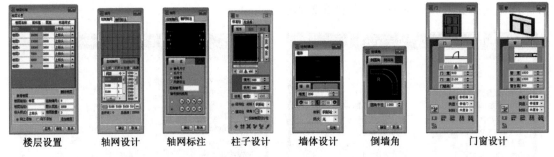

图 3-2-52　专业建筑设计工具

b. 参数化楼梯设计,简单快捷,如图3-2-53所示。

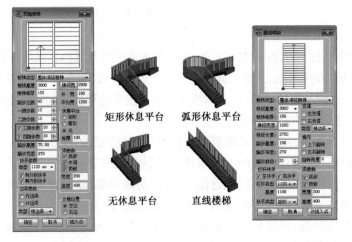

图 3-2-53　参数化楼梯设计

c.专业级标注、注释功能,实现BIM出图。

d.柱子设计精细合理,融合、联动不再困惑:

首先,支持Revit"建筑柱""结构柱"设计,修改了结构柱和墙体融合处理;同材质融合,不同材质不融合。

其次,解决了设计表达方面的困惑问题。

再次,可精确设置柱子偏移量,准确布置偏心柱;可将多层柱子按楼层切分,使多层柱子之间不再联动。

最后,利用柱切墙功能,可将柱端墙体在柱子插入处打断,使柱子两侧墙体不再联动;墙体关系专门用于解除和重新连接两段相交的墙体之间的联动关系。

e.提高建模效率,实现BIM制图、出图。弱化BIM设计难度,消除二三维设计界限,提升整体应用精度,降低Revit的培训成本,以天正的易用与亲和力,力争打造零培训的BIM应用。自动建立天正族库,保证与CAD平台天正图例的对应关系,从而实现真正意义上的双向互导与信息的完整;规范建筑及各专业族库的定制标准,结合设计院实际需求建立符合设计标准及应用需求的BIM族库新模式。族库管理如图3-2-54所示。

f.设备协同开洞,解决专业协调。TR天正建筑软件致力于解决建筑师与水暖电设备工程师在实际BIM项目设计过程中遇到的专业碰撞、预留洞口问题,开发出协同开洞功能。

g.专业的防火功能,实现自动防火规范校审,如图3-2-55所示。

图3-2-54 族库管理　　　　　　图3-2-55 自动防火规范校审

TR天正建筑软件按照《建筑设计防火规范(2018年版)》(GB 50016—2014)、《汽车库、修车库、停车场设计防火规范》(GB 50067—2014)及各类型建筑防火规范要求,植入防火规范数据,并根据建筑师设计思维及制图习惯,开发出易用、专业的建筑防火功能。该功能应贯穿方案设计、施工图设计、设计校审等多阶段环节,具有目前行业建筑软件中齐全、专业的建筑防火功能,后期可实现建筑防火设计模块出图校审,规范建筑师出图质量标准。

20)橄榄山软件

橄榄山软件主要包括:快模、土建、机电、精装、算量、云族库等应用方向。

(1)橄榄山快模软件是一款由橄榄山软件公司打造的高效BIM工具,它提供了包括楼层、轴网、墙、梁等构件在内的多类型构件的批量创建和编辑、调整工具。

(2)橄榄山土建软件提供高效、精准的土建翻模工具,可以提高建模效率,如果配合深化工具的使用,可以让模型更精细。

(3)橄榄山机电软件让喷淋管道和风管翻模更高效,实现直接在Revit下完成碰撞检查和净高分析。

(4)橄榄山精装软件提供了墙砖和地砖铺贴功能,可以显示墙龙骨和吊顶等,支持模型连接和拆分可以一键统计工程数量。

(5)橄榄山算量模块提供混凝土算量、模板算量等,可以快速创建精准算量。

(6)橄榄山云族库提供3~4万个族免费试用,支持在线的搜索、加载、创建实例、编辑、预览等,用户可以实现云端和本地多级管理,建立和保护企业族库。

21)红瓦BIM

红瓦BIM主要应用于建模大师、钢构、施工、装配式混凝土、精装、机电等领域。

22)品茗BIM

品茗BIM主要应用于HIBIM(如机电、土建、机电出图、场布软件等)、机房装配、施工三维策划、脚手架、模板、BIM5D等领域。

23)斯维尔BIM

斯维尔BIM主要包含三维BIM算量、安装算量、BIM清单计价等领域。

24)新点BIM 5D

新点BIM 5D协同平台面向业主方、代建方、施工方以及项目各参与方,以实现建筑项目协同管理为主要目标,依托BIM三维可视化模型,充分运用互联网、云计算、模型轻量化、信息集成、大数据分析、物联网等技术,解决当前建筑工程项目信息传递不顺畅、成本控制不精准、资料管理不系统、问题跟踪不到位等问题,为建筑项目信息化的管理与协同打造一体化解决方案。

25)晨曦BIM软件

福建晨曦信息科技集团股份有限公司(以下简称晨曦)BIM管控软件的晨曦建立云平台+各方参与+BIM工程项目全过程总控管理的机制从根本上解决了项目全生命周期各阶段和各专业系统间信息断层问题,全面提升策划、设计、招采、施工、运维的信息化服务水平和应用效果。

晨曦BIM软件功能如下:

(1)晨曦BIM算量:支持全国清单定额,内置国家建筑标准设计图集规范。高效建模,并可快速导出模型构件工程量及清单、定额、实物工程量,算量计价一步到位。

(2)晨曦BIM出图:将已有的三维模型以二维平面的方式导出为DWG格式。

(3)晨曦BIMBase算量:晨曦BIM数据一模通用,高效精准,精细化成本管控。北京构力科技有限公司与晨曦合作打造,基于同一国产自主BIMBase平台的BIM设计算量一体化软件,设计模型可以直接应用于工程算量(土建、安装),一模通用,支撑设计—施工—算量一体化智能建造场景应用。

26)鲁班软件

鲁班软件包括鲁班工场(Luban iWorks)、鲁班场布等。

（1）鲁班工场是鲁班软件全新推出的基于BIM的企业级项目协同管理平台，综合考虑施工企业项目信息化管理的需求特性，并在用户实践反馈的基础上不断进行优化改进，聚焦企业项目BIM管理，采用一个平台多套解决方案服务于施工企业多项目协同管理，整合项目BIM模型技术应用。鲁班工场从项目信息的数据采集到项目信息的标准化、集成化、智能化、移动化进行汇总分析处理，形成集团性项目信息展示中心、数据处理平台，为项目决策指导、项目数据分析处理提供基础和应用集成为企业信息化建设、数字化转型提供有力的支撑。

（2）鲁班场布是一款用于建设项目临建设施科学规划的场地设计三维建模软件，内嵌丰富的办公生活、绿色文明、临水临电、安全防护等参数化构件，可快速建立三维施工总平面图模型；自动计算场布构件工程量，精确统计所需材料用量，为企业精细化管理提供依据；提供逼真的贴图效果，同时展示企业的安全文明绿色施工形象。

27）品成 BIMTRANS

品成 BIMTRANS 包括 VDOBIM 管理平台、VDOBIM 装修平台、品成机电算量系统、品成效率工具集等。

品成具备全专业的三维建模，包括建筑、结构、机电、幕墙、装修、景观等；具备设计纠错、净空优化、管线综合、施工进度模拟、施工难点节点模拟、平台部署、工程量清单及 VR 等功能。

28）管综易 Naive MEP

管综易 Naive MEP 是基于 Revit 开发的简单高效的机电深化工具。管综易软件构造了先进的 BIM 工作体系，让 BIM 设计师可以将复杂的工作转为利用软件进行智能化的创建、分析再到调整的过程。

先对机电管线、管件/配件、预留套管洞口进行自动化地创建、连接与扣减，同时动态监测整个建设工程项目文件中的构件碰撞、净距不足、预留套管和洞口等问题并进行专业化地分析，在定位到问题后帮助用户快速调整和解决问题。管综易安装专业 BIM 设计软件内置了大量国家和行业设计规范与标准数据，通过强大的空间几何算法大幅降低了机电安装专业设计师的工作难度，结合优秀的产品设计思维将操作使用难度最小化，显著提高了 BIM 设计工作的效率。管综易还能对大量三维工程数据进行结构化、系统化地分析运算，以确保大型项目文件的正常运行。

29）数字化变电设计平台 STD-R

数字化变电设计平台 STD-R 是北京博超软件开发的电力设计平台，主要 BIM 产品侧重于电力行业，有变电设计、输电设计、配电设计、pdp（多晶硅双面电池板）光伏设计等。

STD-R 数字化变电站设计平台是以工程数据为核心、三维技术为手段的数字化三维设计平台。平台有以下特点：

①涵盖电气、建筑、结构、水暖、总图多专业，为用户提供变电三维协同设计解决方案。

②基于变电站数字化模型，实现自动出图、联动更新、净距校核及数字化三维协同，全面提升设计效率与设计质量。

③平台支持各个常规电压等级及特高压变电站数字化设计，提供完整的国网通用设计库，提供方便、快捷、易用的设计功能和流程。

④平台完整支持国网全程深度参与电网工程设计模型网数字化移交要求。

30）江西博威电力设计平台

江西博威电力设计平台包含变电站三维数字设计平台、输电线路三维设计平台、配电网工程设计软件。

变电站三维数字设计平台是江西博微新技术有限公司自主研发的D3Station（设计端）、D3Viz（管理和展现端）、D3VR（虚拟实现端）技术平台，可快速构建三维数字化模型，实现输变电工程的三维虚拟展示和信息一体化等应用，为用户提供贯穿电网全生命管理周期的数字化解决方案，全面提升项目单位电网建设、施工管控和运维管理水平。

输电线路三维设计平台利用BIM和GIS技术，并结合大量客户设计工作需求及构想，面向全输电线路行业打造的全新三维数字化设计系统，主要满足用户对架空输电线路工程各阶段的三维数字化设计及成果移交要求，适用于110kV及以上架空输电线路三维设计及移交工作。

配电网工程设计软件集图形绘制、报表统计、优选杆型、设计安全校验、工程本体造价计算于一体，可支持多种格式地理信息导入及一键自动生成线路平、断面图，辅助设计人员规范、高效完成配电网工程设计工作，实现从耗时耗力的人工设计模式向规范、高效的智能设计模式转变，有效简化配网设计工作流程，规范设计成果输出，提高配电网工程设计效率与安全标准。

以上介绍的一些插件仅仅是编者了解的部分，很多设计院和BIM咨询公司根据项目需求也开发了很多好用的插件，随着该行业的迅速发展，很多的新的、好用的插件不断诞生。

3.2.4 开源软件

以上介绍的是一些常见的BIM通用软件以及部分行业软件和插件等。根据实际应用情况，3ds MAX、Rhino等一些商业的三维建模软件都有应用，有一些免费的开源软件也可以实现快速三维建模。

1）Blender

Blender是一款系统全面的3D建模套件，它提供了大量专业级功能和模块，跨平台支持所有的主要操作系统。目前Blender已成为免费3D建模软件的代名词。Blender通常被称为The Blender Project，因为它不仅仅是一个软件，还是一个完整的社区，致力于创建完整的3D建模和动画开发方案。Blender是开源的，每天都有开发者提供新的模块和插件，软件也在不断更新。Blender功能非常强大，但是上手比较难；一旦学会，用起来就会非常方便。

Blender的用户评价比较高，偶有用户抱怨它的界面有点差，这主要是由于社区过于庞大，需要在线提供教程过多造成的。另外，Blender不仅是3D设计造型，还允许用户研究甚至创作自己的动画。总体来看，Blender社区非常强大。

2）OpenSCAD

OpenSCAD是一款基于命令行的3D建模软件，可以产生CSG文件。其优势是制作实心3D模型；支持跨平台操作系统，包括Linux、Mac和Windows系统。

3）Art of Illusion

Art of Illusion是免费、开源的3D模型和渲染软件，也是在RepRap开源社区使用广泛的

3D建模软件。其优点包括细分曲面模型工具、骨骼动画和图形语言，该软件完全采用Java开发，拥有与同类型商业软件相同的功能。

4）FreeCAD

FreeCAD是来自法国Matra Datavision公司的一款开源免费3D CAD软件，基于CAD/CAM/CAE几何模型核心，是一个功能化、参数化的建模工具。FreeCAD的直接目标用户是机械工程、产品设计企业，也适合工程行业内的其他广大用户，如建筑或者其他特殊工程行业。

5）Wings 3D

Wings 3D是一款开源免费的3D建模软件，适合创建细分曲面模型。Wings 3D的名字来源于它用于存储坐标系和临近数据所使用的翼边数据结构。Wings 3D支持多种操作系统，包括Linux、Mac和Windows系统。

6）BRL-CAD

BRL-CAD是一款强大的跨平台开源实体几何（CSG）构造和实体模型CAD系统。BBRL-CAD包含一个交互式的几何编辑器，支持光学跟踪支持图形着色和几何分析，计算机网络分布式帧缓存，提供图像处理和信号处理工具，可以进行几何编辑、几何分析，支持分布式网络，可以进行图像处理和信号处理。

7）MeshMixer

MeshMixer是一个3D模型工具，是Autodesk公司的产品，它能够通过混合现有的网格来创建3D模型，支持Windows和MacOSX系统。

8）MeshLab

MeshLab是3D发展和数据处理领域非常知名的软件，是一个开源、可移植和可扩展的三维几何处理系统。它不仅可以帮助用户处理在3D扫描捕捉时产生的典型无特定结构的模型，还可以为用户提供一系列工具，用于编辑、清洗、筛选和渲染大型结构的三维三角网格（典型三维扫描网格）。

9）SketchUp

SketchUp是一款简单易用，易于上手的3D设计软件，用于草图绘制、3D建模等设计功能。SketchUp（草图大师）有两个版本：SketchUp Free和SketchUp Pro。其中，SketchUp Free是一款免费的基础版软件，SketchUp Pro是一款需要付费购买的专业版软件。最早版本的SketchUp由Last Software公司研发。Last Software公司成立于2000年，规模不大，因为SketchUp的研发成功而闻名。2006年3月14日，Google宣布收购SketchUp及Last Software公司。而后Google的SketchUp经过1~8个版本迭代更新，已然成为全球非常受欢迎的3D建模工具之一，工具覆盖范围也逐渐广泛，给了更多人一种新的认识。2012年4月26日，TrimbleNavigation收购Google运营了6年的SketchUp 3D建模平台。收购之初，TrimbleNavigation在短时间内未推出新版本的SketchUp，但推出了Trimble8（天宝版），其本质和Google Trimble8一致。随后TrimbleNavigation每年推出一个更新版本，命名规则改成一年份区别版本，即SketchUp2013~SketchUp2017。5年来的不断更新优化，SketchUp软件提升的速度有了一个质的飞跃，增加了许多更匹配设计需求的新功能,也在优化过程中摒弃了Windows XP系统及32位系统。

目前SketchUp市场已经逐渐成熟,使用范围非常广泛,如建筑、园林、室内设计、工业设计等,软件可以轻松实现2D图片、3D模型间的相互转换,完全适应设计师的工作节奏,同时可实现与Autocad、3ds MAX、Revit等软件相互导入,协同办公大大地提高了使用者的工作效率。

SketchUp是一套直接面向设计方案创作过程的设计工具,其创作过程不仅能够充分表达设计师的思想,而且完全满足与客户即时交流的需要,它使得设计师可以直接在计算机上进行十分直观的构思,是三维建筑设计方案创作的优秀工具。SketchUp是一款极受欢迎并且易于使用的3D设计软件,官方网站将它比作电子设计中的"铅笔"。它的主要优点就是使用简便,人人都可以快速上手,并且用户可以将使用SketchUp创建的3D模型直接输出至GoogleEarth里。

10) Autodesk 123D

Autodesk 123D是Autodesk公司的产品,是一款免费3D模型软件,可以设计、创建、编辑三维模型,或者修改已有的模型。目前Autodesk只支持Windows系统。

11) Sculptris

Sculptris是一款免费的3D雕刻软件,小巧却功能强大。它可以为用户提供直观、好玩和友好的体验。

12) K-3D

K-3D是基于GNU/Linux和Windows 32位系统的三维建模、动画和绘制系统,是一款免费、开放原始码的3D模型和动画制作与渲染工具,它强大的功能可以满足专业人士的需求。例如,它可以创建和编辑3D几何图形,提供极具弹性的面向对象的插件增强功能及以节点为基础的可视化管线架构,所有参数和选项的调整都会立即显现结果,而且可以无限次数地复原与取消复原。此外,它使用与RenderMan相符的渲染引擎(Render Engine),可创作出电影质量的3D动画。

3.3 VR渲染软件、VR和视频编辑

3.3.1 渲染软件

将三维地形数据与BIM建模数据融合之后,常常会因材质、配景、天气等因素达不到真实的场景要求,需要再次修改完善,并且为了达到更加逼真的展示效果,常常会需要VR和视频编辑软件的介入。

近年来,随着计算机软件和硬件技术的发展,高性能图形处理硬件快速普及,使得各种高清晰的视频编辑和效果成为可能。基于高性能图形计算的VR技术快速普及,在工程建设领域的实景和VR技术应用也越来越广泛,大大提高了工程建设质量,降低了工程造价。国内外也出现了很多优秀的动画制作、视频编辑及效果渲染软件。

1)光辉城市

(1)光辉城市的产品

光辉城市提供的产品包括建筑VR软件——Mars、全景图编辑器——Venus、AR汇报神器——光辉城市App等。

①建筑VR软件——Mars。

Mars能帮助建筑师把普通的3D工作模型快速提升为优秀的超效果图,并能输出为可沉浸式体验的VR内容,在为建筑师大量节省花在效果图上的时间的同时,革命性地提升设计展示体验。

Mars的优点如下:

a.更真实。Mars采用物理引擎,光的状态以及光在材质上的反射折射都是模拟真实物理状态,使模型看起来更加接近建筑的实际效果。首先,Mars内置的天气和灯光参数解决了光环境设计的传统弱项问题,展现建筑在不同环境下的状态。声环境模拟正在开发中,能够模拟建筑内声场的状态。其次,Mars开发了与现实世界同步更新的真实材质库、配景库,让设计材质与国内市场上真实存在的材质对接,更好地保证设计落地的效果。最后,除了输出传统的效果图和动画之外,Mars还可以输出全景视频、3D立体漫游等。其最核心也是最具有突破性的功能就是运用VR技术让用户进行沉浸式漫游,用户由此可以真实地体验建筑的空间、尺度、对景等。

b.更容易。首先,Mars支持建筑师常用的软件SketchUp,以及3ds Max、Rhino、Maya、Revit等主流3D建模软件。其次,Mars的材质配景资源库丰富,便于快速布景并选择设计所需的材质;集成化的参数调节设计,让各项参数均可进行简便的可视化调整,所调即所见;内置的大师模版,让建筑像美图秀秀滤镜一样,也可达到一键"美颜"的效果。最后,除了VR漫游之外,Mars还有全球首创VR/PC双模编辑器,在VR中进行模型搭建、场景编辑、材质编辑、交互控制。

②全景图编辑器——Venus。

a.Venus既可以配合Mars,也可以独立使用。Mars导出的全景图片、建筑师采集的全景照片、绘制的图纸等素材,通过Venus编辑成流畅的全景文件,用户沿着设计者设置好的路径,对多项关联成果进行故事性的浏览。

b.通过Venus,静态全景图组成具有逻辑性和引导性的展示流程,能更好地表达设计方案。Venus不仅可以用于建筑方案呈现,还可应用于销售、广告等交互场景。

③AR汇报神器——光辉城市App。

a.方案文本是每个建筑师进行设计汇报必备的材料,光辉城市App通过AR技术,让传统的方案文本融合多种表达形式,变成全新的"汇报神器"。

b.利用光辉城市App进行简单的制作后,扫描文本中的各个图片,可以在光辉城市App中看见虚拟场景叠加到现实的汇报文本中。光辉城市App扫描文本、AR叠加模型,当转动文本的时候,AR叠加模型也会随之一起转动。光辉城市App能做到模型和文本的完美融合。

(2)光辉城市的主要功能

①VR建筑教育和虚拟到达。VR技术用沉浸式体验替代传统体验方式,从根本上改变建

筑演示者和观看者的关系,打破二者之间的时间空间局限,带来无限的可能。光辉城市也尝试将这个技术用于建筑教育和虚拟到达地产服务。VR技术让建筑这一本来必须面对面看模型图纸、讲解交流的学科,变成可以让教师和学生进行线上连接的全新模式,也让传统地产服务通过一个二维码就能连接地产销售和潜在客户,同时可以掌握一系列后台数据。

②光辉城市+BIM。光辉城市希望通过智能算法辅助设计,让建筑师可以把SU模型直接变成Revit模型并出图,从而减少重复工作。当把模型导入光辉城市Mars之后,云端会对模型进行一系列优化处理。这些处理不仅能够让模型更好地适应Mars内置的VR物理引擎,也让模型变为可以直接导入Reivit并进行CAD出图的格式。这个功能目前还在研发中。

③光辉城市于2016年12月成立了建筑人工智能实验室,联合英特尔、微软、英伟达等科技巨头,开始探索人工智能和建筑设计结合的可能性。

2)Lumion

Lumion是一个实时的3D可视化建筑渲染工具,它可用来制作电影和静帧作品,也可以用作现场演示,涉及的领域包括建筑、规划和设计。Lumion能够提供优秀的图像,并将快速和高效的工作流程结合在了一起,凭借直观的工具、功能和大型Lumion内容库,展示外观、内部、景观或城市设计的方式没有限制。

Lumion的主要功能如下。

(1)动画阶段

新的动画阶段效应可以通过动画的力量来展示设计开发或构建背后的过程;应用不同的过渡,使建筑部分出现和消失,并突出是什么使建筑具有创造性和独特性。

(2)矫形视图

矫形视图功能允许将生命、颜色和纹理嵌入所有技术渲染。利用该功能可制作出令人激动、生动的计划、海拔高度和等轴测视图,并在整个设计过程中表达愿景中的简单而美丽的视角。

(3)完整的对象库

Lumion的对象库随着版本的不断更新而不断发展,导航和使用5600多个对象。Lumion的对象库拥有更大的缩略图,以帮助用户找到和放置正确的对象,尽量减少对象库,以最大限度地利用屏幕空间,创造充分、细节丰富的场景。

(4)位移映射

位移映射是一种快速直观的工具,可显著增强3D渲染项目中材料的外观和感觉。Lumion通过建模3D建筑设计的边缘,以匹配材料的位移映射,可以显著地增强建筑渲染的真实性。

(5)精细自然

Lumion中的62款全新精致自然模型是Lumion对象库中最细节丰富、美丽的3D树和植物模型,这些模型将在视觉上丰富场景与生活。

3)LumenRT

LumenRT被称为场景模拟软件,它可以为数字化的基础设施信息模型创建一个真实的场景,从而将数字化的模型和逼真的场景结合起来,或者说,它是Readlity Modeling技术的一个应用。LumenRT为模型提供景观、周围场景、天气效果、光线控制以及必要的人物、动物、交通工具、花草树木等丰富场景。在LumenRT里创建这些场景，可以在一个真实的世界里对基础设施项目进行设计推敲、交流以及相应的模拟可以提供动态的、实时的交互效果。

  LumenRT包括了一系列的工具，可以对导入的基础设施项目信息模型进行材质赋予，并提供了丰富的、开放的材质表。LumenRT可以将模拟的效果保存为一张高分辨率的图片、一段模拟的动画以及可以实时交互的场景，可以被用在VR等多个领域。

  作为一款虚拟建筑可视化软件，LumenRT主要用于建模后期的漫游动画与制作渲染效果图。LumenRT结合软件自带的模型数据包可以在基础模型上制作植物、树木、人物、车辆等环境效果，通过漫游路径的设置和场景模型的创建，渲染出高品质的图像和视频。LumenRT的主要功能有以下几个：

  (1)动画模型：用动画人物和动物填充模型，移动车辆，自定义对象动画路径，以及支持VISSIM、铰接式车辆和分段动画。

  (2)结合数字特性：从庞大的库中随季节变化添加逼真的动画植被，或者使用PlantFactory(植物工厂)创建自定义工厂，填充模型和室内外的物体，塑造地形结构和地面覆盖物，并在白天或黑夜场景中呈现水质特征，呈现照片实感的天空。

  (3)与CAD和GIS工作流集成：轻松集成MicroStation、AutodeskRevit、EsriCityEngine、Graphisoft ArchiCAD和Trimble SketchUp，在整个工作过程中支持工作流与本地设计保持同步，并支持以标准三维格式导入其他内容，以可靠方式导出车辆模拟数据，添加截面剖面，打开和关闭层并充分利用模型信息执行标记等任务。

  (4)实时渲染出电影质感：使用自然光影交错、实时全局照明、IES点和射灯、镜头光晕和发光材料的动态深入可视化引擎平台，在短短数秒内创建出色的照片实感可视化成果。以交互方式调整每天的时间，添加镜头光晕并应用景深，从高精准反射、防止失真和防止运动造成图像模糊中获益。

  (5)共享创作成果：通过生成卓越的高分辨率图像、视频，甚至是交互式的可导航动画三维LiveCubes(可包括相机动画路径和导览/漫游模式)，共享极具吸引力的项目演示成果。

  (6)可以模拟一天的不同时间、不同天气状况，也可以模拟场景的四季变化，如树木在四季开花、结果、落叶等不同状态的效果展示。

  4)Twinmotion

  Twinmotion是由法国Ka-Ra建筑公司所研发的一款交互式实时可视化软件，它支持当前几乎全部的BIM软件以及建模工具，以极快的速度生成渲染图、视频动画以及3D立体动画。

  Twinmotion作为用户探索、分享并展示作品环境、氛围、空间和视角的交互式工具，无论是在前期构思、客户展示、产品预售方面，还是在项目前期的策略制定方面，都将是不可或缺的得力助手。在Twinmotion中，用户可以实时地控制风、雨、云等天气效果，也可以快速添加树木、覆盖植被、添加人物和车辆动态效果。

  从文化遗产到地理测绘、从城市规划到考古研究、从成本效益分析到市场预测和销售，所有在建筑设计、建造和规划领域的相关人士(包括建筑师、城市规划师、空间规划师、室内设计师、景观设计师、项目负责人、开发商等)都可以使用到这款可视化建筑工具。通过Twinmotion，用户可以对任何类型的项目进行细节上的沟通和技术交流，包括大型基础设施项目(机场、火车站、商业中心等）；使用Twinmotion的交互展示平台来介绍项目的各个阶段、影响因素及融入环境的效果。

只需一键点击，就能立即将Archicad、Revit、SketchUpPro、RIKCAD、Rhino和Vectorworks场景同步到Twinmotion。而对于其他软件的用户，Twinmotion同样提供对多种文件格式的支持。

用户使用Twinmotion可以在几分钟内就为自己的项目创建出高清晰的图像与视频。通过安装Twinmotion产品，用户还可以随时导出其项目为exe（Windows可执行文件）文件；该文件可以作为交互3D模型被客户端所访问。Twinmotion考虑到各种不同的配置，以达到更好的兼容性。

Twinmotion的特点如下。

（1）逼真渲染

在Twinmotion中，图像的精度和质量完全达到了现实级水准，同时，Twinmotion提供时下流行的工具，如全局光照明、高动态范围成像（High Dynamic Range Imaging，HDRI或HDR）。在计算机图形学与电影摄影术中，HDRI是用来实现比普通数位图像技术更大曝光动态范围（更大的明暗差别）的技术。其目的是正确地表示真实世界中从太阳光直射到最暗的阴影这样大的范围亮度。

（2）灯光和阴影

Twinmotion能够实时地显示动态阴影系统，而没有计算限制，即使是非常精确、复杂的阴影。

（3）内部时钟和地理坐标

①内部时钟：非常大的改进就是以周期性时间为基础。

②地理坐标：不同的地区太阳总是出现在不同的地方，因此不同的时间和地点对建筑的影响也不同。

（4）景深

Twinmotion支持用户管理景深区域且景深效果更加真实。

（5）HDR

对于人眼而言，在阴影下看一张白纸与在阳光下看一张白纸将不能具有相同的色调。因此，RGB光谱不足以定义一种颜色，因为它缺乏密度信息。HDR功能很好地弥补了这一不足。

（6）水面效果

在Twinmotion中，用户只需要单击，就可以创建极其复杂的水面效果。

（7）植被

Twinmotion支持用户在任何表面上绘制植被，而不管它的性质或者倾向。使用Twinmotion中独特的植物笔刷工具，用户可在几秒内将场景中选中区域变为森林，同时可以任意选择树木种类，修改其大小和密度。所有植被均自带动画效果及四季颜色。海量的数据库中还包括多种类型的岩石、3D植被墙壁。

（8）环境设定

通过调节Twinmotion界面上直观的快捷滑竿，用户可以轻松地对项目环境进行个性化定义，如天空、云类型、雾效果、微尘（雨、雪、花粉等）、风效及树叶的摆动效果。所有用户进行的设置都可在3D视窗中实时观察。如果有需要,用户可以快速创建海洋效果,并设置其颜色、反射度、面积以及波浪类型等。

(9)材质、灯光和物体

①Twinmotion提供大量适用于白天或夜晚不同时段的应用材质。

②用户可以轻松调节UV缩放、不透明度、光晕效果、照明和亮度(3种反光类型)。此外,通过"凹凸贴图"为材质添加逼真的凹凸立体效果。

③为了实现完美的场景照明,Twinmotion提供多款不同类型的光源效果,包括标准类(聚光灯、泛光灯、区域光)和IES类(也可以导入自己的IES文件)。500多种不同类型的物体可用来装饰模型。

(10)地形

在Twinmotion的地形库中选取一种地形(如沙漠、山丘、平原等),通过Twinmotion自带的雕刻工具,用户可以使用不同类型的笔刷快速制作凸起、凹陷等效果。用户可以使用Twinmotion自带的绘图工具对之前雕刻的地形添加岩石、泥沙、草坪等表层效果,还可以通过导入地形蒙版来添加自定义地形。

(11)人物和车辆

Twinmotion中添加人物车辆动画效果极其简单,只需要单击几下便可以添加人物、车辆路径。通过调节坐标,用户可以修改路径的轨迹,使用快捷操作栏,选择不同的人物类型(如职业型、休闲型、混合等)、人物的配饰,修改路径数量、路径方向、车辆的密度和速度等;车辆的类型同样可自定义修改(如驾驶人物、车辆颜色、车灯效果等)。

(12)视觉效果

通过选择焦点、暗角和色相差,对相机进行设置。场景颜色设置有29种选择。用户可以为场景添加不同滤镜像:"白模""黑白草图"或"设计素描"等。

(13)相机和导出

用户可以通过相机编辑器来制作渲染的图像或动画的关键帧,呈现项目不同阶段的施工画面;通过调节场景环境、视觉效果或透镜、长宽比例和分辨率等参数来自定义剪辑。用户可以快速导出高清效果图和视频,导出的视频格式为MP4或WMV(H.264),连续图像导出格式为PNG。

(14)模型导入

Twinmotion提供预设的3D形状,以应对建筑和制造业主流设计应用程序。Twinmotion中可直接导入多种文件格式,如FBX、DWG、DAE、SKP、C4D、LI3等。用户可以在同一个场景中合并多个Twinmotion项目或多个其他格式文件。导入的模型可即时进行更新,对原有模型进行的编辑和材质的修改将会被保留。此外,为了给项目添加更多生机,用户还可以导入多种格式的图像(如dds、png、psd、jpg、tga等)和视频(如mp4、avi、ogv、wmv、flv、mov、divx、mpg、mpeg等)。

(15)软件易用性强

Twinmotion简单易学,可随意选择移动速度和模式:行走、车速、飞行或者模拟真人的步行模式(全屏沉浸式浏览)。

3.3.2 视频处理方法

视频处理是对视频进行编辑和再创作,从而满足不同场景的需求。视频处理方法如下:

(1)视频的生产:通过视频采集设备生成,也可以建立模型后渲染出需要的视频。

(2)视频的格式转换:根据软硬件的支持情况,在上阶段生成或者通过转换软件进行格式转换,生产出需要的特定的文件类型。

(3)视频文件与BIM(三维模型)的融合:视频采集完后在特定的视频编辑软件中导入需要添加的模型,进行仿真融合。

(4)字幕、配音及特效制作:通过视听融合的方式更加完美地表达设计意图。

3.3.3 视频处理软件

下面介绍一些常用的视频处理软件。

1)会声会影

会声会影(Corel Video Studio Ultimate)(又称绘声绘影)是一款功能强大的、普及度高的视频编辑软件,操作非常简单,可以帮助用户制作优秀的视频内容,支持视频编辑和视频特效等。会声会影具有颜色分级、动态分屏视频模板制作、小星球视频、标题编辑器、稳定视频、自定义运动路径、3D标题编辑器等新功能。

会声会影不仅可以满足家庭和个人的视频编辑需求,还可以让毫无经验的用户快速制作出专业级的视频剪辑效果。会声会影提供了以下功能:提供视频编辑器,提供一组效果和过渡,创建动画效果并调整不同的视频,笔效果绘制和使用插图与灯光效果,为视频添加2D和3D字幕,创建电影预告片并添加背景音频,提供色彩校正功能和分级工具,调整RAYS的样式并支持VitaScene,调整视频的速度,创建慢动作视频,撰写视频标题并自定义标题样式,冻结视频的帧,创建定格动画,等等。

2)Adobe Premiere Pro

Adobe premiere pro是由Adobe公司开发的一款非线性编辑的视频编辑软件,可用于图像设计、视频编辑与网页开发,是Adobe Creative Suite套装的一部分。Adobe Premiere Pro是一款支持10240px×8192px屏幕清晰度、32位色深以及编辑画面质量、兼容性较好的软件,也可使用RGB和YUV颜色模型。

Adobe Premiere Pro是视频编辑爱好者和专业人士必不可少的视频编辑工具,它提供了采集、剪辑、调色、美化音频、字幕添加、输出、DVD刻录的一整套流程,并和其他Adobe软件高效集成,使用户足以解决在编辑、制作、工作流上遇到的问题,满足用户创建高质量作品的要求。

在多台计算机上使用Adobe Premiere Pro,借助同步设置功能很容易使各计算机之间的设置保持同步。

3)Adobe After Effects

Adobe After Effects是Adobe公司开发的一款视频剪辑及设计软件,是制作动态影像设计不可或缺的辅助工具,是视频后期合成处理的专业非线性编辑软件,可以帮助用户高效且精确地制作各种引人注目的动态图形和震撼人心的视觉效果。

Adobe After Effects CC 在全球行业中有着领先的技术水平，软件借鉴了同类视频后期处理软件中的独到之处，并将其汇集一身，使用户轻松便捷地完成视频后期处理、视频特效添加，使之制作出完美、自然的视频合成效果。

Adobe After Effects 主要功能如下。

（1）图形视频处理

Adobe After Effects 软件利用与其他 Adobe 软件无与伦比的紧密集成和高度灵活的 2D、3D 合成，以及数百种预设的效果和动画，为用户的电影、视频、DVD 和 Macromedia Flash 作品增添令人耳目一新的效果。

（2）强大的特技控制

Adobe After Effects 使用多达几百种的插件修饰增强图像效果和动画控制。Adobe After Effects 可以同其他 Adobe 软件和三维软件结合，在导入 Photoshop 和 Illustrator 文件时保留层信息。Adobe After Effects 支持从 4px×4px 到 30000px×30000px 的分辨率，包括高清晰度电视（HDTV）。

（3）多层剪辑

利用无限层电影和静态画术，Adobe After Effects 可以实现电影和静态画面的无缝合成。

（4）高效的关键帧编辑

Adobe After Effects 中的关键帧支持具有所有层属性的动画，Adobe After Effects 可以自动处理关键帧之间的变化。

（5）无与伦比的准确性

Adobe After Effects 可以精确到一个像素点的千分之六，可以准确地定位动画。

（6）高效的渲染效果

Adobe After Effects 可以执行合成在不同尺寸上的多种渲染，或者执行任何数量的不同合成的渲染。

4）CINEMA 4D

CINEMA 4D 是一款由德国 Maxon 公司推出的专业的 3D 制作软件，它适用于电影、游戏、建筑、新闻电台等行业，包含实用的粒子系统、渲染模块和三维纹理绘制等，使得用户可以非常容易创建和操作关键帧，快速打造出顺滑流畅的动画效果。

Maxon 是专业 3D 建模、绘制、动画和渲染解决方案的开发者，其值得称道的 CINEMA 4D 和 BodyPaint 3D 软件产品被广泛应用于电影、电视、科学、建筑、工业以及其他行业。

软件主要功能是建模、动画制作以及视频融合处理。软件可以导入各种 BIM 软件和三维设计软件的模型（可以转换为 FBX 格式等）。导入的三维模型可与拍摄的视频软件进行叠加融合，应用在虚拟建造及仿真领域。

5）Fuzor

Fuzor 是一款将 BIM VR 技术与 4D 施工模拟技术深度结合的综合性平台级软件，它能够让 BIM 模型瞬间转化成带数据的生动的 BIM VR 场景，让所有项目参与方都能在这个场景中进行深度的信息互动。Fuzor 与 Revit、ArchiCAD 等建模软件的实时双向同步是 Fuzor 独有的突破性技术，其对主流 BIM 模型的强大兼容性为自动曝光控制（AEC）专业人员提供了一个集成的设计环境，以实现工作流程的无缝对接。Fuzor整合Revit、Sketchup、FBX等不同格式的文件，然后在2D、3D和VR模式下查看完整的项目，并对模型进行设计优化，最终形成高质量的设计成果，如图3-3-1所示。

图3-3-1 渲染效果

Fuzor的功能如下：

（1）Fuzor包含VR、多人网络协同、4D施工模拟、5D成本追踪等功能板块。用户可以直接加载Navisworks、P6或微软的进度计划表；或者在Fuzor中创建；或者添加机械和工人，以模拟场地布置及现场物流方案；或者在VR中查看4D施工模拟及相关BIM信息，提高管理效率，缩短工期，节约成本。

（2）Fuzor的Live Link为Fuzor和Revit、ArchiCAD之间建立起一座沟通的桥梁，此功能可实现两个软件间的数据的实时修改、同步及更新，使用户无须为了得到良好的可视化效果而在几个软件中导来导去。

（3）Fuzor基于自有的3D游戏引擎开发，模型承受量、展示效果、数据支持都是为BIM量身定做的，支持BIM模型的实时渲染、VR体验。

（4）Fuzor支持基于云端服务器的多人协同工作，无论在局域网还是在互联网，项目各参与方都可以通过Fuzor搭建的私有云服务器来进行问题追踪、3D实时协同交流。

（5）Fuzor简单高效的4D模拟流程可以快速创建丰富的4D进度管理场景，用户可以基于Fuzor平台来完成各类工程项目的施工模拟。

（6）Fuzor有强大的移动端支持，可以让大于5G的BIM模型在移动设备中流畅展示。用户可以在移动端设备中自由浏览、批注、测量、查看BIM模型参数，查看4D施工模拟进度等。

（7）Fuzor可以把文件打包成一个exe的可执行文件，供没有安装Fuzor软件的项目参与方审阅模型，对BIM成果进行标注，甚至进行VR体验。

6）BIMFILM

虚拟施工系统（BIMFILM）是一款影像级实时渲染引擎，通过构建丰富的BIM施工模型库、可视化工艺工法库、案例工程集库，便于建设工程行业技术人员以及BIM工程师快速制作BIM施工动画的专业工具软件。

BIMFILM易学、易用、专业，可广泛应用于建设工程领域招投标技术方案可视化展示、施工方案评审可视化展示、施工安全技术可视化交底、教育培训课程制作等，如图3-3-2所示。

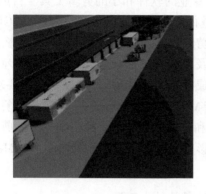

图 3-3-2　BIM-FILM 施工动画

BIMFILM有以下优点：

（1）操作简单、界面清晰：用户会用PPT就能轻松学会使用BIMFILM，符合Auto CAD、Revit、Lumion等专业人员操作习惯。

（2）支持导入多种模型格式：Revit->插件->fbx->BIMFILM，SketchUp->skp->BIMFILM，BIMMAKE->3ds->BIMFILM，场布软件->3ds->BIMFILM，算量软件->ifc->BIMFILM，ifc->Revit->fbx->BIMFILM，fbx、obj、3ds、dae、ifc->BIMFILM。

（3）轻松调整材质贴图：支持调整材质属性，支持替换外部贴图，快速选择内置材质，支持法线、金属贴图。

（4）轻松制作施工动画：内置15种动画形式，如内置动画—任务动画，自定义动画—动画参数化、标准化等。

（5）轻松制作4D施工模拟动画：

①导入项目，快速搭建工作分解结构（WBS）；

②轻松将工作节点与构件关联；

③快速定义多种生长动画类型；

④直观、高质量地体现项目进度。

（6）轻松构筑自然环境：5个大类40多种施工地表（如土地、草地、混凝土、沥青、砂石等），28种预制天气（如晴、雨、雪、雷、雾等）。

（7）影像级实时渲染：成果输出快捷、高效，影像级引擎，实时渲染、实时录制。

（8）高质量专业材质库1000+：内置4个大类、23个小类材质，包含钢筋、模板、木材、石材、金属、混凝土、沥青、水、玻璃等。

（9）BIM模型库：高质量模型（16000+），施工素材库（包含人、机械、工具、仪器、周边环境等），施工场布库（包括建构筑物、生活、消防设施、材料堆场等）、企业CI库（包括中建、中交、中铁、中铁建、标准等）、样板节点库（包括道路、桥涵、房建、隧道、民航等）、案例工程集（包含市政、公建、民建、桥涵、隧道、轨道等）。

（10）BIM可视化案例工程集：投标可视化演示、方案可视化评审、技术可视化交底、教学可视化课程。

7）其他剪辑和处理软件

剪辑工具有很多种，用户需要综合选用专业的软件和小的剪辑工具。目前市场上常见的视频播放器（如QQ影音、暴风影音等）可以进行简单的格式转换、视频截取和GIF动图的生成。一些手机端的视频剪辑App（如抖音、快手、剪映、Vlog、Vue、Bigshot、Quik、巧影、快影、快剪辑、美图、一闪、印象等）提供一些快捷、高效以及多种特效的视频处理。一些自动配置语音和字母的剪辑软件，如支持语音转文字、一键生成字幕的蜜蜂剪辑；对硬件配置要求低的爱剪辑；支持快速、多格式和多分辨率的Edius；支持MAC系统的iMovie；支持苹果计算机和复杂高难度剪辑的FCPX；界面简单、支持无限制视轨和音轨的Vegas；支持精细化特效剪辑、8K剪辑、特效和音频制的DaVinci（达·芬奇）；好莱坞电影剪辑师青睐的专业级软件Avid Media Composer。

8）其他视频制作、编辑软件

除了上面介绍的各种剪辑软件，还有一些其他的小工具。

（1）视频转换软件

①格式工厂是一款免费的视频格式转换软件，可以快速、轻松地转换视频格式。具体来讲，格式工厂支持所有视频格式转换为mp4、wmv、mpg、3gp、avi、mkv、vob、flv、swf、mov、rmvb、xv，并且支持DVD、图片和音频转视频。

②Mediacoder是一款开源的音频/视频批量转换工具。

③小丸工具箱是一款完全免费的视频压缩工具软件，既可以大幅压缩视频，又不会使清晰度下降，既可以快速上传制作好的视频，也可以避免超过图片平台的文件大小上限。

（2）专业字幕工具

①Arctime是一款专业的字幕添加软件，可以兼容大部分主流视频剪辑软件，并且通过将字幕文档导入软件，自动生成时间轴，编辑非常方便，大幅提升了字幕制作的效率。

②Aegisub可以通过波形图显示语音部分，这意味用户可以快速跳过没有声音和空白的地方，并且直接根据视窗上的波状图调整字幕，大幅提升了添加字幕的效率。

（3）配音工具

之前介绍的部分工具有配音功能，如何得到更多更专业的配音呢？在对配音要求不高的情况下可以在线自动配音，如科大讯飞的配音阁等。专业的配音软件（平台）可以提供不同风格、不同方言、不同年龄段等的在线实时配音服务。

3.3.4 视频融合

模型因为视频的加入得到一个无论是虚拟场景还是视频本身都无法单独完成的信息结合体。视频融合的目的是增强虚拟场景与现实的互动，减少计算机模型中信息不确定的因素，增加虚拟模型的信息承载量，为现实与虚拟之间架起一座桥梁，拓展VR的应用领域。

1）预处理

视频融合技术一般可以分为三个层次，即预处理、信息融合、综合评估及应用。

预处理技术主要用来对视频图像进行几何校正、噪声消除、色彩、亮度调整及配准等。其中，视频图像配准是指找到视频图像与三维虚拟场景的最大相关，以消除图像在空间、相位和分辨率等方面的信息差异，达到融合更真实，信息更准确的目的。

2)信息融合

信息融合即视频图像的融合,根据智能度由低向高可以分为像素级融合、特征级融合、决策级融合等。

(1)像素级融合指基于图像像素进行拼接融合,是两个或两个以上的图像融合成为一个整体。

(2)特征级融合以图形的明显特征,如线条、建筑等特征为基础进行图像的拼接与融合。

(3)决策级融合使用贝叶斯法、D-S证据法等数学算法进行概率决策,依此进行视频或图像融合,更符合于主观要求。

3)综合评估及应用

综合评估及应用即视频与三维模型融合后,可以从主观与客观两个方面进行评估,对融合结果给出评价并将融合后的信息体进行实践应用。

第 4 章

数据采集篇（智能化 IoT 设备）

4.1 IoT产品的开发

4.1.1 IoT概念

物联网（Internet of Things，IoT）是指通过各种信息传感器、射频识别技术（Radto Frequency Identification，RFID）、GNSS、红外感应器、激光扫描器等各种装置与技术，实时采集任何需要监控、连接、互动的物体或过程，采集其声、光、热、电、力学、化学、生物、位置等各种需要的信息，通过各类可能的网络接入，实现物与物、物与人之间的泛在连接，实现对物品和过程的智能化感知、识别和管理。IoT是互联网、传统电信网等的信息承载体，它让所有能够被独立寻址的普通物理对象形成互联互通的网络。

IoT是新一代信息技术（Internet Technology，IT）的重要组成部分，IT行业又叫泛互联，意指物物相连，万物万联。由此，IoT就是物物相连的互联网。这有两层意思：第一，IoT的核心和基础仍然是互联网，是互联网的延伸和扩展；第二，其用户端延伸和扩展到了任何物品与物品之间，进行信息交换和通信。因此，IoT的定义是通过RFID、红外感应器、GNSS、激光扫描器等信息传感设备，按约定的协议，把任何物品与互联网相连接，进行信息交换和通信，以实现对物品的智能化识别、定位、跟踪、监控和管理的一种网络。IoT技术体系架构图如图4-1-1所示。

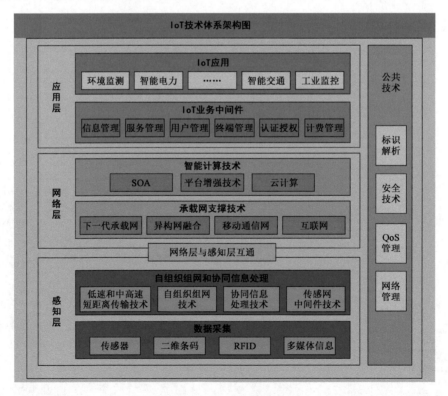

图4-1-1 IoT技术体系架构图

4.1.2 IoT关键技术

IoT的关键技术包括以下四种。

1) RFID技术

谈到IoT,就不得不提到IoT发展中备受关注的RFID技术。RFID是一种简单的无线系统,由一个阅读器(询问器)和很多应答器(标签)组成。标签由耦合元件及芯片组成,每个标签具有扩展词条唯一的电子编码,附着在物体上标识目标对象,它通过天线将射频信息传递给阅读器(阅读器就是读取信息的设备)。RFID技术让物品能够"开口说话"。这就赋予IoT一个特性即可跟踪性,也就是说,人们可以随时掌握物品的准确位置及其周边环境。比如,常见的RFID技术的应用就是超市的报警装置。

2) 传感网络

MEMS是微机电系统(Micro-Electro-Mechanical Systems)的英文缩写,它是由微传感器、微执行器、信号处理和控制电路、通信接口和电源等部件组成的一体化微型器件系统。其目标是把信息的获取、处理和执行集成在一起,组成具有多功能的微型系统,集成于大尺寸系统中,从而大幅度提高系统的自动化、智能化和可靠性水平。MEMS是比较通用的传感器。因为MEMS赋予普通物体新的"生命",使它有了属于自己的数据传输通路,有了存储功能、操作系统和专门的应用程序,从而形成一个庞大的传感网。这让IoT能够通过物品来实现对人的监控与保护。例如,遇到酒后驾车的情况,如果在汽车和汽车点火开关上都植入微型感应器,那么当喝了酒的驾驶员掏出汽车钥匙时,钥匙就能通过气味感应器察觉到一股酒气,就会通过无线信号立即通知汽车"暂停发动",汽车便会处于休息状态。同时"命令"驾驶员的手机给他的亲朋好友发短信,告知驾驶员所在位置,提醒亲友尽快来处理。不仅如此,未来洗衣服洗衣机会"告诉"放多少水和洗衣粉最经济,文件夹会"检查"我们忘带了什么重要文件,食品蔬菜的标签会向顾客的手机介绍"自己"是否真正"绿色安全"。这就是IoT世界被"物"化的结果。

3) M2M系统框架

M2M是Machine-to-Machine/Man的简称,是一种以机器终端智能交互为核心的、网络化的应用与服务。它将使对象实现智能化控制。M2M技术涉及5个重要的技术部分:机器、M2M硬件、通信网络、中间件、应用。基于云计算平台和智能网络,MIM可以依据传感网络获取的数据进行决策,对对象的行为进行控制和反馈。拿智能停车场来说,当某车辆驶入或离开天线通信区时,天线以微波通信的方式与电子识别卡进行双向数据交换,从电子识别卡上读取车辆的相关信息,在驾驶员卡上读取驾驶员的相关信息,自动识别电子识别卡和驾驶员卡,并判断电子识别卡是否有效和驾驶员卡的合法性,核对车道控制计算机显示与该电子识别卡和驾驶员卡一一对应的车牌号码及驾驶员等资料信息。车道控制计算机自动将通过时间、车辆和驾驶员的有关信息存入数据库,并根据读到的数据判断电子识别卡是正常卡、未授权卡、无卡还是非法卡,据此做出相应的回应和提示。另外,家中老人戴上嵌入智能传感器的手表,在外地的子女可以随时通过手机查询父母的血压、心跳是否稳定;智能化的住宅在主人上班时,传感器自动关闭水、电、气和门窗,定时向主人的手机发送消息,汇报安全情况。

4) 云计算

云计算是指在通过网络把多个成本相对较低的计算实体整合成一个具有强大计算能力的系统，并借助先进的商业模式让终端用户可以得到这些强大计算能力的服务。如果将计算能力比作发电能力，那么从古老的单机发电模式转向现代电厂集中供电模式，就好比单机计算模式转向云计算模式，而"云"就好比发电厂，具有单机所不能比拟的强大计算能力。这意味着计算能力也可以作为一种商品进行流通，就像煤气、水、电一样，取用方便、费用低廉，以至于用户无须自己配备。与电力通过电网传输不同，计算能力是通过各种有线、无线网络传输的。因此，云计算的一个核心理念就是通过不断提高"云"的处理能力，不断减轻用户终端的处理负荷，最终使其简化成一个单纯的输入输出设备，并能按需享受"云"强大的计算处理能力。IoT感知层获取大量数据信息，在经过网络层传输以后，放到一个标准平台上，再利用高性能的云计算对其进行处理，赋予这些数据智能，才能最终转换成对终端用户有用的信息。

4.1.3 IoT产品研发的内容

1) 嵌入式系统

我们的生活已经被电子设备包围，如计算机、手机、路由器、冰箱等。这些电子产品都有自己的智能核心嵌入式系统。嵌入式系统是IoT设备的核心组成部分，涉及使用低功耗、小型化的芯片和操作系统，以及编写嵌入式软件，实现设备的功能和通信能力。嵌入式系统有的叫CPU，还有的叫微处理器（Micro-Processor Unit, MPU）、微控制器（Micro-Controller Unit, MCU）和单片机。

就手机而言，尽管我们习惯把手机的处理器叫作CPU，但严格来说，相比计算机的CPU，手机的CPU多了通信基带、音/视频编解码器等部分，因此手机的处理器被称为片上系统（System on Chip, SoC）。

把电子系统集成到一个芯片上，这样设计的处理器集成度更高，方便把设备整体做得更小、更轻。

SoC包括MPU和MCU。

（1）CPU

计算机由CPU、内存、GPU、硬盘四大部分组成。其中，CPU只做处理、运算工作。

我们平时所说的Intel的处理器以及AMD的处理器都可以叫作CPU。

（2）MPU

MPU主要注重处理，应用产品主要有以下几种：

①路由器、智能音箱等运算处理比较多的领域。

②运行Linux等复杂的操作系统。

③手机的SoC=MPU+基带相关专用模块。

（3）MCU

MCU又称单片微型计算机（Single Chip Microcomputer）或者单片机，是把CPU的频率与规格做适当缩减，并将内存、计数器、USB、A/D转换、UART、PLC、DMA等周边接口，甚至LCD驱动电路都整合在单一芯片上，形成芯片级的计算机，为不同的应用场合进行不同组合控制。

例如,手机、PC外围、遥控器,甚至汽车电子、工业上的步进电动机、机器手臂的控制等,都可见到MCU的身影。

MCU注重控制,主要应用于冰箱、洗衣机等管理控制较多的领域不运行操作系统以及运行小型操作系统。

除了计算机以外,手机、路由器、冰箱、信号灯、智能监测设备这些智能产品的研发都属于嵌入式。

2)传感器和执行器

IoT设备通常使用各种传感器(如温度、湿度、光照、运动等)来感知环境,并使用执行器(如电机、阀门等)执行特定操作。传感器和执行器是IoT技术堆栈中不可或缺的一部分,而且是每个IoT系统开发中成败的关键因素。

可见,传感器和执行器对物联网很重要。

传感器,也称为换能器,是监测事件或周围环境的变化,并将这些物理现象(如温度、光、空气湿度、运动、化学物质的存在等)转换为电脉冲的一种设备,然后对其进行有意义的解释。执行器可以看作与传感器作用相反的工具。它通过解释从控制系统发出的电脉冲将其转换为机械运动,它实际上通过各种简单的动作(包括但不限于打开和关闭阀门),更改其他设备的位置或角度,激活它们发出声音或光。简单来说,执行器就是"移动器"。

普通的电气传感器和执行器已经存在了数十年,并且在现代工业应用中无处不在,但IoT的出现为传感器和执行器的应用开辟了全新的可能,不仅在商用领域是如此,在工业领域也是如此。作为IoT必不可少的促成因素,传感器和执行器可帮助监控、控制和简化几乎所有领域的操作。从智能汽车到雨林保护,IoT彻底改变了它们的应用方式并扩大了其使用范围,使传感器可以用于功能强大的基于云的分析软件,从而为机器、人员和环境开发提供智能化的解决方案。

(1)IoT传感器类型

传感器可以是独立的设备,也可以是嵌入普通对象或机器中以使其变得智能的设备。可以根据要测量的物理现象进行分类。下面是IoT中应用广泛的一些传感器类型。

①温度传感器:作为最基本的传感器,可在每种IoT用例中找到其应用。温度传感器在制造工厂、仓库、天气报告系统和农业中特别有用,在农业应用中可对土壤温度进行监控以提供平衡且最大化的生长。

②热敏电阻:一种电阻,其阻值在很大程度上取决于温度。热敏电阻广泛用作电子设备中的传感器,如用作电子温度计中的温度传感器或用作防止电流过大的系统中的温度传感器。

③电阻温度检测器:根据因温度变化导致的电阻变化来测量温度的仪器。

④热电偶:由两个不同导体组成的电路元件。根据在热电偶的连接器之间产生的电动势与温度差成正比这一事实,热电偶可以用作温度传感器,有时甚至可以用作具有非常低的电压和相对较高的电流的电源。

⑤湿度传感器:尽管它在气象站中的用途非常明显,但是它最广泛的用途仍然是报告和预报天气。另外,湿度传感器也广泛用于农业、环境监测、食品供应链、暖通空调(HVAC)和健

康监测。

⑥头发张力湿度传感器：传统和古老的湿度传感器类型。该设备的设计基于人或马毛的特定属性，目前也使用合成纤维或棉纤维。这些合成纤维与湿气接触后会改变长度。因为显示刻度尺读数的指针连接到头发（或纤维）上，所以其会对长度的变化做出反应。头发张力湿度传感器的优点无疑是结构简单，价格便宜，而且耐损坏。

⑦干湿计：此类设备的构造基于两个干湿计（所谓的"干湿"和"湿湿"）。湿温度计的水银容器内衬吸湿材料，它利用了潮湿空气抑制蒸发而干燥空气加速蒸发的原理。湿度越大，湿温度计的温度越低。干温度计显示环境温度，湿度可以根据温度差计算得出。

⑧光照强度传感器：依据环境光强度，智能电视、手机或计算机屏幕可以借助光照强度传感器来调节其亮度。但是用于检测环境光的传感器不仅在消费电子产品中很常见，而且在智慧城市应用中也很普遍。它们越来越多地用于调整路灯或城市照明水平，以提高经济性。

⑨光电电阻器：一种光敏元件，其电阻会通过辐射而变化。它可以很容易地连接到Arduino等作为模拟光传感器。因此，光电电阻器可以用于制造在天黑后自动点亮的灯。光电电阻器也可以用作非常简单的接近传感器甚至温度传感器。

⑩光电二极管：基于光电效应工作的二极管。当光子到达光电二极管的结时，它们被吸收，这导致电子转移到导电带上，形成一个电子-空穴对。光电二极管广泛用于工业自动化（信号和控制系统）、电信（光耦合器、光电链路）和许多其他行业。

⑪声学传感器：智能声学传感器使我们能够监控给定环境中的噪声水平，能够测量和提供数据，以帮助防止噪声污染；声学IoT传感器系统在智慧城市解决方案中逐渐普及。

⑫水听器：水听器是无源声呐的基本结构元素，是用于拾取在水或其他液体中传播的声音的麦克风，如用于在各种水生环境中探测鱼类。

⑬地震检波器：一种将地面振动（频率和振幅）转换成电压的传感器。地震检波器是地震仪的一种，在阿波罗16号（Apollo 16）的"主动地震实验"中已在月球上使用过。

⑭水位传感器：为了防止自然灾害，可以将水位监控传感器收集的数据用在洪水预警系统中进行分析和预测。除了环境保护以外，水位传感器还可用于各种工业应用，以控制和优化制造过程。

⑮静水压力传感器：用于测量液体填充水平。这些传感器基于所谓的静水悖论进行液位测量——在储罐测量点测得的静水压力仅与液体填充的高度成比例，而与储罐的形状和体积无关。

⑯光学传感器：用于检测与液体接触后棱镜中的光折射所隐含的水位。光学传感器比典型的水位传感器具有一定的优势，这是因为光学传感器内部无机械磨损，且在无机械运动部件的情况下稳定性好。

⑰位移传感器：通过发射电磁辐射束，感应其目标物体的存在并确定将其与目标物分开的距离。位移传感器凭借其高可靠性和长寿命，被纳入了许多IoT领域，如智能汽车、机器人技术、制造、机器、航空甚至智能停车解决方案。

⑱多普勒雷达：使用多普勒效应的雷达，即其源发出的波的频率与相对于该源移动的观察者记录的波的频率之差。多普勒雷达不仅用于检测物体并确定其位置，还用于了解物体的方向和速度。

⑲占用传感器:一种存在传感器,使用红外光或高频信号来检测办公室和卫生设施,人在走廊、通道、仓库等中的移动。

⑳运动传感器:智能建筑系统可能是运动传感器可以想象到的最廉价的IoT应用。尽管这一明显的事实大体上是正确的,但除了有助于监视侵入或盗窃的私人或公共场所之外,运动传感器的使用还扩展到了能源管理解决方案、智能相机、自动化设备等许多其他领域。

㉑有源超声波运动传感器:发送和接收超声波,无源波。

㉒被动式红外运动传感器:检测红外辐射的变化。

㉓有源雷达传感器:发射和接收电磁波,有些传感器版本结合了上述所有与运动有关的原理如被动红外传感器(PIR)就是这种示例,用作运动检测的电子传感器,通常在警报系统、自动照明和通风系统等中使用。

㉔陀螺仪传感器:监测旋转并测量角速度,适用于导航系统、机器人技术、消费类电子产品以及涉及旋转的制造过程。对于更日常的IoT应用,陀螺仪传感器越来越多地安装在运动员使用的IoT设备中,以精确测量运动员的身体运动,以分析和改善他们的运动表现。

㉕加速度计:不会保持恒定的方向,但会指示其所依存的对象的角速度。它包括旋转自由度有限的机械陀螺仪(通常在笛卡儿坐标系的一个轴上)、光学陀螺仪(激光和光纤),最后是使用科里奥利效应影响陀螺仪的陀螺仪。

㉖航向指示器:让用户观察其所附着的身体的旋转情况。航向指向器通常被制成悬挂在合适结构中的快速旋转的刚性物体(通常是磁盘),使其能够相对于参考系统(如其所附着的物体)自由旋转。

㉗化学传感器:能够检测化合物(固体、液体和气体)的传感器,是工业安全系统、环境保护解决方案以及科学研究必不可少的元素。此外,化学传感器可用于IoT支持的空气质量监测,可以帮助城市抵抗空气和水污染的有害影响。

㉘电化学传感器:一种简单的传感器,如电化学呼吸分析仪可用于确定血液中的酒精含量。电化学传感器具有抵抗薄荷醇、香烟烟雾或柠檬酸等副作用的能力,并且可以检测呼出空气中的酒精浓度,准确度为0.000‰。

㉙电子鼻:化学检测器或一组检测器,对环境中包含的不同类型的颗粒及其特征(如存在特定的化学键、酸度、碱度、稳定相邻偶极子的能力等进行检测)。通过使用此类检测器获得的信息可以了解环境的化学成分。

㉚图像传感器:通过将光学数据转换为电脉冲,图像传感器使连接的对象能够查看周围的环境,并使用数据分析中获得的信息对周围的环境进行操作。每当需要智能设备"看到"其周围环境时,就会使用图像传感器,其中包括智能车辆、安全系统、雷达和声呐之类的军事装备、医学成像设备以及数码相机。

㉛CMOS传感器:许多采用CMOS(互补金属氧化物半导体)技术制成的光敏元件的排列。CMOS传感器可用于许多设备,如网络摄像头、紧凑型数码相机、数码单镜反光(DSLR)相机、生产自动化中的控制元件、数字X射线相机等。

㉜电荷耦合设备(CCD传感器):由许多光敏元件组成的系统,该系统进行配准,然后读取

与落在其上的光量成比例的电信号。CCD传感器中使用的滤色镜经常出现在数码相机中,从而使它们能够记录矩阵给定点处特定光谱宽度的强度。

(2)IoT执行器类型

顾名思义,执行器可以在其直接环境中起作用,以实现对其所嵌入的机器或设备的正确操作。它们虽然很小,在操作过程中很少见到,但是它的工作效果可以在车辆、工业机器或任何其他涉及自动化技术的电子设备中感受到。根据构造模式和在特定IoT环境中的作用,IoT执行器可以分为以下四个主要类别:

①线性制动器:用于使物体或元件沿直线运动。

②电动机:使设备组件或整个物体进行精确的旋转运动。

③继电器:包括基于电磁的执行器,用于操作灯、加热器甚至智能汽车中的电源开关。

④电磁阀:作为锁定或触发机制的一部分,在家用电器中使用广泛,可充当基于IoT的煤气和水泄漏监测系统的控制器。

3)通信协议和网络技术

IoT设备通过各种通信协议和网络技术进行数据交换与远程控制,常用的通信协议和网络技术如下。

(1)通信协议

①MQTT协议。

消息队列遥测传输(Message Queuing Telemetry Transport,MQTT)协议是一种基于发布/订阅(publish/subscribe)模式的轻量级通信协议,该协议构建于传输控制协议/互联网协议(TCP/IP协议)上,由IBM在1999年发布。MQTT最大的优点在于,用极少的代码和有限的带宽,为连接远程设备提供实时可靠的消息服务。作为一种低开销、低带宽占用的即时通信协议,MQTT协议在IoT、小型设备、移动应用等方面有较广泛的应用。

MQTT协议当前版本为2014年发布的MQTT V3.1.1。除标准版外,MQTT协议还有一个简化版MQTT-SN,该协议主要针对嵌入式设备,这些设备一般工作于TCP/IP网络,如ZigBee。

②CoAP协议。

受限应用程序协议(Constrained Application Protocol,COAP)在RFC 7252中定义。CoAP是一种低开销的简单协议,专为受限设备(如MCU)和受限网络而设计。该协议用于M2M数据交换,并且与HTTP非常相似,后面我们将介绍其中的重要差异。

CoAp协议使用的一些术语如下:

a. Endpoint:参与CoAP协议的实体。通常,终节点与主机一起标识。

b. Sender:发送消息的实体。

c. Recipient:发送消息的目标。

d. Client:发送请求的实体和响应的目标。

e. Server:从客户端接收请求并向客户端发送响应的实体。

CoAP支持四种不同的消息类型:Confirmable、Non-confirmable、Acknowledgment、Reset。

CoAP协议消息模型CoAP的最底层,处理用户数据报协议(UDP)在终节点之间交换消息。每个CoAP消息都有一个唯一的身份证标识号(ID),这对于检测消息重复非常有用。CoAP协议消息由以下三部分组成：A binary header、A compact options、Payload。

CoAP 协议使用可确认的消息(Confirmable Message,CON),不可确认的消息(Non-Confirmable Message,NON)。CON 是可靠的消息。在两个终节点之间交换消息时,这些消息可能是可靠的。在 CoAP 中,使用 CON 获取可靠的消息。使用此类消息,客户端可以确保消息到达服务器。在对方发送确认消息(ACK)之前,将一次又一次地发送 CON。ACK 包含 CON 的相同 ID。

如果服务器在管理传入请求时遇到问题,会发送回"休息"(RST)消息,而不是"确认"(ACK)消息。另一个请求类别是"不可确认"(NON)消息,这些请求不需要服务器确认。这些消息不包含必须传递到服务器的关键信息。此类别属于包含从传感器读取的值的消息,即使这些消息不可靠,它们也有唯一的 ID。

CoAp 请求/响应模型：

CoAP 请求/响应模型是 CoAP 抽象层中的第二层。请求使用"可确认"(CON)或"不可确认"(NON)消息发送。有几个响应取决于服务器是否可以立即回答客户端请求。

如果服务器可以立即应答客户端请求,则请求使用"可确认"(CON)消息进行,服务器将发送一条包含响应或错误代码的确认消息给客户端。

如果服务器无法立即应答来自客户端的请求,则发送具有空响应的确认消息。一旦响应可用,服务器就会向包含响应的客户端发送新的可确认消息。此时,客户端将发送回确认消息。

如果来自客户端的请求使用"不可确认"(NON)消息进行,则服务器使用"不可确认"(NON)消息应答。

CoAP 协议安全方面：

处理 IoT 协议的一个重要方面是安全。如前所述,CoAP 使用 UDP 传输信息。CoAP 依靠 UDP 的安全来保护信息。当 HTTP 在 TCP 上使用安全传输层(TLS)协议时,CoAP 在 UDP 上使用数据报 TLS。数据报安全传输层 DTLS 协议支持 RSA、AES 等。

CoAP 与 MQTT 的区别如下：

MQTT 使用发布者/订阅者模式,而 CoAP 使用请求-响应模型;MQTT 使用中央代理将消息从发布者发送到客户端。CoAP 本质上是一对一传输协议,与 HTTP 协议非常相似;MQTT 是面向事件的协议,而 CoAP 更适合状态传输。

③HTTP 协议。

超文本传输(Hyper Text Transfer Protocol,HTTP)协议是互联网上应用广泛的一种网络协议。HTTP 协议是在 Web 上进行数据交换的基础是客户端-服务器端协议。也就是说,请求通常是由像浏览器那样的接受方发起的。一个完整的 Web 文档通常是由不同的子文档拼接而成的,如文本、布局描述、图片、视频、脚本等。

设计 HTTP 最初的目的是提供一种发布和接收 HTML 页面的方法。

(2)网络技术

①Wi-Fi。

Wi-Fi 是指无线局域网技术,它使用无线电波传输数据,使设备能够通过无线方式连接到互联网。Wi-Fi 的工作原理是通过无线路由器将互联网信号转换成无线信号,然后通过无线适配器接收设备上的无线信号,实现设备与互联网的连接。

Wi-Fi的优势和应用:

a.便捷性:Wi-Fi无须使用网络线缆,可以随时随地连接到互联网,方便用户的移动和使用。

b.高速性:Wi-Fi可以提供较高的传输速度,满足用户对于高速互联网的需求。

c.广泛应用:Wi-Fi广泛应用于家庭、办公室、公共场所等各个领域,为用户提供便捷的上网体验。

②BLE。

蓝牙技术是一种无线数据和语音通信开放的全球规范,它是基于低成本的近距离无线连接,为固定和移动设备建立通信环境的一种特殊的近距离无线技术连接。蓝牙使当前的一些便携移动设备和计算机设备,不需要电缆就能连接到互联网,并且可以无线接入互联网。

BLE(Bluetooth Low Energy,低功耗蓝牙)属于蓝牙技术中的一种。与之对应的是经典蓝牙(Classic Bluetooth)。BLE的工作原理与经典蓝牙的类似,但是BLE有着独特的架构体系,所以BLE独立出来成为一种蓝牙形态。不过BLE和经典蓝牙使用相同的2.4G无线电频率,可以共享同一个天线,组成双模蓝牙。

BLE频段与信道:BLE和传统蓝牙不同,把传统蓝牙的79个信道分为40个,带宽也由1MHz变为2MHz。其中37、38、39信道作为主广播信道,其余的信道既可以作为数据信道也可以作为备用广播信道。

BLE芯片由软硬件共同构成,其中软件部分主要是协议栈,硬件部分包括蓝牙基带(Baseband)、调制解调部分(Modem)、无线接收部分(RF)。

③LoRaWAN。

LoRaWAN是由Semtech公司开发的一种基于低功耗广域网(Low Power Wide Area Network,LoRa)技术的IoT通信协议,其主要特点是低功耗、长距离和广域覆盖。LoRa技术使用了一种称为扩频技术的调制方式,即将信号在频域上进行扩展,使得信号能够在较低的信噪比下被接收。LoRaWAN是一种开放式网络协议,它是基于LoRa技术开发的一种IoT通信协议,其主要目的是实现IoT设备之间的互联互通。LoRaWAN适用于多种不同的IoT应用场景,以下是一些常见的应用场景:

a.智能城市:智能城市建设中的智能照明、智能交通、智能停车等应用可通过LoRaWAN使这些设备互相通信,并与云服务器进行连接和数据交换。

b.农业IoT:通过LoRaWAN,农民可以实时监测农作物的生长情况,并及时采取相应决策。LoRaWAN可用于土壤湿度监测、气象预测、灌溉控制等领域。

c.工业IoT:用于设备监测、生产线优化、能源管理等。通过LoRaWAN,企业可以实时监测设备的运行状态,及时发现并解决问题。

d.智能家居:LoRaWAN在智能家居中的各种应用,如智能门锁、智能家电、智能安防等场景。

④Zigbee。

ZigBee也称紫蜂,是一种低速短距离传输的无线网协议,其底层是采用IEEE 802.15.4标准规范的媒体访问层与物理层。其主要特点是低速、低耗电、低成本,支持大量网上节点,支持多种网络拓扑结构,低复杂度、快速、可靠、安全。

ZigBee是一项新型的无线通信技术,适用于传输距离短、数据传输速率低的一系列电子元器件设备之间。可依托专门的无线电标准在数以千计的微小传感器之间达成相互协调通信,因而该项技术常被称为Home RF Lite无线技术、FireFly无线技术。ZigBee无线通信技术还可应用于小范围的基于无线通信的控制及自动化等领域,可省去计算机设备、一系列数字设备相互间的有线电缆,更能够实现多种不同数字设备相互间的无线组网,使它们相互通信,或者接入互联网。

ZigBee无线通信技术是根据蜜蜂相互间联系方式而研发的一项应用于互联网通信的网络技术。相较于传统网络通信技术,ZigBee无线通信技术表现出更加高效、便捷的特征。作为一项近距离、低成本、低功耗的无线网络技术,ZigBee无线通信技术在组网、安全及应用软件方面的技术是IEEE批准的802.15.4无线标准。该项技术尤其适用于数据流量偏小的业务,可便捷地应用于一系列固定式、便携式移动终端中。与此同时,ZigBee无线通信技术还可实现GNSS功能。

ZigBee技术是一种新型技术,主要依靠无线网络进行传输。它能够近距离地进行无线连接,属于无线网络通信技术。在以数据信息为载体进行的传输中,ZigBee技术是主要的技术指标,使用起来比较安全,而且适用性很强,被广泛应用到人类的日常通信传输中。

实际生活中的数据信息传输以ZigBee无线传感技术为通信网络的依靠,可以建立很多网络连接点,同时依靠网络辅助器实时传输数据通信。因此,信息容量大的数据传输是ZigBee技术的主要特点,为了避免在传输数据的时候发生信号碰撞,产生不稳定的传输,它采用了高效的碰撞避免机制,较好地保障了数据的安全传输。ZigBee技术的另外一个优点是兼容性强大,在进行操作时,可以连接家庭中的控制网络,而且不会发生碰撞,能很好地与网络相融合。

ZigBee系统的持续时间不长,启动它的通信运作,用15~30分钟即可,在这么短的时间内,系统能够快速地接收用户发来的信息,而且在使用ZigBee技术的时候,它的能耗非常低,能节约成本地持续发展下去。ZigBee在收发信息时,每个节点都能很好地节约电。工作时间能够持续一到两年,满足每个家庭的需要。总体来说,ZigBee技术具有很多优点,作为一种新型技术,被普遍使用在很多网络技术上。

4) 数据存储和处理

IoT会产生大量的数据,因此需要有效的数据存储和处理方案。云平台、数据库和分布式计算技术(如边缘计算)用于存储、管理和分析物联网数据。

(1) IoT环境下的数据处理是一个复杂而关键的环节。由于IoT涉及的设备和传感器数量巨大,每个设备都会产生大量的数据。这些数据具有多样性,包括文本、图像和视频等形式。高效、准确地对这些数据进行处理,挖掘出有价值的信息,是IoT应用成功的关键之一。

(2) 云计算技术。云计算以其良好的可扩展性和灵活性受到广大企业和研究机构的青睐。在IoT环境中,云计算可以提供强大的计算和存储能力,实现对海量数据的处理和分析。云计算通过将数据上传至云端,可以实现对数据的快速处理和响应,为用户提供所需的服务和决策支持。

（3）边缘计算是一种重要的数据处理方案。边缘计算是指将数据处理的重点从中心化云端移至离用户设备更近的边缘节点进行，以减少数据传输的延迟和网络负载，提高响应速度。在 IoT 环境中，很多设备都拥有较强的计算能力，可以承担部分数据处理任务，减轻云端压力。边缘计算能够根据实时需求迅速处理数据，并及时将结果反馈给用户，提高系统效率。

（4）数据存储方案也是 IoT 环境中不可忽视的一部分。海量数据的存储需求巨大，而且数据的种类和结构多样，有效地进行存储和管理成为一个挑战。一种常见的数据存储方案是分布式存储系统。分布式存储系统可以将数据分散在多个节点上进行存储，避免单点故障和数据丢失的风险。此外，分布式存储系统还可以提供高容量、高可靠性和高可扩展性的存储能力，满足 IoT 环境下的数据存储需求。

5）安全和隐私保护

IoT 设备和数据的安全性至关重要，应采用加密、认证、访问控制等安全机制来保护设备和数据的安全，并确保用户的隐私得到保护。

随着 IoT 技术的迅速发展和普及，越来越多的设备和物品与互联网连接，形成了一个庞大的 IoT 生态系统。然而，随着 IoT 规模的扩大，安全问题也逐渐浮现。IoT 设备的不断增加和数据的大规模传输，使得 IoT 系统变得更加容易受到安全攻击和威胁。因此，建立一个完善的 IoT 安全技术架构，保障 IoT 设备和数据的安全成为当务之急。

IoT 安全技术架构是保障 IoT 设备和数据安全的基础。随着 IoT 的广泛应用，IoT 设备与互联网的连接将涉及多种不同的网络、协议和数据交换方式。这种复杂性使得 IoT 系统容易受到各种安全威胁，如设备入侵、数据泄露、身份伪造等。建立一个完善的安全技术架构可以确保 IoT 系统的稳定运行，避免安全漏洞被攻击者利用，保护用户的隐私和数据安全，如图 4-1-2 所示。

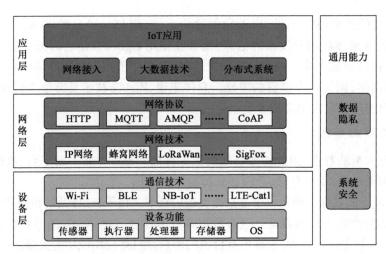

图 4-1-2　IoT 安全架构图

（1）IoT 安全技术架构的要素如下：

①设备身份认证与权限管理：确保 IoT 设备的合法性和合规性，防止未经授权的 IoT 设备

接入,同时建立严格的权限管理机制,控制 IoT 设备对系统的访问和操作权限。

②数据加密与传输安全:对传输的数据进行加密处理,确保数据在传输过程中不被篡改和窃取。采用安全的通信协议,如 TLS/SSL 协议,保证数据传输的安全性。

③安全固件升级与漏洞管理:定期对 IoT 设备进行固件升级,修复已知的漏洞和安全问题。同时,建立漏洞管理系统,及时发现和解决新的安全威胁。

④网络隔离与安全访问控制:将 IoT 设备和应用与公共网络隔离,减少 IoT 设备暴露在外部网络中的风险。通过访问控制列表(ACL)等措施,限制 IoT 设备和用户对网络的访问权限。

⑤安全监测与事件响应:建立实时监测系统,对 IoT 设备和数据进行安全监控,及时发现异常行为。建立事件响应机制,对安全事件进行迅速的处理和回应。

(2)IoT 安全技术架构的保障作用

①防止 IoT 设备入侵与控制:通过 IoT 设备身份认证和权限管理,防止未经授权的 IoT 设备接入 IoT 系统,避免 IoT 设备被黑客攻击和控制。

②保护数据隐私与完整性:采用数据加密技术和安全传输协议,保护数据在传输过程中的隐私和完整性,防止数据泄露和篡改。

③提高系统稳定性与可靠性:定期对 IoT 设备进行固件升级和漏洞管理,及时修复安全漏洞,提高系统的稳定性和可靠性。

④增强网络安全防御能力:通过网络隔离和访问控制,降低 IoT 设备受到网络攻击的风险,增强系统的安全防御能力。

⑤快速响应安全事件:建立实时监测和事件响应机制,及时发现和处理安全事件,降低安全威胁对系统的影响。

6)应用开发

IoT 应用程序的开发涉及前端技术和后端技术。其中,前端技术包括移动应用开发、Web 开发和用户界面设计,后端技术包括服务器端开发、API 设计和数据管理。

前端技术与后端技术只是 IoT 开发中的一些关键技术,实际上还有许多其他技术和工具,根据具体需求和应用场景可能会有所不同。

4.2 IoT 产品在基础建设领域的应用

IoT 的应用领域涉及方方面面。IoT 在工业、农业、环境、交通、物流、安保等基础设施领域的应用有效地推动了这些方面的智能化发展,使得有限的资源得到更加合理的使用与分配,从而提高了行业效率、效益;IoT 在家居、医疗健康、教育、金融与服务业、旅游业等与生活息息相关领域的应用,使服务范围、服务方式、服务质量等都有了极大的改进,提高了人们的生活质量;IoT 在国防军事领域的应用虽然还处在研究探索阶段,但 IoT 应用带来的影响也不可小觑,大到卫星、导弹、无人机、潜艇等装备系统,小到单兵作战装备,IoT 技术的嵌入有效提升了军事智能化、信息化、精准化水平,极大提升了军事战斗力,是未来军事变革的关键。

目前,市政、交通和建筑等基础设施领域也越来越多地开始通过传感器来保障基础设施安全、高效地运转。

4.2.1 市政、交通建设基础行业

目前市政、交通行业应用比较多的IoT产品有以下类别。

1) 桥梁健康监测传感器

桥梁健康监测传感器主要有加速度计、位移计、倾角计、温度计、湿度计、缆索(拉索)磁通量检测仪、三向加速度计、应变仪、地震三向振动仪、气象检测仪、动态称重系统等,通过这些传感器可以实现对环境、变形、应力应变、振动监测、受力检测、裂缝检测等,如图4-2-1所示。下面介绍桥梁健康监测中几种常见的传感器。

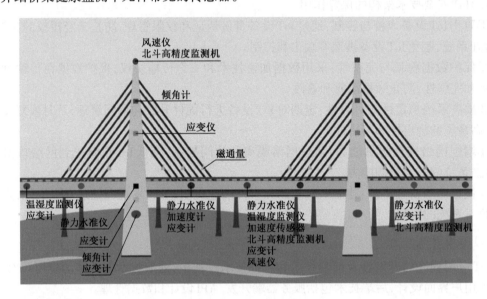

图 4-2-1　桥梁健康监测

(1) 温度传感器、湿度传感器

桥梁的结构温度变化是大型桥梁的重要荷载源之一,常引起桥梁的变形和桥梁线形的改变,这也是监测的重要内容。进行结构温度监测能了解桥址处环境温度场的实时变化,以及大桥主要构件的温度及温度梯度情况,为分析结构的受力和变形提供依据,其数据还可用于结构状态参数的相关分析。环境相对湿度是影响混凝土徐变的重要的因素之一。周围环境相对湿度会影响混凝土干燥徐变,较低的环境相对湿度使混凝土收缩增大,而混凝土收缩促进干燥徐变,因此,环境相对湿度越低,混凝土的徐变量越大。

环境温湿度计的主要技术指标见表4-2-1。

环境温湿度计的主要技术指标　　　　　　　　　　表4-2-1

项目	技术指标
测量范围(相对湿度)	0～100%RH
误差(相对湿度)	≤±3%RH(在20℃条件下)

续上表

项目	技术指标
测量范围(温度)	超出气温年极值最高温度50℃和低于年极值最低温度20℃
误差(温度)	≤±0.5℃

(2)动态称重系统

车辆荷载为桥梁运营期承担的主要活荷载,且超载车辆是造成桥梁主要构件及附属设施等破坏、影响构件寿命的主要因素。对各车道车流量、车重、轴重、车速等参数进行监测,可以实现对超载车辆的在线报警,为桥梁校验系数分析及钢结构疲劳分析提供输入数据。

动态称重是指通过测量和分析轮胎动态力测算一辆运动中的车辆的总重和部分重量的过程。动态称重系统由一组传感器和含有软件的电子仪器组成,可测量动态轮胎力、车辆通过时间并计算轮重、轴重、总重(如车速、轴距等)。

动态称重系统具有测量行驶车辆重量的特点,决定了它在交通轴载调查、治理超限超载运输和计重收费系统中不可替代的作用。

①分类。

动态称重系统按照设备适应的速度范围可以分为高速动态称重系统和动态自动衡器两种。

高速动态称重系统:一般可以对5~120km/h(国内高速公路最高限速为120km/h,因此更高的速度没有实际意义)速度通过的车辆进行自动称重,在一定置信度范围内可以达到5%及以上的准确度。该产品尚没有国家或者行业标准,代表产品为武汉东广科技发展有限公司的DOK-Y203高速动态称重系统。

动态自动衡器:需要限定车辆的通过速度,一般以5km/h以下的速度匀速通过时,可以达到较高的准确度。动态自动衡器在国内多数用于公路计重收费系统和公路超限超载检测站的低速复核称重,该产品有国家标准。

②构成。

动态称重系统主要由称重传感器、车辆分离器、轮胎识别器、地感线圈、控制柜组成。

a.称重传感器:主要完成车轴的称重、速度检测、轴型判断等工作。

b.车辆分离器:用来进行车辆的分离及提供开始、结束等信号。

c.轮胎识别器:主要用来检测通过车辆每轴的轮胎数。

d.地感线圈:主要用来完成测速、倒车的检测,并与红外线分离器一起对车辆以外的物体或人通过时进行判断,减少出错。

e.控制柜:处理动态称重传感器和线圈送来的信息,经过分析和处理得出车辆的载荷信息。

③工作原理。

a.车辆驶入收费车道,其轮轴依次压过铺设在车道路面中的地感线圈、称重传感器、车辆分离器、轮轴识别器,称重传感器将检测出每轴轴重、轴型(单轴、联轴),轮胎识别器将检测出轮胎类型(单双胎)信息。车辆分离器可准确判别车辆是否完全通过。

b.当车辆完全离开后,控制处理器将称重结果、车型判别结果等信息传输到车道收费计算机。

  c.车道收费计算机依据计重收费费率对车辆实行计重收费,并将车辆的载重信息和应交纳的金额显示在计重显示屏上。

  从动态称重系统的工作原理可以看出,称重传感器是计重收费系统的关键设备,称重传感器的称重精度、稳定性将直接影响计重收费系统的称重精度。

  ④常见称重传感器。

  动态称重技术经过30多年的发展,各个不同的厂商开发了不同的技术来进行动态称重,因而也出现了各种不同种类的传感器,根据原理不同通常可以分为以下几类:

  a.弯板式传感器。弯板式传感器是一种应变式传感器,利用集成在内部的应变片网,根据称重板受压后产生形变的原理进行测量。弯板式传感器是由在内部集成了应变片网的金属板构成的,为防止长期潮湿渗透和腐蚀,传感器表面覆盖了一层高温硫化橡胶。弯板式传感器可以完整地记录轮胎的压力信号,真实地测量轮载值,在目前在高速公路中的高速、低速称重中有广泛应用。

  b.称台式传感器。称台式传感器由称重平台、压力传感器组成,是带有独立的压力传感器或剪切式压力传感器的平台,通过称重平台将轴载压力传递到压力传感器上进行称量。这种称重形式在传统的地磅中得到广泛的应用,但由于有过多的机械结构,在动态称量过程中,车辆的动态行驶产生的不均匀交变冲击容易损坏平台,目前在高速公路中的低速称重中有广泛应用。

  c.共聚化合物式压电传感器。共聚化合物式压电传感器是利用共聚化合物的压电效应进行测量的。这种传感器是一种动态传感器,只对压力的变化产生电势信号。共聚化合物式压电传感器是由一个金属管以及放置在其中的压电电缆构成的,有效长度通常为1830mm,可扩展到3600mm,宽度为20mm,为条状传感器,不能一次测出车轮载荷,通过在测量期间信号累加,用积分算法求出载荷。传感器直接埋入路面,道路(特别是沥青路面)的形变对其影响较大。水泥混凝土路面和沥青路面的温度影响不同,并且难以补偿。由于传感器设计简单,其产品价格相对较低。在用于车辆分类时共聚化合物式压电传感器的性能是令人满意的,但在动态称重中,其应用非常有限。条形传感器的使用寿命相对较短,并且受公路以及安装质量影响较大。近几年来,共聚化合物式传感器的开发取得了许多重大的成果,其性能得到了进一步的提高,并且其开发和研究工作一直在进行。

  d.石英式传感器。石英式传感器是利用石英的压电效应进行测量的。压力使石英晶体产生变化,因而产生和压力成对应关系的电势。石英式传感器是一种新型的传感器,近几年由于其性能得到较大的提高,目前得到一定的应用。石英式传感器也属于条形传感器,长度有1m和0.75m两种,宽度为50mm,高度为44mm。和共聚化合物式压电传感器一样,石英式传感器也不能一次完整地测量出轮载,而是通过积分累加进行计算的,但是和共聚化合物式压电传感器相比,石英式传感器的温漂极小,也没有"鬼轴"现象,低速、高速状态下均可进行称量。同时石英的物理特性比较稳定,其灵敏度随时间变化较小。石英式传感器的安装也是采取直接埋入路面的方式,因而也不可避免地受到路面形变的影响,并且更换时需要路面施工。

  e.电容式传感器。电容式传感器目前有两种形式:一种是条形传感器,另一种是电容网式传感器。其主要原理是利用电容效应,当压力压在传感器上时,导致两个极板间的间距减小,其电容值发生变化,通过电路转换,进行测量。

条形传感器与压力棒在尺寸和安装形式上是一致的。其基本特性相似,主要问题是寿命较短。本身精度为±3%RMS。电容网式传感器是一种新型的传感器,其结构为平板式,目前主要用于便携式称重设备。

f. 其他传感器。目前,除了以上几种主流传感器外,一些公司还开发了一些动态称重传感器,主要采用应变片技术,目前处于研发阶段,因而无法进行进一步说明。

⑤主流传感器比较。

目前全国实行了计重收费的省区市,称重传感器主要使用称台式传感器和弯板式传感器两种,其他传感器用于高速公路计重收费方面的很少,下面从8个方面对这两种称重传感器进行比较分析。

a. 发展历史。

称台式传感器是由传统的汽车衡发展演变而来的,由传统的地磅称重逐渐演变为对称重要求不高,对设备体积长度要求较高的场合,改为轴重衡器,即对车辆的每个轴进行称重,得出数据累加得出整车的质量,由静态称重发展为低速动态称重。

弯板式传感器最开始为汽车超载预检的高速动态称重设备,后来为适应公路计重收费场合,研发改进了计算系统,着重完善低速区间的称重检测,是由高速动态称重向低速动态称重发展而来的。

b. 安装方式。

称台式传感器对路面的水平度要求高,对路面破坏大,在路面上必须开挖较深的基坑(深70~80cm)并加固基础,在将框架用混凝土固定在路面上后,混凝土需凝固和养护,方可安装称重平台。一套称重系统的施工周期需20天左右,对已通车收费的车道影响较大。

弯板式传感器可以沿地面安装,施工周期短,对路面破坏小,安装时不需重做基础,只在路面切割宽60cm、深5~6cm的基坑,用专用胶将支撑底板和路面浇注为一体,待12h后专用胶完全固化,将弯板安装在支撑板上即可。一套称重系统安装期为5~7天,特别适合已通车收费的车道。

c. 对排水的要求。

称台式传感器当较深的基坑灌水时,将影响称重精度。由于称重设备排水管道出口一般低于收费广场排水沟底,还需增加排水井和自动潜水泵以保证及时排水或人工清除。弯板式传感器由于本身有防水设计,加上是浅层安装,对排水要求较低。

d. 潮湿及尾气对设备寿命的影响。称台式传感器主要由钢结构件组成,虽经一定的防腐处理,但仍难完全避免潮湿以及汽车尾气等对设备的腐蚀。弯板式传感器由于采用整体式传感器技术并经专用硫化橡胶表面密封和防腐处理,是目前所有传感器中唯一能做到完全防腐并能持续浸水300h仍正常工作的。

e. 使用寿命。称台式传感器为机械运动件,在无维修的情况下,其称重压力传感器一般使用1~2年就必须更换。弯板式传感器由于设备本身无运动件,在无维修的情况下,使用寿命将长达十年及以上。

f. 设备价格。称台式传感器的平均价格较低,在货车日流量小的收费站使用性价比高。弯板式传感器价格较高。

g.使用性能。称台式传感器由于采用机械运动结构,抗冲击能力差,运行一段时间后称台会变形。当称台与称框存在擦靠时,将影响称重精度。这种影响主要体现为:对相同质量进行计量时,正反行程的计量值不一致。更重要的是,擦靠现象会使动态修正函数发生变化,从而使计重设备的动态计重性能下降,需重新维修和标定。弯板式传感器由特殊超硬金属板材制成,无运动件,能有效减小车辆通过时的剪切力对称重精度的影响。

h.运行及维护成本分析。

秤台式传感器有运动件,主称台和基础之间留有不能密封的间隙,当车道内的杂物、泥沙、碎石等从间隙落入基坑时,将在称台下产生淤泥并影响称重精度。而将称台吊起清扫基坑后,须重新由法定机构标定称重精度。秤台式传感器每隔1~2年必须更换,每年维护成本高。

弯板式传感器采用免维护结构,日常运行无须清理和保养;当路面需要维修时,可方便地将称重传感器拆掉,再重新安装标定,每年维护成本低。

动态称重系统的总体精度是要靠各个组成部分(包括各种软硬件)的精度来保证的,动态称重传感器只是其中的关键设备,对整个系统的称重精度有直接影响,在实际选型时,还应综合考虑成本、货车日流量、路面平整度、气候条件等因素,以期选到满足工程实际需求的实用可靠的传感器产品。

(3)三向加速度计

地震发生的时间及地点具有不可预见性,并且具有持续时间短、能量释放剧烈等特点,对桥梁结构损坏较大。监测地震事件,记录全过程数据,可以为报警、结构整体和局部的计算分析及灾后评估提供计算依据,为地震事件应急管理、结构灾后评估提供依据。

①三向加速度计的主要技术要求见表4-2-2。

三向加速度计主要技术要求　　　　　表4-2-2

项目	技术要求
测量范围	$-2 \sim +2g$(x、y、z三个方向,可定制)
误差	≤1%
灵敏度	≥2.5V/g(可定制)
横向灵敏度比	≤1%
频率响应	0~100Hz
动态范围	≥120dB

②三向加速度计安装要点

a.传感器必须紧密地安装到结构表面,需连接传感器和记录器的电缆。

b.应避开可能影响观测的振动源,如大型的电动机、发电机等设施。

c.应先除去表面风化岩屑,再将表面打磨平整。

d.安装时应预留足够操作空间,方便后期维护。

e.对在钢构件的固定部位进行防腐处理。

f.螺栓应使用不锈钢件。

g.安装应合理、美观。

(4)加速度传感器

振动监测可以计算出桥梁动力特性。桥梁动力特性(如频率、振型、阻尼等)是反映桥梁整体性能退化的关键参数。桥梁自振频率的降低、桥梁局部振型的改变可能预示着结构的刚度降低和局部破坏,或约束条件的改变。桥梁的振动水平反映了桥梁的安全运营状态和行车舒适度。

①加速度传感器的主要技术要求见表4-2-3。

加速度传感器的主要技术要求　　　　　表4-2-3

项目	技术要求
量程	$-5 \sim +5g$(可定制)
分辨率	$\leq 0.5\mu g$
灵敏度	$\geq 100mV/g$
横向灵敏度比	$\leq 5\%$
动态频响范围	$0.1 \sim 1000Hz$

②加速度传感器安装方法。

a.安装前,应核对传感器型号与设计文件是否一致;上电检查传感器能否正常工作;应检查各安装配件尺寸、孔位等是否匹配;应核对记录传感器序列号、测点编号、测量方向。

b.金属类安装配件应使用不锈钢件。

c.传感器安装支架在钢构件上固定时可采用焊接或攻螺栓孔的方式;在混凝土构件上固定时可使用化学螺栓或采用专用胶水进行加固。

d.传感器或其安装支架在钢构件上的固定部位应进行防腐处理。

e.安装时应预留足够的操作空间,以便后期维护。

f.安装时,传感器测量方向应符合设计文件要求。

g.传感器尾线与线缆焊接处,应做好防水、密封处理,并做好保护。

h.传感器引线从保护罩内引出时,应做好防水、密封处理。

i.安装完毕后,应确保安装牢固、可靠。

j.调试完毕后,传感器输出的数据应能被数据采集设备正常获取。

(5)振弦式应变计

通过振弦式应变计监测数据,以确定关键截面的应力状态,可用于判断测试位置应力是否处于安全水平,为评价结构工作状态提供依据,也是评价钢结构疲劳的关键指标。

①振弦式应变计的主要技术要求见表4-2-4。

振弦式应变计的主要技术要求　　　　　表4-2-4

项目	技术要求($\mu\varepsilon$)
测量范围	$-1500 \sim +1500$
分辨率	≤ 1
误差	$\leq \pm 2$

②振弦式应变计构件表面应变传感器安装要点。

a.采用打磨机磨去传感器安装位置处的油漆层,再用砂纸将构件表面打磨光洁。

b.用砂轮将传感器底座打磨光滑,采用焊接方式固定传感器。

c.振弦杆端头不得随意扭转。

d.安装时应预留足够的操作空间,以方便后期维护。

e.对钢构件上的固定部位进行防腐处理。

f.安装完毕,应该对照设计图纸,在现场标出编号。

g.安装应合理、美观。

(6)高清摄像机

高清摄像机可监测大桥交通流量,掌握交通流量变化情况。建立动态交通流量监测系统可以获得任意时刻被测桥梁上的车辆通行情况,结合其他结构响应监测,判别有无影响桥梁承载力极限状态及正常使用极限状态的情况。若有,系统则进行报警。

①高清摄像机的主要技术要求见表4-2-5。

高清摄像机的主要技术要求　　　　　　　　　　　表4-2-5

项目	技术要求
分辨率	≥800万Px
帧率	≥25FPS
可旋转角度	0°～350°(水平),15°～90°(垂直)
动态范围	120dB
防护等级	IP66

②高清摄像机安装要点。

a.安装前,应核对传感器型号与设计文件是否一致;应上电检查传感器能否正常工作。

b.应检查各安装配件尺寸、孔位等是否匹配;应核对记录传感器IP、测点编号。

c.金属类安装配件应使用不锈钢件。

d.安装时,应预留足够的操作空间,以便后期维护。

e.安装时,传感器测量方向应符合设计文件要求。

f.传感器尾线与线缆焊接处,应做好防水、密封处理,并做好保护。

g.传感器引线从保护罩内引出时,应做好防水、密封处理。

h.摄像机镜头要避免强光直射,应避免逆光安装。

i.应进行夜间调试,确保补光灯能配合摄像机正常获取数据。

j.安装完毕后,应确保安装牢固、可靠。

k.调试完毕,传感器输出的数据应能被数据采集设备正常获取。

(7)压力变送器

压力变送器可实时监测大桥的主梁竖向位移变化,为大桥的结构健康评估提供资料。主梁竖向位移监测是评价主梁以及大桥健康状态的重要参数,是必须监测的内容。

①压力变送器的主要技术要求见表4-2-6。

压力变送器的主要技术要求 表 4-2-6

项目	技术要求
量程	0~6m水柱（可定制）
误差	≤0.1%
过压影响	0.025%FSR/16MPa
稳定性	≤0.1%FSR/60个月

②压力变送器安装要点。

a. 根据传感器尺寸制作专用的安装支架，支架应设置竖直方向限位装置，保证传感器无法在竖直方向移动。

b. 根据测点位置、桥梁结构制作专用夹具，然后将传感器安装支座稳固地安装在桥上，保证传感器在竖直线上，禁止出现偏斜现象，可借助铅垂等辅助工具。

c. 可采用焊接或攻螺栓孔的方式将传感器安装支座固定在钢构件上，或使用膨胀螺栓将传感器螺栓固定在混凝土构件上。

d. 安装时应预留足够的操作空间，以便后期维护。

e. 对在钢构件上的固定部位进行防腐处理。

f. 螺栓应使用不锈钢件。

g. 安装应合理、美观。

(8) 位移计

主梁在车辆、温度等荷载作用下将会产生一定的纵向、竖向位移。位移监测是评价主梁以及大桥健康状态的重要参数，是必须监测的内容。

①拉线式位移计的主要技术要求见表4-2-7。

拉线式位移计的主要技术要求 表 4-2-7

项目	技术要求
量程	0~1000mm（可定制）
精度	±0.1%FS
分辨率	0.01mm
重复性	0.02mm

②位移计安装要点。

a. 根据传感器的尺寸制作传感器安装支架，支架应能够进行水平方向和竖直方向角度的调整。

b. 可采用焊接或攻螺栓孔的方式将传感器支架固定在钢构件上，或使用膨胀螺栓将传感器支架固定在混凝土构件上。

c. 传感器安装时，两个部分须保持在一个水平方向上，并且与桥梁顺桥向的轴向方向保持一致，保证其能够随着桥梁结构的变化而自由滑动。

d. 安装时应预留足够的操作空间，以便后期维护。

e. 对在钢构件上的固定部位进行防腐处理。

f. 螺栓应使用不锈钢件。

g.安装应合理、美观。

(9)裂缝计

通过裂缝监测数据可以确定关键截面的受力状态,可用于判断测试位置受力是否处于安全水平,为评价结构工作状态提供依据。

①裂缝计的主要技术要求见表4-2-8。

裂缝计的主要技术要求　　　　　　　　　　表4-2-8

项目	技术要求
测量范围	0~20mm
分辨率	≤0.01mm/F
误差	±0.1%

②裂缝计安装要点。

a.采用打磨机磨去传感器安装位置处的油漆层,再用砂纸将构件表面打磨光洁。

b.用砂轮将传感器底座打磨光滑,采用焊接方式固定传感器。

c.振弦杆端头不得随意扭转。

d.安装时应预留足够的操作空间,以便后期维护。

e.对钢构件上的固定部位进行防腐处理。

f.安装完毕,应该对照设计图纸,在现场标注出编号。

g.安装应合理、美观。

h.两个底座安装打磨处,应尽量在同一水平面。

(10)激光收敛计

激光收敛计可用于支座位移监测,可反映支座的工作状况,反映结构安全、整体稳定性、结构刚度的重要参数。

①激光收敛计的主要技术要求见表4-2-9。

激光收敛计的主要技术要求　　　　　　　　　　表4-2-9

项目	技术要求
测量范围	0.2~40m
分辨率	≤0.1mm
误差	≤±1mm

②激光收敛计安装方法。

a.根据传感器的尺寸制作传感器安装支架。

b.支架应能够进行水平方向和竖直方向的角度调整。

c.支架与桥梁结构之间用化学螺栓固定,连接紧固,防松零件齐全。

d.调试完毕后,传感器输出的数据应能被数据采集设备正常获取。

(11)超声波风速风向仪

超声波风速风向仪可用于桥面风速、风向监测,主要应用于对风比较敏感的斜拉桥、悬索桥。

①超声波风速风向仪的主要技术要求见表4-2-10。

超声波风速风向仪的主要技术要求　　　　表4-2-10

项目	技术要求
风速量程	0~60.0m/s
风速分辨力	0.1m/s
风速最大允许误差	0.3m/s
风向量程	0°~360°
风向分辨力	≤0.1°
风向最大允许误差	±3°

②超声波风速风向仪安装方法。

a.按方案设计选取安装位置,再按现场实际情况安装支架。

b.将已定制的安装支架(带法兰)固定在指定位置。

c.将超声波风速风向仪连接件用M6不锈钢螺栓紧固于超声波风速风向仪支架基座上,或将超声波风速风向仪用M4不锈钢内六角螺栓紧固于超声波风速风向仪连接件上。

d.记录好超声波风速风向仪安装信息,如仪器编号、安装日期、具体位置等。

(12)磁通量索力传感器

磁通量索力传感器是基于铁磁性材料的磁弹效应原理制成的,即当铁磁性材料承受的外界机械荷载发生变化时,其内部的磁化强度(磁导率)发生变化,通过测量铁磁性材料制成的构件的磁导率变化来测定构件的内力。

①磁通量索力传感器可以用于悬索桥缆索体系、斜拉桥拉索、系杆拱桥的吊杆和系杆、钢筋、预应力筋,预应力结构的体外索和预应力筋及地锚、环锚等内力的测量。

磁通量索力传感器的主要技术要求见表4-2-11。

磁通量索力传感器的主要技术要求　　　　表4-2-11

项目	技术要求
测量范围	0到屈服应力
适应环境维度	-40~80℃
测量误差	≤2%F·S
测量方式	自动测量、自动温度补偿

②磁通量索力传感器的特点。

a.无损测量,与被检测构件不接触,对原构件无损伤。

b.高精度,比传统的振动式传感器测量精度高。

c.重复性好,误差小。

d.防水性能好,可以用于水施工环境。

e.结实耐用,安装方便,可以长期监测。

f.维护成本低,使用寿命长。

2)智慧路灯

智慧路灯是指通过应用先进、高效、可靠的电力线载波通信技术和无线GPRS/CDMA通信技术等，实现对路灯的远程集中控制与管理的路灯。智慧路灯具有根据车流量自动调节亮度、远程照明控制、故障主动报警、灯具线缆防盗、远程抄表等功能，能够大幅节省电力资源，提升公共照明管理水平，节省维护成本。

3) 智慧井盖

智慧井盖利用大数据以及物联网两大技术，在移位、丢失等事件发生时提供实时异常报警、视频取证、案件推送等，实现智能化监控；通过搭配液位计，能够实现对井下液位的实时监测，在液位超标的情况下第一时间发出警报，避免液位过高导致污水外溢、城市积水，保障排水通畅。

4) 积水点监测

在城市隧道、下穿道路分离式立交、跨河桥梁、低洼路段、城市河道等重点路段和区域，通过设置水位传感器、雨量传感器和视频监控系统实现对道路积水实时监控；通过看板实时水位提示、安全警示系统报警以及关联泵房水泵和交通阻断系统实现多级安全运营。

5) 交通流量调查

道路流量大小、速度、分布、拥挤程度等交通情况是反映路网是否有效运行的主要特征，也是公路交通应急管理的重要参考数据。进行交通流量采集，可以掌握道路的运行特征，评价道路的运行效能，为调整道路行政等级和技术等级提供参考；同时，对提高公路交通突发事件应急处置能力和遇险救援水平具有重要的支撑作用，也是提高公路交通出行服务水平与交通公共服务能力的重要手段。通过交通量采集设备采集并处理生成车流量、车道平均速度、车头时距、车头间距、车道时间占有率、车道空间占有率、车辆类型等交通数据。通过处理，生成拥堵区域的交通状态。

6) 陡坡路面状态、气象环境监测

在陡坡处，安装气象检测设备，实时采集陡坡的环境参数，重点采集路面状态温度及结冰情况，然后采集的结冰数据、结冰厚度数据等上传至云服务器。

7) 高边坡监测

在道路易发生边坡滑坡处，安装检测设备，实时采集边坡体的参数，重点采集滑动力变化情况；通过滑动前的滑动力变化构建监测预报系统，构建摄动力与滑动力的函数关系，实现对超前滑动力的实时监测；提供多种预警模式，对应不同的破坏模式，实现对滑坡灾害的准确超前预报。

8) 雨雾行车诱导

在雾、雨、雪等恶劣天气情况下，弯道、长坡等危险路段极易发生严重交通事故。雨雾行车诱导设备应能够满足大雾等恶劣天气条件下对车辆行驶速度限制和安全间距限制两方面的需求，降低雾天等低能见度天气对车辆通行的影响，提高道路行车安全。该设备拥有全天候无人值守系统，能整合气象监测、智能灯标、声光报警、情报面板等设备，主要建于危险路段，特别是容易发生团雾的路段，可有效地解决危险道路交通安全问题。

9) 匝道分合流预警

在快速公路,匝道分合流区是意外交通事故的多发区域,受车速差异大、驾驶员视野受限、并道窗口期短等因素影响,容易发生事故。设备需利用无线信标的实时交通信息感知与智能灯光诱导功能,实现匝道分流区通行诱导以及合流区交通安全预警,可以有效减少快速公路分合流区域交通事故的发生,提高交通安全和通行效率。

10) 农村道路安全预警系统

在高等级公路与部分支路和干路平交路口,考虑到通行效率的因素,一般不进行红绿交通信号灯设置,但恰恰这些位置发生交通事故的概率相对较大。

对支路通行的行人和非机动车进行会车预警提醒,可以解决平交路口相交视觉盲区难题。其中,主路设置雷视检测设备,依靠视频和雷达监测通行车辆,可进行全天候远距离检测,分析来车的方向、距离、大小、速度等参数。当检测到主路有车辆驶来时,系统将雷达监测到的信息投放至面向支路方向设置的高亮度LED显示屏上,再以声音预警、文字提醒、爆闪警示灯闪烁的方式提醒支路行人和车辆注意避让、安全通行。

11) 视频人工智能实践分析系统

视频人工智能实践分析系统可提供检测断面的实时交通流、统计交通流数据,如交通流量、平均车速、占有率、车间距、排队长度车辆的数量与位置等,流量平均采集精度>98%,速度平均采集精度>95%(0~220km/h)。系统可对视频源进行全视域交通事件检测,检测异常事件至少包括停车、行人、逆行、拥堵、抛洒物、非机动车、道路标识牌丢失等交通异常违法行为,报警信号实时传送至视频事件管理平台;事件检测系统能够对警报的优先级进行分级管理,避免对同一事件进行多次报警。其中,停车检测精度不低于99%,行人检测精度不低于99%,车辆逆行检测精度不低于99%,拥堵检测精度不低于99%,抛洒物检测精度不低于99%,事件漏检率不大于3%。各视频通道相互独立检测交通流及交通事件报警,平均检测响应时间不大于6s。系统支持车辆类型识别功能,支持按机动车车长区分车辆类型。车辆类型不低于5类,如小型汽车、中小型汽车、中型汽车、大型汽车、特大型汽车。根据实时监测的交通流量参数和统计数据,可分析道路通行状态,并以5种颜色展示道路不同区域畅通、基本畅通、缓行、拥堵、严重拥堵5种状态。支持提供交通流量统计报表和异常报警事件统计报表查询输出,可由用户自定义时段、地点、事件类型、交通参数类型等进行筛选并导出报表,报表支持表格、文本、图形(曲线图、饼状图、柱状图)等多种文件格式。

12) 弯道会车预警系统

弯道会车预警系统是结合车辆检测、信息显示、通信传输等技术,针对弯道会车应用的一款主动预警产品。弯道会车预警系统通过毫米波雷达实时检测通行车辆的行驶数据及速度信息,并采用文字、灯光、语音等多种方式进行主动警示,实现双向互相提醒入弯车辆减速慢行,以达到安全通行的目的。弯道会车预警系统还可以通过云平台实现远程管理、数据上传、设备监测、气象分析等功能。

13)主动发光交通标志

主动发光交通标志又叫LED发光交通标志,可以通过太阳能、风能,也可以通过变压连接市电使用。交通标志设施本身就是光源体,保持持续发光,在任何条件下都能够让车辆行人极容易视觉识别而采取行为措施。太阳能LED发光交通标志产品的问世,让主动发光的概念提升到实际应用的层面,对保障交通出行的安全和畅通起到了根本性的作用。需要说明的是,保证太阳能板和蓄电池的清洁并定期更换使这种产品的实际使用增加困难,而一种"自动巡日清洁"系统加上反光材料为底基使得太阳能LED发光交通标志产品更具实用性。主动发光消除了自然性的交通出行障碍,可以为车辆行人提供更加周到的通行选择。主动发光交通标志光线穿透力强,可视距离远,可满足各种恶劣气候条件,有效降低了交通事故的发生;自带光源,照顾所有交通主体;低能耗、高效率、安全方便;能源应用广泛,维护简单。在过去的很多年里,因为电力能源与发光技术的缺陷,交通标志设施均以应用光线定向回归逆反射材料(俗称反光膜材料)为主。由光线定向回归逆反射材料制造的交通标志设施在有光源照射的条件下能被动反光,起到视觉识别的作用,而在没有光源主体照射的情况下,夜间没有任何识别作用。在雨、雾等恶劣天气条件下,视觉识别的距离取决于光源主体的照射亮度,严重影响车辆行人的方向和情况识别。据调查,40%的交通事故与远光灯有关,常规(被动)反光交通标志牌必须使用远光灯才能看清标志牌内容,而当远光灯发出的强光照到对面驾驶员或者行人的眼睛时,会产生眩光,使他们眼前瞬间一片漆黑,反应时间及制动距离增加近一倍。主动发光交通标志可降低驾驶员远光使用频率,有效地减少因远光引发的各类交通事故的发生。

14)隧道巡检机器人

隧道巡检机器人由挂轨式智能巡检机器人、智能充电站和安全云服务平台组成。隧道无人巡检设备安装示意图如图4-2-2所示。它利用4G/5G通信、双光云台摄像机、激光雷达、边缘计算、图像识别、大数据等AIoT技术,实现隧道视频图像/热成像/几何尺寸采集、隧道病害动态巡检、侵限监测、明火检测、故障报警闭环统计管理和隧道病害趋势分析等功能,赋能隧道巡检及管养数字化,保障隧道通行畅通。

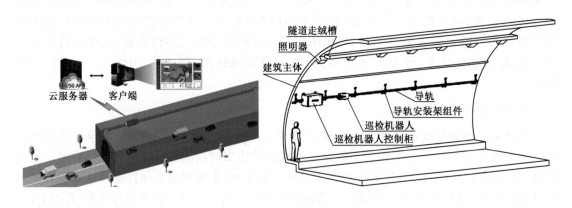

图4-2-2 隧道无人巡检设备安装示意图

15）护栏碰撞检测系统

护栏碰撞检测系统由护栏检测终端和护栏检测网关部分组成。护栏检测终端与护栏检测网关设备采用ZigBee/LoRa/433等无线通信组成蜂窝网络，该通信网络具备自组网功能。

护栏检测终端工作原理：终端采用$x、y、z$三轴高精度加速模块来检测，判断终端设备是否发生碰撞，发送了碰撞则终端发送报警信息。

检测方法：前期将数据建模存入模块，让模块具有自主学习碰撞波形的能力，自主识别是发生碰撞还是车辆通过产生的振动。模块将从碰撞开始到碰撞结束，进行碰撞数据采样，将采样数据先进行傅里叶变换、频谱触发算法及空间分离法来进行波形分离，过滤振动频率的波形，判断当前是否发生碰撞；然后通过自主学习的碰撞波形再次确认是否发生碰撞。当发送碰撞后，由MCU读取加速模块中的数据（碰撞方向、碰撞力度、倾斜度、当前时间）并存储到内存中，同时向网关发送报警信息。终端没有接收到网关发送的报警消息应答，终端设备间隔一定时间上报，直到收到网关发送的报警应答消息，才停止上报碰撞消息。

16）箱柜智能管家

箱柜智能管家实时监测显示，以10s为检测周期，实时检测箱柜内部环境，检测到的结果在盒子屏幕上实时显示。检测信息包括温度、湿度、火焰、烟雾、输入电压、电流等，并自动生成环境因子数据提交后台。用户通过后台可实时查看箱柜内容环境状态。

(1)火焰检测

箱柜智能管家能够自动检测箱柜内部有无火花、火焰。若箱柜内部有火花、火焰出现，系统自动判断、自动报警，并自动生成火警信息发送给后台监控系统。报警方式包括声光提醒、盒子屏幕提醒、后台提醒。

(2)烟雾检测

箱柜智能管家能够自动检测箱柜内部是否有起火后的烟雾。若箱柜内部有烟雾出现，系统自动判断、自动报警，并自动生成火警信息发送给后台监控系统。报警方式包括声光提醒、盒子屏幕提醒、后台提醒。

(3)温度检测

箱柜智能管家能够自动检测箱柜内部实时温度。若箱柜内部温度超出设备使用温度规定，系统自动判断、自动报警，并自动生成高温信息发送给后台监控系统，同时自动启动通风装置，进行箱柜内部降温处理。报警方式包括声光提醒、盒子屏幕提醒、后台提醒。

(4)湿度检测

箱柜智能管家能够自动检测箱柜内部实时湿度。若箱柜内部湿度超出设备使用湿度规定，系统自动判断、自动报警，并自动生成湿度过高信息发送给后台监控系统，同时自动启动除湿装置，进行箱柜内部除湿处理。报警方式包括声光提醒、盒子屏幕提醒、后台提醒。

(5)输入电压检测

箱柜智能管家能够自动检测箱柜内部实时使用电压。若箱柜内部设备使用电压输入为0，系统自动判断、自动报警，并自动生成供电异常信息发送给后台监控系统。报警方式包括声光提醒、盒子屏幕提醒、后台提醒。

(6)输入电流检测

箱柜智能管家能够自动检测箱柜内部实时使用电流。若箱柜内部设备使用电流输入超出设备使用电流额定阈值,系统自动判断、自动报警,并自动生成供电异常信息发送给后台监控系统。报警方式包括声光提醒、盒子屏幕提醒、后台提醒。

(7)驱鼠驱虫

在箱柜内部使用25~50kHz的超声波,全时段变频播放,达到箱柜内部驱鼠驱虫的效果。

以上介绍的仅为行业内常见的一些检测设备,近年来各种细分的监测设备纷纷问世,解决现实中不同的应用场景问题。

4.2.2 建筑行业

智慧建筑是指通过各种先进的技术手段和设备,实现对建筑物内部环境、能源消耗、安全等的智能化管理和控制,是现代信息技术与传统建筑行业的融合。传感器作为智慧建筑中不可或缺的一项技术,起到了收集和传输数据的重要作用。下面列举智慧建筑中常用的传感器及其应用。

1)温度传感器

温度传感器是智慧建筑中常见的传感器之一,它能够实时感知建筑物内部的温度,并将数据传输给智能控制系统。通过温度传感器,智慧建筑可以根据实际情况调节室内温度,实现舒适的居住环境,同时可以节约能源。

2)湿度传感器

湿度传感器用于测量建筑物内部的湿度水平。在智慧建筑中,湿度传感器可以与空调系统联动,根据湿度情况自动调节空气湿度,提供舒适的室内环境。

3)光照传感器

光照传感器可以感知建筑物内外的光照强度。在智慧建筑中,光照传感器可以与灯光系统联动,根据光照情况自动调节灯光亮度,实现节能环保的照明控制。

4)二氧化碳传感器

二氧化碳传感器用于检测建筑物内部的二氧化碳浓度。在智慧建筑中,二氧化碳传感器可以与通风系统联动,根据二氧化碳浓度自动调节通风量,提供新鲜的室内空气。

5)人体红外传感器

人体红外传感器是一种用于感应人体活动的传感器。在智慧建筑中,人体红外传感器可以用于自动感应人员进出,控制门窗的开关,实现门禁系统智能化。

6)烟雾传感器

烟雾传感器可用于检测建筑物内部的烟雾浓度。在智慧建筑中,烟雾传感器可以与火灾报警系统联动,及时发现火灾隐患并报警,提高建筑物的安全性。

7)水浸传感器

水浸传感器可以感知建筑物内部的水位变化。在智慧建筑中,水浸传感器可以与防水系统联动,当检测到水位异常时,及时采取措施,防止水灾事故的发生。

8)声音传感器

声音传感器可以感知建筑物内部的声音强度。在智慧建筑中,声音传感器可以与声控系统联动,实现语音控制,提高居住的便利性。

9)压力传感器

压力传感器可用于测量建筑物内部的气压情况。在智慧建筑中,压力传感器可以与空调系统联动,根据气压变化自动调节空调温度,提供更加舒适的室内环境。

10)雨滴传感器

雨滴传感器可以感知建筑物外部的降雨情况。在智慧建筑中,雨滴传感器可以与智能窗户联动,根据降雨情况自动调节窗户的开合程度,实现智慧化的雨水控制。

这些传感器在智慧建筑中发挥着重要的作用,通过实时感知和数据传输,实现对建筑物内部环境、能源消耗和安全等的智慧化管理和控制。随着科技的不断进步,智慧建筑中的传感器技术也将不断发展,为我们创造更加智能、舒适和安全的居住环境。

除了建筑自身的智慧化以外,建筑的各种应用场景智慧化也比较广泛,如智慧酒店、智慧租住、商业照明、智慧社区、智慧地产、智慧校园、智慧办公、智慧节能、自助设备、智慧零售、智慧建造等。目前详细的应用主要采用以下IoT设备,如人脸门禁、可视对讲、电梯梯控、智能停车、智能照明、智能家电、智能家居。各种传感器的互联互通实现智慧化管理,提高管理能力和效率,实现节能增效,降低成本。

4.2.3　IoT技术发展中出现的问题和挑战

近年来,虽然IoT的发展已经渐成规模,各国都投入了巨大的人力、物力、财力来进行研究和开发,但是在技术、管理、成本、政策、安全等方面仍然存在许多需要攻克的难题,具体分析如下。

1)技术标准的统一与协调

传统互联网的标准并不适合IoT。IoT感知层的数据多源异构,不同的设备有不同的接口、不同的技术标准;网络层、应用层也由于使用的网络类型不同、行业的应用方向不同而存在不同的网络协议和体系结构。建立统一的IoT体系架构、统一的技术标准是IoT正在面对的难题。

2)管理平台问题

IoT自身就是一个复杂的网络体系,加之应用领域遍及各行各业,不可避免地存在很大的交叉性。如果这个网络体系没有一个专门的综合平台对信息进行分类管理,就会出现大量信息冗余、重复工作、重复建设,造成资源浪费的状况。每个行业的应用各自独立,如果成本高、效率低,就体现不出IoT的优势,势必会影响IoT的推广。IoT现在急需一个能整合各行业资源的统一管理平台，使其能形成一个完整的产业链模式。

3) 成本问题

各国对 IoT 都积极支持，在看似百花齐放的背后，能够真正投入并大规模使用的 IoT 项目少之又少。譬如，实现 RFID 技术基本的电子标签及读卡器，其成本一直无法达到企业的预期，性价比不高；传感网络是一种多跳自组织网络，极易遭到环境因素或人为因素的破坏，若要保证网络通畅，并能实时、安全、可靠地传送信息，网络的维护成本高。在成本没有达到普遍可以接受的范围的情况下，IoT 的发展只能是空谈。

4) 使用寿命问题

传感器目前的使用寿命一般在 5~15 年，电子产品的使用寿命比较短且技术更新快，存在传感器的寿命与技术参数与使用场景的不匹配等问题。比如，桥梁在施工期间安装的传感器，桥梁前期运营状况比较好，监测的指标一般不会存在问题，但随着桥梁服役时间(>10年)的延长，各种病害会变多，而此时传感器的使用精度和寿命都会出现不同程度的问题。

5) 安全性问题

传统的互联网发展成熟、应用广泛，尚存在安全漏洞。IoT 作为新兴产物，体系结构更复杂，没有统一标准，各方面的安全问题更加突出，其关键实现技术是传感网络。传感器暴露在自然环境下，特别是一些传感器放置在恶劣环境中，因此长期维持网络的完整性对传感技术提出了新的要求。传感网络必须具有自愈的功能。这不仅仅受环境因素影响，人为因素的影响更严峻。RFID 是其另一关键实现技术，就是事先将电子标签植入物品以达到实时监控的状态，这对于部分标签物的所有者势必会造成一些个人隐私暴露，个人信息的安全性存在问题。不仅是个人信息安全，如今企业之间、国家之间合作也相当普遍，一旦网络遭到攻击，后果将不敢想象。因此，在使用 IoT 的过程中做到信息化和安全化的平衡至关重要。

第5章

数字化之融合分析平台

5.1 GIS平台与公司介绍

无人机影像及激光扫描仪采集的数据、BIM模型、IoT数据以及其他数据需要进行集成应用分析才能深度综合应用。这就需要一个具备数据综合承载功能的平台——GIS。目前，国内外有很多商业的和开源的平台。这些GIS平台具备以下特点：

(1) 数据承载能力大：随着采集手段和精度的进步，数据量也越来越大，这就要求GIS平台的数据承载能力大，目前PB级的数据承载能力已经是基本要求。

(2) 具备多种不同文件格式的承载能力：各种来源的数据都能导入系统进行管理和应用。

(3) 可扩展性强：目前各种行业都有不同的应用需求和方向，这就要求GIS平台具有良好的扩展性，并提供易用的软件开发工具包(SDK)开发手册。

(4) 具备跨平台展示能力：目前数据的展示和应用需要支持手机App、平板电脑、计算机等。

(5) 具有良好的轻量化能力：大量数据的加载不但受制于服务器，还受制于网络传输和显示设备等。为了更好地对数据进行展示，就需要GIS平台有良好的轻量化能力。

(6) 方便、快捷、稳定的数据导入导出：目前数据来源格式繁多，稳定快速的数据转换是GIS平台的一个重要特性。

下面介绍目前市场上常见的GIS平台软件。由于软件行业发展过快，不保证所有的平台软件和软件版本都被介绍到，读者可以及时关注网络更新。

5.1.1 QGIS

QGIS(原称Quantum GIS)是一款自由的桌面GIS软件，由GNU通用公共许可授权，可以在Windows、Mac、Linux、BSD(Unix的衍生系统)等系统和移动设备上创建、编辑、可视化、分析和发布地理空间信息。

QGIS作为一款开源的GIS软件，其易用性、稳定性、可扩展性受到越来越多的技术人员和学者的好评与支持，并且基于社区的开发模式使QGIS的研发和迭代十常迅速。目前，QGIS已经具有完整且稳定的桌面GIS功能，并且逐渐在移动GIS、WebGis等方向进行扩展，可以与MapServer、PostGis等众多开源GIS软件和模块相互支持，形成工具链，并构成功能全面的GIS软件体系，在开源G1S软件中具有独特且完整的应用前景。

QGIS与其他开源软件一样，研发速度很快，几乎每个月都会推出一个新版本，并且每年会推出一个长期支持版本。

1) QGIS的特点

QGIS之所以受到GIS技术人员和学者的欢迎，主要是因为其具有以下优点：

(1) 优秀的用户界面。QGIS的设计初衷是构建一个地理数据浏览与制图的工具，并基于Qt平台构建图形用户界面(GUI)，因此，QGIS用户界面非常友好。熟悉ArcGIS的人都能很快掌握QGIS的操作。QGIS支持仓库管理系统(WMS)并无缝集成对象-关系型数据库管理系统

(PostGIS)，因此其分析功能也很强大。相较于商业 GIS 软件，QGIS 的文件体积更小，需要的内存和处理能力也更小，因此它可以在旧的硬件上或 CPU 运算能力被限制的环境下运行，是一款轻量化的桌面 GIS 软件。QGIS 中文界面如图 5-1-1 所示。

图 5-1-1　QGIS 中文界面

（2）跨平台能力。QGIS 可以运行在多数常见的操作系统中，如类 UNIX-like（包括 UNIX、Linux、BSD 等）、MacOS、Windows 等。

（3）空间分析能力。QGIS 内嵌 GDAL、SQLite 等常见的 GIS 类库，并且可以整合 GRASSGIS、SAGAGIS 等桌面 GIS 软件。因此，QGIS 可以轻松地完成常见的数据处理与空间分析操作。

（4）数据格式的支持性强。QGIS 对各种栅格数据和矢量数据的支持性很强，基本可以覆盖当前主流的地理空间数据格式，如 shapefile、coverages、personal database、GeoTiff 等。QGIS 还可以访问 Postgre、MySQL、SQLite 等数据库。另外，通过 GDAL/OGR 扩展，QGIS 可以支持多达几十种数据格式。

（5）可扩展性强。QGIS 具有插件功能，用户可以轻松地从互联网或官方渠道获得并安装特定功能的插件。另外，开发者还可以利用 PyQGIS 或 C++API 对 QGIS 进行二次开发。

如果上述方法仍难以满足用户需求，那么开发者可以通过重新编译的方式自定义 QGIS 的功能（但必须符合 GNUGPLv2 协议）。

2）QGIS 的主要功能

作为一个完整的 GIS 桌面软件，QGIS 的主要功能包括浏览、地图制图、数据管理与编辑、空间数据处理与空间分析、地图服务等。QGIS 也可以通过功能扩展的方式提供更高级、更复杂的功能。开发者可以通过模型构建、插件扩展、PyQGIS 开发、C++API 开发与重编译开发实现功能扩展。

3）QGIS 与 ArcGIS 的对比分析

（1）软件性质。QGIS 为免费开源软件，ArcGIS 为商业闭源软件。

（2）软件功能。QGIS 功能少，可结合现有开源软件弥补相关功能；ArcGIS 功能完善，几乎满足所有业务要求。

(3)开发难度。QGIS二次开发难度大、可定制性强;ArcGIS二次开发难度小,学习资料多。

(4)稳定性。QGIS为轻量级,稳定性较差;ArcGIS为重量级,稳定性较强。

(5)制图效果。QGIS符号化效果好,具有抗锯齿能力;ArcGIS制图效果较差。

(6)运行平台。QGIS可以跨平台运行,ArcGIS仅在Windows平台运行。

5.1.2 Cesium

Cesium是AGI公司计算机图形开发小组于2011年研发的三维地球和地图可视化开源JavaScript库。"Cesium"一词来源于化学元素铯,铯是制造原子钟的关键元素,研发小组通过命名强调Cesium产品精益求精,专注时间数据可视化。Cesium支持海量的三维模型数据、影像数据、地形高程数据、矢量数据等丰富的地理数据的加载,在交通、规划、城市管理、地形仿真等领域有非常广泛的应用。Cesium为三维GIS提供了一个高效的数据可视化平台。

1) Cesium的特点

(1)Cesium是一个跨平台、跨浏览器的展示三维地球和地图的JavaScript库。

(2)Cesium主要使用WebGL加速图形硬件,使用时不需要任何插件支持。

(3)Cesium是基于Apache2.0许可的开源程序,可以免费用于商业和非商业用途。Cesium支持三类地图模式:二维、三维、哥伦布视图(2.5D)。Cesium图层选择器定义了丰富的地图和地形图层,支持地址搜索和信息属性框等交互功能,支持全屏模型和网络虚拟现实(WebVR)。

(4)Cesium跨GIS、Web前端和图形学。Cesium作为三维GIS开发火爆的前端框架,在三维数据管理、三维地形分析、动态场景可视化等方面应用广泛。

(5)Cesium可用于地理数据可视化。Cesium支持海量数据的高效渲染,支持时间序列动态数据的三维可视化,具备太阳、大气、云雾等地理环境要素的动态模拟和地形等要素的加载绘制。Cesium包含丰富的可用工具,即Cesium基本控件所提供的工具,如地理编码器、图层选择器等。

2) Cesium主要功能

(1)使用3Dtiles格式流式加载各种不同的3D数据,包含倾斜摄影模型、三维建筑物、CAD和BIM的外部和内部、点云数据,并支持样式配置和用户交互操作。

(2)全球高精度地形数据可视化,支持地形夸张效果以及可编程实现的等高线和坡度分析效果。

(3)支持多种资源的图像图层,包括WMS、运输管理系统(TMS)、网络地图瓦片服务(WMTS)以及时序图像。图像支持透明度叠加,亮度、对比度、伽马(GAMMA)、色调、饱和度都可以动态调整。支持图像的卷帘对比。

(4)支持标准的矢量格式(如KML、GeoJSON、TopoJSON等)以及矢量的贴地效果。

(5)三维模型支持gltf 2.0标准的PRB材质、动画、蒙皮和变形效果,贴地,以及高亮效果。

(6)使用CZML支持动态时序数据的展示。

(7)支持各种几何体:点、线、面、标注、公告牌、立方体、球体、椭圆体、圆柱体、走廊、管径、墙体。

(8)可视化效果包括基于太阳位置的阴影、自身阴影、柔和阴影。

(9)支持大气、雾、太阳、阳光、月亮、星星、水面。

(10) 支持粒子特效：烟、火、火花。
(11) 支持地形、模型、3DTiles 模型的面裁剪。
(12) 支持对象点选和地形点选。
(13) 支持鼠标和触摸操作的缩放、渲染、惯性平移、飞行、任意视角、地形碰撞检测。
(14) 支持 3D 地球、2D 地图、2.5D。3D 视图可以使用透视和正视两种投影方式。
(15) 支持点、标注、公告牌的聚集效果。

3) Cesium 的依赖性

(1) 基于 HTML5 标准，无插件，跨平台。
(2) 无法独立运行，依赖于浏览器。
(3) 浏览器基于 HTTP 协议，Cesium 正确运行必须有 HTTP Server。
(4) HTTP Server 的实现不限于开发语言和服务器（可不学 node.js）。

5.1.3 蓝色星球

上海蓝色星球科技股份有限公司（以下简称蓝色星球）拥有一批长期从事卫星遥感、3DGIS 和 BIM 技术与应用研究的资深专家，是一家拥有自主知识产权和核心技术的高新企业。公司的业务已经深入工程建设行业、轨道交通行业、电力行业等，同时，通过战略合作的方式开展了全国市场的布局。目前公司产品主要在以下方向应用。

1) 工程建设应用解决方案

蓝色星球 BIM 在工程项目全生命期应用解决方案是：通过蓝色星球 BIM 平台，将各阶段创建的不同等级的 BIM 模型和属性信息（包含 BIM 模型变更）按时间导入 5D 数据库（3D 模型+1D 时间+1D 内容）进行管理，实现 BIM 在工程项目全生命周期的应用，如图 5-1-2 所示。

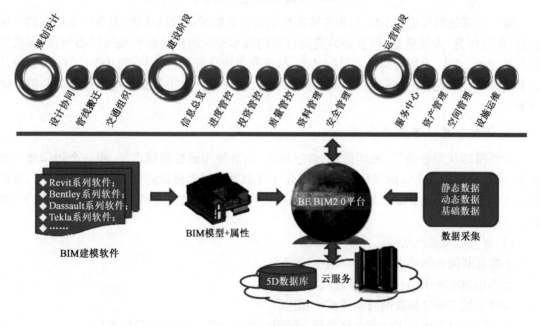

图 5-1-2　蓝色星球 BIM

2)信息化建设解决方案

蓝色星球通过3DGIS+BIM的应用解决方案完成了应急指挥、医疗急救、危险品管理、灯光控制、重点目标管理、安全监测、信息系统综合集成、室内外无缝导航定位等信息系统的开发应用,取得了非常好的社会效益。

蓝色星球基于GIS三维可视化平台,将外滩周边景观灯、户外广告、店招店牌和视频监控统一管理,并进一步辐射到全市200幢建筑的灯光可视化管理应用(图5-1-3)。变传统的二维管理方式为三维数据信息管理方式,变传统的报表式管理方式为可视化、即时化管理方式。

图5-1-3　外滩景观灯光三维控制系

蓝色星球运用先进的3DGIS+BIM技术打造公交智能运行管理系统,整合停车场内的车辆信息、车位信息、人员信息、社会公共安全范畴的技术安全防范信息和设施设备信息;实现公交车从进场、停放、出场及驾驶人员的动态、精确和可视化管理;在原有的RFID、GPS等系统的数据支持下,实现公交车辆运行的动态信息发布,全面提升浦东公交系统运行管理和服务的水平。

3)新型智慧城市解决方案

蓝色星球从卫星遥感、地理信息、数字城市、信息城市到智慧城市,一步一个脚印地一路走来,通过长期的理念深化和技术积累,奠定了开展智慧城市建设的坚实基础。2012年,蓝色星球承担了国家科技支撑计划"智慧城市管理公共平台与关键技术研究(2012BAJ05B01)",取得了丰硕的成果。

(1)智慧城市系统架构

①在互联网和移动互联网的环境中运行。

②采用3DGIS+BIM+CIM创建虚拟城市。

③虚拟城市通过物联网与实体城市相连。

④不断提升实体城市的智慧化程度,向宜居、宜业、安全、便捷的目标迈进。

(2)智慧城市建设中的智慧3DGIS+BIM与CIM

继承城市历史发展和文化形成的智慧,解决城市生活宜居、便捷、安全的智慧,提升城市可持续发展与核心竞争力的智慧。

蓝色星球智慧城市建设解决方案的核心是:综合运用数字地球、倾斜摄影、BIM等技术实现城市数字化;以无处不在的IoT实时采集获取动态数据信息;在足够宽广的网络环境支撑下,以移动互联、大数据和云计算技术实现智慧信息的提取,最终实现城市的智慧运行。

5.1.4 葛兰岱尔

陕西葛兰岱尔网络科技有限公司(以下简称葛兰岱尔)是国内3D/BIM/GIS轻量化融合引擎产品的领导厂商,是中国数字孪生3D轻量化技术专家,为智能制造、工程建筑行业、智慧城市/智慧园区等领域的各类数字孪生应用提供3D/BIM/GIS轻量化核心技术支撑。

该公司的轻量化数字孪生3D引擎(WebGL版)是一款完美实现GIS数据+无人机倾斜摄影模型+激光点云模型+大体量BIM模型的轻量化无缝融合应用,是拥有中国自主知识产权、自主开发的硬科技产品,不仅满足了常规BIM模型应用各类场景的需求,而且具有高性价比,可以满足各种规模、工程类型的GIS+BIM应用需求。

轻量化数字孪生3D引擎能对GIS+BIM模型进行轻量化压缩、结构属性数据提取;实现GIS+BIM模型在Web或移动App的3D展示、模型及构件;操作(如放大缩小、隐藏、着色等)、管理;3D操作提供API,模型数据全部开放;便于快速构建各类GIS+BIM、CIM应用。

该产品作为3D/BIM/GIS平台有以下特点:

(1)拥有自主知识产权,自主开发,技术领先,有200多个真实项目的实际验证。

(2)支持模型格式多,不仅是BIM/GIS引擎,更是制造业、石油化工领域专业3D渲染引擎。直接支持Autodesk Revit、Bentley Microstation、Catia、Navisworks、Tekla、Sketchup、PDMS。直接支持的通用文件格式有IFC、DWG、DXF、OBJ、DAE、FBX、3DS、3DXML、STL,直接支持的影像数据格式、地形数据格式包括OSGB、B3DM、GLTF、GLB、BGLTF、PNTS、GEOJSON、PNG、WMS、KML、CZML。

(3)轻量化速度快,渲染性能好,功能强大,支持大模型Web端加载。

(4)3D/BIM/GIS无缝集成,媲美专业GIS引擎,支持线性道路桥梁工程、智慧园区、智慧城市应用。

(5)纯中间产品,API及模型属性数据库全开放,二次开发(不限制开发语言)方便灵活。

(6)私有化部署(支持Windows/Linux)。

5.1.5 "黑洞"引擎

"黑洞"引擎是上海秉匠信息科技有限公司联合长安大学共同研发的,具有完全国产自主知识产权的核心技术产品。"黑洞"引擎具有海量数据承载及高逼真渲染能力,主要为土木工程参建各方提供基于Web端的多源异构BIM模型可视化和调度分析功能,解决设计、建造、运维过程中的可视化沟通及分析等问题,还可为城市CIM应用提供数字化底座,支撑CIM平台的高效运行。

"黑洞"引擎有以下几个特点:

1)几可乱真的渲染效果

(1)光源强度和阴影质量可根据实际需要自由配置。

(2)具有动态计算的实时阴影和丰富的阴影层次,无须预烘焙即可得到逼真的阴影效果。

2)多细节融合地形

(1)遥感高程、倾斜摄影等数据之间灵活、精准匹配。

(2)多精度数据支持和高效动态调度机制实现精度和速度之间的完美平衡。

(3)内置支持海量材质混合的地形网格系统,为表达地形上的不同业务信息提供了无限可能。

3)参数驱动的高仿真水面系统

(1)照片级别的水面光学效果特性模拟。

(2)动态的、参数驱动的水面波动效果,支持风向、流向等各种参数的设置。

(3)支持多高度、多水面系统,可制订灵活的水面形态方案。

4)多层次高仿真植被系统

(1)支持上百种树的同屏呈现。

(2)支持高精度、动态树木呈现,可真实地模拟树木质感和枝叶摆动。

5)几乎无限的模型承载力

"黑洞"引擎利用拓扑结构可变的网格简化方法,为整个场景创建连续的分层次细节模型,在不影响模型渲染效率的同时,可达到几乎无上限的模型承载力。

6)不损失原有模型精度的数据处理

"黑洞"引擎基于可逆的轻量化理念,实现模型到引擎的高精度、全信息、全自动无损传递。

7)基于空间块的瓦片化技术

"黑洞"引擎的LOD技术+二次型误差算法+磁盘分页交换技术,对超大模型进行瓦片化处理;自动适配硬件配置,根据不同屏幕空间距离进行不同层级的实时渲染调度;以空间块为基本单位剔除遮挡,进行极速高效渲染。

8)跨平台支持

"黑洞"引擎以OpenGL3.0、OpenGLES3.0、WebGL2.0为底层支撑,基于标准C++自主研发引擎内核,建立了一套高性能、支持多种CPU架构和操作系统的原生跨平台技术体系。

5.1.6 Super MapGIS

北京超图软件股份有限公司(以下简称超图软件)研发的大型GIS基础软件系列——Super MapGIS——不仅是二三维一体化的空间数据采集、存储、管理、分析、处理、制图与可视化的工具软件,更是赋能各行业应用系统的软件开发平台。

历经20余年的技术沉淀,超图软件构建了"云、边、端"一体化的Super MapGIS产品体系,包含云GIS服务器、边缘GIS服务器、移动端GIS等多种软件产品,提供离线部署和在线服务两种交付方式。

在Super MapGIS 10i(2021)中,超图软件进一步完善GIS基础软件五大技术体系(BitDC),即大数据GIS、人工智能GIS、新一代三维GIS、分布式GIS和跨平台GIS技术体系,丰富和革新了GIS理论与技术,赋能各行业信息化。GIS架构图如图5-1-4所示。

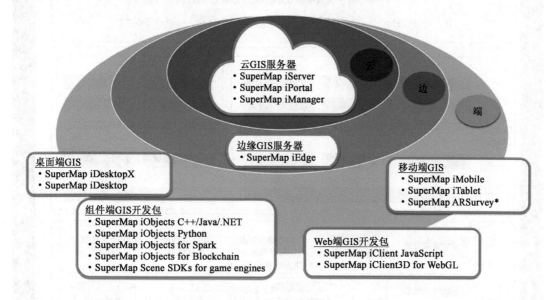

图5-1-4 GIS架构图

Super MapGIS 10i围绕智慧城市对数据开放、共融共享的核心需求,采用大数据、云计算、人工智能、GIS等技术,以地理实体为基础,承载自然资源数据、融合政务数据、集成城市大数据,并建立覆盖时空数据汇聚、融合管理、挖掘分析、共享服务全流程的时空云平台,形成智慧城市数字底盘,面向自然资源、政务服务、行业应用等领域提供空间信息服务,带动城市规划建设管理、运行、决策等领域的智慧化应用。

智慧城市时空大数据平台以满足城市各类信息资源汇聚、融合、管理、应用、分析、服务为出发点和落脚点,遵循国家、行业关于信息资源开放共享的标准规范及时空大数据平台技术大纲要求,基于完全自主知识产权的Super Map新一代云端一体化GIS平台产品体系,开发形成适用于云环境的时空大数据管理平台、时空云平台、时空云应用等产品体系。智慧城市时空大数据平台架构图如图5-1-5所示。

超图产品在以下多个领域都有应用:
(1)大资源:
①自然资源确权登记信息管理平台。
②互联网+不动产。
③不动产登记交易一体化平台。
④农房一体权籍调查。
⑤不动产大数据综合监管辅助决策平台。
⑥智慧房产综合业务管理平台。

⑦国土空间基础信息平台。
⑧国土空间规划一张图实施监督信息系统。

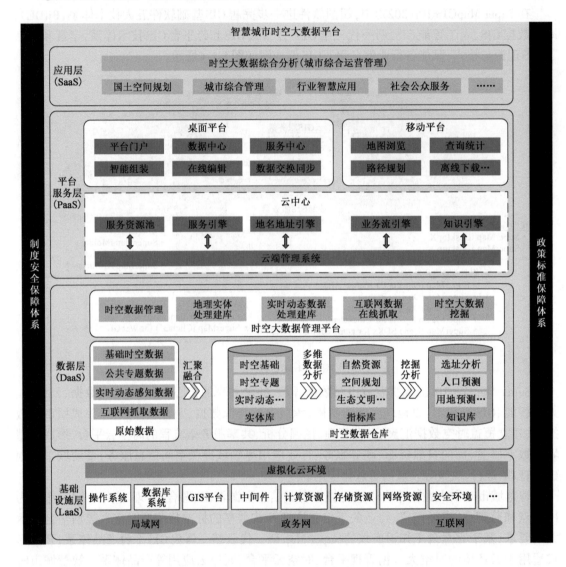

图5-1-5 智慧城市时空大数据平台架构图

(2)大智慧：
①智慧城市数字底盘(时空大数据平台)。
②智慧街乡。
③智慧城管综合应用平台。
④智慧园区。
⑤智慧建筑。
⑥智慧机场工程地理信息平台。

(3)大环境:
①生态环境信息一张图。
②"三线一单"数据应用平台。
③智慧水利(水利一张图)。
④气象灾害一体化平台。
⑤精细化农业气象服务平台。
⑥自然灾害空间信息服务平台。
⑦地震现场应急信息管理与决策支持平台。

5.1.7 鸿城InfraFuser

鸿城InfraFuser是一款拥有国产自主知识产权的综合设计系统,它实现了基础设施多专业综合设计的数据可视化,解决了困扰设计行业多年的多源数据集成和设计平台无法承载大范围数据的问题,同时提供给设计行业单位可以自主研发功能的接口,给予设计行业个性化问题解决的窗口。

目前鸿城InfraFuser实现了从规划设计、施工到运维等全过程的应用。平台依托自身的设计软件体系支持,大大提高了数据兼容性和建模效率,目前在片区规划设计、智慧管线、园区等方面都有广泛应用。

1)功能概述

(1)基础设施多专业综合设计的数据可视化
①内建统一的模型标准,为设计院提供项目设计数据的云端集成与共享。
②提供交互式的汇报形式,便于设计人员直观、准确地传达设计意图。
③提供专业模拟分析,为设计人员进行设计优化提供依据。

(2)多源数据集成
所有数据通过鸿城InfraFuser桌面工具都可进行智能转换。目前鸿城InfraFuser支持倾斜摄影、激光点云、物探管线、地质数据、DEM/DOM、CAD地形影像、规划矢量图形、3ds Max模型、SketchUP模型、鸿业BIM数据、BIM数据、IFC数据、OBJ数据、路线数据。

(3)海量数据流畅浏览
鸿城InfraFuser建立轻量化的HIM标准模型格式,与设计软件解绑,实现项目设计数据的打通与共享。HIM标准模型在三维场景精准合模,海量数据流畅加载,实现所见即所得的三维场景编辑。

(4)开放的二次开发接口
鸿城InfraFuser具有完善的开发接口体系,提供完整的开发示例、接口文档,用户没有图形专业知识也可快速实现二次开发。

2)桌面端功能

(1)数据集成
桌面端软件可以根据需求对以下数据进行集成:
①互联网下载三维地形图。

②地形图转换成三维曲面。
③无人机采集的正射影像和倾斜摄影。
④点云扫描设备和雷达产生的激光点云数据。
⑤各种规划数据、电子图纸、文档等。
⑥各种BIM和三维模型。
⑦路线平纵横数据的录入。
⑧导入Vissim交通数据进行交通仿真。

(2)数据编辑

桌面端软件可以对采集导入的数据进行编辑修改。
①可以根据需求通过模型下载器下载指定范围的三维地形和卫星图片。
②根据模型对地形和倾斜摄影进行挖洞处理,也可以选择区域进行压平操作。
③通过模型库可以设置绿化、景观、交通设施等。

(3)数据分析

①利用已有的项目入库图形,进行施工进度模拟三维展示。
②使用Project工具反复编排调整计划,编排计划和三维进度展示相辅相成。

(4)数据发布

①模型导出:当项目的设计成果模型需要在光辉城市、Lumion等软件中进行效果渲染时,不但需要导出满足渲染软件要求格式的文件,而且对导出文件的分块结构也有要求。如果导出的文件格式和分块结构不满足要求,会出现无法在渲染软件中合并、准确定位等问题。

②根据需求可以在线通过浏览器对模型进行查看。局域网内可以通过内网查看,互联网查看需要设置独立的对外IP进行发布。也可以导出exe可执行文件(项目较小时采用,若文件过大Windows不支持exe可执行文件的查看)和离线查看包(小型Web服务器,数据只能查看无法修改)。

③可以发布到互联网云端。

3)Web端功能

(1)场景编辑工具

通过场景编辑工具也可以在Web端进行以下主要操作:
①地物标绘。
②倾斜摄影数据的压平和单体化。
③对绘制范围内的地形在视觉上进行抬升或压平。
④可以查看模型上既有的属性,也可以对既有属性进行修改和添加新的属性字段。
⑤可以在平台中进行标注点评,实现协同沟通。
⑥可以根据既有数据生成对应的图表并进行分析和汇报使用。
⑦关联多种地图并与倾斜摄影和点云等地形图进行叠加应用。
⑧支持位置搜索、经纬度搜索和通过配置构件搜索方案对构件进行定位。

(2)模拟分析工具

系统自带多种分析模拟工具,可以快速进行以下应用。

①方案比选功能：通过将多种模型资源组合成不同的设计方案，借助标绘、车辆模拟、图表等可视化工具动态模拟表达设计思路，在项目中创建多种不同的设计方案，通过双屏形式进行方案比选。

②在设计方案的三维场景中真实模拟交通情况，可以将VISSIM仿真数据和三维模型精确地集成在一起。

③合模后，对各专业模型之间冲突的地方进行检查，方便用户快速调整设计。

④在三维场景中，进行自定义的车辆模拟演示。

⑤对用户入库的项目在场景中统一总览展示，让相关人员直观地了解和把握项目情况。

⑥在场景中以视点漫游、路径漫游等方式置身于三维场景中预览想要表达的效果。

⑦通过一键录（截）屏导出想要的成果资料进行使用和交付。

⑧在场景中对想要施工的区域进行粗略的填挖方量计算。

⑨其他分析工具：鸿城InfraFuser可提供碰撞检测、Vissim交通仿真、车辆模拟、开挖分析、施工模拟以及剖切、测量、可视域分析等工具，能够满足用户的不同需求。

（3）交互式汇报

鸿城InfraFuser在三维场景中将多样化数据进行组合搭配，模型汇报一体化沉浸式展示，使汇报方案立体化、专业化，显著提高汇报质量；在Web端对故事汇进行一键发布，快速生成故事汇浏览链接，轻量发布，甩掉包袱。故事汇界面如图5-1-6所示。

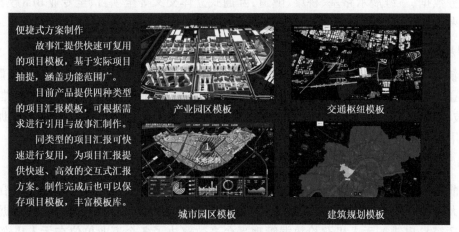

图5-1-6　故事汇界面

三维交互汇报解决传统PPT汇报存在的诸多问题。传统项目汇报现状如下：

①采用PPT、渲染视频进行项目汇报。

②材料多，文字脚本、PPT、草图、模型等多数据单独汇报。

③PPT标线形式比较传统，无法更好地可视化展示项目成果。

目前传统项目汇报存在的难点、关键点、痛点：

①项目汇报时形式单一，缺少更好的汇报方式来表达专业的设计方案。

②不同类型项目在不同阶段汇报思路各不相同，PPT等汇报材料准备周期长。

③项目汇报交流环节,PPT无法构建三维数字沙盘,难以让各参与方进行深入的方案讨论、动态模拟和方案优化。

5.1.8 图新云GIS

图新云GIS解决方案使用图新云GIS提供的服务构建而成,旨在帮助用户使用图新云GIS提高解决常见问题的速度和构建速度。所有图新云GIS解决方案均经过图新云GIS架构师审查,具有操作高效、可靠、安全、经济的特点。

目前图新云GIS主要有以下解决方案。

1)公路工程GIS+BIM

公路工程GIS+BIM三维展示路基、桥梁、隧道、互通等全项目,全专业BIM模型信息,将多种来源的数据高效整合,实现地理信息与公路设计信息的互通,让设计人员能直观地了解工程情况,以满足项目汇报及管理需要。

BIM已成为各行业解决实际问题的重要生产工具,尤其是在高速公路等带状工程项目中,在融合BIM和GIS技术的基础上,在新基建的牵引下,可视化、数字化、信息化、转变,逐渐成为公路工程行业发展的大势所趋。

图新地球以三维地理信息系统为基础平台,结合高分辨率影像地形、无人机实景三维模型、激光点云等空间数据,红线、地质、自然保护区、行政区划、国土空间规划、耕地保护矢量数据等业务数据,三维展示路基、桥梁、隧道,互通式立体交叉等全项目、全专业BIM模型信息,将多种来源、各种专业的数据进行高效整合。

2)建筑与工程

图新云GIS不仅可以实现行业相关的影像、地形、矢量、人工设计模型、倾斜摄影模型、BIM、CAD、激光点云等海量多源数据的高性能加载与显示,而且可以实现丰富的三维分析功能,突破单纯的三维查一查、看一看的不足,推动三维GIS升华为面向业务管理和辅助决策的深度应用。

3)无人机巡检数据管理

目前很多企事业单位都启用了无人机巡检,通过无人机进行拍照、录像来巡查沿线。但目前绝大多数单位在巡查后数据处理方面都依靠人工,面对成百上千的照片/视频数据往往费时费力还容易出错。无人机巡检数据管理平台高效解决了各企事业单位在无人机巡查后面临的数据管理难、查看管理难、排查问题难、分享汇报难的问题。

4)电力行业

随着全民用电量持续快速增长,电网建设不断拓展。电力行业作为高风险产业,发电、输电、变电、配电过程中存在很多安全隐患。采用传统的设计、现场测量、巡检上报、成果展示等二维方式,难以满足现阶段电网建设需求。图新地球电力版针对发电、输电、变电、配电等场景提供一体化解决方案,实现电力合理规划设计、智慧施工、安全运维,从而提高输电线路的供电可靠性,促进电力行业快速稳步发展。

5)矿山生态修复设计

图新地球矿山生态修复设计可视化解决方案以三维GIS为基础平台,结合矿山倾斜模型、BIM、矢量(矿山设计CAD图纸、红线)等数据,实现边坡自动开挖、矿山CAD设计图纸一键翻模、设计成果快速三维可视化、构件参数化设计、土方量计算,实现了矿山生态修复现状未来一张图,工程投资一张表,让用户能非常直观地了解矿山生态修复设计情况,满足项目汇报及管理需要,提高了决策的科学性和合理性。

6)城市三维地下管网管理系统

城市地下管网是城市建设的重要内容和城市生存和发展的生命线,对维系城市日常功能、提升防灾救灾能力至关重要。此前,我国各个城市的地下管网管理系统都是二维的。传统的二维管线管理模式已经无法适应如今越来越复杂的管网,存在管理效率低下、管线监测不准确、数据传递更新不及时等诸多问题,无法跟上城市现代化、信息化、智能化发展的步伐。

7)智慧校园

校园地理信息综合服务解决方案是基于校园GIS应用平台,建设各类专业资源管理系统,有效地对学校空间数据进行采集、存储、检索、建模、分析和输出,并提供上层的校园地理信息综合服务。该方案通过与学校各类应用进行集成和整合,以直接明了的方式进行地理信息的展示,帮助学校进行合理的资源配置,为校园教科研、管理和社区生活提供便利。

5.1.9 Unity

Unity是实时3D互动内容创作和运营平台。包括游戏开发、美术、建筑、汽车设计、影视在内的所有创作者,借助Unity将创意变成现实。Unity平台提供一整套完善的软件解决方案,可用于创作、运营和变现任何实时互动的2D和3D内容,支持平台包括手机、平板电脑、PC、游戏主机、AR和VR设备。

Unity在多个行业都有应用,主要在以下领域有较好的应用。

1)ATM领域应用

在自动取款机(ATM)领域(汽车、运输、制造),工业VR/AR的应用场景就是构建基于数字世界与物理世界融合的、作为衔接虚拟产品和真实产品的桥梁,VR和AR内容为Unity驱动。

目前全世界所有VR和AR内容中60%均为Unity驱动。Unity实时渲染技术可以被应用到汽车的设计、制造人员培训、制造流水线的实际操作、无人驾驶模拟训练、市场推广展示等各个环节。Unity最新的实时光线追踪技术可以创造出更加逼真的可交互虚拟环境,让参与者身临其境,进行VR的真实体验。Unity针对ATM领域的工业解决方案包括INTERACT(工业VR/AR场景开发工具)、Prespective数字孪生软件等。

2)AEC领域应用

在施工(AEC)领域(建筑、工程、施工),对于设计师、工程师和开拓者来说,Unity是通用的用于打造可视化产品以及构建交互式和虚拟体验的实时3D平台。Unity高清实时渲染配合VR、AR和混合现实(MR)设备,可以展示传统CG离线渲染无法提供的可互动内容。而且在研发阶段，实时渲染可以实现所见即所得，让开发者可以进行迭代，在设计评审期间进行有效沟通，促进与项目利益相关者的有效协作，避免代价高昂的错误，更快地达成共识。设计评审贯穿项目的全生命周期，如果没有共享的协作环境，那么制定决策的过程需要开发者耗费大量的时间和精力。为解决这一难题，设计者开发了 Unity Reflect Review。

Unity Reflect Review 可轻松地将设计模型导入 AR 和 VR 的沉浸式体验，以促进交互式实时设计评审。通过链接到原始 BIM 模型，Unity Reflect Review 可以实现实时协作。Unity Reflect Review 可以将 Revit、BIM360、Navisworks、SketchUp 和 Rhino 项目导入实时 3D 环境，以便在任何地方、任何设备上进行多用户协作，如图 5-1-7 所示。

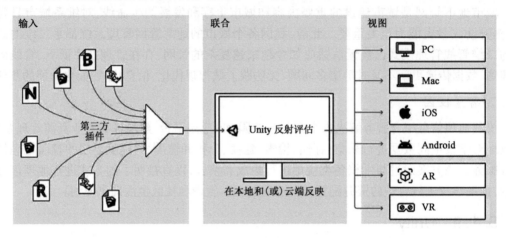

图 5-1-7 Unity 流程图

Unity 的 AEC 产品 Unity Reflect 已正式发布，这款插件可以将 VR 和 AR 实时 3D 体验带到建筑、工程和 AEC 行业中。美国纽约的建筑公司 SHoP Architects 就通过 Reflect 和 Unity 编辑器创造出各种定制 VR 和 AR 应用，其代表作是在布鲁克林的最高建筑 9Dekalb 项目中使用的 AR 程序。

此外，Unity 在 AEC 领域的客户还包括：Taqtile，通过 Unity XR 功能加速培训和维护工作；美国建筑公司 Haskell，通过 XR 互动体验解决安全问题；Unity 伦敦办公室，高清实时渲染配合 VR 展示真实场景；等等。

3）游戏领域应用

Unity 的客户包括动视暴雪、EA、Ubisoft 等国外大公司，也包括腾讯、网易、巨人、盛大、完美世界、西山居等国内知名大公司，全球超过 1900 万的中小企业以及个人开发者。有调查显示：全平台（包括 Steam/PC/主机/手机）所有游戏中约一半是基于 Unity 创作的，在 Apple 应用商店和 GooglePlay 上排名最靠前的 1000 款游戏中，53% 是用 Unity 创作的。

4）影视动画领域应用

Unity 实时开发平台为电影和内容制作人员提供现实工作创作自由，提升工作效率，使工作室能够在同一平台上将建模、布局、动画、光照、视觉特效（VFX）、渲染和合成同时完成。基于高清渲染管线 HDRP，Unity 提供完整影视动画工具套装。无论是制作真人电影、全 CG 动画电影还是制作电视级动画,无论是写实风格还是卡通风格,Unity都能提供创作自由度,提高制作效率。

使用Unity制作的实时渲染影视作品包括Unity团队创作的《异教徒》、*Windup*,在VR中进行全新拍摄的经典电影《狮子王》,迪士尼与Unity合作的系列动画片《大白的梦》等。

5.1.10 MapGIS IGServer

MapGIS IGServer(九州)又称MapGIS九州互联网GIS,是一款基于跨平台内核的传统高性能GIS服务器产品,也是一款浏览器端GIS应用与开发的平台软件,为用户提供强大的空间数据管理、分析、可视化及共享服务,支持用户进行各行业领域的Web GIS技术应用开发与扩展。

MapGIS IGServer的主要功能特点如下。

1)全国产化支持

(1)CPU架构支持:x86、ARM、MIPS等,支持包括飞腾、鲲鹏、龙芯、兆芯、申威等在内的多种国产CPU芯片。

(2)服务器支持:新华三、深信服、华为泰山等多种国产服务器。

(3)开源操作系统支持:Linux系列、Unix系列等。

(4)国产操作系统支持:银河麒麟、中标麒麟、深度、欧拉、中科方德、UOS等。

(5)大型商用数据库支持:Oracle、DB2、Sybase等数据库。

(6)小型和开源数据库支持:MySQL、PostgreSQL、PostGIS等。

(7)国产数据库支持:DM(达梦)、BeyonDB(博阳世通)、GBase(南大通用)、KDB(浪潮)、KingbaseES(人大金仓)、GaussDB(华为)等国产数据库。

2)多源异构数据接入,多源异构服务融合

(1)二维多源异构数据接入:支持不同格式(SHP、DWG、IMG、TIFF、JSON……)、不同平台(ArcGIS、CAD……)、不同类型(矢量、影像、格网、DEM……)的空间实体数据。

(2)三维多源异构数据接入:支持景观、BIM、倾斜摄影、管线、地质体、激光点云、矢量、遥感影像等数据。

(3)多源异构服务融合:支持MapGIS标准地图服务、OGC地图服务、第三方在线地图服务和通用开源数据服务等多源异构服务。

3)完善的服务管理、多层次的功能扩展

提供传统空间信息服务注册、发布和管理服务,支持GIS内核扩展、IGS服务扩展、SDK和API扩展。

4)高性能服务提升,多样化表达优化

(1)基于矢量数据金字塔切图技术,为用户提供具备文件更小的格式、更高效的渲染、更精细化的表达、更灵活的样式编辑与交互的矢量瓦片服务。

(2)支持基于镶嵌数据集的影像大数据服务发布,为用户提供大体量、智能化的影像服务。

(3)支持在集群部署环境下,实现地图服务不切片高性能动态渲染与即刻更新,全面提升地图服务渲染性能的同时,充分保证数据的一致性。

(4)优化空间分析。新增多种缓冲方式,全面提升全空间分析能力。

(5)支持M3D数据服务,为多端一体的高效解析和渲染提供有力支撑。

(6)对接Web端各种地图引擎和可视化库,带来全新的Web开发体验。

5.1.11 BIM Windows

BIM Windows(简称BW)是跨世纪自主研发,基于BIM的模型轻量化展示、管理平台,帮助用户方便、快捷地管理BIM及项目图纸、文档等文件,充分发挥BIM项目中模型的信息价值。该软件有以下特点:

(1)多格式管理:BW支持移动App端和PC端,能够让用户随时随地管理项目BIM及图纸等文件,能实现DWG、Bentley、Revit、Catia、IFC等二维图纸和三维模型的秒速转换与便捷浏览。

(2)提高系统协同办公效率:BW支持文件版本管理、权限管理、加密分享,确保项目文件的一致性、安全性,提高项目系统办公效率,减少不必要的错误和返工。

(3)高效沟通与记录:BW二维图纸查看支持文字无损显示,无须单独配置字体文件,提供测量、标注、视图标注及保存等审图工具,帮助用户高效地进行问题沟通与记录。

(4)提高了BIM价值:BW三维模型浏览提供模型属性查询、尺寸测量、体积统计、模型切割、模型隔离与隐藏、模型漫游、视图保存、问题标注等工具,并支持卫星地图、地形模型、三维实景模型等地理环境加载,提高了BIM的价值。

(5)支持多文档查看:BW同时支持Word、Excel、PPT、PDF常见文档文件的查看,以及MP4、WMV、AVI、MKV、MOV等多种视频及图片格式文件的播放与查看,提高项目人员工作效率。

5.1.12 广联达CIMCube平台

广联达依托科学技术部2020年国家重点研发计划"城市信息模型(CIM)平台关键技术研究与示范"项目,自主研发的CIMCube平台突破了全要素CIM数字化集成与存储、超大城市场景渲染、全周期空间模型推演、CAD逆向建模等方面的核心技术,实现了海量BIM、GIS、IoT和业务数据等多源数据的融合共享,解决了空间引擎"卡脖子"问题,为建立城市数字化底板打下了坚实的基础。

广联达CIMCube平台具有八大核心能力。

1)数据处理:全要素CIM数字化集成与存储能力

(1)支持50余种BIM、GIS文件格式数据入库,重点格式导入导出成功率≥99%,CAD识别率>95%。

(2)基于自主研发的CIM数据平台(大数据解决方案)实现CIM非空间数据的统一集成,支持基于知识图谱、空间位置的业务数据,IoT设备和空间模型的关联与融合。

2)轻量化:空间模型云轻量化处理能力

支持各类型空间模型数据进行云端解析、数模分离和数据提取等,转化为国产自主可控的轻量化模型格式,完成轻量化数据处理。

3)数据治理能力:城市信息模型二次加工处理能力

(1)支持精模数据进行顶层重建、多重材质烘焙、场景特效等数据优化治理。

(2)通过建立城市级全要素模型的统一编码体系,实现IoT设施设备、业务数据与空间模型的智能关联。

4)高性能渲染:城市级超大场景高逼真高性能渲染能力

支持2000km²高精度倾斜摄影、10亿构件BIM在城市场景下不同区域、不同LOD层级的实时动态高逼真、高性能渲染。

5)模拟分析:全时空全周期空间模型推演能力

提供50余种基础分析、规划分析、BIM分析、模拟分析、大数据分析功能,支持基于全生命周期多类型空间模型的时序推演。

6)仿真推演:动态场景编辑仿真模拟和指标计算能力

基于广联达CIM数字部件库,可快速地搭建片区级的动态三维场景,进行规划效果仿真模拟,可定制输出规划指标计算结果。

7)开放服务:数据服务和二次开发能力

提供100余种资源访问类、项目类、地图类、三维模型类、BIM类、控件类、数据交换类、事件类、实时感知类、数据分析类、模拟推演类、平台管理类等12个大类的接口。

8)逆向建模:人工智能CAD逆向建模能力

基于国产自主可控的图形平台,自动精准解析CAD矢量图纸的文本和图形信息,并进行结构化处理,智能识别构件图形特征,支撑建筑分层分户模型和竣工图模型逆向建模,较手工翻模效率提升90%。

在落地应用方面,广联达CIMCube平台在成都市新津区天府牧山数字新城、重庆广阳岛、福州滨海新城等多个数字城市项目中得到实践验证,成功打造了覆盖城市规划、建设、运营、服务、生态等细分领域的一体化解决方案,为"绿色生态、智能高效、韧性安全"的现代化城市建设提供了"广联达力量"。

5.1.13 3DVaaS

3DVaaS(三维可视化分析应用服务平台)是由天际航开发的一个大数据分析展示平台,以实景三维数据为基础,提供全面快捷的应用解决方案。该平台具有以下特点:

(1)WebGL三维引擎:通过多线程调度、多细节层次的LOD等关键技术,实现海量数据快速渲染,浏览体验更加流畅。

(2)多源数据多端浏览:基于B/S架构,无须安装任何插件,简单高效构建场景、浏览,多平台共享数据。

(3)TB级数据极速加载:出众的渲染能力和数据组织形式,加载TB级数据毫无压力。

(4)多源数据快速发布:支持海量地理信息数据、多种常用影像格式,轻松实现二三维数据一体化展示。

（5）多种功能扩展：根据不同行业、不同客户的需求，定制更精准、细致的多维度分析服务，如方量计算、日照分析、BIM数据融合展示等。利用3DVaaS将地理空间信息与客户应用业务流程进行整合，构建Web端、移动端的三维GIS应用，应用于公安、环保、城管、应急管理、国土规划等各个领域的数字化建设。

5.1.14 鲁班CIM平台——城市之眼

鲁班开发了自主可控的CIM软件平台产品——城市之眼（CityEye），它集成BIM、GSD、IoT、云计算、大数据等众多先进技术，支持上百平方千米城市级别，园区、楼宇和住户级别的各形态的"规、建、管"全流程、全要素的各类数字应用。CityEye系统通过1∶1复原真实城市空间信息，为众多智慧城市应用提供可视化大数据管理的数字底板。

CIM以BIM技术为核心，集成GSD，连接IoT数据，建立起三维城市空间模型和城市动态信息的有机综合体，是大场景的GSD+小场景的BIM数据+IoT数据的有机结合，是可视化大数据管理的数字底板。

在规划阶段，CIM平台可实现规划评估、土地管理、可视化设计、天际线分析、交通分析、投资测算、地价大数据预测等功能。

在建设阶段，基于鲁班BIM技术优势，可节省10%工程进度，减少60%返工，提升质量安全管理能力，获得10倍甚至更多的投资回报，提升50%协同能力。

在运维管理阶段，CIM平台为城市精细化管理提供数字底板基础设施，打破各IoT平台和IoT设备之间的系统壁垒，实现安防、消防、停车、能源的可视化管理。

鲁班CIM平台总体框架如图5-1-8所示。

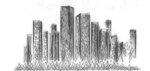

图5-1-8 鲁班CIM平台总体框架

5.1.15 Three.js

Three.js是一款运行在浏览器中的3D引擎，它可以帮助用户创造3D体验，而且使用简单。Three.js是一个在MIT许可证许可的JavaScript库，它基于WebGL运行。这个库的目标就是简化处理3D内容的过程。采用Three.js，用户只需要几行代码，而无须了解复杂的着色器和矩阵,就可以获得一个动画3D场景。WebGL是一种JavaScript API,它可以在画布中呈现三角形,而且速度非常快,因为它使用访问者的GPU。GPU可以进行数千次并行计算,使用户可以在3D场景中进行复杂的运算。然而,尽管WebGL在处理3D场景方面非常出色,但仍然有一些缺点。例如,如果想要创建一个复杂的场景,需要掌握一些高级技巧,这对于初学者来说可能非常困难。此外,WebGL也需要高性能的硬件来运行,因为它需要大量的计算资源。因此,如果计算机性能不足,使用WebGL可能会导致应用程序运行缓慢或崩溃。

原生WebGL非常困难,因为需要手动写很多代码。但是Three.js解决了这个障碍,使用户可以轻松创建3D场景。

Three.js的运行需要四个条件:场景、渲染器、相机、对象。

1)场景

在Three.js中,场景是一个非常重要的概念,它类似于一个容器或者一个世界,可以包含各种对象、模型、粒子和灯光等。场景是Three.js中的一个核心组件。通过将不同的对象添加到场景中,用户可以创建一个复杂的3D场景,从而实现更加生动、吸引人的3D体验。

2)渲染器

渲染器是一个非常重要的组件,它的工作是将代码与设计渲染到Web中。在Three.js中,用户通常使用WebGL Renderer类来进行渲染。WebGL允许用户在Web上呈现复杂的3D图形,而不需要插件。WebGL Renderer提供了丰富的功能,如对材质、灯光、阴影和反射的支持,有助于用户能够创建出更加逼真的场景和模型,从而提升用户体验。

3)相机

相机是Three.js中非常重要的一个元素,用来决定观察场景的角度和位置。相机被用来模拟人眼对场景的观察,因此非常重要。在Three.js中,创建相机非常简单,用户可以使用透视投影相机(PerspectiveCamera)类来创建。这个类允许用户设置许多参数,如视角、宽高比、近截面和远截面等,因此用户可以完全控制相机的行为。

另外,在Three.js中,相机本身是不可见的,它仅用于计算和确定场景中物体的位置和角度。因此,用户只能看到相机所观察到的内容,而不能看到相机本身。这意味着需要在场景中加入其他可见的对象,如物体、灯光等,才能看到场景。因此,在使用Three.js时,用户不仅需要了解相机的使用,还需要了解如何创建和操作其他类型的对象:

PerspectiveCamera(fov:Number,aspect:Number,near:Number,far:Number)

其中,fov——摄像机视锥体垂直视野角度,aspect——摄像机视锥体长宽比,near——摄像机视锥体近端面,far——摄像机视锥体远端面。

在Three.js中,用户可以拥有多个相机,但通常情况下只需要一个。

相机在Three.js中类似于一个锥形体,它受到视野范围和纵横比的影响。

视野是你的视角有多大。如果你使用一个非常大的角度,你将能够同时看到各个方向,但会失真很多,因为结果将绘制在一个小矩形上。如果使用小角度,则物体看起来会被放大。

4)对象

在Three.js中,所有的元素都是对象,包括几何体、模型、粒子和灯光等。这些对象可以应用不同的材质和纹理,并使用相机和光源进行渲染。Three.js 中还提供了许多扩展和库,如 MeshStandardMaterial(标准网络材质)和 dat.gui,可以帮助用户创建更高级的渲染效果和用户界面。

5.2 GIS平台的选用原则

本章节介绍了多种 GIS 平台软件,还有很多没有介绍到。各个平台软件都有各自的优势,建议根据以下的原则选用:

(1)数据安全。数据安全包含两重含义:一是数据平台的漏洞少、修补及时、稳定性强;二是是否国产化,GIS 安全是国家安全的一部分,大量采用国外软件可能涉及软件断供等风险,也可能涉及安全问题。

(2)根据自身需求选择。不同的 GIS 平台有不同的优势和侧重点,如有侧重展示效果的,有侧重轻量化的。

(3)根据行业需求,不同的软件侧重不同的行业。

(4)根据公司的开发习惯和人员配置情况选择合适的平台。

(5)根据公司软件配置情况选择兼容性较好的平台。

(6)评估现有平台的功能、开发方向和技术实力等是否满足公司发展要求。

第6章

全寿命周期 BIM+GIS+IoT 应用

6.1 规划阶段

通过无人机搭载相机或激光雷达采集现场三维地形图,利用BIM 3D模型及影像提供可视化效果,使业主及设计者间较容易表达各方所需,方便后续确定合理的设计方案,并可以替业主提前确定设计中的控制因素,及时规避和解决控制项目的重难点问题。通过从模型中取得的内建信息进行成本计算,使业主了解状况,方便讨论。三维GIS规划如图6-1-1所示。

图 6-1-1　三维GIS规划

6.2 设计阶段

设计阶段包括以下内容。
(1)道路走廊带合理性分析:对沿线桥隧比、拆迁、重要控制节点进行分析评估,如图6-2-1所示。

图 6-2-1　基于无人机倾斜摄影和BIM的道路方案

(2)建筑能源分析:提供项目的能量消耗分析、替代材料及设计方法评估。
(3)冲突分析(碰撞检查):可以对构件进行冲突分析,提早发现构件设计错误;也可以对场景内所有构造物进行位置碰撞检查,检查距离是否满足规范和设计要求。

(4)可施工性分析:对施工流程及环境状况进行分析。

(5)进度流程模拟:可发展出4D模型,仿真施工顺序。

(6)成本计算:将建立的模型结合成本数据库,概算出成本。

6.3 施工阶段

通过无人机采集三维地形图并利用BIM所建立的模型在施工前进行施工模拟,协助施工流程的管理,以及掌控计价作业,如图6-3-1所示。

图6-3-1　虚拟建造

(1)用BIM所建立的模型取代2D传统施工图作为沟通、解决协调事项以及规划施工顺序、检视有无错误设计的工具。

(2)通过现场的温度、湿度、PM2.5、视频监控系统以及其他IoT设备对工地进行实时数据采集。各种数据汇集到基于GIS的施工管理平台进行各种设计、施工合同及资料管理、施工进度管理、质量管理、安全管理、计量支付管理以及设计变更管理等。通过系统整合对整个施工过程进行精准掌控,及时调整施工方案、施工机械、人员配置,进而节约工期降低工程造价。

6.4 运维阶段

随着近年来BIM的快速发展和应用,一大批项目在设计和建造过程中应用了BIM技术(图6-4-1、图6-4-2)。BIM技术在规划设计、施工阶段的应用也逐渐成熟,但是在运维方面,BIM技术的应用还相对较少。从工程项目的全生命周期来讲,相对于规划、设计和施工等阶段,运维阶段往往需要几十年甚至上百年,且在运维过程中也会产生大量的数据。从前期的合同、勘察设计、竣工资料以及运维阶段的各种运维记录来看,如果没有一个好的运维平台协调处理这些数据,可能会导致某些观数据的永久性丢失,在后期运维过程中抢险、应急等发生时无法快速、方便地检索到需要的信息，更不能对这些数据进行深入的整理、发掘、应用形成大数据为后期的分析决策提供有效的数据支撑。

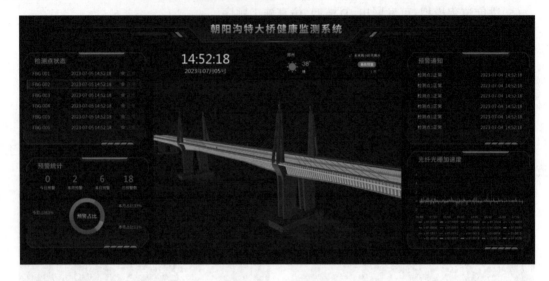

图 6-4-1　桥梁健康监测

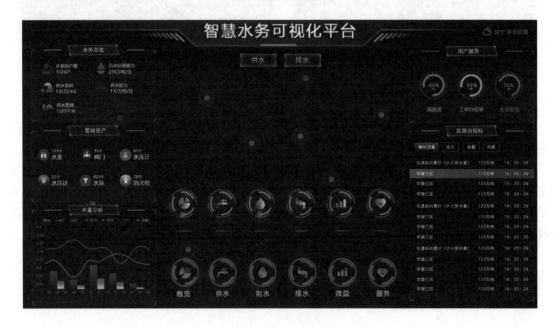

图 6-4-2　智慧水务平台

6.4.1　BIM 运维主要应用领域

1）空间管理

空间管理是 BIM 技术的主要应用点，通过三维展示可以替代原来的编号和文字，既快速、直观、形象又便于查找，有助于非专业的维修管理人员应用。通过各种 IoT 设备和平台的既有数据管理可以在需要时快速调取各种设计、施工以及既有运维信息,为运维人员快速提供准确信息。

2)设施管理

设施管理主要包括设施装修、空间规划、维护操作等的管理。业主和运营企业在持续设施运营和维护方面消耗的成本几乎占总成本的2/3,这说明设施管理人员的日常工作烦琐费时。而BIM技术能提供建筑工程协调一致、可计算的信息,这些信息值得共享和重复利用,可以有效降低缺乏操作性能导致的成本损失。通过IoT技术对重要设备的运营情况进行管理和控制,可以充分了解设备的运行情况,为更好地进行运维管理提供良好的条件。

设施的管理在大型商业综合体、地铁运营,以及重要的隧道运维中起着重要作用,不但可以降低运维成本,而且可以有效防止设备故障造成的安全运营隐患。

3)隐蔽工程管理

隐蔽工程管理和运维难度大、成本高。隐蔽工程的运营状况很难实时监测,给日后的安全运营埋下安全隐患甚至造成突发事故。

基于GIS+BIM+IoT技术的运维可以管理复杂的城市地下管网系统,如雨水、污水、通信、电力、燃气、热力管线以及检查井等,并可在三维实景地图上直接获得相对位置关系。当改建或者二次装修时可以避开现有管线的位置,以便维修更换和接入等。内部管理人员可以共享这些电子信息,有变化可以随时调整,保证信息的完整性和准确性。

如果城市中有这些三维数据和管线的各种指标、流向等信息,就可以进行洪水淹没分析计算,提前根据降雨量进行预警。例如,2022年西安一名3岁小男孩掉入下水道失联事件,如果有基于GIS+BIM+IoT技术的智能管理平台就可以从源头解决井盖缺失即时报警、及时处理的问题,事发后也可以根据管道的各种参数进行有效快速营救,提高搜救速度和成功率,从而更好地保障人民群众的安全。

4)节能减排管理

GIS+BIM+IoT技术应用使得日常的能源管理和监控变得更加快捷和方便。安装具有传感器的电表、水表、煤气表,可以实现建筑物能耗数据的采集、传输、初步分析、定点定时上传等基本功能,并具有较强的扩展性。系统还可以实现室内温度、湿度的远程监测,分析房间内的实时温度、湿度变化,配合节能运行管理。在管理系统中可以及时收集所有的能源信息,并通过对能源情况的自动统计分析,对异常能源情况进行警告和标识。通过IoT设备可以远程控制电力设备、天然气以及家电的开关,有效地节能减排,减少安全隐患的发生。

在交通领域,可以通过对路灯、隧道内灯光、通风设施等的智能化管理实现节能减排,同时满足安全运营需求。

6.4.2 BIM运维存在的问题

目前基于GIS+BIM+IoT的运维技术在各个行业都有试点应用,虽取得了一定的成果,但存在如下问题:

(1)各自为战,平台同质化严重且数据架构各异,数据整合困难。

(2)数据平台应用深度不够,很多数据收集后不能有效地分析整理应用形成大数据。

(3)点状数据多,缺乏有效融合的标准。

(4)数据采集成本大,后期更新完备缺乏必要的标准体系。

(5)数据更新和承载技术不完善,各地都在摸索。三维采集和融合技术存在技术和人员的瓶颈,采集成本高、后期维护难度大,缺少后期维护人员。

(6)传感器采购、运维成本较高,在环境严苛,能源供应、网络通信等条件较差的情况下,运维成本大幅提高。随着IoT的普及应用,技术成熟度和成本将不断降低。

(7)相关从业人员缺乏。GIS+BIM+IoT技术不但涉及各个专业领域的技术支撑,而且需要硬件和软件厂商的支持。各个环节融合难度较大,缺乏能融合各方技术的多面手,造成目前发展的各种问题和困局。

6.4.3　BIM运维的发展展望

鉴于BIM技术的重要性,我国从"十五"科技攻关计划已经开始了对BIM技术相关研究的支持。经过多年发展,在设计阶段和施工阶段,BIM技术已被广泛应用,而在设施维护中的大规模应用案例并不多。但相关专家一致认为,在运维阶段,BIM技术需求非常大,尤其是对于商业地产、重要桥梁、隧道、高边坡、高填方道路的运维将创造巨大的价值。

随着IoT技术的高速发展,BIM技术在运维阶段的应用也将迎来一个新的发展阶段。IoT被称为继计算机、互联网之后世界信息产业的第三次浪潮。业内专家认为,IoT的作用体现在两个方面:一方面可以提高经济效益,节约成本;另一方面可以为全球经济的复苏提供技术动力。目前,美国、欧盟、日本、韩国等都在投入巨资深入研究探索IoT。我国也高度关注、重视IoT的研究,工业和信息化部会同有关部门,在新一代信息技术方面开展研究,已形成支持新一代信息技术发展的政策措施及相关标准。我们相信将IoT技术和BIM技术相融合,并引入建筑全生命周期的运维管理阶段,将带来巨大的经济效益。真正实现BIM大规模城市级别的运维,还有很多的工作去做。

6.5　大数据形成和应用

时至今日,大数据并没有特别公认的定义。

以下介绍大数据三个不同角度的定义:

(1)大数据指的是所涉及的数据量规模巨大到无法通过人工在合理时间内达到截取、管理、处理并整理成人类所能解读的信息。

(2)大数据指的是不采用随机分析法(抽样调查)这样的捷径,而采用所有数据进行分析处理的方法的数据。

(3)大数据是指需要新的处理模式才能具有更强的决策力、洞察发现力和流程优化能力的海量、高增长率和多样化的信息资产。

我们认为,大数据价值链的形成可分为四个阶段:数据生成、数据采集、数据储存以及数据分析。其中，数据分析是大数据分析中重要的一环，也是价值链的最后一环，体现了大数据的价值，是大数据应用的基础。数据分析的目的在于提取有用的信息，再根据现有的理论对未来进行合理预判，提供论断建议或支持决策，通过对不同领域数据集的分析产生不同级别的潜在价值。传统数据分析是指采用适当的统计方法对收集来的大量数据进行分析，从一大批杂乱无章的数据中提取有用的信息，找出研究对象的内在规律，以求最大化地挖掘数据资料的价值，发挥数据的作用。对于基础建设行业来说，每个细分的数据分析都能解决一个技术难点，为后续的技术革新和合理规划设计提供有力的数据支撑。目前在规划设计过程中的规划设计理论有很多缺乏详细的数据支撑，造成后期项目运维的"过"和"不及"问题，造成安全隐患和工程浪费。通过对大数据的分析，可以提前对事故和灾害进行预估，根据数据科学地制订预案，避免准备不足或反应过度，影响正常的生产生活。

第7章

案例分享

7.1 互通立交道路BIM应用

公路和市政是交通行业的两个大的分支。交通设施是国家的基础设施，美国多数州都将BIM应用于基础设施的解决方案。由于我国BIM起步晚，发展较为缓慢，交通行业的设计仍是以传统的CAD模型为主。

近年来无人机技术飞速发展，数据采集的效率越来越高，软硬件成本不断降低。无人机倾斜摄影技术和激光雷达技术应用越来越广泛，国内外BIM软件快速发展，这使得设计的基础资料越来越准确，设计手段也越来越丰富。

交通工程作为线形工程一个典型的特点就是场景大，一条公路短则几千米，长则几百千米，这使得基础场景数据特别巨大。大数据需要用GIS平台去承载场景和模型数据。交通行业BIM+GIS技术应用具有以下特点：

(1)采用三维实景加BIM技术可以模拟建造，准确、快速地向非专业人员表达设计思想，快速征求业主等各参建方的意见，减少不必要的方案变更。

(2)提高工程量计算的准确性。以前在工程量计算的时候，尤其是遇到实际曲面和设计曲面之间的土方量计算时，基本依靠工作经验，冒算或者少算的情况屡见不鲜。现在可以通过BIM技术将这些数据纳入模型，生成土方调配图表，用于分析合适的挖填距离、需要移动的土方数量及移动方向，确定取土坑和弃土堆的可能位置；从道路模型中提取工程材料数量，进行项目成本分析。

(3)减少反复设计，提高设计效率。在传统的公路设计中，设计变更是在所难免的，但在CAD图纸中往往因为缺乏联动效果，需要对变更处进行一一修改，而且对于构件之间的相互影响是不易核查的。应用BIM技术，通过模型的关联特点可以实现一处动，处处动，始终保持模型、构件之间的统一性以及一致性，大大减少了人力、物力以及时间的浪费，提高了设计品质，为后期施工打下良好的基础。

(4)通过BIM协调多专业，各个专业集成于一个模型。传统公路设计环节基本都是各自为战，很少沟通，工作是逐层传递的。这样做极不易进行相互之间的沟通与交流，很容易出现碰撞点。现在可以通过BIM技术所建立的模型将各个专业所需的数据信息纳入其中，让相关人员在统一的环境下协同作业，道路工程师可以将纵断面、路线和曲面等信息直接传送给各环节其他工程师，以便其在软件平台中完成桥梁、隧道、涵洞、交安、防护等专业的设计。

(5)利用BIM和GIS技术融合，利用IoT移动数据采集系统提供道路养护检测所需要的数据，再通过利用统一的数据标准，实现地理设计和BIM相结合，在此基础上建立基于BIM的交通设施资产及运营养护管理系统。利用整合后的BIM信息，将公路资产管理与养护集成到三维可视化平台，同时基于BIM，提出预防性养护决策模型，为公路资产管理、道路养护管理等提供管理决策平台。

(6)从技术、市场以及实际需求角度来看，交通行业的项目信息化建设需求不明确、不一致，不统一，导致标准内容体系难以健全。BIM标准执行方技术研发能力与标准要求不匹配，其发展方向仍在探索中，市场回报方式未知，BIM标准暂时"变现"能力很弱。

7.1.1 项目概况

某新建道路,起点与预留桥梁相连接,跨越城市快速路(含高架桥)后,跨越高速公路,而后再次与规划的一条城市快速路相交,沿线跨越河流、穿过村庄,工程控制节点多,实施难度大。为更好地展现设计意图,本项目从一开始就规划采用无人机采集三维地形,后期结合BIM进行融合建模。

7.1.2 可行性分析

本项目所在区域适航无禁飞区,根据政策要求应提前备案并取得许可。

2009年以来,我国陆续颁布了一系列文件,如《民用无人机空中交通管理办法》《民用无人机驾驶航空器系统驾驶员管理暂行规定》《低空域使用管理规定(试行)》等。

中国民用航空局2013年11月颁布的《民用无人驾驶航空器系统驾驶员管理暂行规定》规定,符合以下三种情况的无人机飞行不需要持照:一是在室内运行的无人机,二是在视距内飞行的,质量在7kg以下的无人机,三是在人烟稀少、空旷的非人口稠密区进行试验的无人机。

由国务院和中央军委颁布的,于2024年1月1日起正式施行的《无人驾驶航空器飞行管理暂行条例》(以下简称《条例》)明确规定了国家根据需要划设无人驾驶航空器管制空域(以下简称管制空域)。真高120m以上空域,空中禁区、空中限制区以及周边空域,军用航空超低空飞行空域等情形属于管制空域。那么,如果有超过120m高度飞行需要,应该向哪些部门申请报备呢?

《条例》第二十三条规定:国家空中交通管理领导机构统筹建设无人驾驶航空器一体化综合监管服务平台,对全国无人驾驶航空器实施动态监管与服务。空中交通管理机构和民用航空、公安、工业和信息化等部门、单位按照职责分工采集无人驾驶航空器生产、登记、使用的有关信息,依托无人驾驶航空器一体化综合监管服务平台共享,并采取相应措施保障信息安全。

"虽然以上三种情况不需要持照飞行,但所有飞行都必须申报计划。"中国航空器拥有者及驾驶员协会(AOPA)执行秘书长柯玉宝在接受记者采访时说。无人驾驶航空器属于通用航空范畴,只要是航空飞行器,就必须满足三个条件:第一,驾驶员必须有驾驶执照;第二,航空器要有三证,即国籍登记证、适航登记证和电台执照;第三,申请空域,向空管部门申请飞行空域和飞行计划。

7.1.3 选择机型、规划航线

本次选择的机型为经纬M300RTK+P1镜头,飞行区域由数据需求方提供KML文件(飞行范围),导入到图新地球中进行精细化编辑,调整边界,然后导出区域。通过SD卡导入遥控器(根据飞机型号不同可能设置不同的文件名字,存放路径为SD卡/DJI/KML/xxx.kml。如果显示路径错误则需要手工搜寻,建议直接设置这个文件夹。仿地飞行的DSM文件也是类似的要求)。导入范围后航线采用正射影像井字飞行,飞行高度200m(相对于起飞点高度。对新手而言,当高差较大时,要调整好起飞点高度。当高差特别大时,为保证精度和建模精度,可以选择仿地飞行)。航向重叠率为80%,旁向重叠率为70%(一般认为重叠率不低于65%,方能进行建模。受制于地形变化和精度要求建议一般不低于70%~75%)。本次仅为展示飞行,采用的是正射影像井字飞行,建模时生成三维模型(正射影像规划的航线一样可以生成三维模型,但是效果较差,房屋侧面拉花严重)。

重叠率分为航向重叠率和旁向重叠率。重叠率示意图如图7-1-1所示。

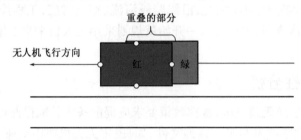

图7-1-1　重叠率示意图

航向重叠率指无人机在一条航线前进拍照时,第一次拍的照片与第二次拍的照片重叠的概率。

用一张图来表示,绿色图块是第一次拍照拍到的地表区域,红色图块是第二次拍照拍到的地表区域,两次重叠部分的区域相对于它们自己来说就叫作航向重叠率。假设现在设置这次无人机飞行的航向重叠率为50%,那么重叠部分正好是它们自身的一半。那么,能不能设置重叠率为100%呢?当然不行,这样话,绿色图块和红色图块就完全重合,也就意味着第一次拍照和第二次拍照都在同一个地方,无人机就根本不会往前飞行了,而是停留在那里。

旁向重叠率指无人机在第一条航线拍的照片与第二条航线拍的照片重叠的概率。

绿色图块是在第一条航线上拍到的区域,红色图块是第二条航线拍到的区域,两次重叠的部分相对于它们自己来说就叫作旁向重叠率。旁向重叠率是影响航线规划间隔的唯一因素,需要通过重叠率来计算出飞行路径的间隔。当然,此处的重叠率也不能设置为100%。如果设置为100%的,那么红色图块就会和绿色图块重叠,也意味着第一条航线和第二条航线重叠,说明无人机在一条航线上往返飞行,不能完成需要完成的飞行任务。

7.1.4　现场控制点布设和采集

现场控制点位置的设置不但影响内业处理的时间,还直接影响采集数据的精度。因此,现场的控制必须制定严格的作业流程,设置合理的密度和位置,如图7-1-2所示。

1)控制点现场设置原则

(1)控制点要设置在测区外围,以保证控制点范围内的精度,线形工程根据现场条件可以600~1000m设置一个。

(2)控制点设置位置保证在侧面拍摄时不能有建筑物或者树影响。

(3)设置控制点要规范,不宜尺寸过小。

(4)控制点编号应正规,可以定制模具或者用硬纸板自制。

(5)GPS采集控制点坐标时应进行拍照定位,拍照内容应全面显示GPS采集位置及周围建筑物情况,方便后续内业人员整理。

(6)控制点之外应在一定范围内设置校核点,校核点要与控制点进行区分,可以利用道路标线、突出建筑物、野外机井盖等。校核点设置应方便进行精度矫正。

(7)控制点喷涂颜色应与设置位置的颜色有明显的对比。比如,水泥路面不建议采用白色、黄色,沥青路面建议采用白色。

(8)控制点的设置应尽可能方便车辆到达,以提高作业效率。

(9)控制点不宜设置在容易被移动物体遮挡的位置,如停车位、集贸市场等。

(10)控制点测图至少需要 3 个。为防止被破坏或者遮挡应进行冗余设置。在野外无合适控制点位置时应提前准备自制控制点,可以采用一次性或者重复利用的控制点进行测绘。

图 7-1-2　控制点布设(XK13—XK16 合围区域内为精度保证区域)

2)测绘现场其他的影响因素

(1)测绘时间:一天中适合测绘的时间是有限的,早晨和傍晚的长光影会对测绘精度和建模效果产生不利影响。傍晚太阳将要落山时、天空快速变暗时采集的航测照片有较大可能无法利用。

(2)天气:应根据测绘时的天气进行感光设置,保证相机采集照片的清晰度。

(3)气候:现在飞机普遍采用蓄电池作为动力,在北方冬季低温时蓄电池活性弱,低于一定温度会出现自我保护无法使用问题,在装机使用前应保证蓄电池在正常的工作范围内。夏季温度高,蓄电池在工作时容易温度过高,造成蓄电池鼓包或者寿命缩短。

(4)云雾:浓雾天气不适合进行作业,在现场采集出现部分照片有雾的情况下,可以尝试部分软件的去雾处理。

(5)阴雨天气:不建议在阴雨天气进行作业。春季或阴雨连绵季节,可以在不出现雷暴或突然强降雨的情况下,根据实际情况抢时间进行作业,作业时以保证镜头外不沾雨滴为宜。

(6)大风天气:大风是影响飞行安全的重要因素,建议根据无人机自身质量和抗风标准,在合适的风力范围内进行作业,也应该查询天气预报和当地气象记录是否经常出现不规律阵风情况。比如,大疆精灵4RTK能抵抗4级风,在风力较大时遥控器会进行预警,较大的风力会影响电池的续航能力(无人机会不停调整飞行位置抵消风的影响,风力较大时会发生航线出现较大偏离的现象)和无人机飞行安全。在进行作业时应时刻关注飞行状态,不适合飞行时及时返航。

(7)通信:无人机很多采用RTK技术,需要网络服务才能正常工作。如果出现无网络服务器区域,应提前采用PPK技术或者静态观测技术进行控制和解算,保证测绘作业的正常进行。

(8)重要节日或会议:测绘区域有重要的节日或者活动时,空域申请难度大,建议提前合理安排作业时间。

(9)工作计划:根据工作内容,提前梳理好每个测绘地段的不同情况,合理进行安排。控制点设置不受时间限制,可以在光线较弱或者有其他干扰无法工作时提前布设。

7.1.5 空中三角计算

空中三角计算是三维建模的第一步,也是最主要的一步,三维建模的精度直接受其影响。由于Mirauge3D处理狭窄线形工程有优势,本次采用Mirauge3D作为空中三角计算软件。空中三角计算后应查看空中三角计算精度,并导出分析报告,在满足精度要求后导出空中三角计算结果(在项目文件内找到/Adjustment/XBundleResult目录下的XResult-A3_AT)。

7.1.6 三维模型重建

鉴于前面章节已经介绍了各个常见建模软件的优劣,本次模型重建采用CC,如图7-1-3所示。

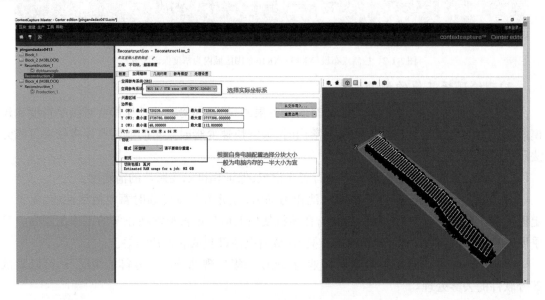

图7-1-3 CC软件设置界面

(1)打开程序新建一个项目名字(项目名字不支持中文字符,建议根据日期和项目拼音组合命名,建立项目台账,项目进行列表,方便检索)。右击左侧项目名字选择"导入区块"—"XResult-A3_AT导入平台"(在集群处理时应注意航测照片文件存放在集群共享盘。如果其他计算机处理的空中三角计算可以利用文本编辑器打开xml文件进行搜索编辑替换,推荐采用Notepad3工具等,也可以在CC中通过更改资源路径管理器和底图管理器功能更改),选中导入区块并根据需求进行重命名(支持中文)。

(2)单击中间窗口"测量"按钮,右侧出现"测量点"和"约束"2个菜单,选择"测量点"—"添加"—"通用格式"(通用格式是软件自己定义的格式,方便其他人做好后导出再导入,文件路径不一样也可以利用Notepad3软件进行查找替换)或自定义格式(自定义格式可以导入txt、csv、dat等文本存储格式,然后根据提示选择每一列代表的含义进行批量导入)。

(3)在"文件格式"选项里面选择文件开头忽略的行数(主要是针对第一行为表头或者注释的情况,方便导入),根据导入数据的格式选择不同的分隔符进行列数划分,可添加多种分隔符组合应用,单击"下一步"后根据页面提示选择每一行对应的含义(x、y、z以及名字等)进行导入。

(4)导入完成后选择导入的点号,在下部中间单击潜在匹配项,软件自动匹配采集到该控制点的照片。找到照片上控制点的位置,按Shift+左键,单击完成控制点刺点(一般一个航向5~6张,能清晰看到控制点的进行刺点,不清晰刺点可能会造成精度下降)。

(5)全部控制点完成后,选中左侧的区块,右击,重新进行空中三角计算(也可以在Mirauge3D软件中进行刺点,个人感觉CC刺点更方便。如果在Mirauge3D进行过控制点平差可以不进行本步骤操作)。

(6)空中三角计算完成后检查控制点精度,绿色为高精度,黄色为精度稍差,红色为低精度。鼠标悬停在图标上可以看到最大误差。检查精度满足要求后重建项目。选择坐标系、根据计算机配置选择分块大小(一般分块大小为内存的一半,如64GB内存建议分块为32G),右击重建项目的名字,提交新的生产项目,输入生产的名称[可以选择中文,建议后缀写成要生成的格式,如3mx(CC专用格式,显示效果好)、OSGB(通用格式,大部分软件和平台支持的格式)等]。本项目需求为OSGB格式。

(7)根据提示选择要生成的格式,选择坐标系,选择范围[可以手动拖拽也可以导入KML文件选择范围(规划航线时的文件即可)。新版本的CC支持手动画线(update20版本)],提交生产任务,可以查看进度和错误提示,也可以查看集群每个工作状态(如有错误报警及时处理,在任务失败的情况下需要重新提交),完成建模(完成建模后如果需要其他格式的三维文件,可以直接重复以上步骤进行生产。生产过程为数据转换过程,在第一种格式生产完成的情况下可以很快生产新的文件格式。本项目需要正射影像,选择正射影像/DSM进行生成,如果不需要三维地形可以不选择DSM选项)。

7.1.7 数据应用

数据的生产是根据需求来确定的,我们根据需求的不同在不同阶段提供不同的数据。从设计到BIM应用需要以下几种格式。

1)CAD线画图

CAD线画图是目前工程编制办法要求出版的格式,也是传统设计不可或缺的资料,可以通过三维模型进行线画图调绘。本次采用天际航Dp-Mapper进行作业,绘图界面如图7-1-4所示。

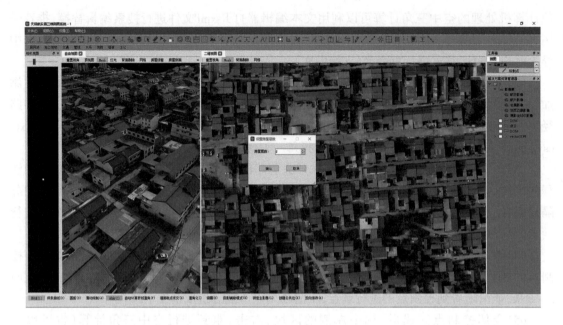

图 7-1-4　绘图界面

作业时应注意以下几点：

（1）新建项目文件，设置偏移值（偏移值在 OSGB 文件夹 xml 文件里面），如图 7-1-5 所示。

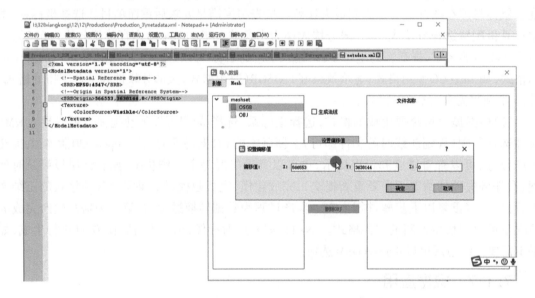

图 7-1-5　设置偏移值

（2）根据现场情况进行线画图调绘，高程信息应尽可能避开树木等，以免影响高程的位置，保证测绘为真实断面。在三维查看不清的情况下建议进行标记，后期利用 GPS 进行补测。

（3）在道路高程提取中可以采取智能模式，按照固定距离进行采集。横断面采集时也可以自己定一点进行点取，方便生成高精度模型，减少建筑和树木等的影响。

2)三维等高线曲面图、正射影像图

生成的DSM文件为点云文件,比较大,很多传统的CAD软件无法识别,需要根据自身的需求转换成点云和根据精度要求和区域大小的实际情况生成合适等高距的等高线。由于设计前期方案要求时间紧、任务重,本项目直接采用DSM转换以满足方案需求,后期利用BIM+GIS进行复核,节约线画图出图的时间,为方案设计争取更多的时间,提高设计质量。快速转换工具采用Global Mapper。DSM可以生成点云和等高线。DEM影像文件可以根据需求降低分辨率,以便加载到CAD文件中。CAD支持导入的图形文件大小有限制,一般来说不超过1GB。转换时选择TIF格式输出可以勾选生成tfw文件,以便通过工具(InsertRasterToCAD)快速插入CAD文件。

这里有个小技巧:生成TIF格式文件很大,可以同时生成tfw文件,生成PNG文件比较小但是无法生成tfw(注意:降低分辨率的参数必须一致,否则会出现比例错误、坐标和尺寸不对的问题),可以配合使用生成带tfw的PNG文件,方便设计使用。

3)三维模型

三维模型生成的OSGB,CC浏览器只能看单个块,无法看整体。前面介绍的集中三维生成软件中有集中查看器,推荐使用大势智慧的DasViewer,可以查看整体并在里面进行漫游、量测、添加信息、录像等操作。

7.1.8 智慧交通

通过无人机对三维数据的采集加上BIM数据和物联网设备,构建数字孪生交通设施,如图7-1-6所示。智慧交通系统建设的目的:以国家智慧交通系统体系框架为指导,建成高效、安全、环保、舒适、文明的智慧交通与运输体系;大幅度提高交通运输系统的管理水平和运行效率,为出行者提供全方位的交通信息服务和便利、高效、快捷、经济、安全、人性、智慧的交通运输服务;为交通管理部门和相关企业提供及时、准确、全面和充分的信息支持和信息化决策支持。

智慧交通系统的核心在于"智慧"地运作,即通过实时"看""听""计算"交通的状况,智能解决、处理交通事故、交通拥堵、路段安全等问题,促使交通走上健康、良性的运行轨道。智慧交通系统的建设分为以下层级。

1)基础感知层

基础感知层负责交通系列数据的采集、收集和车辆控制。完整的交通数据实时采集、收集是交通快速、高效、节能、环保、安全的重要保证。

基础感知层主要是为了收集交通数据搭建的,其利用互联网和大数据下的数据共享,是保证智慧交通实现,快速、高效、精准、环保的重要基础。

智慧路灯、智慧井盖、积水点智能管理、隧道安全运营管理等传感器通过采集数据感知设施的运行情况,确保设施的正常运营,满足应急需求。

交通信息的采集主要是高速公路、国道、省道及乡镇公路上车辆的通行信息和城内车辆的行驶、停留的轨迹信息,通过视频采集、GPS定位、移动跟踪、测速仪器等IoT技术对所有车辆的动态、静态信息进行采集,为交通调度和统筹控制提供必要的基础信息数据。采集的数据主要包括:非结构化的视频和图片数据;经过前置智能算法处理后输出的结构化车辆信息数据；大量的其他物联网感知数据，如 RFID 射频数据、GPS 定位数据、手机信息；其他诸如单兵、浮动车等设备采集的数据。

图 7-1-6　基于 GIS+BIM+IoT 的智慧管养平台

2）网络、通信传输层

网络、通信传输层是把基础层采集的各种交通数据，通过各种渠道汇集到智慧交通平台上来，经过数据云、大数据以及信息处理系统进行数据处理，将处理的结果发布出来，智慧指挥交通。

网络、通信传输层主要是通过无线和有线相互配合的传输方式，有时候会受到网络延迟的影响。但是随着网速的提高和广播力度的增强，这些传输问题在未来的智慧交通中都是很容易解决的事。在传输过程中要保证信息的及时性、真实性、安全性,并综合统筹运用各路传输通道,以求达到效率最大化、精准化。

通过网络、通信传输层将交通信息采集设备采集的各方面各种数据信息快速地传输到智慧交通系统平台,经过云计算、大数据分析,智能做出决策,发布信息指令,智慧指挥交通。传输信息的速度取决于互联网和通信网络速度。传输可分为有线传输和无线传输两种方式。在具体传输过程中,需要综合统筹运用各种传输通道,以求达到效率最大化、指挥即时化。

3) 管理支撑层

管理支撑层对采集传输到智慧交通系统平台的数据进行智能分类和处理(来自数据采集层的数据在时空数据库中进行存储,在这里根据数据类型的不同进行了不同的存储。结构化数据存储在数据库服务器中,非结构化的原始视频和图片数据则存储在基于类似CDS云存储方案的存储介质中),分布式云计算,归纳、整理、存储、分析、验证,进行大数据决策并执行控制,建立实时、流动、精准的数据库系统,保证道路信息、车辆信息、停车信息、交通状况信息都是最新的,为车辆调度、事故处理、指挥交通、交通堵塞,行人安全提供可靠的信息依据。

4) 实际应用层

实际应用层采用基础设施运营情况监控(包含各种设施运营情况、道路雨雾、积水、塌陷、高边坡稳定、桥梁健康情况等)、信息发布平台、通知渠道、服务保障和相关系统实时发布交通信息和实施相关行动,如实时广播路况、交通信息发布系统、导航系统、交通指示灯控制系统、交通事故紧急处理系统、车辆流动控制系统等,保证实施过程及时、高效、有序,让交通运行更加顺畅、安全、精准。通过合理、高效的交通管理,提高出行效率和安全运营水平,从而实现节能减排,节约社会出行成本。

7.2 智慧水利

智慧水利是在以智慧城市为代表的智慧型社会建设中产生的相关先进理念和高新技术在水利行业的创新应用,是云计算、大数据、物联网、传感器等技术的综合应用。

智慧水利的科学内涵:人水和谐、兴利除害、云为载体、互联感知。

智慧水利的六大目标:空间全域化、时间序列化、过程自动化、应用智能化、管理一体化、决策科学化。

智慧水利要按照"需求牵引、应用至上、数字赋能、提升能力"的要求,以数字化、网络化、智能化为主线,以数字化场景、智慧化模拟、精准化决策为路径,全面推进算据、算法、算力建设,加快构建具有预报、预警、预演、预案功能的智慧水利体系;坚持系统观念,做好顶层设计,从数字孪生流域、数字孪生工程、水利业务应用、网络安全体系等方面构建标准统一、模块链接、互为融通、共享共用的总体框架,全面覆盖各项水利业务应用,全面提升推动新阶段水利高质量发展的能力和水平。

下面以某区域智慧水利系统建设方案为例进行介绍。

7.2.1 建设目标

智慧水利系统建设应贯彻落实习近平总书记的重要讲话和水利部超标准洪水防御工作视频会议精神,深刻汲取特大暴雨灾害教训,认真反思超标准洪水防御工作中的短板、弱项,增强忧患意识、风险意识、责任意识和底线思维,确保安全度汛,坚持以防为主、防抗救相结合,坚持常态救灾和非常态救灾相统一,努力实现从注重灾后救助向注重灾前预防转变,从应对单一灾种向综合减灾转变,从减少灾害损失向减轻灾害风险转变。

智慧水利主要建设内容由监测感知、基础设施、支撑平台和防洪"五预"系统组成。其中,监测感知包括水情监测、工情监测、视频监测、遥感监测,支撑平台包括基础能力平台、监测预警应用平台,防洪"五预"系统包括防汛预报系统、防汛预判系统、防汛监测预警系统、防汛预演系统、智能化预案系统。

智慧水利系统建设应统筹监测河道、闸坝等重点部位,打造全面感知、充分共享、关联分析、综合研判、快速处置的城市防洪"五预"系统,实现"全面感知、综合分析、直观指挥、快捷决策"的建设目标。

1)建成完备准确的水利基础设施设备数据底盘

整合现有水利设施的设计、施工、养护等管理信息和基础设施数据,借助三维实景建模技术对所有水利资产进行数据校核,形成完善的资产数据盘底。

在利用视频监控、雨量、流量等传感器动态监控事故、损毁等突发事件的基础上,重点强化与现场的直通联系,不仅能够"看得见",更要"喊得应",并能够根据事件情况对周边资源进行调度。

2)建立精细高效的管理数字化体系

对技术文件、资产、防汛物资等管理工作实现精细管理和实时管控,提高物资管理和人员办公效率,变人工管理为流程管理和数据管理,促进管理部门自身的数字化转型。

3)建立方便精准的多终端伴随式信息发布服务体系

整合智慧情报板、信息查询终端、应急广播、微信、短信服务平台、互联网网站等信息发布渠道,向公众提供多角度、全方位、精细化的信息,扩大水利信息发布的覆盖面,提升公众防灾减灾及时性。

7.2.2 业务功能分析

1)主要工作

根据防汛抗旱的任务分析,提出防汛抗旱业务功能需求。防汛抗旱工作的任务是充分发挥各类防汛抗旱工程、设施及有关人力、物力资源的作用,提高域内抵御水旱灾情的能力,努力减少灾害损失。

防汛抗旱的主要工作如下。

(1)各类防汛抗旱信息的采集和报送

各类防汛抗旱信息的采集和报送,包括气象、水情、雨情、工情、旱情、险情、灾情等防汛抗旱实时信息的采集和报送。信息是防汛抗旱调度决策的基础,它们构成了决策的环境。

（2）各类防汛抗旱信息的接收和处理

各类防汛抗旱信息的接收和处理指各类防汛抗旱信息经人工或自动接收、处理后送入相关数据库。

（3）各类防汛抗旱信息的整理和服务

各类防汛抗旱信息的整理和服务包括气象信息应用开发和水情、雨情、工情、旱情、险情、灾情等信息的整理，以及信息服务产品图形化显示或报表检索等。

（4）预报预测分析

预报预测分析包括暴雨预报、洪水预报、干旱预测和分析等。由于防汛抗旱决策属事前决策，即在洪旱灾害发生前必须对水利工程的运用、防汛抗旱调度措施等做出安排。没有预报预测就没有事前决策；预报预测的结果是调度的依据。

（5）工程调度决策

水利工程调度是防汛抗旱工作的核心，其主要任务是依据雨情、水情、沙情、工情、灾情实况及暴雨、洪水预报、干旱预测和分析，设计多种可行的防汛抗旱调度方案，综合分析，确定最优调度方案，以减少灾害损失。

（6）灾情的评估、统计和减灾对策分析

对于各种调度方案进行灾情损失评估，并且在此基础上提出防汛抗旱工程的调度方案。对实际或正发生的灾情进行统计分析和核实，报送国家有关部门，以指导抗灾减灾工作。

（7）险情、灾情等紧急事务的处理

对突发性工程险情、实情进行处理；制定各种减灾救灾的应急措施，以及人力和物力的调度方案。

（8）防汛抗旱工程的运行管理、组织管理及日常业务处理

防汛抗旱工程的运行管理、组织管理及日常业务处理包括防汛抗旱有关文档管理、工程管理、组织管理、物资及资金管理，防汛抗旱决策实施，新闻发布等。

（9）成员单位工作

成员单位提供雨情、水情、灾情、旱情信息及有关的防汛抗旱通报，必要时还要向媒体和公众发布有关汛情、旱情的通报。

2）水情测报需求

防汛抗旱相关部门各级用户对水情站点水位、流量、雨情、工情、灾情等数据进行监测和查询，包括实时数据、历史数据的各类曲线、图表查询、预测预警信息等，以便掌握内河道流域水情、流量状况、雨情等。

3）防汛预警响应需求

（1）信息接收处理功能

按信息接收处理方式不同，信息接收处理功能分为外部数据接收处理功能和内部数据接收处理功能。其中，外部数据接收处理按本系统的标准对接收的数据进行格式转换等处理，存入数据库。外部数据包括河流相关洪水预报信息、水文信息、气象信息。内部数据包括河流建筑物断面水位数据、相关工程、河湖工情险情信息等。

(2)信息服务及监视

信息服务及监视具有信息服务、监视预警、洪水预警功能,主要提供河道及城市易积水区水位、流量,水文气象、雨量,以及与工程相关的主要工程、堤防等多种信息的查询、统计功能,方式灵活多样,为各级系统操作人员提供全面的信息服务。对河流建筑物(所)雨水位、水文气象数据、洪水预报数据、工情数据进行监视,遇超警戒的数据预警。

(3)防汛预警

系统能对河流洪水预报信息,工情、险情对工程安全调水造成的影响进行分析。根据分析结果,如果洪水将对工程安全调水产生影响,就进行预警处理,预警结果信息确定,通过防洪应急响应系统进行处理。

(4)防洪应急响应

在河流洪水预警后,启动防洪应急响应。将预警的结果信息传给防汛抗旱应急响应系统处理;同时,专家根据监测的有关信息进行防洪会商,对抢护方案进行对比分析,反复讨论、修订,提出处理方案及抢护方案。在抢护方案确定后,进入防洪组织管理环节。

(5)防洪组织管理

通过防洪组织管理系统能实现防洪组织信息的管理,可进行信息的存储,可查看抢护物资、抢护队伍等基本情况以及分布情况,对抢护中需要的主要物资可查询统计,了解其主要存放地点、可调度的情况等。

系统可根据防洪所需的物资清单,优先考虑距离近、道路良好、物资数量充足的仓库,并给出使用其物资的仓库到使用地点的最佳路线;查找抢险队伍及其人员信息,优先考虑距离近、道路良好、装备精良的抢险队伍并给出抢险队位驻地到抢险地点的最佳路线。

4)水资源管理

水资源管理业务包括取水许可管理、水资源费征收管理、节约用水管理、地下水管理、水功能区管理、水源地管理、入河排污口管理和水质管理等。

5)水生态管理

水生态管理包括水生态系统基本信息管理、水生态保护与修复动态信息管理、保护与修复工程信息管理、保护与修复评估以及体系建设管理、保护与修复保障措施管理、保护与修复管理试点工作管理等。下面介绍其中几项内容。

(1)水生态系统基本信息管理:水域及滨水岸带的水生动物、浮游生物、沉水植物、鸟类、植被的名录及其种群构成情况,水生态系统的生境分布情况,水生态系统的胁迫因子及其来源等。

(2)水生态保护与修复动态信息管理:对已启动和规划启动的水生态保护与修复工作进行动态信息管理,以及时掌握相关工作的开展进度,为相关政策的制定奠定基础。

(3)保护与修复工程信息管理:对保护与修复工作的进度和完成情况进行管理,以确保相关工程如期完成。对已建成工程的保护与修复的运行情况和长效管理情况进行管理,指导地方开展工作,及时总结地方工程建设运行经验。

(4)保护与修复评估以及体系建设管理:选取水生态系统的指示物种等关键性指标,对其进行长期动态监测,并以此为基础对保护与修复工作进行全面评估,以利于保护与修复工作的持续改进;加强水生态评估与监测体系的建设,加大对基层的培训力度,将行之有效的监测与评估手段进行推广。

6)建设内容

依托城市中枢数据中台建设成果,全面汇总防洪相关部门数据已接入城市中枢的情况,实现监管数据和重点业务数据的有效整合与全面覆盖,实现运营管理与服务信息资源按权限充分应用,利用大数据技术挖掘新信息、创造新价值、提升新能力。适应线上线下交融的新型管理体制和运行维护体制初步建成,标准规范和规章制度更加健全。主要建设内容如下。

(1)应用支撑系统

应用支撑系统包括基础应用支撑、基于实景三维(倾斜摄影)地图的GIS升级。

(2)应用系统

应用系统的功能包括门户管理、基础信息管理、运营管理、运行监测、应急管理、综合管理、统计分析、移动应用等。

①门户管理。门户管理功能主要包括统一登录、系统设置、信息看板、可视化应用。

②基础信息管理。基础信息管理功能主要包括水利资产、抢险、养护机械、组织人员、行政区划、企业信息等管理。

③运营管理。运营管理功能主要包括资产管理、养护管理、档案管理。

④运行监测。运行监测功能主要包括河道水位运行监测、基础设施监测、机电设备监测。

⑤应急管理。应急管理功能主要包括风险隐患、应急资源、应急预案、应急值守、应急指挥、信息服务、统计分析。

⑥综合管理。综合管理功能主要包括个人工作台、资产管理、公务车辆管理、新闻宣传。

⑦统计分析。统计分析功能主要包括运营管理统计、运行监测统计、信息服务统计、智能报表应用。

⑧移动应用。移动应用功能主要包括综合查询、水利设施巡查、应急处置、新闻宣传。

(3)感知系统

①气象感知。协助解读和接入本系统所需的气象监测点的监测数据;协助解读和接入中国气象局、省气象局、市气象局发布的暴雨预警台风预警信息;协助解读和接入市预警信息发布系统中的其他预警及气象局内部与防洪有关的其他数据。

②水情感知。河道水情监测站点,包括实时洪水位检测。

③预警广播。主站系统向各从站系统发布信息,各从站系统向各预警广播单站系统实时发布水情、人员流动变化等信息,各预警广播单站系统的信息接收主要通过手机、短信、4G/5G无线网络等方式,最后将接收到的信息实时广播。

④视频监控。远程视频监视、报警服务管理、录像查询管理。

⑤工情监测。闸门自动化控制系统,实现灌渠引水闸、节制闸、退水闸的运行数据采集,实现闸门运行数据采集共享。

⑥土壤墒情感知。

⑦桥梁等结构物的健康安全监测和洪水位监测。保证实时掌握桥梁的安全运营状况。

7) 数据支撑平台建设

(1) 数据采集系统

基于现有的数据接收和数据共享交换平台成果,构建数据采集系统。数据采集系统主要包括监测设备管理和数据接入、数据质量管理、监测数据微服务、监测数据看板、监测信息查询、测站管理。

(2) 数据资源平台

数据资源平台以信息资源全生命周期管理和开放共享为核心,实现对各类防洪数据的融合汇聚、数据治理、统一管理和数据共享。建立防洪数据资源目录,完善数据更新机制,形成标准统一、持续更新的数据体系,实现数据治理、数据存储、数据管理,为防洪智能分析提供高标准、高质量的数据资源。

信息资源平台由基础数据资源、业务数据资源、监测数据资源、模型数据资源、共享数据资源五部分构成。数据分为实时数据和静态数据。信息资源平台实现对本平台运行所需气象、雨情、水情、工情、关系表、用户管理类、地图、调度、预报、模型等动态信息和静态数据的汇集和管理。

(3) 数字孪生支撑平台

利用现有的数据基础,构建防洪数字孪生支撑平台,包括数据底板、知识平台等。根据城县防洪业务对数字孪生流域数据精度的要求,采用不同精度的数据构建数据底板,包括采用高分卫星遥感影像、矢量数据、DEM进行建模,重点区域采用无人机遥感影像、河湖管理范围矢量、测图卫星DEM进行精细建模,关键局部采用无人机倾斜摄影数据。

(4) 水利模型平台

以现有的分布式水文模型以及城区河道水动力模型为基础,参考水利部发布的《数字孪生流域共建共享管理办法(试行)》,进一步研发满足本地防洪业务需求的水利模型,具体包括洪水预报模型、城区内涝预警模型。水利模型平台可以为决策提供精准数据。

(5) 业务场景平台

针对不同的防洪业务应用场景,如雨情态势、洪水形势、内涝形势、洪水调度、防洪调度、人员调度、物资调度、灾情分析等,在基础底图数据的基础上构建面向不同应用场景的防汛"一张图"。

(6) 大数据挖掘分析系统

对监测感知获取的数据进行收集、存储、分析、可视化报表展现。根据实际的业务需求挖掘防洪相关数据,对数据资源平台中的数据进行关联、融合,建立业务专题,并通过业务应用进行呈现。通过以数据挖掘为索引工具,对零碎、不完全或者混乱的数据进行深入搜索的方式,挖掘出有利于系统总体运行的有益数据,从而为之后的统筹决策提供数据支持以及信息技术保障。通过系统的建设和长期数据的收集,形成适合本地水利局的水利大数据,根据大数据进一步优化水利模型和管理方式。

8) 功能平台建设

(1) 防汛预报系统

①利用实时洪水跟踪系统,基于实时水情数据、实时雨情数据、实时工情数据,对当前发

生的洪水过程进行实时跟踪,对洪水的特征值进行统计分析。

②基于建立的洪水预报模型,利用人工干预洪水预报系统,提供典型暴雨管理、降雨预测、入库洪水预报等功能,增加洪水的可预测性。

③基于已经发生的实测降雨过程,利用洪水自动预报模型,结合实时校正技术预测未来一定时段内的入库流量。

④依照洪水预报分析结果,选择不同的调度模式,制订不同的调度方案,完成洪水调度作业,图表结合显示各方案的调度分析计算结果。可以查询调度的各方面信息,包括调度方案采用的入流过程、出流过程、水位过程、闸门放水过程、下游防洪点水位或流量过程以及整个调度方案的相关统计信息等。

(2) 防汛预判系统

防汛预判系统提供全县气象信息、降雨信息、洪水预报信息等,为防汛预警调度提供及时的预报预警信息。

(3) 防汛监测预警系统

防汛监测预警系统的主要功能如下:

①根据洪水预报结果、阈值指标等信息进行风险识别或问题发现,提前进行防汛预警,帮助水文监测人员及相关防汛指挥部门判断洪水量级及其发展态势,为采取应急处置措施和社会公众防灾避险提供指引。

②根据预警分析结果,在地图上以不同颜色闪烁的方式展示不同类型的预警级别信息;已开始处理的预警取消闪烁,显示目前所处的状态,包括内部预警、已发布预警、已启动响应等三种状态。响应结束后的预警人工从地图上删除(关闭预警)。在预警地图上应提供进行当前预警状态的下一步操作。

③支持列表方式显示预警信息,包括发生预警类型、预警级别、预警时间、预警内容、预警状态等信息,并提供影响范围分析结果。

④现场总指挥及业务部门确认后的预警信息,可对接、控制通信运营商提供的短信信息机,发送短信到各级相关责任人,发送对象通过预先定义好的规则自动获取。

(4) 防汛预演系统

防汛预演系统利用高精度DEM数据以及专业水文数据,结合流域内的河道断面数据、防洪对象建筑物数据、地形勘测数据等,建立一维或者二维的耦合水动力学模型。

经过调度的实时出流数据自动输入模型后,通过后端程序调用相关接口驱动模型,后台实时滚动计算洪水演进过程。

(5) 智能化预案系统

智能化预案系统基于防洪预案方案体系及模式,通过信息化手段,对预案方案进行全方位管理,提供一套完整的数字化预案管理方案,实现预案模板规范化、预案任务流程化、预案责任明确化、预案资源可视化。

快速明确在突发水灾害等事件事前、事发、事中、事后的各个进程中谁来做、怎样做、何时做以及用什么资源做等问题,为指挥人员快速启动应急响应程序、工程调度提供辅助决策。

通过对智慧水利系统的建设,为区域内的减灾、防灾和农业生产、水资源合理利用等提供合理、准确的即时信息和预测信息,为科学决策提供一手数据。通过对区域内水利大数据的积累应用和分析,更加准确地完善各种水利模型,为其他区域的应用提供可参考的样本。

7.3 智慧建筑

智慧建筑是指将计算机技术、通信技术、控制技术、生物识别技术、多媒体技术和现代建筑艺术有机结合,通过对建筑内设备、环境及使用者信息的采集、监测、管理和控制,实现建筑环境的组合优化,从而为使用者提供满足建筑物设计功能需求和现代信息技术应用需求,并且具有安全、经济、高效、舒适、便利和灵活等特点的现代化建筑或建筑群。

智慧建筑利用IoT、5G、大数据、云计算、人工智能等技术,以数字方式重新定义建筑空间,协调各种建筑智能系统连通性、互操作性和协调性,拉近人与人、人与物、物与物之间的距离,重新诠释人们对智能建筑的认知、触达和体验。智慧建筑通过将建筑物的结构、系统、服务和管理根据用户的需求进行最优化组合,为用户提供高效、舒适、便利的人性化建筑环境。智慧建筑主要面向办公楼、商业综合楼、文化、媒体、学校、体育场馆、医院、交通、工业建筑、住宅小区等新建、扩建或改建工程,通过对建筑物智能化功能的配备,实现高效、安全、节能、舒适、环保和可持续发展的目标。

建筑物本身作为控制对象更为智能。智能芯片被植入建筑物内部,使其功能从原来的被动静态结构,向具有感知功能的智能化转变。智慧建筑涵盖建筑全生命周期的建设和运营。相对于较高的建设成本,智慧建筑投资回报率高,生命周期成本低。

由于智慧建筑的建设是由多个系统环节组成的,项目中的子系统由不同的承包商实现,信息不能互联,算不上智慧。所以,整个行业需要共同构建生态链,打通设计院、集成商、产品供应商、运维服务商等环节。

7.3.1 智慧建筑解决方案

1)整体解决方案

智慧建筑整体解决方案:根据系统工程的原理,为满足不同用户的需求,融合了现代计算机技术、现代通信技术、现代自动控制技术和现代多媒体图像显示技术等现代信息技术,以及其他现代高新技术,充分与建筑技术有机结合,设计了一整套包括智能化集成系统(IIS)、信息设施系统(ITSI)、信息化应用系统(ITAS)、建筑设备管理系统(BMS)、公共安全系统(PSS)和电子化机房工程(EEEP)等子系统在内的建筑智能化系统。

2)具体解决方案

(1)计算机管理系统工程。

(2)楼宇设备自控系统工程。

(3)保安监控及防盗报警系统工程。

(4)智能卡系统工程。

(5)通信系统工程。

(6)卫星及共用电视系统工程。

(7)车库管理系统工程。

(8)综合布线系统工程。
(9)计算机网络系统及宽带接入、增值服务工程。
(10)广播系统工程。
(11)视频点播系统工程。
(12)综合物业管理系统工程。
(13)多媒体会议系统工程。
(14)大屏幕显示系统工程。
(15)智能灯光、音响控制系统工程。
(16)水电气三表抄送系统工程。
(17)火灾报警系统工程。
(18)计算机机房工程。
(19)建筑节能推广。
(20)绿色建筑推广。

7.3.2 智慧建筑BIM功能

(1)展示项目的整体运营态势,展示场景宏观情况描述,使值班管理人员可在第一时间掌握整个项目的基本情况。
(2)依据天气情况及当日活动情况的预警提醒,综合展现需要重点关注的区域。
(3)当出现各类故障及报警信息时,平台承载的模型能够第一时间产生联动,指向报警位置,并弹出相应的报警内容。
(4)统计各个智能化子系统实时运行情况,实时汇总各类系统的运行状态。
(5)基于各类统计接口,实现区域内资源的综合描述,如当前车辆数量、人员数量等。
(6)重要出入口及位置实时视频轮训监控。

7.3.3 智慧建筑的优势

构建一体化的BIM与IoT运维管理平台有以下优势:
(1)基于全生命周期的管理,存储数据信息。
(2)IoT与管理系统全面贯通,上下游信息畅通无阻。
(3)当发现故障或问题时,平台中各功能可联合应用,避免系统操作滞后。
(4)信息变化一致,可形成统一体系数据积淀,实现有效数据分析。

7.3.4 智慧建筑核心价值

(1)提高建筑科学运营水平,降低运营成本。
(2)定义低碳绿色建筑体。
(3)通过基于BIM的三维展示,展示要出租的商铺、公寓等信息,让客户足不出户掌握现场情况。
(4)通过智能控制系统对设备进行精准控制,打造一个有温度、有智慧、有便利、有人性的智慧化建筑空间。
(5)通过建立基于BIM的物业管理系统,对物料、人工、设备等进行实时管理,提高管理效率和反应速度,降低运营成本。

7.3.5 智慧建筑运维案例

(1)华润深圳湾国际商业中心建筑工程项目总体面积70万 m^2,其中总部大厦"春笋"单体建筑27万 m^2,整个项目以"集约建设、资源共享、规范管理"为目标,在不重复建设的前提下,结合华润深圳湾国际商业中心的实际情况,利用大数据、云计算、BIM技术和IoT技术,在统一平台上,将数据信息与服务资源进行综合集成,提高华润深圳湾国际商业中心的运维管理水平和综合服务水平。

(2)和德科创中心项目引进BIM运维平台,融合物业管理(如设备管理、检修报修、日常巡检、维护保养等)、安防管理(如视频监控、智慧门禁、入侵报警、电梯管理、停车场管理等)、实时监控(如给排水监控、供配电监控、照明监控等),达到提高服务品质、降低运营成本的目的,实现智慧物业、智慧园区的目标。

7.4 智慧校园

智慧校园是以数字孪生体为载体,建立校园数字空间运营体系,跨部门整合学校各类资源信息来制定更好的决策,从教学资源、教学环境、教学服务、虚拟校园及校园安全等多个维度创新教育管理理念。

根据《高等学校智慧校园技术参考模型》(CELTS-201604)和《智慧校园总体框架》(GB/T 36342—2018)的要求,通过数字平台可以进行精细化的管理和三维展示,让学生在开学之前提前熟悉校园环境,了解学校的功能分区。通过智能化管理平台进行应急疏散演练,通过人工智能对疏散通道进行指示,防止拥挤、踩踏等。整体架构图如图7-4-1所示。

图 7-4-1

图 7-4-1 整体架构图

7.4.1 主要组成

(1)校园展示。通过无人机采集三维实景模型,通过 BIM 对室内和地下管线进行三维数字化建模,通过智慧路灯、智慧井盖、智慧电力等建设,使场景"活起来"。

(2)校园导航。利用三维数字孪生底板,通过搜索引擎快速查询校园布局设计、交通布局、教学及生活环境、建筑物内外情况和人文景观,并定位展示相应目标的路线导引。

(3)搭建虚拟校园并融合业务系统数据,以可视化模式提供创新应用,让智慧校园的建设更加显性。

7.4.2 建设目标

(1)建成 3D、2.5D 仿真、3D 矢量、VR 全景多维度校园宣传展示平台。
(2)采集学校空间位置数据,建立学校标准地名地址库。
(3)构建基于位置的个性化应用服务,提升师生的服务体验。
(4)搭建学校可视化管理应用平台,提供业务管理新手段。
(5)结合 IoT 设备,实现可视化位置服务与 IoT 应用的有机融合。
(6)利用人工智能技术识别人员分布情况,并实时发布信息,让学生更好地统筹安排学习和生活,如食堂就餐、图书馆是否有位置等。

7.4.3 主要功能

1) 位置服务

位置服务包含室内位置服务和室外位置服务。室外位置服务可以通过手机、PAD 的 App 进行快速定位，可以切换 2D 和 3D 场景。管理人员利用 AR 技术可以对地下管线等进行管理、查看；将室内导航与教务系统的排课信息进行关联，可以实时显示教室运行状态；利用 OA 系统对教室进行管理，方便学生安排自习教室；利用室内导航对图书馆图书进行分类，可以快速找到图书资源；对借阅时间进行查询，可以提高图书利用效率。

2) 虚拟社区

基于三维模型的数字管理系统，可以根据实际应用对校园活动进行虚拟布置。新生报到流程可以在系统内进行预演，提高报到效率，减少拥挤。根据学生 ID 进行宿舍位置推送等个性化服务。

3) 可视化教务

(1) 基于位置的周边专业课搜索

通过学校教务系统集成，对安排课程的名称、位置、时间，展示某时段基于位置的周边专业课自动推荐。

(2) 基于师生的课表展示

通过与学校教务系统集成，实现基于个人的课程表按照日历进行展示，提醒上课。

(3) 上课位置一键导航

通过与学校教务系统集成，对上课位置进行距离测算、路径规划、一键导航。

(4) 合理调配教学资源

通过 IoT 设备和视频监控设备对教室人员分布和利用情况进行分析，并建立预约系统，合理利用教学资源。

4) 安防系统

(1) 网络设备点位标注

对学校的智慧教室、标准化考场、闸机、人脸识别、一卡通设备、无线 AP 等网络设备进行详细的地图点位标注。

(2) 无线 AP 覆盖分析

对学校的无线 AP 范围进行设置与分析，了解学校无线 AP 覆盖范围。

(3) 人员轨迹生成

对接学校的一卡通、门禁、人脸识别、无线 AP、身份认证，获取数据，在地图上生成人员的轨迹路线。

(4) 实时轨迹查看

实现动态轨迹查看。

(5) 视频监控场景和三维场景进行融合。

通过对场景的融合，快速地准确地还原场景。视频监控与 BIM、实景模型融合如图 7-4-2 所示。

5) 资产管理

(1) 基于可视化对楼栋、使用部门、使用者、房间进行查询或搜索。

(2)检索结果数据自动汇总,房间位置定位、房间个数、面积分类汇总。

(3)仿真图、矢量图多种电子地图类型可随意切换。

(4)基于地图对全校、校区、部门、楼栋等不同维度进行数据统计分析。

(5)基于BIM和地图查看楼栋的基本信息,如名称、房间数、建筑面积、使用面积、楼栋外观。

(6)查看楼栋的详情,如基础信息、概况信息、楼层信息、附件信息、变更记录等。

(7)可视化楼盘表,分色显示房间的使用状态。

(8)基于可视化楼盘表查看房间的详细信息,进一步查看资产全景。

(9)通过三维数字资产管理结合物业管理对校园进行智能管理。建筑和管线BIM如图7-4-3所示。

图7-4-2 视频监控与BIM、实景模型融合

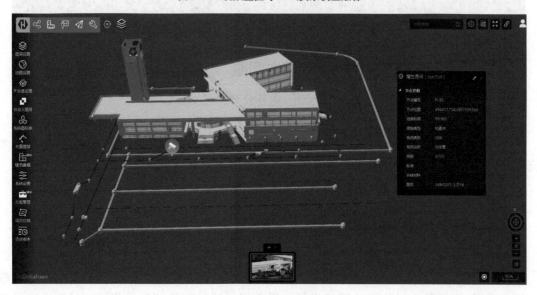

图7-4-3 建筑和管线BIM

7.5 智慧乡村

建设一个基于移动互联网技术，实现以管理、宣传、服务为切入口，线上与线下相结合的多扩展性智慧化综合农村服务体系，以系统为桥梁打通政府与百姓沟通的"最后一公里"。通过平台进行政务、党务、财务信息公开，便于村民第一时间了解政策，通过政府、村民、村集体信息良性互动，落实民生服务，帮基层村镇、百姓做好信息采集、发布、推广与致富技术的共享，提高村民收入，防止返贫。

智慧乡村是响应国务院号召，顺应中央政策，迎合时代背景，构建的以政府、村民、企业良性互动为基础的全国性"三农"服务项目。智慧乡村可视化大屏如图 7-5-1 所示。

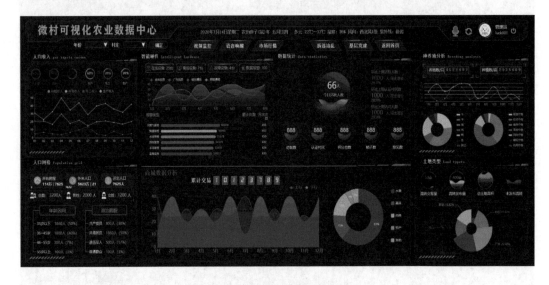

图 7-5-1 智慧乡村可视化大屏

7.5.1 智慧乡村需要解决的四大问题

(1) 信息传递：包括政务公开、财务公开、党务公开及意见反馈等。

(2) 办事便捷：解决传统业务可能存在的"人难找、门难进、事难办"的问题。

(3) 提高农技：借助平台可以进行农技培训、致富经验分享、推介乡村旅游、管理土地流转。

(4) 农产品销售、农资下乡、家电下乡等。

7.5.2 智慧乡村建设的方案

1) 数字底板

无人机采集高精度三维实景数字模型，配合二维电子地图进行叠加，通过数字化留存数字信息数据，为智慧乡村精细化管理提供一手数据。通过三维信息采集可以足不出户了解农田种植情况、村容村貌以及各种设施的建设情况,为乡村管理和土地流转决策提供数据支撑。

2)管理平台

通过搭建管理平台,实现计算机、PAD、手机、智能查询终端的信息交互。

3)智能管理

(1)通过在村部或村内人流聚集地安装预警终端机,可以在接收到报警信息后由终端机进行文字滚动提示及警灯闪烁报警。除此之外,管理员可随时通过手机发布政府各类紧急通知、政策、学习、市场行情等信息,惠民政策或其他视频信息可通过彩屏实时远程互动传达。

(2)通过IoT+人工智能识别,对村口、牧场、农田进行实时视频监控,指定地点闯入报警;同时,支持人工智能检测识别,可识别村内车辆出入、人流分析、陌生面孔抓拍;对卫生环境进行实时监测,当发现燃烧秸秆时自动识别并报警。

(3)监测+报警系统:老人智能手表除了可以平时正常检测老人身体的各项监控参数以外,还可以在突发情况下一键报警救援老人;同时可以实现精确定位,找到老人。

(4)查询和讲解:政务信息触摸屏查询机不仅可以提供村民一键查询政策信息、个人补贴信息、办事指南、行情信息等功能;还可以将文章以语音的形式朗读出来,方便不识字的村民进行阅览信息。

(5)广播系统:可以对自然灾害进行预警,对重要农事进行提醒等。

7.5.3 智慧乡村建设的意义

(1)运用互联网、大数据的手段,促进管理数据化、服务在线化,改进联系群众、服务群众、掌握社情民意的方式方法,打造共建、共治、共享的治理格局。

(2)整合各方面资源,拓展多种增收渠道,以信息流带动农村人流、物流、技术流、资金流的发展,共同推进地方经济发展。提高村民收入防止返贫,打通信息不流通的闭环,采集数据信息预警分析,提高公众安防及老人关怀水平。

(3)以文化人、成风化俗,焕发新时代乡风文明的新气象,构建"文明实践中心—文明实践分中心—文明实践所—文明实践站"的市县镇村四级文明实践线上体系。

7.6 智慧管网

7.6.1 目标任务

2020年,住房和城乡建设部发布了《关于加强城市地下市政基础设施建设的指导意见》(建城〔2020〕111号),根据意见要求,城市地下市政基础设施建设是城市安全有序运行的重要基础,是城市高质量发展的重要内容。当前,城市地下市政基础设施建设总体平稳,基本满足城市快速发展需要,但城市地下管线、地下通道、地下公共停车场、人防等市政基础设施仍存在底数不清、统筹协调不够、运行管理不到位等问题,城市道路塌陷等事故时有发生。为进一步加强城市地下市政基础设施建设,经国务院同意,现提出以下意见:

(1)目标任务。到2023年底前,基本完成设施普查,摸清底数,掌握存在的隐患风险点并限期消除,地级及以上城市建立和完善综合管理信息平台。到2025年底前,基本实现综合管理信息平台全覆盖,城市地下市政基础设施建设协调机制更加健全,城市地下市政基础设施建设效率明显提高,安全隐患及事故明显减少,城市安全韧性显著提升。

(2)组织设施普查。各城市人民政府负责组织开展设施普查,从当地实际出发,制定总体方案,明确相关部门职责分工,健全工作机制,摸清设施种类、构成、规模等情况。充分运用前期已开展的地下管线普查等工作成果,梳理设施产权归属、建设年代、结构形式等基本情况,积极运用调查、探测等手段摸清设施功能属性、位置关系、运行安全状况等信息,掌握设施周边水文、地质等外部环境,建立设施危险源及风险隐患管理台账。设施普查要遵循相关技术规程,普查成果按规定集中统一管理。

(3)建立和完善综合管理信息平台。在设施普查基础上,城市人民政府同步建立和完善综合管理信息平台,实现设施信息的共建共享,满足设施规划建设、运行服务、应急防灾等工作需要。推动综合管理信息平台采用统一数据标准,消除信息孤岛,促进城市"生命线"高效协同管理。充分发挥综合管理信息平台作用,将城市地下市政基础设施日常管理工作逐步纳入平台,建立平台信息动态更新机制,提高信息完整性、真实性和准确性。有条件的地区要将综合管理信息平台与城市信息模型(CIM)基础平台深度融合,与国土空间基础信息平台充分衔接,扩展完善实时监控、模拟仿真、事故预警等功能,逐步实现管理精细化、智能化、科学化。

(4)统筹城市地下空间和市政基础设施建设。各地要根据地下空间实际状况和城市未来发展需要,立足于城市地下市政基础设施高效安全运行和空间集约利用,合理部署各类设施的空间和规模。推广地下空间分层使用,提高地下空间使用效率。城市地下管线(管廊)、地下通道、地下公共停车场、人防等专项规划的编制和实施要有效衔接。明确房屋建筑附属地下工程对地下空间利用的底线要求,严禁违规占用城市地下市政基础设施建设空间。

(5)建立健全设施建设协调机制。各城市人民政府要建立完善城市地下市政基础设施建设协调机制,推动相关部门沟通共享建设计划、工程实施、运行维护等方面信息,切实加强工程质量管理。地下管线工程应按照先深后浅的原则,合理安排施工顺序和工期,施工中严格做好对已有设施的保护措施,严禁分散无序施工。地铁等大型地下工程施工要全面排查周边环境,做好施工区域内管线监测和防护,避免施工扰动等对管线造成破坏。科学制定城市地下市政基础设施的年度建设计划,强化工程质量安全要求,争取地下管线工程与地面道路工程同步实施,力争各类地下管线工程一次敷设到位。

(6)消除设施安全隐患。各地要将消除城市地下市政基础设施安全隐患作为基础设施补短板的重要任务,明确质量安全要求,加大项目和资金保障力度,优化消除隐患工程施工审批流程。各城市人民政府对普查发现的安全隐患,明确整改责任单位,制定限期整改计划;对已废弃或"无主"的设施及时进行处置。严格落实设施权属单位隐患排查治理责任,确保设施安全。

(7) 加大老旧设施改造力度。各地要扭转"重地上轻地下""重建设轻管理"观念，切实加强城市老旧地下市政基础设施更新改造工作力度。建立健全相关工作机制，科学制定年度计划，逐步对超过设计使用年限、材质落后的老旧地下市政基础设施进行更新改造。供水、排水、燃气、热力等设施权属单位要从保障稳定供应、提升服务质量、满足用户需求方面进一步加大设施更新改造力度。

(8) 加强设施体系化建设。各地要统筹推进市政基础设施体系化建设，提升设施效率和服务水平。增强城市防洪排涝能力，建设海绵城市、韧性城市，补齐排水防涝设施短板，因地制宜推进雨污分流管网改造和建设，综合治理城市水环境。合理布局干线、支线和缆线管廊有机衔接的管廊系统，有序推进综合管廊系统建设。加强城市轨道交通规划建设管理，引导优化城市空间结构布局，缓解城市交通拥堵。完善城市管道燃气、集中供热、供水等管网建设，降低城市公共供水管网漏损率，促进能源和水资源节约集约利用，减少环境污染。

(9) 推动数字化、智能化建设。运用第五代移动通信技术、IoT、人工智能、大数据、云计算等技术，提升城市地下市政基础设施数字化、智能化水平。有条件的城市可以搭建供水、排水、燃气、热力等设施感知网络，建设地面塌陷隐患监测感知系统，实时掌握设施运行状况，实现对地下市政基础设施的安全监测与预警。充分挖掘利用数据资源，提高设施运行效率和服务水平，辅助优化设施规划建设管理。

(10) 落实设施安全管理要求。严格落实城市地下市政基础设施建设管理中的权属单位主体责任和政府属地责任、有关行业部门监管责任，建立健全责任考核和责任追究制度。设施权属单位要加强设施运行维护管理，不断完善管理制度，落实人员、资金等保障措施，严格执行设施运行安全相关技术规程，确保设施安全稳定运行。

(11) 完善设施运营养护制度。加强城市地下市政基础设施运营养护制度建设，规范设施权属单位的运营养护工作。建立完善设施运营养护资金投入机制，合理制定供水、供热等公用事业价格，保障设施运营正常资金。定期开展检查、巡查、检测、维护，对发现的安全隐患及时进行处理，防止设施带病运行。健全设施运营应急抢险制度，迅速高效依规处置突发事件，确保作业人员安全。

根据以上文件要求，住房和城乡建设部提出了以CIM平台建设为基础，推进智能化市政基础设施建设和改造计划，对城镇供水、排水、供电、燃气、热力等市政基础设施进行升级改造和智能化管理，进一步提高市政基础设施运行效率和安全性能。住房和城乡建设部发布的《城市综合地下管线信息系统技术规范》(CJJ/T 269—2017)提出，需要利用GIS技术实现对综合地下管线数据进行输入、编辑、存储、查询、统计、分析、维护更新和输出。

数字管网的建设需要规划院、设计院、测绘单位、设施权属单位、城市管理委员会、住房和城乡建设部等参与，逐步建立和完善综合信息管理平台，实现设施信息的共建共享，满足设施规划建设、运行服务、应急防灾等工作需要。智能管网如图7-6-1所示。

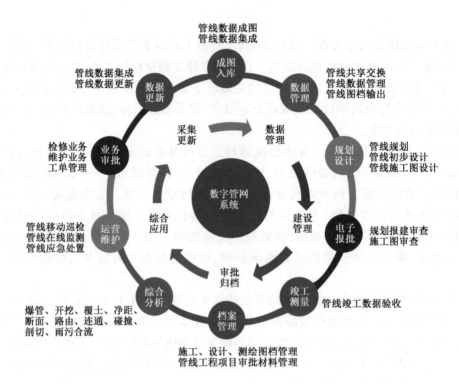

图 7-6-1　智能管网

7.6.2　智能管网的价值

(1)数据集成与共享:数据在三维场景精准合模,海量数据流畅加载,实现"所见即所得"的三维场景编辑,同时以云端方式共享数据,为项目建设提资、方案设计提资提供快捷通道。

(2)公共数字资产库:测绘普查数据自动生成三维模型并集成,形成设计院标准化的公共数字资产库,可在后续项目中重用。

(3)三维可视化:地上地下一体化数据的三维呈现,使以图标、二维数据为主的管网数据以三维方式展现,让识别更轻松。

(4)数据综合应用:通过系统提供的查询、统计、分析、量算、标注功能实现管网业务的综合应用。

(5)IoT应用:基于项目场景数据基础,挂接IoT设备,实现设备运行监测与能耗监测。

(6)数据闭环:集成管网数据按设计要求样式导出,使项目数据导出后可直接进行设计修改,无须描图和转换,提高设计精度,减少设计环节工作内容。

7.6.3　智能管网应用

(1)支持平台的数据共享服务功能,实现数据共享交换。基于同一个三维场景,在设计阶段,先将规划设计数据集成到场景中,再基于现状数据对数据方案进行检查与标注,如碰撞检查、覆土分析、净距分析等。在管理阶段,基于场景的信息标注,通过网络异地办公查看,达到联合审批和协调督办的要求。智慧管网管理系统如图7-6-2所示。

图 7-6-2 智慧管网管理系统

（2）系统提供多种专业分析功能，如连通分析、断面分析、雨污合流分析、爆管分析、开挖分析等，为应急事件和规划过程的决策工作提供直观的辅助决策；基于同一个三维场景进行网络会议，还可以实现远程会商，方便决策。

（3）干涉检查：通过综合碰撞检查发现干涉部位，直观、高效地排查设计问题，实现设计优化。重点在于对不同专业、不同软件来源的模型进行全专业综合碰撞。单击碰撞标签，可以详细查看碰撞点的干涉情况。

（4）IoT 应用：通过 IoT 设备信息挂接，简单快捷地实现监测数据实时读取，通过预设的安全阈值实现隐患的提前预警与排查，保证管网的健康安全运行。针对老旧管网，实行材质与建设年代综合分析，对管网使用寿命实现全生命周期的预警管理。系统连接 IoT，将换热站、末端的温度、压力、流量等各项指标体现在模型上，并对超出阈值范围的部位进行报警，从而支持供热网全网平衡和管理。

7.7 智慧工地

智慧工地是智慧地球理念在工程领域的行业具现，是一种崭新的工程全生命周期管理理念。智慧工地是指运用信息化手段，通过三维设计平台对工程项目进行精确设计和施工模拟，围绕施工过程管理，建立互联协同、智能生产、科学管理的施工项目信息化生态圈，并将此数据在 VR 环境下与 IoT 采集到的工程信息进行数据挖掘分析，提供过程趋势预测及专家预案，实现工程施工可视化智能管理，以提高工程管理信息化水平，从而逐步实现绿色建造和生态建造。

智慧工地将人工智能、传感技术、VR 等高科技技术植入建筑、机械、人员穿戴设施、场地进出关口等各类物体，并且被普遍互联，形成 IoT，再与互联网整合在一起，实现工程管理干系人与工程施工现场的整合。智慧工地的核心是以一种更智慧的方法来改进工程各干系组织和岗位人员交互的方式，以提高交互的明确性、效率、灵活性和响应速度。

2020年7月3日，住房和城乡建设部、国家发展和改革委员会、科学技术部、工业和信息化部、人力资源和社会保障部、交通运输部、水利部等13个部门联合印发《关于推动智能建造与建筑工业化协同发展的指导意见》（建市〔2020〕60号），该文件提出："大力推进先进制造设备、智能设备及智慧工地相关装备的研发、制造和推广应用，提升各类施工机具的性能和效率，提高机械化施工程度。加快传感器、高速移动通信、无线射频、近场通信及二维码识别等建筑物联网技术应用，提升数据资源利用水平和信息服务能力。"为深入贯彻《国务院办公厅关于促进建筑业持续健康发展的意见》（国办发〔2017〕19号）的文件精神，积极响应住房和城乡建设部等13个部门联合印发的《关于推动智能建造与建筑工业化协同发展的指导意见》，加快提高工程建造技术科技化、信息化、智能化水平，进一步提高建设工程专业技术人员理论与技能水平，中国建筑科学研究院认证中心决定联合北京中培国育人才测评技术中心共同组织实施智能建造师专业技术培训及等级考试工作。

7.7.1 智慧工地建设的关键因素

智慧工地建设的关键因素主要包括以下几个方面：

（1）IoT技术应用：通过各类传感器、监控设备等收集工地现场的人员、物料进出、环境、安全、质量、进度等实时数据，实现工地的全面感知和实时监控。

（2）大数据分析与处理：对收集的数据进行深度挖掘和智能分析，为施工决策提供科学依据，如预测潜在的安全风险、优化施工方案、提升工程效率等。

（3）云计算平台：构建基于云计算的项目管理平台，实现信息资源集中存储、高效共享，提升工地信息化管理水平。

（4）人工智能技术：利用AI技术进行自动化调度、智能化预警，比如AI图像识别用于工人的安全帽佩戴检测、违规行为抓拍等；用AI算法优化施工计划等。

（5）移动互联技术：开发移动端App或小程序，让管理人员、技术人员和一线工人可以随时随地查看、上报和处理工地相关信息，提高沟通协作效率。

（6）标准化流程和规范制度：建立和完善适应智慧工地建设的管理体系和规章制度，确保各项智能技术有效落地并发挥作用。

（7）人才培养与队伍建设：培养一批既懂建筑行业又掌握现代信息技术的专业人才，推动智慧工地建设及后期运营维护。

（8）硬件设施智能化升级：包括但不限于采用智能机械设备、环保材料、绿色节能技术等，提升工地的整体智能化水平。

7.7.2 智慧工地的架构设计

云端大数据依托遍布项目所有岗位的应用端（PC端、移动端、穿戴、植入等）产生的海量数据，通过云储存，系统进行数据计算，实现整个施工过程可模拟、施工风险可预见、施工过程可调整、施工进度可控制、施工各方可协同。

智慧工地整体架构可以分为以下三个层面：

终端层：充分利用IoT技术和移动应用提高现场管控能力；通过RFID、传感器、摄像头、手机等终端设备，实现对项目建设过程的实时监控、智能感知、数据采集和高效协同，提高作业现场的管理能力。

平台层：各系统中处理的复杂业务、产生的大模型和大数据如何提高处理效率？通过云平台进行高效计算、存储及提供服务，让项目参建各方更便捷地访问数据，协同工作，使得建造过程更加集约、灵活和高效。

应用层：应用层的核心内容是提升工程项目管理水平，因此项目管理系统是工地现场管理的关键系统之一。BIM的可视化、参数化、数据化的特性让建筑项目的管理和交付更加高效和精益，BIM是实现项目现场精益管理的有效手段。

BIM和项目管理系统为项目的生产与管理提供了大量可供深加工和再利用的数据信息，是信息产生者，要有效管理与利用这些海量信息和大数据，需要数据管理系统的支撑，以充分发挥数据的价值。因此应用层是项目管理系统、BIM和数据管理系统的紧密结合，相互支撑实现工地现场的智慧化管理。

7.7.3 智慧工地的技术支撑

1）数据信息交换标准技术

要实现智慧工地，就必须做到不同项目成员之间、不同软件产品之间的数据信息交换，由于这种信息数据交换涉及的项目成员、种类繁多，项目阶段复杂且项目全生命周期时间跨度大，以及应用软件产品数量众多，只有建立一个公开的数据信息交换标准，才能实现所有软件产品互相之间的数据信息交换，才能实现不同项目成员和不同应用软件之间的信息流动。这个基于对象的公开数据信息交换标准包括定义数据信息交换的格式、定义数据交换信息内容、对交换的数据信息进行验证三种标准。

2）BIM技术

BIM技术在建筑物全生命期时间内可以有效地进行运营维护管理。BIM技术具有空间定位和记录数据的能力，将其应用于运营维护管理系统，可以快速、准确地定位建筑设备组件；对材料进行可接入性分析，选择可持续性材料，进行预防性维护，制订行之有效的维护计划。应用BIM与RFID技术，将建筑信息导入资产管理系统，可以有效地进行建筑物的资产管理。BIM还可进行空间管理，合理高效地使用建筑物空间。

3）可视化技术

可视化技术能够把科学数据（包括测量获得的数值、现场采集的图像或是计算中涉及、产生的数字信息变为直观的、以图形图像信息表示的、随时间和空间变化的物理现象或物理量）呈现给管理者，以便观察、模拟和计算。该技术是智慧工地实现三维展现的前提。

4）3S技术

3S技术是遥感技术(Remote Sensing, RS)、地理信息系统(Geography Information Systems, GIS)和全球定位系统(Global Positioning Systems, GPS)的统称，是将空间技术、传感器技术、卫星定位与导航技术和计算机技术、通信技术相结合，多学科高度集成地对空间信息进行采集、处理、管理、分析、表达、传播和应用的现代信息技术,是智慧工地成果的集中展示平台。

5) VR技术

VR是利用计算机生成一种模拟环境,通过多种传感设备使用户"沉浸"到该环境中,使用户与该环境直接进行自然交互的技术。它能够让应用BIM的设计师身临其境地以自然的方式与计算机生成的环境进行交互操作,获得更加丰富的体验。

6) 数字化施工系统

数字化施工系统是指依托数字化地理基础平台、GIS、遥感技术、工地现场数据采集系统、工地现场机械引导与控制系统、GPS等基础平台,整合工地信息资源,突破时间、空间的局限,建立一个开放的信息环境,以使工程建设项目的各参与方更有效地进行实时信息交流,利用BIM成果进行数字化施工管理。

7) IoT

IoT是新一代信息技术的重要组成部分。IoT通过智能感知、识别技术与普适计算广泛应用于网络的融合。

8) 云计算技术

云计算是网格计算、分布式计算、并行计算、效用计算、网络存储、虚拟化和负载均衡等计算机技术与网络技术发展融合的产物。云计算旨在通过网络把多个成本相对较低的计算实体整合成一个具有强大计算能力的完美系统,并把这种强大的计算能力分布到终端用户手中,是解决BIM大数据传输及处理的最佳技术手段。

9) 信息管理平台技术

信息管理平台技术的主要目的是整合现有管理信息系统,充分利用BIM中的数据进行管理交互,以便让工程建设各参与方都可以在一个统一的平台上协同工作。

10) 数据库技术

BIM技术的应用以能支撑大数据处理的数据库技术为载体,包括对大规模并行处理(MPP)数据库、数据挖掘电网、分布式文件系统、分布式数据库、云计算平台、互联网和可扩展的存储系统等的综合应用。

11) 网络通信技术

网络通信技术是BIM技术应用的沟通桥梁,是BIM数据流通的通道,构成了整个BIM应用系统的基础网络。用户可根据实际工程建设情况,利用手机网络、Wi-Fi网络、无线电通信等,满足工程建设的通信需要。

7.7.4 智慧工地建设的意义

智慧,能够决定和改变一座城市的品质;智慧城市决定与提升着未来城市的地位与发展水平。在城市化的高级阶段,智慧城市以通过大系统整合、物理空间和网络空间交互、公众多方参与和互动来实现城市创新为特征,使城市管理更加精细、城市环境更加和谐,城市经济更加高端,城市生活更加宜居。

建筑行业是我国国民经济的重要物质生产部门和支柱产业之一,也是一个安全事故多发的高危行业。如何加强建筑行业施工现场安全管理、降低事故发生频率、杜绝各种违规操作和不文明施工、提高建筑工程质量,是摆在各级政府部门、业界人士和广大学者面前的一项重要研究课题。

在此背景下,伴随着技术的不断发展,信息化手段、移动技术、智能穿戴及工具在工程施工阶段的应用不断提升,智慧工地建设应运而生。建设智慧工地在实现绿色建造、引领信息技术应用、提升社会综合竞争力等方面具有重要的意义。

7.7.5 智慧工地爆发对价值构成重估

智慧工地打开了百亿级市场新空间:作为广义上的工地信息化,智慧工地以"美丽中国"和"新型城镇化"为大背景,深耕施工阶段的千万级客户群体和百亿级信息化空白市场,以工地大模型、工地大数据、工地大协同、应用碎片化为标准,积极布局钢筋翻样、精细管理、材料管理等成熟产品,开拓三维工地、模架产品、劳务验收、云资料等孵化产品,并计划延伸到智能安全帽、工地平板等施工业务硬件领域。其中,成熟产品以端销售为主,孵化产品会走租赁模式。

BIM+GIS+IoT技术融合智慧工地管理,可以实现从设计端到施工端的顺利转换并为运维阶段提供必要的数据积累。智慧工地系统如图7-7-1所示。智慧工地采用数字化技术对现场进行数字化管理,主要包含以下内容:

图7-7-1 智慧工地系统

(1)合同、文件、管理:通过系统对项目各个建设阶段的档案进行留存管理。

(2)项目质量管理:各参与方对建设中存在的问题进行数字化处理,留存施工过程痕迹。

(3)进度管理:根据进度计划进行虚拟建造,不同颜色显示不同的进度情况,并与实际建造过程进行对比,查看过程进度滞后或提前,优化现场物、料、人等的配置,降低工程造价。

(4)安全管理:通过三维实景展示,模拟施工过程中可能出现的情况;通过VR技术进行安全预演;通过IoT和人工智能设备对现场人员的安全帽佩戴情况、安全措施设置情况进行报警;通过系统提高现场的安全管理水平,减少和避免安全事故的发生。

(5)支付管理:通过无人机建模对现场进行工程量复检;通过管理系统BIM进度显示和审批情况对工程进度进行确认,并对工程量进行复核确认;通过系统对资料进行审查,在满足支付条件时进行工程支付。支付管理可以解决传统工程量复核难度大、手续审批缓慢等问题,提高工程管理效率。

7.8 精细化分析设计

三维实景地形和BIM技术的融合不仅解决了很多传统二维设计中无法解决的问题,而且在工程实际中有很多小的应用,解决了很多难点问题。

7.8.1 空间距离量算问题

空间距离量算是二维设计中无法解决的难题。现实中构造物与各种管线的距离都有明确的规定。精细化设计要求我们必须采用新的手段进行量测。

图 7-8-1 所示为高压线与待建桥梁的拱空间安全距离量算，中间涉及桥拱安装吊装安全和运营安全。通过无人机对现场进行倾斜摄影建模，建成三维模型（由于水面匹配点少，会出现变形问题，可以采用天际航 DP-Modeler 对水面进行修正，本项目应用重点不涉及水面，故不对水面进行修正）。由于三维倾斜摄影无法对电线、水面及玻璃幕墙等匹配点较少的构件进行精细化建模，本项目通过 BIM 对桥梁和电线进行建模，最后把三维实景模型和 BIM 导入 GIS 平台进行碰撞分析和数据量算，确定工程的可行性。

图 7-8-1　桥梁与高压线空间距离量测

7.8.2 视域分析

视域分析是三维平台的基础功能，但它却是二维无法解决的痛点。近年来，高速公路规划和设计越来越多，很多存在设计的瑕疵，在纵坡较大的路段存在防眩板高度设置不合理的情况（图 7-8-2），无法完全消除对向车辆的灯光干扰，严重影响驾驶安全，容易引发交通事故。另外，部分高速和高铁平行路段也存在灯光干扰的情况，在设计和规划时应进行干扰分析。在矿山开采生态环评分析中，要求矿山的开采面不能暴露在道路行驶车辆的视野内，这也要求我们进行视域分析。

图7-8-2 视域分析在防眩板高度设置上的应用

对既有道路的安全分析可以通过无人机采集三维模型，导入GIS模型进行分析。对于规划和新建的道路可以结合BIM进行分析。大区域的矿山在没有三维模型的情况下，可以下载卫星地图或根据测绘数据进行三维曲面转换，然后导入平台进行分析。

7.8.3 道路走廊带分析

在项目工程实际中，经常需要为决策部门提供数据和技术支持，很多时候时间紧、任务重，这就要求采用非传统模式进行作业。

例如，某地方新建市政道路，需要穿过村庄，2~3天内确认方案的合理性，对拆迁工程量进行分析。BIM+GIS道路融合拆迁应用如图7-8-3所示。采用大疆精灵4RTK（搭配10块蓄电池）、GNSS一台、喷漆工具、锤子、电钻、控制桩等，内业导入规划的KML路线，根据路线走向进行走廊带采集。4km左右道路每500~600m一个架次进行采集，采集点和控制点埋设白天进行。数据采用集群处理，晚上完成，生产三维模型。根据DSM生成等高线叠加正射影像，进行道路设计，生成BIM，导入BIM和三维实景数据到GIS平台，在平台中进行拆迁面积量测。此外，还可以进行方案比选等操作。

7.8.4 实景建模和景观融合设计

近年来，随着技术的发展，景观效果图做得越来越精美，但是虚拟场景存在致命的缺陷，与现场实际不相符，造成景观效果图是"西施"，施工出来是"东施"的效果，长期以来被各参建方所诟病。

目前，GIS平台由于受目前硬件和软件的限制，虽能展示一些植物和场景搭配，但显示不够逼真，达不到预期效果。为了解决这个难题，我们采用无人机采集实景+渲染软件+BIM进行融合的方案。实景模型+BIM+绿化景观融合改造前后对比如图7-8-4所示。

图7-8-3 BIM+GIS道路融合拆迁应用

图7-8-4 实景模型+BIM+绿化景观融合改造前后对比图

无人机采集数据后进行三维建模,生产格式选用OBJ(渲染软件识别的格式)。无人机采集的场景数据受飞行高度和软件的限制,根据数据做出的实景模型部分树木飘浮、结构物变形。我们采用DP-Modeler进行模型修正,修正完成后启用BIM导入Lumion进行植物布置和场景布置,根据需求渲染出效果图或视频。最后利用会声会影等软件进行背景音乐和配音剪辑。

7.8.5 行车视距分析

某条国道采用一级公路标准,跨越某高速互通区域,高速公路管理方要求对跨越方案进行视域分析,保证桥梁下部不对高速匝道的行车造成影响。

我们收集了高速公路的设计资料和新建道路的设计资料,利用鸿业路易软件进行建模,然后利用行车视角进行漫游,确定桥梁下部布设的合理性。某互通行车视距分析如图7-8-5所示,图中红色矩形框区域为主要分析区域。

本项目资料齐全,因所在区域受限没有采用无人机进行三维建模。在其他同类项目中采用无人机实景建模,更能反映真实的场景。

图7-8-5 某互通行车视距分析

通过建模分析,部分桥墩位置影响行车安全,对桥梁下部进行调整,调整后满足行车安全需求,通过了高速管理部门的审批。

7.8.6 某高速公路枢纽改造保通方案分析

国内某高速公路枢纽进行互通(两条国家级干线高速公路)改造。作为国家干线高速公路,在施工过程中的保通方案至关重要。保通方案必须经过审批才可以实施,为保证方案的准确直观表达,我们将无人机倾斜摄影技术和BIM技术进行融合,实现对互通改造前后的对比模型(图7-8-6)和互通保通方案的模拟(图7-8-7),通过卷帘分析对比(图7-8-8),展现改造前后对比的范围和细节,大大提高了工作效率,缩短了方案评审周期和施工周期,为项目的顺利实施提供了有力的技术保障。

图7-8-6 互通改造前后对比模型

图7-8-7 互通保通方案

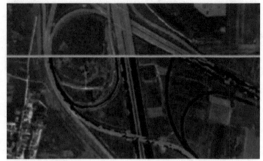

图 7-8-8 卷帘分析对比

7.9 某国道智慧交通案例

7.9.1 总体设计

该项目位于山区,采用双向六车道一级公路标准,设计速度80km/h,路基宽度33.5m,路面面层采用沥青混凝土。

1) 项目特点

本项目代表性突出,本路段货运车辆流量大,经过煤矿沉陷区,有高边坡、大桥等,设置一处超限站,以市电、有线传输方案为主。

2) 设计内容

路网监测系统、桥梁结构健康管理监测系统、道路沉降监测预警系统、边坡沉降自动监测系统、雾天行车防撞预警监测系统、非现场执法系统、交调系统、道路外场监控系统等。

3) 总体设计目标

(1) 依托无人机、BIM、数字孪生技术构建三维GIS数据底板,依托外场采集设备,通过智慧化的管理养护平台,实现对道路全线车辆运行情况、道路、边坡、采空区、桥梁等运行状态的全程管控,保证道路安全运行;通过智慧化管理系统,实现对道路的高效低成本的管理养护,形成协同公路网各级运营管理部门、公路网监控室与交通运输厅、路网监控室、运输管理部门、公安交管部门等的智能感知体系。

(2) 通过新一代信息技术,支撑公路交通全要素、全生命周期的认知、决策与应用,实现基础设施、综合立体交通网的"人—车—路—环境—信息"协同;实现本项目典型运行环境下的实时感知、应急响应、数智管理、安全服务,为出行者和管理者提供安全、高效、舒适、便捷的智慧交通系统。

(3) 依托、融合和开发公路网典型信息系统,统一规范公路中心的网络结构,动态掌握相关信息,提供多种形式的动态监测、实时预警,精准识别与应用,形成建设、管理、养护、运营、服务等各业务齐抓共管的"云"格局,逐步建成"全区覆盖、全域共享、全程掌控、智慧应用"的智能感知网络体系。

4）总体设计原则

（1）以人为本

在满足使用功能的前提下,智能感知系统设计,力求技术先进、安全可靠、适用耐久、经济合理。加强文件质量控制和设计后服务,保证提供给建设者的设计文件准确有效;充分考虑需求,提供必要的硬件和软件管理手段,优化管理工作流程,为管理者服务。

（2）系统工程

本次设计是多专业的综合运用,其内容广泛,监控、电力、通信、云服务等相互交叉,需要系统考虑设计方案,且应在满足道路需求的前提下,各专业相关衔接部分的设计数据、资料应按照系统工程的设计理念和方法深化。

（3）技术前瞻性

智能感知系统设计涉及通信、计算机、监控等信息技术,而国内外计算机技术、通信技术、信息技术发展很快,设计应瞄准国际先进技术水平并具备一定前瞻性,避免工程建成后的技术和设备过早淘汰。

（4）深入论证、精益求精

在全面、深入地分析建设条件、设计资料的基础上,对本项目涉及的重大方案进行深入论证、深层次比选。

（5）合理选择设计指标、节省资源投入

须考虑整个建、管周期内的综合成本,以满足功能需要为主要目标,确定智能感知设施、云平台、运行监测系统等的建设规模,经济合理,确保较好的性能价格比。

5）数据处理和存储系统

（1）数据处理

本项目按照超载超限监测、公路异常事件监测、雾天行车防撞预警监测、边坡沉降监测分析、采空区沉降监测、信息发布与管理、展示界面优化升级等7个业务系统相对独立的模式,根据对3年数据处理量的现值分析,单业务需使用应用服务器不低于8vCPU,数据库服务器不低于15vCPU;多业务需使用应用服务器不低于56vCPU,数据库服务器不低于105vCPU。

数据库服务器配置4个CPU,1个CPU内核数为8核16线程,根据vCPU总数(逻辑处理器)=Socket数(CPU个数)×Core数(内核)×Thread数(超线程)公式,则Socket数(CPU个数)=vCPU总数/(Core数×Thread数),可计算出数据库服务器需CPU个数=105/(8×4)=3.3≈4个;应用服务器配置2个CPU,应用服务器需CPU个数=28/(8×2)=1.75≈2个。因此,需应用服务器2台和数据库服务器4台,共计6台。

按照应用服务器1:4配置内存,数据库服务器按照1:2配置内存,则应用服务器共需内存112G,数据库服务器共需内存112G。内存按照物理内存:虚拟内存=1:1,则需共需内存112G+112G=224G。

（2）存储系统

本项目高清摄像机共计24台,边坡监控摄像机106台,光栅光纤传感器65个,水准仪12

个,温湿度计6个,共计62.42TB。

①视频图片数据：

a.高清摄像机,码流:4Mbps;存储时间:30天。每路视频每天存储所需空间:4Mbps×3600s×24/1024/8≈42.19GB。

b.边坡监控摄像机,码流:2Mbps;存储时间:30天。每路视频每天存储所需空间:4Mbps×3600s×24/1024/8≈42.19GB。

c.光栅光纤传感器,采集频率:100Hz,单条数据约200B;存储时间:30天。每个传感器每天存储所需空间:200B×100×3600s×24/1024/1024≈1647.95MB。

d.水准仪,采集频率:1Hz,单条数据约160B;存储时间:30天。每路视频每天存储所需空间:160B×1×3600s×24/1024/1024≈13.18MB。

e.温湿度计,采集频率:1Hz,单条数据约300B;存储时间:30天。每路视频每天存储所需空间:300B×1×3600s×24/1024/1024≈24.72MB。

②外场监测设施所需空间：

a.24路视频监控30天存储共需空间:24台×30天×42.19GB/1024≈29.66TB。

b.24路边坡监控30天存储共需空间:106台×30天×42.19GB/1024≈131.02TB。

c.65个光栅光纤传感器30天存储共需空间:65×30天×1647.95MB/1024/1024≈3.06TB。

d.12个水准仪30天存储共需空间:12×30天×13.18MB/1024≈4.63GB。

e.6个温湿度计30天存储共需空间:6×30天×24.72MB/1024≈4.34GB。

故外场监测设施总计所需存储空间:29.66TB+131.02TB+3.06TB+4.63GB+4.34GB≈163.74TB

7.9.2 管理部门职能

管理部门主要负责全市国省干线公路(市域快速通道)的建设、养护、路产路权管理等工作,其主要职能如下:

(1)拟定普通公路建设养护、管理服务、安全应急技术规范。

(2)承担编制全市普通公路发展规划计划、建设项目可行性研究、设计文件审查等技术服务,负责全市普通干线公路建设科研、技术交流工作及行业科研成果推广应用。

(3)参与保护公路路产和维护公路路权工作,参与编制全市普通干线公路路产、路权工作的规章制度和计划;做好路产登记。

(4)承担全市普通干线公路建设管理服务、安全应急等方面的事务性工作。

(5)参与农村公路规划、建设、养护、科研等工作;负责做好全市农村公路建设、养护统计、调查数据分析,为农村公路规划提供技术服务和业务指导。

(6)负责全市普通公路行业信息化、智能化及系统信息网络安全工作,为全市普通公路安全生产工作提供技术支持。

(7)参与拟定普通公路年度投资目标、任务、计划,承担普通干线公路养护计划方案编制、预算申请、重要建设与养护工程竣工验收等方面的事务性工作,承担行业和相关工程项目的财务、资产、审计等方面的事务性工作。

7.9.3 总体方案

7.9.3.1 编制原则

1)要素全面

面向新型的智能感知设施,根据项目实际情况的需求和公路信息化、道路沿线设施、交通量及预测、出行者的需求来控制设计内容和关键因素,并明确设计的范围和内容。

2)层级突出

在设计的过程中逐层梳理,特别是公路监控室、感知设施的层级,善于组织、协同,并从最重要到最不重要依次排列信息,清晰地体现逻辑性。

3)相近融合

在信息设计中强调相似性与差异性是非常重要的,要理解相关内容之间的大小层级和相互关系,强调相关联系和界面。

7.9.3.2 设计依据

1)总体设计依据

项目管理需求。

2)智能感知设施设计依据

(1)《交通运输标准化"十四五"发展规划》(交科技发〔2021〕106号)。
(2)《数字交通"十四五"发展规划》。
(3)《公路工程技术标准(平装版)》(JTG B01—2014)。
(4)《公路交通情况调查设备 第1部分:技术条件》(JT/T 1008.1—2015)。
(5)《公路交通情况调查设备 第2部分:通信协议》(JT/T 1008.2—2015)。
(6)《电气装置安装工程 电气设备交接试验标准》(GB 50150—2016)。
(7)《电力工程电缆设计标准》(GB 50217—2018)。
(8)《低压配电设计规范》(GB 50054—2011)。
(9)《供配电系统设计规范》(GB 50052—2009)。
(10)《公路网运行监测与服务暂行技术要求》(2012年第3号公告)。
(11)《公共安全防范视频监控联网系统信息传输、交换、控制技术要求》(GB/T 28181—2022)。

3)网络与传输设计依据

(1)《通信线路工程设计规范》(GB 51158—2015)。
(2)《通信线路工程验收规范》(GB 51171—2016)。
(3)《通信线路工程施工监理规范》(YD/T 5123—2021)。
(4)《架空光(电)缆通信杆路工程设计规范》(YD 5148—2007)。
(5)《光缆线路对地绝缘指标及测试方法》(YD 5012—2003)。

(6)《公路通信及电力管道设计规范》(JT/T 3383-01—2020)。
(7)《住宅区和住宅建筑内通信设施工程设计规范》(GB/T 50605—2010)。
(8)《住宅区和住宅建筑内光纤到户通信设施工程施工及验收规范》(GB 50847—2012)。
(9)《宽带光纤接入工程技术规范》(YD 5206—2023)。
(10)《宽带光纤接入工程施工监理暂行规定》(YD 5218—2015)。
(11)《通信工程建设环境保护技术暂行规定》(YD 5039—2009)。
(12)《通信建设工程安全生产操作规范》(YD 5201—2014)。
(13)《电信设备安装抗震设计规范》(YD 5059—2005)。
(14)《基于以太网方式的无源光网络(EPON)技术要求》(GB/T 29229—2012)。
(15)《工程建设标准强制性条文》(信息工程部分)。

4)信息系统设计依据

(1)《交通运输标准化"十四五"发展规划》(交科技发〔2021〕106号)。
(2)《公路水路交通安全畅通与应急处置系统省级工程建设指南》。
(3)《中华人民共和国突发事件应对法》(主席令第六十九号)。
(4)《国务院关于全面加强应急管理工作的意见》(国发〔2006〕24号)。
(5)《国家突发公共事件总体应急预案》,国务院2006年发布并实施。
(6)《国家应急平台体系技术要求(试行)》,国务院应急管理办公室2007年发布。
(7)《国家安全生产应急平台体系建设指导意见》(安监总应急〔2006〕211号)。
(8)《国家电子政务工程建设项目管理暂行办法》(国发改〔2007〕55号)。
(9)《公路交通突发事件应急预案》,交通运输部2009年发布。
(10)《交通运输部关于全面加强交通应急管理工作的指导意见》(交搜救发〔2006〕512号)。
(11)《全国公路网管理与应急处置平台建设指导意见》(交公路发〔2009〕713号)。
(12)《交通运输突发事件信息报告和处理办法》(交应急发〔2010〕84号),交通运输部2010年发布。
(13)《交通运输部关于印发交通运输部公路交通阻断信息报送制度的通知》(交公路发〔2011〕183号),交通运输部2011年发布。
(14)《交通运输突发事件应急管理规定》(交通运输部令2011年第9号)。
(15)《交通移动应急通信指挥平台设备购置项目建设方案》,中国交通通信信息中心2011年发布。
(16)《交通移动应急通信指挥平台管理办法》,交通运输部2014年发布。
(17)《交通运输行业网络安全等级保护定级指南》(JT/T 904—2023)。

5)信息化相关设计规范

(1)国家、各部委关于大数据、互联网+、电子政务、应急的相关发文与指导意见。
(2)《国务院关于积极推进"互联网+"行动的指导意见》(国发〔2015〕40号)。
(3)《推进"互联网+便捷交通"促进智能交通发展的实施方案》。
(4)关于GIS、电子信息系统、机房、建筑物、电气电子等的国家标准、行业标准等。
(5)《关于印发公路水路交通运输信息系统建设项目可行性研究报告编制办法(试行)的

通知》(厅规划字〔2011〕259号)。

7.9.3.3 总体框架

公路智能感知系统建设项目的定位可归纳为"运行监测网、顶层云、服务平台、基础协同层"。总体框架图如图7-9-1所示。

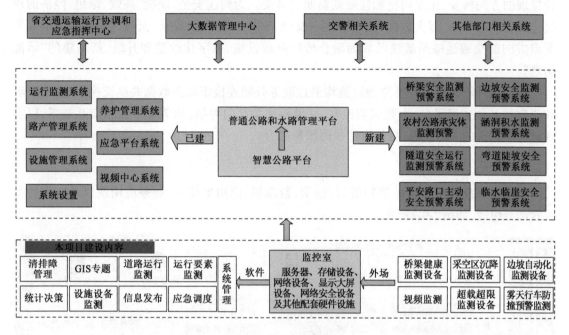

图7-9-1 总体框架图

1)运行监测网

根据对河南省国(省)道公路网的几何线形、交通流量、流向和交通组成以及公路两侧状况等信息的实时监测,依托云数据服务技术,面向服务体系架构(SOA)技术、流程管理技术等,为河南省各级公路管理部门实时提供高质量的路网运行信息,为获取路面运行状况、疏导交通、研判车流、设置预案、辅助决策等提供必要的支撑。

2)顶层云

一个是以实时获取各类数据的综合数据交换体系,在一个平台上实现公路监控室与各分中心、其他业务系统的数据交换;另一个是多业务集成体系,将路网管理与应急指挥业务、综合养护业务、执法管理业务、超限治理业务、信息服务业务等集成在一个统一平台上。

3)服务平台

围绕服务于领导决策、服务于业务管理和服务于社会公众,依托平台建设,整合现有系统,突出综合应用,为公路建设、养护、路政、指挥调度管理部门提供技术支撑,为公路使用者提供全方位的交通信息服务,从而全面提高公路运输系统的生产、管理和服务水平,使传统的公路运输系统向以数字化、信息化、感知化为基础的智能化方向发展。

4)基础协同层

实现省、市级公路管理部门,县、区级公路管理部门或养护站等不同公路管理部门之间的协同,及时反映辖区公路交通运行状况,精确高效地指挥、处置各类公路交通事件。

围绕交通强国这一宏伟蓝图,各种传统的交通方式独立发展,正在向更加注重一体化融合发展的方向转变,正在向更加注重创新驱动转变。为构建安全、便捷、高效、绿色、经济的现代化综合交通体系,以大数据+交通、数字+交通、5G+交通、人工智能+交通、互联网+交通等为重点方向的交通运输新基建已成为融合传统基础设施、数字化改造和升级、新基建的"示范场地"。

本项目外场建设的各类监测设施均通过政务外网连接市政务数据共享交换平台,按要求和流程与其他省级平台、大数据监控室、交警等相关部门对接,相关业务数据交互共享,以实现对道路状态的实时监测,强化事件预测预警能力。

7.9.3.4 逻辑架构

本项目系统逻辑架构由感知层、传输层、数据层、应用支撑层、业务应用层以及应用展示层六部分组成,如图7-9-2所示。

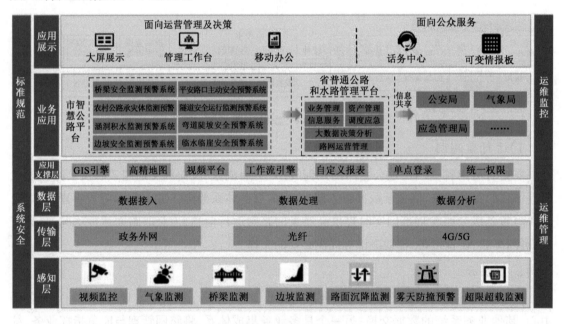

图7-9-2 逻辑框架图

(1)应用展示层:主要为市公路事业发展中心、下属部门及市公路信息化服务中心的管理员提供展示界面,为相关人员提供移动终端的工作界面等。

(2)业务应用层:充分考虑平台建设现状,对于已建设的模块,只建设前端感知设备,并将数据接入监控室,通过监控室政务专网传输入市智慧云平台。对于平台未建设的模块,将在平台中开发相应模块,并以链接的形式跳转至相应的系统进行操作和查看。

(3)应用支撑层:是整个应用系统的支撑环境和公用基础服务,主要包括GIS平台、视频平台、工作流平台、自定义报表、单点登录和统一权限管理平台。本项目将沿用平台现有的支撑层建设情况,不再新建。

(4)数据层:前端采集的数据要按照统一的接入标准与市政务数据共享交换平台、河南省普通公路和水路综合管理平台进行对接,实现监测数据和终端状态数据的接入。

(5)传输层:在本项目中,所有外场设施设备产品的数据将以政务外网的方式传输至平台,新建业务应用模块将以运营商链路或政务外网的方式进行互通。

(6)感知层:通过建设前端感知设备(如视频监控、气象监测、桥梁监测等多种外场设备),实现不同类型的多种事件的监测以及多种数据的采集,为平台提供相应的数据支撑。

7.9.3.5 网络架构图

本项目外场监测设施先传入监控室,监控室再通过政务外网接入市政务数据共享交换平台。外场涉及多种感知设施,通过工业以太网交换机进行汇聚后接入政务外网。前端外场涉及多种业务接入,但是采用同一个网络进行传输。考虑到整体网络的安全性需求,采用相适应技术对各种业务进行逻辑隔离,实现各业务的互不干扰的实时传输。网络架构图如图7-9-3所示。

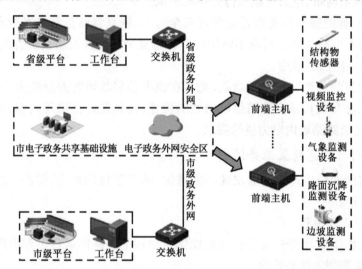

图7-9-3 网络架构图

7.9.3.6 主要业务流程分析

1)感知设施运行与管理业务流程

公路网传统的设施设备数量巨大,包括通信系统、监控系统、供配电系统等。复杂多样的运行环境,如暴雨、大雾、冰冻等极端天气使得公路设施运行与管理需求更加迫切。

机电设备的种类很多,分布较散,不仅包括专用设备(如交通指示设备、道路照明等),而且包括大量通用设备(如监测视频、交通量调查、计算机网络设备、消防设备等)。

根据《公路工程质量检验评定标准 第二册 机电工程》(JTG 2182—2020)的规定将公路常用的机电设备近200种(不包括同种设备的不同型号、规格)对应较有代表性的智能感知设施及其分布。智能感知设施示例见表7-9-1。

智能感知设施示例　　　　　　　　　　　　表 7-9-1

位置	类型	设备服务能力
路段	增强型	具有交通运行状态感知能力、车路协同通信能力
	普通型	具有所在位置感知、无线通信中继能力的设备
互通立交	增强型	具有交通运行状态感知能力、车路协同通信能力
边缘计算设备		具有在路侧提供网络、存储、计算、应用等能力
信息服务板		具有路侧信息服务能力
全要素气象检测仪		具有检测温度、风速、降水、结冰、水膜厚度等多种信息的能力
能见度、路面检测器		具有检测能见度、路面结冰积水的能力

各种精细化的出行需求不断涌现，对于当前很多分中心的智能感知设施运行与管理业务，目前主要依靠人工运维，通过路面巡检人员发现外场设备的异常情况，这种传统运维模式效率低。例如，路面巡检人员在路面巡检过程中发现交调站出现问题，需通过电话等方式联系值班人员，值班人员再人工确认故障问题并向厂家报修。当故障问题无法确认时，需联系厂家人员，甚至联系网络、电力等相关部门协同解决。

从原理上看，智能感知设施布设是保证安全行车、恢复驾驶员和乘客状态、方便旅客、保护环境而设置的不可缺少的。对应不断增加和日趋复杂的沿线设施设备管理，传统的以人工巡查的管理手段显然已不够用。

智能感知设施的能源管理是个难题，尤其在供电链路故障时差异较大，现阶段公路传统电力供给模式无法实现从站点到路侧电力监测覆盖，特别是跨桥梁等内容，尚不具备电力调度功能，无法满足公路路域内电力供给需求。

2）运行监测与应急处置业务流程

考虑到公路网安全生产监管需求的不断增加，随着项目的推进，需进一步梳理和完善安全监管的业务流程。

(1) 日常监管工作流程

日常监管工作主要处理在云平台的监控体系架构下公路网运行过程中所发生的日常业务，主要包括信息管理和业务管理。

①在此流程中，公路中心对外发布各种公路运行状态信息。公路中心负责干线公路运行状态监测系统的日常管理工作，对干线公路运行状态监测、管理养护等各项业务进行汇总分析，在交通厅的领导下负责对外发布干线公路路网运行状况信息，对养护公司、养护站等各基层管理单元等下级部门进行业务指导、监督和检查。

②基层管理单位是具体承担监控管理业务的部门，主要负责所辖路段内联网监控系统的各项业务，汇总分析各项业务信息后上报公路中心，接受公路中心的业务指导和建议，负责完善本路段内联网监控业务的监督和检查工作。

(2) 突发事件应急处置工作流程

突发事件应急处置工作流程是指公路网中发生突发事件时应该执行的业务工作流程。

公路中心通过应急指挥系统来执行本工作流程，主要负责行政协调和技术支持工作。当路网在运营过程中发生突发事件时，相关部门根据发生事件的等级由日常工作模式立即转为突发事件工作模式。

由于道路运营的复杂性和事件发生的突然性，各级联网监控管理部门得到事件发生的时间和地点会有前后差异，因此突发事件业务流程采用分级管理模式，根据突发事件的级别由相应联网监控管理部门统一协调进行事件处理。在事件处理过程中要及时对外发布事件的处理进展和影响的范围，使用户能及时获知信息并调整出行策略。事件处理完毕后需要将处理结果及事件发生对道路运营造成的影响上报上级管理部门，并对外发布事件处理结束信息。

当发生交通事故等异常情况时，根据报警信号，显示发生事故的路段连续图像。

当路网中心需要下发外场设备控制命令时，操作人员先通过本地监控计算机输入控制指令。该控制指令通过通信系统传送到分中心综合管理平台，分中心综合管理平台将该控制指令通过通信系统传送到监控外场设备或再经隧道监控站传送至监控外场设备，隧道监控站计算机通过指令判断是否发布，如属于上级指令，则自动控制外场进行信息发布。当发生异常情况时，路网中心启动相应应急预案，中心值班人员按照预案执行相应操作，各级下级监控机构根据中心指令工作。

3）视频业务流程

（1）视频上传

正常情况下，道路路段、桥梁内的摄像机将视频通过解码器进行解码后，统一汇总后，再通过通信系统提供的IP通道上传至中心系统。

公路监控室根据需要，进行视频解码显示等。

（2）事件报警视频图像

系统检测到异常事情后，将报警视频图像通过管理站的视频编码器进行编码，通过监控以太网交换机及通信系统传送到中心系统，通过视频系统的联动在监控大屏幕上显示。

（3）主动调用图像

在公路中心，监控人员操作视频工作站输入视频编码器的编码拟调用图像，治超站、桥梁管理站、视频工作站通过权限判断是否有效；如果有效，则将视频图像传送到路网中心。

（4）中心视频业务

①视频传输。根据每个的视频资源数量，以及联网通信技术体制所提供的条件，每个中心系统建议可调看40路左右的视频图像。

图像编码格式：MEPG-2/H.264，并符合数字化视频监控联网技术标准。

②视频显示。视频云联网技术支撑中心要求在监控大屏幕上显示全区近300路视频图像。

（5）监控业务权限划分

在一般情况下，公路中心拥有最高的交通控制权限，现场站最低。

考虑到事故或事件发生时，在管理上有现场指挥的需求，业务人员需要抵达事故或事件发生的现场进行指挥和调度，因此交通控制的权限应具有临时指配的功能。需要考虑唯一的交通控制权限分配权利，在临时现场指挥所确定后，可以根据需求分配交通控制权限。

但在基层管理单元与中心通信中断，以及中心系统瘫痪等意外情况下，对于基层管理单元自动取得更高级别的控制权,从而满足降级使用的要求。

4)巡查养护业务流程

(1)当公路监控室开展巡查、养护等业务工作时,其数据上传到公路中心,系统收集到巡查、养护相关数据。

(2)当数据出现异常或者满足系统设定的条件时,系统会在对应的监控业务模块提示。

(3)操作人员根据现实的监控异常数据,利用系统提供的导出功能,完成数据导出或者打印,进行相应的后续处理。

5)服务信息发布流程

服务信息发布流程图如图7-9-4所示。

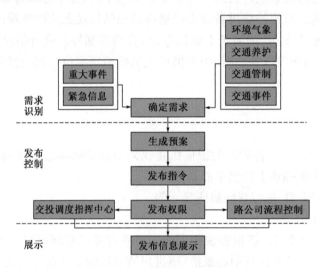

图7-9-4 服务信息发布流程图

7.9.3.7 运行监测系统

1)系统需求分析

公路网运行监测系统的需求主要包括八个方面。

(1)公路网运行的综合管理需求

围绕公路网运行日常监测与突发事件应急处置业务相结合、公路网运行管理与公众出行服务相结合的思路,构建公路网日常运行监测、协调管理、突发事件与应急处置、综合出行服务、决策支持等综合管理的需求。

(2)公路网应急事件的监测、处置过程监测需求

提升公路突发事件的管理能力,规范事件发现、上报、处置的流程,支持突发事件的及时发现、及时感知、及时排除、及时过程管控,支持公路畅通、疏导的需求。

(3)交通拥堵情况的运行监测需求

及时获取交通拥堵位置情况,支持交通拥堵情况的判断,支持交通拥堵的成因分析,包括交通容量无法满足交通需求、路网结构不完善、货车占比高、区域性差异、潮汐性特征等。

(4)运行特情监测与处理需求

危险品运输、交通管制等运行特殊情况的监测及处理等需求。

(5)养护监测需求

养护站域内的养护情况,包括养护过程与结果。

(6)路网设施设备运行状态监测需求

路网设备正常运行、互联互通信息正常运行的监测需求,确保外场设施及相关支撑系统处于良好的技术状况。

(7)路网运行管理辅助决策需求

按照时空特性开展的路网运行情况统计、分析,包括时空特性的查询、比对以及同比、环比、态势等状况整体展示的需求。

(8)公路信息服务需求

公路信息服务需求包括:按时间顺序可分为出行前、出行中、出行后和其余时间(不出行)进行公众出行开展信息服务的需求;按照养护、管理等业务开展各级交通业务人员服务的需求;实时、准确的公路重大事件信息,包括事件发生时间、事件类型、事发地点、事发内容、严重程度、处理经过以及事件视频信息等,不仅是公众出行的需求,也是行业管理部门管理的需求。

2)系统总体架构

结合政务云建设成果,基于云计算架构整合各类交通信息资源,运用成熟、主流的信息技术,采用SOA,构建系统总体架构。系统总体架构可分为基础支撑层、数据资源层、应用支撑层、业务应用层、安全保障体系与标准规范体系/运维保障。

(1)基础支撑层

基础支撑层包含政务云的各类网络系统和数据机房,正在建设的公路监控室等,以及政务云的主机与存储、移动指挥、通信保障、移动通信等。

(2)数据资源层

数据资源层主要是为业务应用层的各应用系统提供支撑的各类数据资源,包括数据库的建设。

(3)应用支撑层

应用支撑层主要为业务应用层的应用系统提供应用支撑服务,包括:GIS平台及空间数据引擎、数据交换平台和短信服务平台等,视频联网监控平台的完善,以及新建的音视频调度平台等。

(4)业务应用层

业务应用层主要包括业务系统,与应用支撑层相对应,基于GIS平台实现的功能,并在业务应用层展示。

(5)安全保障体系

云网融合:保障系统安全稳定运行的相关管理、技术保障措施。

(6)标准规范体系/运维保障体系

标准规范体系/运维保障体系是指为保证系统良好运行维护以及可持续发展所建立的、在行业内统一推广的相关数据建设标准及运行维护的工作规范。

3)系统功能架构

系统功能架构图如图7-9-5所示,包括工作台、BIM+GIS专题、道路运行监测、运行要素监测、统计决策、设施设备监测、信息发布、应急调度、清排障管理、系统管理等。

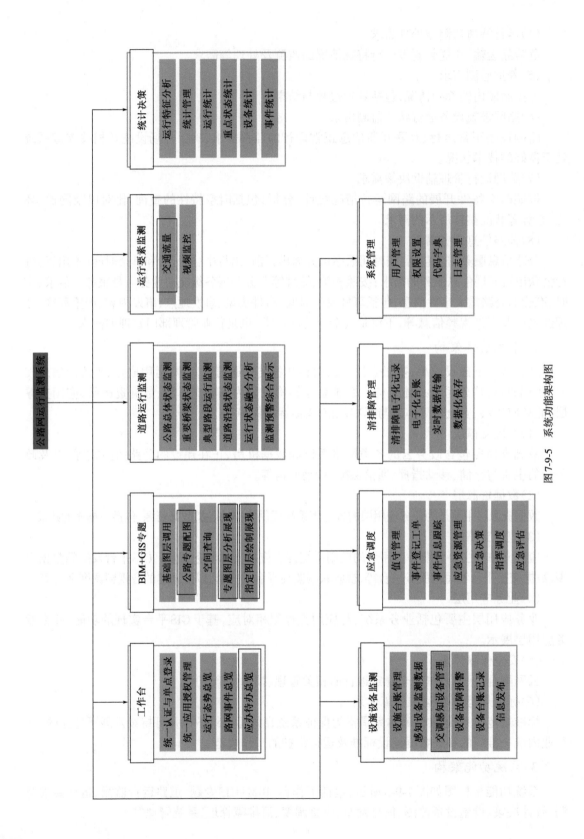

图 7-9-5 系统功能架构图

(1)工作台

①统一认证与单点登录。采用中央认证服务系统(CAS)实现各系统用户登录的整合。CAS基于轻量目录访问协议(LDAP)的统一用户体系进行认证。

②统一应用授权管理。在系统框架下,所有的应用都需要严格管理资源。系统将框架平台下的所有应用进行统一管理并对每个应用模块授权,减少管理人员的工作量,提高系统维护效率。

③运行态势总览。运行态势总览基于GIS平台提供环境监测的感知显示与汇总功能。

④路网事件总览。展示路网事故以及最新动态等信息。

⑤应办待办总览。应办和待办事宜的集中展示和提醒。

(2)BIM+GIS专题

①基础图层调用。二维GIS通过链接形式,调用政务云中路网中心已有"交通运输一张图",形成公路图层的缓存或采用其他商业地图。

本项目GIS平台要求支持三维GIS(包括常见的激光点云、无人机倾斜摄影、BIM等三维数据文件的导入、修改、删除等),支持三维数据的调用编辑、交通场景的模拟,支持扩展和二次开发接口,支持二维和三维的切换。

②公路图层新增。包括对点、线、面类图层进行数据专题图分析展现;实现对沿线设施等点图层数据的专题图分析展现,并以图表形式绘制在电子地图上。

③公路专题配图。路网(行政区划)配图、运行状态(拥堵、事件)配图、基础设施(事件)配图等。

④图层展示。实现对公路等线图层数据专题图的分析展现功能,并以图表形式绘制在电子地图上;实现对行政区划等面图层数据专题图分析展现,并以图表形式绘制在电子地图上。

⑤空间查询。提供公路网空间坐标等的查询功能。

(3)道路运行监测

①公路总体状态监测。综合展现道路(包括事故多发路段、隐患路段等)的运行状态。

在公路网GIS地图上,监控室只对本项目路段信息进行展示,显示所辖公路网交通GIS数据库的建立、查询、检索,并通过GIS地图监测本项目公路整体管制情况、交通流实时状况可视化展示、内外场设备设施的可视化管理等。查询某一个重点路段时,展现该路段的交通流量(通过车辆的数量)、车辆类型(大/小)、视频等信息以及其是否中断的信息。包括交通流量、视频调看、查询、展现等。

②重要桥隧状态监测。本项目选用主要复杂结构的桥梁进行健康监测。

③典型路段运行监测。道路全线的典型路段,如采空区、易水毁、易滑坡、易沉降、易积雪、车流量大的路段。

④道路沿线设施状态监测。道路全线的相关设施,包括智能感知设施、边坡监测设施、信息发布设施、供电与传输设施等的运行状态。

⑤运行状态融合分析。以上主要是实时交通运行数据,事实上,数据来源还包括"两客一危"车辆(浮动车)定位数据、超限超载数据、电子警察等数据。运行状态更多的是与上述数据的集成、融合分析、集成展示。因此,需要建立基于多元数据的交通集聚与消散模型,甚至是短时交通流预测模型。

⑥监测预警综合展示。包括路网中断率、拥挤度、环境指数、通阻度、设施健康状况等的展示,通道运行指数、公路网综合运行指数等综合指数的展示。

(4)运行要素监测

①流量。通过采集全区重要桥梁、重点节点的交通流量数据,经融合算法分析,用五种颜色表示交通流量实时状态在GIS地图中进行直观展示。当点击相应桥梁、节点图标时可以展示出入口平均交通量、平均车速、车型(大、中、小型客车或货车)、平均车距、车道平均时间占有率等信息。

②视频监控。通过接入重要桥梁、重点节点的视频流信息,在GIS地图中单击相应摄像机后,展示相应视频监测信息。视频监测信息包括桥隧、节点高清视频信息,部分视频监控点高清视频切片信息。当发生交通事件时,系统可推荐周边高清摄像机,方便调度人员及时、有效地确定现场人员伤亡及路产损失情况。

(5)统计决策

①运行特征分析。通过对视频资源实时分析,得到路面特征分析、路面目标类型、驾驶视觉特征、事故现场检测结果、事故成因分析结果、事故预警结果。

②统计管理。实时区域的运行流量、事件数量统计,重大节假日的重要节点交通流量统计。

③运行统计。公路的交通事故、运行情况的日度、周度、月度、季度、年度以及任意指定周期内的数量统计,重大节假日的交通流量统计。

④重点状态统计。重点路段、节点的状态统计、展示。

⑤设备统计。道路全线智能感知设施设备的运行状态统计、分析、展示。

⑥事件统计。全区公路网交通事件的运行状态统计、分析、展示。

(6)设施设备监测

①设施台账。对路线、站点、设备的信息进行管理,支持以树形方式,将路线、站点和设备有机组织在一起,便于管理人员理解。为了能更好地为其他系统服务,可根据其他系统的显示要求,分别把设备引入各自的组织方式,而不互相影响。

系统支持的站点类型包括养护站、重点路段、重点桥梁、机关单位、可变情报板、气象站、交通量检测站等。

设备类型包括流媒体、摄像机、车辆、GNSS设备、LED可变情报板、环境检测、交通量检测等。

②感知设备监测数据。对感知设备的数据进行管理。例如,对环境监测的相关数据字段进行统一定义和明确,如日期时间、能见度(m)、温度(℃)、湿度(%)、降雨量(mm)、阵风风速(m/s)、阵风风向、两分钟风速(m/s)、两分钟风向、十分钟风速(m/s)、十分钟风向、0cm路温(℃)、10cm路温(℃)。

③交调设备台账。对数据存储与上报的格式、时间、更新频率等进行管理,如环境监测设备每年一张表进行存储,每分钟更新一条数据。

a.各监测站所测当前能见度、温度、湿度、降雨量、阵风风速、阵风风向、两分钟风速、两分钟风向、十分钟风速、十分钟风向、0cm路温、10cm路温查询服务。

b.一天24h各监测站所测最大最小能见度、最高最低温度、最大最小湿度、降雨量、最大阵风风速及风向、最大两分钟风速及风向、最大十分钟风速及风向、最高最低0cm路温、最高最低10cm路温查询服务。

c.按天统计各天各站所测最大最小能见度、最高最低温度、最大最小湿度、降雨量、最大阵风风速及风向、最大两分钟风速及风向、最大十分钟风速及风向、最高最低0cm路温、最高最低10cm路温查询服务。

d.按月统计各月各站所测最大最小能见度、最高最低温度、最大最小湿度、降雨量、最大阵风风速及风向、最大两分钟风速及风向、最大十分钟风速及风向、最高最低0cm路温、最高最低10cm路温查询服务。

e.按季统计各季各站所测最大最小能见度、最高最低温度、最大最小湿度、降雨量、最大阵风风速及风向、最大两分钟风速及风向、最大十分钟风速及风向、最高最低0cm路温、最高最低10cm路温查询服务。

f.按年统计各年各站所测最大最小能见度、最高最低温度、最大最小湿度、降雨量、最大阵风风速及风向、最大两分钟风速及风向、最大十分钟风速及风向、最高最低0cm路温、最高最低10cm路温查询服务。

g.固定时间或时间范围内的各监测站报警信息查询服务。

④设备故障报警。

a.故障自动报警:当被监测设备发生故障时,通过报警提示声音和画面,显示发生故障设备设施的报警信息,通过机电运维管理系统的管理程序提醒运行监测人员。

b.故障报警记录:记录故障报警信息内容,并将数据保存起来。故障报警记录将及时通知设备管理人员及设备维护人员,既便于设备维护人员及时进行设备故障维修,又为设备管理人员未来新增设备选型提供依据。

⑤设备台账记录。

设备台账提供感知设备的工作记录,即当感知设备产生日志信息时,将日志信息发送至设备台账系统,设备台账以语音、日志等形式提醒和记录。

(7)信息发布

①信息组织。按照广播播报的语音、语调、语速及组词规则,将播报信息转换为语音包,包括信息录入及编辑功能,实现人工方式采编的信息资源的录入及信息内容的编辑。

②服务电话接入。基于手机平台的互动信息服务功能向智能手机用户提供公路出行服务应用软件服务的系统。

③手机互动。该系统由通过开发界面友好的智能手机客户端供用户下载,支持业务人员通过手机获取公路基础信息、查询实时信息、根据实时信息进行导航服务,实时与联网中心进行信息交互。

④应急诱导。基于车辆定位的应急诱导功能,需要各类实时交通信息、气象信息作为信息源,数据包括公路GIS基础信息、交通运行状态信息、气象预警信息、气象预报信息、交通管制信息、交通事故信息和施工养护信息等。

⑤网站服务。包括"路网实时路况""服务信息发布""中心要闻"板块。"路网实时路况"版块为广大驾乘人员提供全区公路实时路况信息,"中心要闻"版块主要介绍职能职责、组织结构和最新开展的各项工作及事件。

(8)应急调度

①值守与值班管理。及时获取应急事件、公路交通突发事件信息,并接收相关指令,主要包括突发事件信息获取、突发事件级别初判和突发事件信息报送等功能。

②登记工单。当接收到来电时,弹出的一个事件录入页面,工作人员在此页面内能够看到来电号码。如果是单位内来电,会显示来电人的电话、姓名以及所在部门;如果来电人有照片,会显示该来电人的照片。

③事件信息跟踪。突发事件信息的审核、跟踪、协调、反馈;突发交通事件的接收记录,包括突发事件的接收记录以及应急电话的管理、通讯录的管理以及各类文电公文的管理等;突发交通事件的信息确认和修改,即对突发事件的准确情况进一步确认,包括时间、地点等以及信息来源,完成信息的全面获取。

④应急资源管理。主要用于掌握应急物资、装备、队伍等应急资源的储备数量、分布情况、技术水平等,并掌握全区应急基地的情况,包括应急物资管理、应急装备管理、应急队伍管理、应急专家管理、应急基地管理等功能。

⑤决策支持。主要用于辅助应急指挥人员根据掌握的情况迅速分析事件等级、研判突发事件发展态势,并辅助形成相对合理的处置方案,包括应急预案、历史案例、应急辅助决策模型等功能。

⑥指挥调度。主要用于应急处置的实施,包括应急处置过程中相关应急力量及应急资源的科学调度,并提供远程会商、协调联动等功能,同时保证各类应急处置指令信息上传、下达,包括事件信息确认、调度信息传递、应急力量与资源调度、协同调度与远程协商、调度过程监控、事件处置归档等功能。

⑦应急评估。主要针对应急资源、应急预案等内容,主要用于辅助应急管理人员评估以往突发事件的处置效果,分析应急指挥过程中的不足,并涉及应急组织体系、应急预案体系、应急队伍、应急资源管理等方面的内容管理。

(9)清排障管理

①清排障电子化记录。清排障全过程的电子化、全过程记录。

②电子化台账。清排障的记录、设备设施消耗、台账等。

③实时数据传输。清排障信息传输通道的管理、实时数据的准确性与管理。

④数据化保存。清排障过程的数据化、视频信息等。

(10)系统管理

①用户管理。支持对监控室、分中心、养护站的系统用户注册、登录、访问权限等进行管理,公路监控室具有用户自主分配权限。

②上报权限设置。实现方便、快速地查看单位状态信息,并提供单位的上报状态统计功能,统计的状态有未上报、已上报、已退回、已确认四种。

③代码字典。实现系统各个代码字典的统一管理和维护。基础数据字典维护包括对类型(站点类型、设备类型)、区域编码、交调类型、营运类型、车牌颜色等基础数据的维护。

④日志管理。对网络系统中的网络设备运行状况、网络流量、用户行为等事件进行日志记录,便于总体掌握按规定时间报送数据的单位、逾期未报数据的单位上报数据质量等情况。

4)权限要求

系统用户主要包括公路监控室用户、分中心用户、养护站用户、系统管理员四类,不同类别的用户对应不同的权限。

①申请政务云业务外网域资源,符合运行监测系统的性能、安全要求。

②申请政务云的互联网域资源,支持运行监测系统的手机App或微信小程序的应用。

5)数据库设计

应结合部省采用的相关数据标准以及交通运输大数据中心已开展的数据治理工作,明确相应的数据库设计和相关内容,避免重复工作。

根据上述系统部署架构图,明确数据接入规范和更新频率,见表7-9-2。

数据接入规范和更新频率 表7-9-2

序号	数据类别	数据项	数据上传或更新频率		数据来源
			本系统	部级要求	
1	基础设施	基本属性	1年	1年	政务云
2		基础设施变更数据	实时	1天	系统自身
3	应急数据	机构、人员、物资等	1年	1年	系统自身
4		应急事件数据	实时	一级以上实时	系统自身
5	运行数据	交通流量、交调等	1min	5min	现有交调、智能感知设施
6		运行状态数据	30min	1h	系统自身
7		交通事件	1h	一级以上	智能感知设施
8		拥堵			
9		特情			
10	现场信息	视频事件数据	自动分析	无	智能感知设施
11	基础设施	健康监测数据	1min	10min	智能感知设施
12	气象信息	日常气象数据	1min	1天	智能感知设施、系统自身
13		极端气象数据	3h	3h	政务云
14	超限超载	执法数据	1天	无	政务云
15		超限超载数据	1h	无	政务云
16	建设				
17	养护				
18	服务				

对应上述功能开展数据库的表设计,其前提是数据资源目录和规范的数据字典。数据资源目录需要考虑数据来源,包括两类:

(1)数据来源于设施设备,包括智能感知设施、共享数据。

(2)共享数据的来源主要包括政务云数据交换平台,市、厅路网中心等。

6)实施路径

预期实现的功能主要包括:监测、展示和分析路线运行状态,即实现公路网运行状态、公路桥梁状态、智能感知设施等信息的汇聚和监测交通流量、视频监控、查询统计、数据处理、科学决策支持等的展现。

(1)技术路径

公路网信息资源开发利用和整合共享,既要做好纵向——行业管理层级上的信息化建设,又要强化横向——业务管理层级间的信息化交互,条块信息资源开发利用和整合共享。

①行业管理层级需要对网络环境、数据采集和上传下达形式以及业务管理方式等各方面进行考虑,实现多层级间的数据畅通传输,业务功能按需获取,需要对各自的管理权限、业务范围和实现方式进行大量深入的研究分析工作。

②业务管理层级,公路监控室与厅安全管理部门、厅执法部门、厅公路水路管理部门等都存在特定的业务交互需求。公路监控室需要与综合执法、安全管理部门共享运行状态、监测信息、决策辅助信息等;与各分中心共享管理部门提供的道路养护施工、养护计划信息和阻断信息,以便养护或者封路时能提供准确的绕行信息;在进行公路运行管理和应急处置时,需和执法、运管等部门开展业务协作,在协作过程中需进行数据交换与共享;与运输管理部门共享车辆状态信息、紧急物资抢运任务信息,共同开展应急任务抢运工作。

总体思路是:开发采用微服务架构,支持云原生,便于后期系统资源横向扩展。

(2)开发路径

组织级的软件开发架构包括需求获取、概要设计、编码和单体测试,主要是单元测试、集成测试、上线测试,试运行、发布交付,正式运行及维护,如图7-9-6所示。

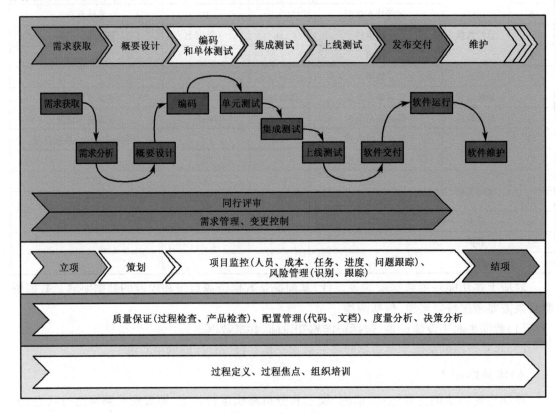

图7-9-6 软件开发架构图

针对公路网运行监测系统,重点如下:

①在设计时,明确系统部署的政务云资源规模。在编码和单体测试期间,申请系统部署的政务云资源,包括系统规模,即云服务器数量、云服务器规格、存储空间(数据量)、操作系统容量、数据库容量、云安全、公网IP、政务云带宽资源。

②在设计、上线测试、发布交付时,明确系统的性能指标。与性能指标相对应的是运行监测系统访问的两项关键指标,即访问量和并发量。该性能指标与云平台性能要求相同。在功能确定之后,数据来源支撑了数据库的建设,并规范了数据资源目录和数据字典。

③需求获取是关键,需要设计与开发单位共同开展系统需求分析,并进行深化与确认,形成系统需求规格说明书。

④编码和单体测试、集成测试是进行系统开发的主要工作,在主要功能完成后,应进行第三方检测等工作,之后才能正式运行系统。

⑤在系统试运行期间,开展需求的更新、系统升级工作,应有完整的记录。

⑥数据接口的稳定性是集成测试、上线测试的主要内容。

为保证运行监测系统对于智能感知设备的接入,提供安全、可靠的连接通信能力,开展以下基于协议连接大量的泛在感知设备,支撑设备状态及监测数据的采集。

①实现数据汇聚,包括数据清洗入库、开发API供系统调用。屏蔽底层设备品牌及协议差异,提升设备接入效率,通过调用API,可向设备端下发指令,实现对设备的远程控制。

②对设备产生的数据进行解析、标注、资源映射以及封装等操作,将个性数据解析到设备所对应的资源实例。

③结合运行监测系统平台的开发和实施,对应开发物联网接入模块,提供完整的设备生命周期管理功能,将设备以资源形式注册到平台,支持设备功能定义、数据解析、在线调试、远程配置、OTA升级、远程维护、实时监控、分组管理、设备删除等功能。

通过项目检验,统一数据与结构,使用资源来表示与封装数据,提供统一访问接口,避免协议数据转换;提供多重防护,有效保障设备和服务端数据的安全,通过提供"一机一密"等设备认证机制进行身份认证;支持TCP/IP、MODBUS、HTTP/HTTPS等多种形式的对接,保证数据的机密性和完整性,支持设备权限管理机制,保障设备通信安全。

7.9.3.8　智能感知设施与传输

1)概述

本项目采用一级公路建设标准,其技术指标执行交通运输部颁布的《公路工程技术标准(平装版)》(JTG B01—2014)的规定。设计速度为80km/h,路基宽度33.5m,设计荷载等级公路Ⅰ级,特大桥设计洪水频率1/300,大桥、中桥、小桥、涵洞及路基设计洪水频率1/100。

根据外业踏勘调查结果和区域地质资料,与公路工程有关的工程地质问题主要有煤矿采空区及压覆矿产、铝土矿坑、湿陷性黄土、膨胀土及窑洞等,这些不良地质路段分段局部出露,经特殊路基处理后可以满足路基使用要求。

2)桥梁健康监测系统

(1)系统概况

本项目选取大跨径连续梁实施监测,监测的内容包括构件应力应变、梁端位移、结构振动、桥面风速风向、结构温湿度、支座反力等。

对于大型桥梁而言,开展桥梁全生命周期监测要进行几何形态、应力、温湿度、温度场及风场、地震振动信号及风荷载、结构振动等信息的监测,在传感器和测试设备选型上,需要满足如下原则:先进性、精确性、可靠性、简便性、经济实用性、自动化性、冗余度、耐久性、可更换性等。

桥梁健康监测系统的建设原则:为日常养护和突发事件的应急处置提供支持,布置的所有监测点传感器要精确、寿命长、耐温性好,测点保护要可靠,采集线路要规整并有可靠保护,不易损坏。

桥梁健康监测系统主要包括健康监测子系统、运行监测子系统、视频监测子系统,核心是健康监测子系统。

(2)系统功能

①能够准确获取反映结构响应、构件状况与环境荷载的信息。

②通过自动化获取监测数据的评估结论,以及长期监测数据的统计分析得到的各项特征参数、发展规律及变化趋势,对桥梁结构进行分级预警和结构状态评估,为养护管理提供决策支持。

③提供桥梁监测数据的管理平台,实现桥梁动态或静态数据的归档、查询、存储管理等功能。

④采用主流框架、模块化结构,各子系统以及子模块之间相对独立,并通过合理的集成手段进行有序的融合,便于系统的检查、维护、更换、升级。

⑤具有自检、校准、控制功能,通过具体的措施(包括硬件设备的在线诊断、更换以及软件的升级修复)和量化指标,保证系统在线连续正常运行的长期稳定性。

⑥通过有效的储存方案,在合理的经济范围内,确保所存储监测数据的代表性。

⑦通过适当的算法,实现数据分析结果的准确性、分析过程的简洁性,提升监测数据的使用效果和应用效率。

⑧通过人性化设计,将系统复杂的监测运行、监测内容和监测分析流程简化为易于大桥管理人员掌握和管理的操作程序,便于直观性监测结论的获取,便于养护管理人员操作,简化直观性监测结果的获取过程,并确保系统具有远程数据共享及监测的功能。

(3)主要设备

该桥梁监测数据统一传输至公路数据中心。结合桥梁本身结构特点,以及大桥预警、评估和管养决策方面的要求,整个系统由下列四大子系统构成。桥梁健康监测系统逻辑示意图如图7-9-7所示。

①自动化传感测试子系统:部署于采集服务器,对用户是不可见的。服务方人员远程登录采集服务器,启动运行采集模块。自动化传感测试子系统读取数据库中与监测采集相关的参数,如采样模式、采样频率、通道配置等,形成内部功能逻辑和操作界面,服务方人员再通过界面操作,启动桥梁现场采集设备进行数据采集。随后,该子系统接收来自桥梁现场采集设备的数据,并存储于数据库中。正常情况下,只要监测系统服务期有效,该子系统将一直处于自动在线运行状态。

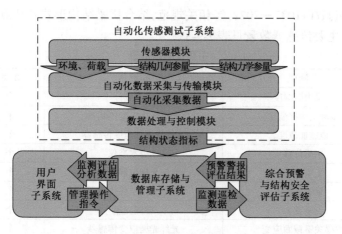

图7-9-7 桥梁健康监测系统逻辑示意图

②综合预警与结构安全评估子系统：集成了各类评估算法，用户通过用户界面子系统提供的状态评估接口调用相关算法，利用人工检查数据和长期监测数据对桥梁运营状况进行评估。

③数据存储与管理子系统：数据库除了存储监测原始数据，还应存储与桥梁相关的其他多种数据，如设计资料、荷载试验数据、巡检数据、定检数据等。该子系统不仅建立针对桥梁全生命周期的数字档案，而且综合多种来源数据，对桥梁状况进行更为准确可靠的评估。

④用户界面子系统：包括PC用户界面模块和手机用户界面模块。PC用户界面模块采用Web网页界面，基于B/S架构，结合GIS技术设计，提供登录桥梁健康监测系统的入口，主要展示监测桥梁的基础信息、测点布设情况、实时监测数据、历史监测数据和报警信息等，并提供桥梁结构安全评估报告和监测数据下载功能。手机用户界面模块是PC用户界面模块的简化版，以小程序或轻应用的形式呈现在用户个人手机上，主要展示监测数据和报警信息。

系统机箱内置数据汇聚模块，为前端设备提供智能运维，做到事前预判、事中管理、事后分析，有效地解决前端设备故障发现不及时、故障处理滞后的问题，降低整体运维成本，提高维护工作效率，有利于维护工作的系统化和规范化管理，减轻维护人员负担，提高管理效率、视频的在线率及智能化程度，保障"全时可用"。

数据汇聚方式：桥梁上的智能感知设施通过光纤将数据传输至桥头4光24电口的百兆汇聚交换机，汇聚之后租用运营商网络传输至智慧公路大数据中心。

(4) 监测设施布设

监测传感器是桥梁健康监测系统进行结构健康监测的源头，其性能直接决定了监测结果的准确度。在选择传感器时主要考虑以下几个方面：

①传感器的一般技术特性需要满足测量需要，主要参数有量程、精确度、灵敏度、分辨率、频率响应范围。

②待测结构的要求。根据桥梁结构类型、工作条件、可能的破坏形式等考查相应的传感元件、尺寸大小、安装方式、布置位置和数量大小等。

③传感器的稳定性、可靠性、耐久性、对工作环境的适应性、输出信号抗衰减性。

④传感器与采集、通信硬件设备的匹配性。

本项目依据《建筑与桥梁结构检测技术规范》(GB 50982—2014)、《公路桥梁结构安全监测系统技术规范》(JT/T 1037—2022)等相关规范,结合桥梁结构形式及特点,有针对性地对桥梁进行测点布设,主要传感器数量见表7-9-3。

主要传感器数量　　　　　　　　　　　　　　　　　　　　　表7-9-3

序号	监测项	传感器	单位	数量
1	主梁内温湿度	温湿度计	个	6
2	混凝土构件温度	光纤光栅应变传感器	个	40
3	地震加速度	光纤光栅加速度传感器	个	3
4	主梁位移	动力水准仪	个	12
5	支座位移	光纤光栅位移传感器	个	4
6	梁端位移	光纤光栅位移传感器	个	4
7	支座反力	智能支座	个	8
8	主梁关键截面应变	光纤光栅应变传感器	个	40
9	主梁竖向振动加速度	光纤光栅加速度传感器	个	6
10	解调仪	光纤光栅解调仪(16通道)	台	2
11	采集仪	位移采集仪	台	2
12	风向风速	风向风速仪	台	1

光纤光栅应变传感器技术指标见表7-9-4。

光纤光栅应变传感器技术指标　　　　　　　　　　　　　　　表7-9-4

项目	技术指标
应变量程	±1500$\mu\varepsilon$
温度量程	−20 ~ +80℃
应变精度	3$\mu\varepsilon$
温度精度	0.5℃
应变分辨率	≤1$\mu\varepsilon$
温度分辨率	0.1℃
工作温度	−20~+80℃

光纤光栅加速度传感器技术指标见表7-9-5。

光纤光栅加速度传感器技术指标　　　　　　　　　　　　　　表7-9-5

项目	技术指标
测量范围	±2.0g
标度因素	3nm@2g
灵敏度	100μg
频响范围	0~220Hz
线性度	连接接头 FC/APC 接头
耐久性	>5 年

光纤光栅位移传感器技术指标见表7-9-6。

光纤光栅位移传感器技术指标　　　　　　　　　　　　　　　表7-9-6

项目	技术指标
标准量程	0 ~ 1000mm
测量精度	0.1%FS

续上表

项目	技术指标
输出信号	RS485
工作电压	DC12~24V
安装方式	打孔或焊接安装
温度补偿形式	自补偿
使用温度	−30~85℃

动力水准仪技术指标见表7-9-7。

动力水准仪技术指标　　　　　　　　　　　　　　　表7-9-7

项目	参数
标准量程	0~200mm
测量精度	±0.5%FS
光谱宽度	<2nm
插入损耗	<0.1dB
温度补偿形式	自补偿
使用温度	−30~85℃

大桥监测设施布设示意图如图7-9-8所示。

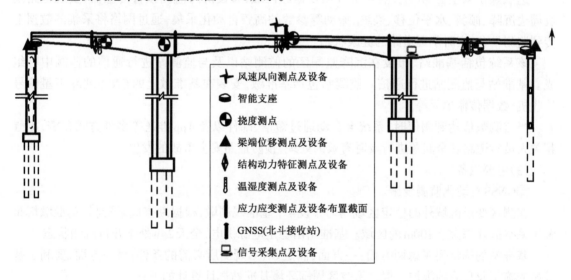

图7-9-8　大桥监测设施布设示意图

风速风向仪技术指标见表7-9-8。

风速风向仪技术指标　　　　　　　　　　　　　　　表7-9-8

项目	技术指标
风速测量范围	0~80m/s
风向测量范围	0~360°
风速精度	±1%(数字输出)

续上表

项目	技术指标
风向精度	±1°
工作温度	−40 ~ 60℃
输出信号	数字/模拟
使用寿命	>5年

3)采空区沉降监测预警系统

(1)系统概况

采空区稳定性主要受大气降雨、地表水入渗、地下水活动及人类工程活动等各类外界因素影响,地面稳定性对各类不利因素的敏感程度也不尽相同,因此,开展地面塌陷、地面沉降各影响因素的监测,研究其与变形的相关性,对于指导分析地质灾害的防治具有十分重要的现实意义。

监测对象主要包括重点防治区、次重点防治区采空区、不稳定边坡及地下水变化情况、区域内降雨量等。通过布设沉降监测预警传感器,采集道路基坑周边的沉降、倾斜、水平位移、裂缝等参数,实时掌握道路的健康状态。

(2)系统功能

选取煤矿采空区、矿坑、液化土等项目途经区域,布设沉降监测预警传感器,实现道路基坑周边沉降、倾斜、水平位移、裂缝、振动等参数的高频自动化采集,通过网络将采集的数据上传到监测平台,实时掌握道路的健康状态。

该系统包括基准站、布设在沉降监测区的监测站以及与监测站进行通信的监测中心组成。基准站与监测站进行通信。监测站包括基准墩、安装在基准墩上的GNSS北斗卫星信号接收机、数据传输单元等。

当监测数值达到阈值时,系统会自动通过短信、邮件以及App推送等多种方式预警,提醒相关人员对道路安全问题进行及时有效的处理,预防道路安全事故的发生。

(3)主要设备

①GNSS自动化监测设施。

在测区变形区域外的稳定区域均匀布设4个基准观测墩,根据勘查成果资料,基准墩均布置于采空区埋深大于100m的区域。基准站由稳定电源供电,全天24h处于开机观测状态。

基准站的选址要考虑两方面:一方面,满足GNSS观测所必需的条件;另一方面,要利于基准站的施工及日后的维护。根据采空区周围环境基准站选址设计如下:

a.基准站选在相对稳定区域的山坡上,基准站基础开挖到基岩浇筑。

b.基准站应有10°以上的地平高度角卫星通视条件。

c.远离电磁干扰区(微波站、无线电发射台、高压线穿越地带等)和雷击区,距离不小于200m。

d.避开交通主干道、人流量较大的通道等易产生振动的地点。

e.基准站应避开地质构造不稳定区域:断层破碎带,易于发生滑坡、沉陷等局部变形的地点,易受水淹或地下水位变化较大的地点。

f.具有稳定、安全可靠的交流电电源。
g.选点位置尽量靠近变形区域,以利于与监测点以"短基线"进行解算。
②GNSS监测网络传输流程。
a.基准站经过一段时间观测后,计算自身差分数据,通过通信网络发送标准格式差分数据至服务器端。
b.服务器接收多个基准站的差分数据格式。
c.服务器将差分数据转发给监测站点。
d.自带4G上网卡的监测站点会接收到来自服务器的差分信号。
e.自带4G网络的监测站会把差分信号再转发给周边Wi-Fi覆盖范围的监测站。
f.监测站在终端解算自身坐标,可以设置回传时间间隔,如每隔1h回传一次自身解算坐标。

(4)建设点位

经现场勘查,拟在途经矿渣坑、采空区的地方布设沉降监测预警传感系统,具体桩号位置见表7-9-9。

设备安装一览表 表7-9-9

序号	设备名称	长度(m)	数量(套)	备注
1	GNSS(北斗)	5200	11	间距为500m,设置在道路右侧
2	GNSS(北斗)	530	2	间距为500m,设置在道路右侧
3	GNSS(北斗)	870	3	间距为500m,设置在道路右侧

4)边坡监测预警系统

(1)系统概况

针对边坡地质灾害发育的主要表现形式,通过在系统前端安装相应传感器,并配合自动化远程监测系统,实现无人值守自动化监测。在地质灾害发展初期,对边坡地质灾害各种表现形式进行连续监测,及时捕捉边坡性状变化的特征信息;通过无线传输方式将数据发送至监测中心,并配合专业的数据分析评估软件,对边坡稳定性快速做出判断,并进行预警预报,实现边坡自动化监测的科学化、信息化、标准化和可视化。

(2)系统功能

当监测数值达到阈值时,平台会自动通过短信、邮件以及App等多种方式推送预警,提醒相关人员对道路安全问题进行及时有效的处理,预防道路安全事故的发生。

(3)主要设备

①机器视觉智能测量仪。

边坡监测预警系统由机器视觉智能测量仪、相机镜头、靶标、本地调试App、同感云结构物健康监测管理平台组成。

机器视觉智能测量仪采用物联网技术及智能灾变识别算法将视频数据转化成变形数据,实现对各类土木工程结构物的超高精度非接触式实时测量,达到对结构物健康状况全天候监测的目的。其主要参数见表7-9-10。

机器视觉智能测量仪主要参数　　　　　表7-9-10

序号	名称	参数
1	物理量	竖向和横向位移
2	最大测点数	30个
3	最高采集率	1min
4	图像传感器分辨率	3840×2160
5	分辨率	1/100000FOV
6	测量精度	50～200m:±1mm
7	标定方式	AI算法自动修正转角及距离影响,无须测距与调平
8	供电方式	POR48V/DC24V
9	峰值功率	22W
10	平均功率	15W
11	通信接口	Ethernet/RJ45
12	防护等级	IP65
13	成像系统温度测量精度	±0.1℃
14	成像系统温度控制精度	±0.2℃
15	工作温度	−20～+70℃
16	外观尺寸	245mm(长)×98mm(宽)×161mm(高)

在待测结构物上布设若干靶标,在相对结构物稳定的位置安装机器视觉智能测量仪。机器视觉智能测量仪能够识别结构物上的靶标图像,当被测结构物发生平面位移时,靶标坐标随之变化,从而测量到被测物的水平与垂直双向位移,并通过内置的图像增强边缘计算软件将图像转化为二维位移数据,无线上传至远程在线监测云平台,供工作人员实时了解现场结构物的健康状况。

正常模式下,机器视觉智能测量仪仅传输坐标数据至云平台,以减小流量与功耗;异常模式下,可以在平台上远程查看现场图片或视频,或者设置自动上传异常图片或视频,现场状况的查看可以杜绝误报警。

②一体化拉绳式裂缝计。

一体化拉绳式裂缝计是一款多功能、低功耗的自动化监测仪器,主要用于地灾、桥梁、建筑物等结构物的长期自动化监测。一体化拉绳式裂缝计主要参数见表7-9-11。

一体化拉绳式裂缝计主要参数　　　　　表7-9-11

序号	名称	备注
1	物理量	位移
2	量程	2000mm
3	分辨率	0.1mm
4	精度	±1mm
5	供电方式	内置锂电池
6	通信接口	RS485数字接口

续上表

序号	名称	备注
7	防护等级	IP65
8	工作温度	−20 ~ +65℃
9	外观尺寸	190mm×110mm×100mm

一体化拉绳式裂缝计内置线性位移传感器、MEMS加速度传感器、MEMS倾角传感器、地磁角传感器,可实现对结构物的裂缝、加速度、倾角及地磁角等参数的自动化测量。一体化拉绳式裂缝计内置锂电池和4G/5G通信模块,现场快速安装后经过简单调试即可长期运行。

(4)建设点位

针对边坡的具体情况,在边坡存在安全隐患的几个方位分别布置几个监测断面,然后在各监测断面上根据实际情况设置监测点,具体位置见表7-9-12。

边坡监测位置　　　　　　　　　表7-9-12

序号	侧别	边坡长度（m）	边坡高度（m）	边坡支护形式	编号	备注
1	左侧	100	24 ~ 32	窗孔式护面墙	第1处	挖方路段
2	左侧	280	24 ~ 43	窗孔式护面墙	第2处	挖方路段
3	左侧	160	24 ~ 35	锚杆框格梁、拱形骨架	第3处	挖方路段
4	左侧	120	24	拱形骨架	第4处	挖方路段
5	左侧	140	24 ~ 30	窗孔式护面墙、拱形骨架	第5处	挖方路段
6	左侧	100	25 ~ 31	拱形骨架	第6处	挖方路段
7	左侧	90	25 ~ 29	拱形骨架	第7处	挖方路段
8	左侧	190	24 ~ 27	窗孔式护面墙、植物纤维毯	第8处	挖方路段
9	左侧	320	24 ~ 32	窗孔式护面墙、拱形骨架	第9处	挖方路段
10	左侧	480	29 ~ 44	窗孔式护面墙、拱形骨架	第10处	挖方路段
11	左侧	210	26 ~ 42	窗孔式护面墙、拱形骨架	第11处	挖方路段
12	左侧	100	26 ~ 31	拱形骨架	第12处	填方路段
13	左侧	231	25 ~ 37	SNS柔性防护、拱形骨架	第13处	挖方路段
14	右侧	100	24 ~ 34	窗孔式护面墙、拱形骨架	第14处	挖方路段
15	右侧	450	24 ~ 27	拱形骨架	第15处	挖方路段
16	右侧	110	24 ~ 26	拱形骨架	第16处	挖方路段
17	右侧	190	24 ~ 27	拱形骨架	第17处	挖方路段
18	右侧	170	26 ~ 45	拱形骨架	第18处	填方路段

(5)预警系统智能感知设施传输

本项目的信息设备分布在沿线,其中监控视频传输带宽高,一般采用有固定带宽保障、时延小的数字电路专线来保证图像传送的质量,整个通信系统租自当地电信部门或其他通信服务提供商。

本项目作为智能感知设施项目,对视频信号的传输,拟采用租用互联网专线的方式,视频

10M带宽,将相关视频、数据上传至项目监控室。

网络通信系统的思路:就近传输汇聚,汇聚之后租用专线或利用物联网卡上传。

传输网络架构:

①设计依据及建设要求。

传输网络的设计可以参照交通运输部《公路网运行监测与服务暂行技术要求》规定。为满足新建运行监测设施的运行和管理需求,网络通信系统设计应达到以下几个要求:

a.系统冗余。路网平台在服务器配置上应尽可能实现冗余,并通过多机运行等方式减少由可能出现的系统灾难造成的重要数据损失和业务停顿风险。

b.信息存储。视频数据需至少存储30天;数据存储介质应根据数据类别(如磁盘或磁带)确定。

c.按照技术规范要求,根据路网运行监测系统建设需要,结合城市公路信息化工作实际,网络通信系统设计主要分为网络信息传输和信息存储两个方面。其主要功能是接收存储外场视频数据,根据对内管理和对外服务的功能需求,分析处理和存储各类数据,发布出行者服务信息。

d.信息传输系统的建设要充分考虑安全性、可靠性、经济性和合理性,满足高清画质视频数据或交通运行数据传输要求。为保证高清画质的视频数据传输,数据采集点可以统一采用20MB数据专线,接入现有的公路业务专网,拟在调研后确定,丰富和完善。

②通信传输需求。

经对通信业务需求分析后发现,智能感知系统建设的通信业务数据带宽固定且可预见。视频传输的带宽需求较大,并且与视频编码设备的技术体制有关,传输通道的带宽应能承载正常使用时的最大视频码流,否则会产生画面停顿、丢帧、马赛克等现象。由于项目通信设施所承载数据量不具备大的突发性,没有不能停顿的关键业务,系统设计侧重提供性价比高、有一定的可靠性、接入灵活的通信链路。

③通信模式。

一般情况下,可供选择的基本通信模式有专网模式、公网模式和混合模式三种。

a.专网模式。与目前大部分公路通信设施相同,干线公路管理部门建设自己的通信系统,全面负责施工、操作和维护。

b.公网模式。整个通信系统租自当地电信部门或其他通信服务提供商。

c.混合模式。上述专网模式和公网模式的组合。

④通信方案。

a.桥梁健康监测设备通过光纤和小型交换机汇聚到桥头的汇聚交换机,再通过租用运营商网络传输至项目监控室。

b.道路路网监测设备相对于整条道路较为分散,拟通过租用运营商网络分别传输至项目监控室。

c.考虑到道路路网监测设备较为分散,单个设备的视频数据码流相对小,桥梁健康监测设备较为集中,单个桥梁传输数据码流相对较大。为保证高清画质的视频数据传输,道路路网监测设备数据采集点拟采用10MB,桥梁健康监测设备数据采集点拟采用20MB传输专线,接入项目监控室。

d.项目监控室数据上传至政务云时,考虑接入政务云的网关等安全设备,目前的智能感知设施传输安全包含在运营商网络方案中。

传输设备:智能感知设施的传输汇聚设备、项目监控室的接入与转发设备。

本项目外场传输方案采用4光24电工业以太网汇聚交换机以及2光8电工业以太网接入交换机结合使用。

本项目设计布局:在每一个摄像机点位选择配一台2光8电工业以太网接入交换机,通过合理选点,尽量使摄像机点位与交通调查站、情报板、气象检测器等设备点位共址,以达到节约成本的目的。

5)气象检测器

气象检测器主要用于检测局部区段的状况,根据需要可检测能见度、路面状况等信息,能为道路运营管理者和使用者及时提供准确的道路信息。

在团雾多发路段设置2套气象检测器,用来检测能见度、路面状况。能见度检测器和雾天诱导系统配合使用,做到资源共享。

(1)性能指标要求

气象检测器主要检测能见度、路面状况,并据此配备检测探头,如能见度检测器、路面检测器等。

气象检测器主要包括以下单元:

①气象状况检测探头。

②数据处理单元。

③通信控制单元。

④供电单元。

气象检测器的技术指标:

a.能见度检测范围为10~2000m,精度为±5%。

b.控制接口:RS232、RS485、RJ45。

c.路面温度:-50~80℃,精度±0.5℃,分辨力0.1℃。

d.结冰点:-40~0℃。

e.含冰量:0~100%。

f.功率≤100W。

g.平均无故障时间≥20000h。

(2)安装说明

安装高度不宜低于3m。

6)雾天行车防撞预警系统

(1)需求分析

本项目部分路线位于山区,为保证能见度较低时也可以及时地提醒来往车辆,实现对路线的诱导作用,采用雾天行车防撞预警系统。

雾天行车防撞预警系统是按一定间距连续安装的、可控的一组视航系统,通常由智能诱导装置、上位控制软件、通信链路、环境传感器(能见度监测器、气象监测器)等组成,实现对雾天的检测、指路等。它可以防范团雾事故,对雾区行驶的车辆进行超视距引导,保障雾区车辆行车安全。

(2)主要功能

雾天行车防撞预警系统具有以下功能:

①进行道路实时雾情监测,上传实时气象信息,作为可控区域气象信息资料进行分析和备案。

②强化低能见度环境下的路形轮廓线形显示,同步主动线形发光闪烁功能,确保行车驾驶员在低能见度(雾雨夜环境)的情况下,大弯道、坡道行车也能有清晰的道路走向,提高行车驾驶员的车速相对可控性或者提示调整,避免、降低一次或者二次事故发生率。

(3)系统构成

系统由前端子系统、网络传输子系统、后端管理子系统组成。

①前端子系统。

前端子系统主要由智能诱导装置、能见度检测系统、区域(现场)控制器等组成。

a.智能诱导装置设置在公路中央分隔带及路侧诱导车辆安全行驶,可主动发出红、黄两种可控光色。根据不同控制条件,黄灯与红灯的开启、关闭、常亮、同步闪烁等状态会随之变化,用于强化道路轮廓,诱导车辆安全行驶。该装置由外部壳体、发光显示组件、通信模块、同步闪烁模块、车辆检测模块、数据接口与控制模块、电源模块等构成。

b.能见度监测系统主要由能见度检查仪、信息采集处理器组成。它是利用大气对可见光的消光原理实现对道路能见度环境的实时监控。另外,也可以接收后台视频结构化分析所得能见度分析结果,根据能见度高低进行分级,依据不同的能见度等级,决定低能见度环境下的诱导灯工作模式,从而保障不同能见度情况下的车辆通行安全。

c.区域(现场)控制器对能见度仪采集到的现场能见度数据进行分析、处理,根据预设引导分级策略,控制现场引导灯工作模式的切换,并将引导系统的工作状态、能见度数据通过网络传输到监控室,让监控室了解现场引导灯的实时工作状态;同时监控室可以控制引导灯工作状态切换,从而实现引导灯系统自动工作和人工控制的无缝切换。

②网络传输子系统。

系统中的智能诱导装置之间的通信基于边缘标内置的无线数字通信网在覆盖区内实现全程双向通信。智能诱导装置通过区域(现场)控制器进入无线或道路监控系统光纤骨干网,实现与上位远程控制模块的通信。

③后端管理子系统。

在监控室指定的计算机上安装一套系统监控软件,该监控软件可用于对外场设备的控制,控制权限属于辅助级,允许该计算机关机;该计算机关机后控制权限由区域(现场)控制器自动接管。

(4)系统功能

根据《雾天公路行车安全诱导装置》(JT/T 1032—2016)的要求,在团雾多发段系统工作模式有道路轮廓强化、行车主动诱导,系统根据现场的能见度情况,根据预先设置的阈值,自动切换工作模式,以便在不同能见度天气下引导车辆安全行驶。

①道路轮廓强化模式:当能见度大于500m时,驾驶员视线比较好,因此此时诱导灯(黄

灯),预警灯(红灯)均关闭,设备处于低功耗模式,处于待机状态。

②行车诱导模式:能见度大于200m小于300m时,系统进入诱导模式,自动开启黄色诱导灯并按照特定频率同步闪烁,从而使用动态灯光提醒驾驶员小心驾驶,标示道路线形,引导车辆前行,红色警示灯一直关闭。

(5)系统设置原则

该系统设置在道路河流附近且容易起团雾的地方。

(6)系统设置方案

①智能诱导装置。

智能诱导装置设置于中央分隔带和路侧成对安装,双向每个断面设置4套,纵向(行车方向)按照20m间距布设。

②区域(现场)控制器。

区域(现场)控制器必须安装在智能诱导装置附近,原则上距离现有雾区主动引导系统不超过200m。它自动控制和数据撮合的第一级控制单元,当上位控制系统在线时,上位控制系统具有优先权;当上位控制系统停止对外场设备的控制超过设定时间后,控制权自动移交给外场的区域(现场)控制器。

③上位控制软件。

上位控制软件安装于监控分中心管理计算机,与区域(现场)控制器进行通信,远程控制前端设备的运行策略,掌握系统的运行状态。该监控软件可以用于对外场设备的控制,控制权限属于辅助级,允许该计算机关机;该计算机关机后控制权限由数据预处理器自动接管。

(7)建设方案

本项目设计预留2套雾天行车防撞预警系统工程量,待路段开通后,经运营单位确认团雾多发路段后再实施。

7)货运车辆超限运输非现场执法系统

为了有效延伸固定超限检测站管理上的时空范围,缓解执法力量不足的矛盾,实现对公路超载超限车辆全天候监测,提高进一步加强治超力度,本项目设置货运车辆超限超载动态称重系统。该系统具有检测效率高,检测针对性强的特点,不仅可以保证公路交通不会因执法检测而导致拥堵,还可以有效地避免以往只能在固定超限超载检测站内静态检测车辆的弊病,通过对违法监测称重检测设备等技术手段的应用,实现对超限超载运输车辆的全天候监控。

该系统可依托先进的科技手段,实时获取超载超限运输车辆的信息,检测数据上传上级治超中心,自动生成执法处理文书及相关报表,并将数据共享给相关部门,对违法违章车辆进行严惩,大大提高执法工作效率,降低治超成本,并对超载超限行为形成一定的威慑,具有良好的经济社会效益。

本项目在K××+302、K××+300设置2处货运车辆超限运输非现场执法系统,包括前端外场设备(动态称重设施、车牌识别、视频监控、配套标志标线管线等)、货运车辆超限运输非现场执法系统。

(1)系统流程

当正常行驶的汽车左右轮胎依次压过铺设在车道路面中的称重传感器时,称重传感器产生瞬间不平衡输出信号,通过信号线缆传向路侧的动态检测称重设备控制柜,经程序处理,计算出轮重和轴重,并依次累加出车辆总重。前后布置的高速车辆检测器可以测出车辆瞬间速度、轴距、车型以及车辆是否完全通过。

当车辆完全通过后,将根据预先确定的超限超载分类法则,判断车辆是否超限超载。如有超限超载车辆,系统将立即控制前方的可变情报板,指示车辆消除违法状态。车牌识别摄像机采集车辆图像并识别车牌号码,图像采集卡按线圈信号触发,数字化抓拍图像。数字图像经压缩后与监测数据对应存储监测计算机中,并通过预留软件接口将数据和图像上传至上级治超中心。

(2)前端外场设备

该系统包含车辆动态称重子系统、车牌识别子系统、视频监控子系统、逆行抓拍子系统、情报板显示子系统、系统视频传输子系统、供配电子系统、交通安全设施等。

①车辆动态称重子系统。

车辆动态称重子系统的主要功能:

a.检测正常行驶车辆的轴、轴组及整车质量。

b.对车辆进行自动分离。

c.检测车辆轴距,识别轴型。

d.记录车辆通过时间。

e.形成完整的车辆称重信息,包括车辆的轴重、轴组重、整车重、轴型、车速、地点、时间等信息。

f.按照超限超载车辆判别标准设置超限超载重量限值。

g.自动判别车辆是否超限超载。

h.自主跟踪称重后车辆在系统中的驾驶情况、车道占用情况,直至车辆正常驶出系统控制区域,并提醒驾驶员前往附近卸货场进行卸货复检。

i.能自动存储和传输过往车辆的图像和数据,并将超限超载车辆信息发布在可变情报板上。

j.向超限超载监控指挥中心平台准确传输各种数据。

k.能接收超限超载监控指挥中心平台发出的基本指令数据并完成相应的动作,如开启或关闭称重系统。

l.具备自动缓存功能,在向车辆动态称重系统计算机发送数据失败时,自动存入缓存消息队列并尝试重发。此次数据未正常送达前不会被下一条数据冲掉,从而保证称重数据的完整性。

m.能进行不停车的交通流量和类别数据的统计。

n.称重设备取得检定证书:省计量科学研究院出具的《计量器具型式批准证书》和《中华人民共和国制造计量器具许可证》。结合科学技术发展,充分对比各种技术方案优缺点,本项目推荐采用精度高、性能稳定、价格适中的弯板称重设备。

②车牌识别子系统。

车牌识别子系统主要由车辆检测器和高清摄像机等设备构成,应具备对通过公路称重检测区的车辆牌照进行抓拍和识别等功能。

③视频监控子系统。

视频监控子系统应主要由高清视频摄像机及其支撑设施构成。其主要功能是完成对动态称重检测区域的视频监控。

④逆行抓拍子系统。

逆行抓拍子系统主要由车辆检测器和高清摄像机等设备构成。其主要功能是对通过公路称重检测区的车辆牌照进行抓拍和识别等。

逆行抓拍主要针对逃避超限超载监测的车辆进行抓拍处罚,自动记录称重监测对向车道区域逆行通过的机动车,旨在通过技术手段规范行车秩序,提高交通管理水平,确保对机动车辆的有效管理。安装在监测点附近的监测设备自动监测车辆通过信号,通过视频摄像机自动拍摄机动车特征图像并上传至超限超载监控指挥中心逆行车辆数据库,共享给相关部门,相关部门进行相应处罚。

⑤情报板显示子系统。

情报板显示子系统主要由公路可变信息标志、支撑部件及其基础等设备构成。其主要功能是完成对超限超载车辆信息的显示告知。

当正常行驶的汽车通过称重传感器时,称重传感器可以测出车辆轴距、车型以及车辆是否完全通过。当车辆完全通过后,称重传感器将根据预先确定的超限超载分类法则,判断车辆是否超限超载。如果超限超载,系统将立即控制前方的LED可变情报板,显示和提醒通过车辆超载,指示车辆减速立即消除违法状态。

⑥系统视频数据传输子系统。

每个动态检测点所有数据及图像汇总至工业交换机,通过租用运营商的VPN专网统一上传至治超平台。

⑦供配电系统。

供电电源应尽量保持稳定,同时设置不间断电源(UPS)供电电源,防止电源断开,对前端数据起到保护作用。

⑧交通安全设施。

a. 动态称重预告标志:采用动态称重系统的路段应在称重点前方300m处设置预告标志,提醒货车驾驶员注意前方路段动态称重,请按照管制要求行驶。主要内容为"前方300m货运车辆动态称重抓拍取证+限速+抓拍监控"。

b. 卸货标志:采用动态称重系统的路段应在称重点后方250m处设置卸货标志,提醒货车驾驶员前往就近卸货场进行卸货复检。主要内容为"超限超载车辆请前往××卸货场接受处理、联系电话:×××、地址:×××。"

c. 违法警示牌:为防止恶意破坏称重设备,在设备安装立柱上设置警示标志牌,提醒违法破坏称重设施将受到法律严惩。

(3)系统功能

该系统可以对车道上行驶的载货车辆进行质量监测,无须人为干预,不阻碍交通。如有车辆超过系统设定的限载值,则该车辆的监测数据、车辆图像及识别出的车牌照号码等,传输到治超监控指挥中心,执法人员可根据该信息对车辆进行处罚管理。该系统对所辖所有动态检测数据采集点车辆数据进行实时监管;对违法车辆的证据、执法处理、信息抄告、黑名单进行处理；对所有监测数据关于采集点、路段、车辆类型、车辆归属地、峰值时段车流量、货物类型等多种需求进行统计和分析；同时具有规范化执法、可视化指挥调度、跨部门协同作战等多种功能（数据接口预留），方便平台增容和功能扩充。

该系统主要功能包括实时监察、数据统计、报表分析、用户管理、权限管理等。

货运车辆超限运输非现场执法系统站点的所有数据通过网络实时上传到治超监控指挥中心，在中心进行汇总、初审、审核等，同时将审核后的超限车辆信息发送到市治超办，市治超办对超限车辆进行地方财政罚款；治超监控指挥中心开放查询端口，方便车主驾驶员查看相关违法和处理信息。

本项目治超监控指挥中心于2019年建成，现有设备包括应用服务器、数据库服务器、交换机、图像管理计算机、通信计算机、办公计算机、硬件防火墙、存储设备等，现有平台满足新增站点的需要，无须对现有中心视频综合平台和检测系统软件进行扩容。

8）信号灯、电子警察系统

交通信号系统在疏导交通流量、提高道路通行能力、减少交通事故等方面具有明显效果。结合本项目设计道路的等级及沿线平交口的设置，在中央分隔带开口的平交路口设置交通信号灯，小平交口设置黄闪灯。

本项目工程设计包括信号控制系统、电子警察系统、视频监控系统、反向卡口系统，共设置信号灯及电子警察8处，以对交叉路口的车辆进行管理。

(1)信号控制系统

交通信号控制主机应采用合适品牌型号，采购时应结合归属地交通管理部门具体需求，要求信号控制机能够无缝接入交警交通信号控制系统平台和集成管控平台，设备必须满足平台对交通信号控制主机的接口要求和通信协议要求。交通信号灯及其安装支架均不得侵入道路建筑限界。信号控制系统施工前应与当地交警部门联系。

本工程所采购的交通信号控制主机必须符合《道路交通信号控制机》(GB 25280—2016)、《交通信号控制机与上位机间的数据通信协议》(GB/T 20999—2017)、《道路交通信号灯》(GB 14887—2011)的要求。

本项目中交通信号控制主机暂时采用多时段单点定周期控制方式，未来可根据区域交通控制需求的变化，应用其他功能。

信号控制系统包含机动车道信号灯、人行道信号灯、交通信号机、杆件基础及配套的电缆、手井、保护管等设施。

(2)电子警察系统

信号控制交叉口闯红灯型电子警察系统布设于各交叉口进口道处。其主要功能为抓拍和记录交叉口闯红灯、压线、不按道行驶等违法行为，其主要设计内容包括抓拍识别单元、控制主机、补光灯、立杆以及配套的电缆、网络传输等设施设备。本项目中外场检测设备均需接入现有交通违法行为检测系统平台。

信号控制交叉口电子警察设备采用900万像素抓拍一体机，抓拍设备必须满足《闯红灯自动记录系统通用技术条件》(GA/T 469—2014)和《道路交通安全违法行为图像取证技术规范》(GA/T 832—2014)的要求，900万像素抓拍单元可覆盖1~3条车道。抓拍单元设置于距交叉口入口道停车线22m处,立杆安装,采用视频触发车尾抓拍方式自动抓拍闯红灯、不按规定车道行驶和压线行驶等违法行为。抓拍图片应包括4张(3张闯红灯过程图片、1张全景图片),合成的图片清晰度应能满足人工对车辆号牌认定的要求,不应出现红灯信号泛白、光晕等颜色失真现象;图片合成时,不得出现原始图片遗漏、错位等情况。电子警察设备同时应具备卡口功能,自动对过车数据进行抓拍。

交通违法数据和卡口数据均需要本地存储并接入市交警交通信号控制系统平台进行存储,本地配置管理主机具备存储功能,存储时间不小于7天;卡口图片和数据接入中心存储时间为180天,电子警察图片和数据接入中心存储时间为360天。

(3)视频监控系统

本项目在信号控制交叉口设置视频监控摄像机。

在每个信号控制交叉口设置2套视频监控摄像机。视频监控摄像机分别设置于交叉口对角,用于监控交叉口整体交通运行状态。视频监控摄像机采用不低于30倍光学变焦的400万像素高清球形摄像机。

本项目所有视频监控摄像机的数据必须通过网络传输至市交警交通信号控制系统平台进行存储,存储时间不低于30天。

(4)反向卡口系统

本项目反向卡口附着在电子警察设备立杆上安装,采用900万像素一体化抓拍单元抓拍车头方向,自动抓拍获取车辆和驾驶员脸部等相关信息。每台抓拍设备可覆盖1~3条车道。卡口系统所有设备必须满足《道路车辆智能监测记录系统通用技术条件》(GA/T 497—2016)的要求,有违法抓拍功能的匝道卡口系统必须同时满足《道路交通安全违法行为图像取证技术规范》(GA/T 832—2014)的要求。

本项目中反向卡口抓拍数据均需传输至市交警交通信号控制系统平台存储,本地配置存储设备,存储时间不低于7天,卡口数据在市交警交通信号控制系统存储时间不少于180天。

9)交通量观测站

交通量观测站用于检测车流量、车速、车型以及占有率等各类交通数据,为管理部门进行交通规划、道路建设、交通控制提供可靠数据。交通量观测设备有多种类型,主要有环形线圈、微波、雷达、激光和视频等,基本检测参数主要有交通量、车速和占有率。

(1)布设原则

①全面覆盖。国家公路100%全覆盖,兼顾省道重点路段,系统掌握国省干线交通情况。

②在处于两个县城(或县级以上城市)之间的国道、省道及其他行政等级高速公路之间的路段上,应设置交通量观测站。

③交通量观测站的位置应选择在视线开阔、便于安装观测仪器的直线路段处。

(2)设计方案

结合检测器的特点及部分已实施的道路所采用的类型,本项目设置1套交通量观测设备,采用激光+视频类交通调查设备,以精确地测量通过测量区域的机动车的车高、车速、车长以及轮廓,从而对机动车进行自动模型比对精确分型,充分满足交通管理部门掌握路面实际动态交通数据的要求。交通量观测数据通过租用运营商网络上传至上级管理机构。

(3)设备功能

①提供以下交通参数:各个车道车流量、平均车速、占有率、车型类别。车型分类标准应符合交通运输部一类设备分型标准。

②实时车辆检测:交通流量、地点车速、时间占有率等数据。

③车型判定:满足交通运输部要求的九种车型判定,即小客车、大客车、小货车、中货车、大货车、特大货车、集装箱、摩托车、拖拉机。

(4)激光视频组合式交通调查设备技术要求

激光视频组合式交通调查设备由扫描式激光传感器、视频摄像机、中央数据采集控制器等组成。其中,扫描式激光传感器基于激光脉冲测距原理,通过脉冲激光束以固定的角度和时间在断面内高速扫描,实时获取交通断面数据。车辆通过检测区域,其轮廓所形成的激光脉冲扫描距离的变化构成了系统进行车型识别的数据基础;车辆完全通过后,系统获取整个车辆的原始数据通过复杂精确的算法匹配,构建车辆轮廓,提取特征信息进行车型识别。完成车型分型后,系统按照统计时间进行交通数据统计并把相应的数据上传到管理中心。

该设备应能够精确测量过往机动车的轮廓信息来对其进行自动模型比对,精确分型,必须满足交通管理部门掌握路面实际动态交通数据的要求:

①包含在交通运输部公路交通调查主管机构发布的年度公路交通情况调查设备形式检验合格名单表中且处于有效期内,名单所列设备工作原理、功能、等级符合本技术要求。

②满足Ⅰ级设备应具备的机动车分型功能,且满足机动车二级分类的标准。

③设备检测参数:

a.机动车车型分类数据的采集精度(车辆分类分型按交通运输部《公路交通情况统计调查管理办法》中的规定执行):相对误差均应在±10%内。

b.流量数据的采集精度:相对误差应在±5%内。

c.地点车速数据的采集精度:相对误差应在±8%内。速度检测范围:0~200km/h。

d.车头时距数据的采集精度:相对误差应在±10%内。

e.跟车百分比数据的采集精度:相对误差应在±10%内。

f.车头间距数据的采集精度:相对误差应在±10%内。

g.时间占有率数据采集精度:相对误差应在±10%内。

h.实时交通数据传输:传输数据内容及格式符合公路Ⅰ级设备技术条件及相关要求。

i.检测车道数:正装最大支持10车道的检测(路宽60m内),路侧安装支持8车道(路宽30m内)。

j.结构稳定性:最大抗风能力40m/s。

k.检测器的上传周期为:1min、5min、15min、30min、1h等可调。

④处理能力:日处理车辆≥30万辆。

⑤数据接口:RJ45、GPRS/TD-LTE、RS232/485、USB。

⑥数据实时传输:现场数据支持有线和无线传输,设备具有实时向指定IP的数据中心服务器传输数据功能。

⑦数据格式:符合交通运输部相关标准,可直接导入相关软件进行处理,数据交换文件为

文本文件类型。

⑧通信协议:应符合交通运输部《公路交通情况调查设备 第2部分:通信协议》(JT/T 1008.2—2015)的规定,符合《数据通信基本型控制规程》(GB/T 3453—1994)的规定。

⑨联网能力:支持有线和无线各种联网方式,支持TCP/IP协议。

⑩防雷电性能:设备的供电接口和控制接口应采取必要的防雷电和过电压保护措施,采用的元器件和防护措施应符合有关标准要求。

⑪设备在正常工作状态下,当供电中断后恢复正常供电时,应能自行恢复至正常工作状态,具备实时与服务器检测连接状态功能和断电续传功能。

⑫数据处理:提供各观测点交通调查数据的实时刷新及自动传输功能。

⑬可靠性:设备的平均无故障间隔时间(MTBF)不应小于50000h。设备工作时供电中断,数据不会丢失;当恢复供电时,设备能够自行恢复到正常工作状态。

⑭数据存储容量:可连续存储5年以上交通调查数据,每台设备具备一个唯一的、可读取的、固化于设备硬件只读存储器中的设备身份识别码。

⑮交通调查设备均需提供远程管理功能,包括但不限于远程配置IP地址、电源管理、信号管理等。

10)主要设备参数

(1)工业以太网交换机

①具有光保护模块。

②以太网:至少2个1000Base-X,8个10/100/1000Base-T。

③CONSOLE口:RS232电平,RJ45接口。

④报警端口:3芯5.08mm接线端子,2A@DC30V,120mA@AC250V。

⑤指示灯:

运行指示:RUN。电源指示:PWR1、PWR2、PWR3。光口指示:OP1~OP4。

⑥电口指示:Speed,LINK/ACT。

⑦按钮:RST,支持重启和恢复默认设置。

其系统特性如下:

a.组播协议:IGMP Snooping,GMRP。

b.网络划分:VLAN、PVLAN。

c.服务质量:QoS(IEEE802.1p/1Q)。

d.带宽管理:端口聚合、端口镜像、端口限速。

e.网络安全:IEEE802.1X、HTTPS、SSH、ACL。

f.预警输出:电源、链路、端口和环告警。

g.特色功能:节能,有效降低功耗。

h.智能环回检测功能:抑制广播风暴发生。

i.网络:电信级以太网。

j.SLA(Service-Level Agreement):方便运营商为大客户提供差异化服务。

k.802.1agOAM和802.3ahOAM:方便运营商诊断网络故障,监控网络性能。

l.QinQ/Double VLAN：方便运营商对客户VLAN进行灵活管理。

m.网管功能：支持带内网管（Web和Telnet）和带外网管（Console），支持SNMPv1/v2c/v3、RMON、LLDP、NTP、DHCP，支持远程在线升级。

其交换属性如下：

a.优先级队列：4。

b.MAC地址表：8K。

c.VLAN数：256。

d.VLAN ID：1~4094。

e.组播组数：256。

f.包缓冲区：4Mbit。

g.包转发率：14.9。

其电源属性如下：

a.输入电压：DC24V（18~36V）、DC48V（36~72V）、AC220V（85~264V）。

b.冗余保护：支持双电源冗余保护。双电源冗余可以采用不用的供电电压。

c.电源端子：4芯5.08mm接线端子（DC24V、48V），3芯5.08mm接线端子（AC220V）。

d.功耗：小于10W。

e.过载保护：支持。

f.反接保护：支持。

其机械结构如下：

a.外壳：金属，无风扇设计。

b.防护等级：IP40。

c.安装方式：DIN卡轨式、壁挂式。

d.尺寸：

a）卡轨式：71mm（宽）×165mm（高）×125mm（厚）。

b）壁挂式：71mm（宽）×195mm（高）×128mm（厚）。

e.质量：1.18kg。

其环境要求如下：

a.工作温度：-40~+85℃。

b.存储温度：-40~+85℃。

c.相对湿度：5%~95%（无凝露）。

(2)光纤收发器

①主要技术指标。

光传输距离20km，宽温设计，适用于室外环境。

②光性能。

a.FC光接口，防止接口松动。

b.支持全/半双工。

c.单模单纤，可在单根光纤上实现数据双向远程传输。

d.光纤距离默认20km，可选择40km、80km。

e. 光纤连接器为FC。

f. 光口传输速率为100Mbps。

③电性能。

a. 电口传输速率：10/100M，自适应，全/半双工通信模式自适应。

b. 电接口：自适应RJ45。

c. 适用标准：IEEE802.3z 100Base-LX。

④工作环境。

a. 工作温度：-40～70℃。

b. 工作相对湿度：5%～95%。

c. 防护等级：金属外壳，IP30防护等级。

d. MTBF（平均无故障工作时间）：10万h。

e. 输入电压：DC12V。

(3) 雾天行车防撞预警系统

①智能诱导单元。

a. 车辆通过检测模块。

车辆检测有效距离：30m。

车辆检测发射方法：调制发射。

车辆检测冗余：双冗余。

通过检测响应时间：≥40ms。

车辆检测通过准确率：≥99%。

b. 通信模块。

无线数据链单节点覆盖半径：500m。

无线通信载频频率：2.4GHz。

组态冗余：诱导区域内抗损毁配置。

有无线接续方式：

与系统外设备接续：网关。

与系统内接续：广播+点对点通信。阈值控制：基于能见度的参数化策略控制（≥500m、500～300m、300～200m、≤200m）。远程控制：基于上位机的控制指令或网页设置。

优先顺序：远程控制、能见度仪本地控制。

箱体：一体成型全金属无缝外壳；阳极氧化、平整无接缝；抗老化、抗氧化、耐腐蚀、环境适应性好。

环境条件：

温度：A级，-20～+50℃。

空气：须避免在腐蚀性气体环境下应用。

大气压力：84000～106000Pa。

②提示、警示灯光系统。

警示模块亮度（红色）：≥300～7000CD。提示模块亮度（黄色）：≥200CD。

警示发光体面积：≥140mm×160mm。提示发光体面积：≥140mm×160mm。

闪烁策略：红色四种（常亮、每秒闪烁一次、每秒闪烁两次、每两秒闪烁一次，默认常亮），黄色四种（常亮、每秒闪烁一次、每秒闪烁两次、每两秒闪烁一次，默认每秒闪烁一次）。

智能雾区引导系统同步：采用区域内组网的广播+点对点方式。

尾迹显示距离：默认3组，可选2~4组。

尾迹显示策略：固定尾迹距离（默认），固定尾迹时间（参数化）。

③嵌入式主控管理器。

嵌入式主控管理器由以太网接口、网关、无线网桥、数据预处理器组成，可以配置以太网接口、无线网桥接口、无线网关接口。

供电方式为太阳能供电。

(4) 货运车辆超限运输非现场执法系统

①动态称重系统。

a.主要技术指标。

最大轴载荷：30t。

额定过载能力：≥120%FS。

速度误差：±3km/h。

轴距误差：±150mm。

车型分类误差：≥98%。

工作电压：AC(220±33)V，(50±4)Hz。

环境温度：-40~80℃。

湿度：0%~95%。

b.主要功能。

不停车检测通行车辆的轴（组）重、总重、速度、车型、轴型等数据。（超限超载认定标准统一，若治超管理在车辆轴载质量等要求上发生改变，设备应能及时更改对接）。

动态检测称重设备能够在0.5~100km/h范围内各种不同车速下，在正常过车情况下以及车辆跨车道、压缝、并行、跟车、溜边、走S形的异常过车情况下，首次检定误差范围≤±2.5%，使用中检定误差范围≤±5%；从技术上避免跳秤、停停走走、蹲秤、冲秤等异常过车方式造成对超限车辆的误检。

根据预置标准自动识别超重车辆。

具有大屏幕彩色液晶显示屏，可在线显示各车道通行的被检测车辆的轴重、总重、车型和速度等数据。

具有中文显示和键盘，显示操作直观方便，便于操作维护人员维护设备，标定秤台。

具有专用的设备故障调试界面，可查询设备工作状态，快速诊断和排除故障。

具有独立壳体，具有硬件铅封装置，可防止人为篡改计量参数。

具有可扩展的总线结构，可同时连接10块弯板式传感器。

c.主要设备。

控制柜：具有信号防雷接口，可防止浪涌电流对设备接口造成损坏。

内置上传数据接口，可将检测数据上传监控服务器。

路边称重控制柜:安装在路边,包括电源、电气及数据接口、防雷器件等。在北方寒冷地区,可选配加热器,确保系统正常工作。

动态称重控制器:内置路边称重控制柜,可连接弯板式传感器、地感线圈,实时采集弯板式传感器信号,动态称重处理,检测通过车辆的轮重、轴(组)重、总重、车速和车型等数据。仪表具有I/O输出功能,可根据设置输出报警信号。

野外机柜:安装在路边,包括电源、防雷器件、光纤收发器、车牌识别仪接口和LED可变情报板接口。在配置车牌识别仪、LED可变情报板等外设时选配。

动态称重软件:软件基于WindowsXP、Windows7、Windows8、Windows10、Windows11操作系统,实现对车辆称重数据的采集、过载车辆的图片抓拍以及车牌号自动识别、灵活多样的磅单和报表定制、准确快捷的数据查询等功能。

②弯板式称重传感器。

弯板式称重传感器:包括弯板式传感器、预埋框架和配套电缆及附件等。布置方式以实际采购设备为准。满足单车道称重要求,满足覆盖整条检测车道要求,有效防止检测车辆绕行。本项目检测站点位于国省干线,称重设备布设一并考虑应急停车道,即应急停车道同样安装弯板式传感器系统,防止车轮绕行应急停车道。

a. 主要技术指标。

额定容量:≥15t(单板)。

额定过载能力:≥120%FS。

疲劳强度:>300万次。

称重传感器重复性误差:≤0.2%FS。

称重传感器横向一致性误差:≤1.5%LD。

称重传感器非线性误差:2%LD。

称重传感器灵敏度:$(0.7±0.1)$mV/V。

输入阻抗:$(180±20)\Omega$。

输出阻抗:$(360±10)\Omega$。

绝缘电阻$(M\Omega)$:≥5000(DC100V);

b. 工作环境。

温度:$-40 \sim +80℃$。

湿度:$0 \sim 95\%$ RH(无冷凝)。

防护等级:IP68。

受检车辆动态过衡速度:$0 \sim 200$km/h。

MTBF:≥20000h。

抗盐雾性能:通过连续喷雾96h盐雾测试。

振动冲击性能:符合《环境试验 第2部分:试验方法 试验Fe:振动(正弦)》(GB/T 2423.10—2019)的相关要求。

③地感线圈。

在每个车道弯板前后分别敷设地感线圈,当行驶车辆经过前地感线圈时触发称重控制器进入动态称重。车辆各轴依次通过弯板式传感器,系统实时处理轴重数据。当车辆完全驶过后地感线圈时触发称重控制器并进入收尾处理流程,系统形成车辆的总重、车型、超限等信息。同时,前地感线圈还可为车牌识别器仪提供抓拍触发信号。

布置在弯板式传感器的前后。线圈距离不小于1500mm。为防止车道间相邻地感线圈干扰,车检器应可对线圈频率和灵敏度进行调节。

在车距≥2m时,地感线圈分车判断正确率(≥99%)。

当线圈发生故障时,可以通过硬件和软件发出故障消息。

尺寸要求:2m×2.5m。

线圈电缆:截面积不小于$1.5mm^2$,多股铜线构成。

绝缘电阻(埋设后):≥500MΩ。

④路边称重控制柜。

路边称重控制柜是整个称重系统的控制装置,安装在路边,包括电源、电气及数据接口、防雷器件等。

a.主要性能指标。

壳体材质:不锈钢/不锈钢材质表面喷塑。

防盗门锁,门缝包边处理。

b.工作环境。

温度:$-40 \sim +80℃$。

相对湿度:$0\% \sim 95\%$。

防护等级:IP65。

MTBF:≥20000h。

⑤动态称重控制器。

a.动态称重控制器具有彩色液晶显示屏,可显示各车道通行的被检测车辆的轴重、总重、车型和速度等数据;外设检测功能,可显示外设故障状态并上传故障信息,快速发现故障;抗干扰性能通过CEEMC认证;稳定可靠,MTBF≥20000h。

b.3个串行接口,6个I/O输入点;12个I/O输出点。

c.仪表自诊断功能:快速发现故障。

d.动态称重方式:车辆匀速驶过秤台,仪表根据分车设备的输入信号自动判轴计重,轴序号、轴重、轴速、车型、总重、车速可即时显示。

e.具有数据缓存区,通信故障时可缓存数据。通信恢复时自动重发检测数据。

f.数据查询功能:可根据时间查询历史检测数据。

g.方向判断功能:自动判断车辆行驶方向。

h.车道设备自检功能:可显示外设故障状态并上传故障信息,快速发现故障。

i.车道设备检测功能:可检测地感线圈(车检器)、秤台(传感器)的设备状态。

j.具有中文显示和键盘,显示操作直观方便,便于操作维护人员维护设备,标定秤台。

k.具有专用的设备故障调试界面,可查询设备工作状态,快速诊断和排除故障。

l.具有独立壳体,具有硬件铅封装置,可防止人为篡改计量参数。

m.采用可扩展的总线结构,可同时连接10个弯板式传感器。

n.控制柜具有信号防雷接口,可防止浪涌电流对设备接口造成损坏。

o.内置上传数据接口,可将检测数据上传监控服务器。

⑥称重工控计算机。

CPU:I5。

内存:4GBDDR。

硬盘:1T。

显卡:独立。

声卡:单插PCI插槽。

串口:2个。

USB口:2个。

PCI插槽:5个。

ISA插槽:至少2个。

光驱:DVD-ROM。

⑦传输设备。

a.工业交换机。

8端口非网管型工业以太网交换机,支持宽温。

提供8个自适应快速以太网口。

支持10/100Mbps自适应。

提供广播风暴保护。

结构紧凑,支持DIN导轨安装/壁挂式安装。

支持12~48V冗余电源输入和继电器报警。

宽工作温度:-40~75℃。

b.光纤收发器。

支持协议:遵循IEEE802.3系列10/100Base-TX/100Base-TX和1000Base-FX以太网标准。

接口支持:光纤接口为SC,双绞线接口为RJ45。

工作方式:双绞线端口支持速率和全(半)双工模式自动适应。

支持自动MDI/MDIX,无须进行电缆选择。

6个LED指示灯分别提供电源光纤端口和UTP端口状态指示。

提供外置直流电源和内置电源两种形式。

工作温度:-10~50℃。

存储温度:-40~70℃。

环境湿度:5%~90%。

⑧F形可变情报板。

a.性能要求。

显示面积:2m(高)×4m(宽),汉字点阵32×32,可显示中文、英文、图形等。每个像素点由红色、纯绿色两种LED组成,配比为4红2纯绿。

驱动方式:采用静态驱动。

像素点间距:31.25mm。

最佳视距:≥250m。

环境温度:-40~+70℃。

工作湿度:0%~95%,无冷凝。

平均无故障工作时间:大于100000h。

计算机接口:25针或9针RS-232/485、以太网RJ45。

亮度调节功能:32级可调。

传输距离:0~10000m。

输入电压:AC(220±22)V,50Hz。

电源开关:可远程控制。

屏体防水、通风、散热。

节能性能:符合IP66规范要求。

b.安装说明采用内外双层机箱,全封闭、全天候、防风雨型,内机箱防护等级不低于IP66;箱体材质为冷轧钢板或铝合金材料,表面经静电喷涂处理,防腐蚀。各箱体有良好的保护接地,接地电阻≤1Ω。

⑨车牌识别、车尾抓拍系统。

a.主要功能。

嵌入式一体化高清卡口抓拍单元包含1台500万像素高清一体化嵌入式摄像机、1个内置LED补光灯、1个高清镜头、1个室外防护罩、1个网络防雷器。

500万像素环保车辆抓拍单元,采用2个及以上1英寸全局曝光CMOS图像传感器;镜头和相机一体化设计,2个或多个图像传感器可分别输出黑白图像及彩色图像,可对视频图像和抓拍图片进行融合输出。

彩色≥2100TVL,图像分辨率不小于2448px(长)×2048px(宽)。

支持对机动车占用非机动车道违法行为进行检测抓拍,白天和晚上的捕获准确率均≥99%,白天和晚上的识别准确率均≥99%。

支持主码流同时输出不少于30路2448px×2048px@25fps图像以提供浏览。

支持识别车头不少于6600种车辆子品牌,在天气晴朗无雾,号牌无遮挡、无污损,白天环境光照度不低于200lx,晚上辅助光照度不高于30lx的条件下测试,白天识别准确率≥98%,晚上的识别准确率≥96%。

支持安全接入功能,开启此功能后,设备只能被管理平台控制,不能通过其他方式登录或者控制设备。

支持越线停车、不礼让非机动车/行人、左转不让直行、右转不让左转、掉头不让直行等行为抓拍;支持车辆子品牌识别检测功能,背向识别的种类不低于1500种。

支持对主程序和智能算法分别进行升级,可对多台设备同时进行批量升级,升级过程中视频画面不应丢失。

支持连续闯红灯事件检测功能,对某一时间段内连续闯红灯事件进行检测,并自动上传报警信息。

支持闯红灯抓拍功能,在天气晴朗无雾,号牌无遮挡、无污损,白天环境光照度不低于200lx,晚上辅助光照度不高于30lx的条件下测试,白天和晚上闯红灯的捕获率均≥99%。

具备不低于4个RS-485接口、1个RS-232接口、2个RJ45 10M/100M/1000M自适应以太

网口。

具备至少1路外部触发输入,1路外部触发输出,可作为闪光灯同步输出控制。

支持对违法变道行驶的车辆进行违法检测抓拍,识别准确率≥98%。

支持对不按导向行驶的车辆进行违法检测抓拍,识别准确率均≥98%。

支持13种车身颜色识别,包括黑、白、灰、红、绿、蓝、黄、粉、紫、棕、青、金、橙;在天气晴朗无雾,号牌无遮挡、无污损,白天环境光照度不低于200lx,晚上辅助光照度不高于30lx的条件下测试,白天识别准确率≥99%,晚上识别准确率≥97%。

支持压线、逆行、闯红灯、不按导向行驶、违法变道、路口停止、绿灯停车、机占非、闯禁令(禁左、禁右、禁止大车、公交专用道)、加塞等行为检测功能。

b.终端服务器。

8个10M/100M自适应RJ45接口、2个10M/100M/1000M自适应RJ45接口、1个千兆SFP光口,支持光纤接入交换机。

支持直存录像,支持秒级检索、秒级回放,具备手动录像、定时录像、事件录像,具备在超出存储总容量时记录自动覆盖功能。

3个RS-232接口、4个RS-485接口、2个USB2.0接口、8路报警输入接口、4路报警输出接口、1个音频输入接口、1个音频输出接口、1个DC12V输出接口、1个eSATA接口、4个SATA接口。

可接入不少于8路IP摄像机(单路码率8M)。

接入相机故障时前一秒的录像可回放下载。

支持在图片上叠加车牌、车道、时间、地点等字符信息。

支持多张图片合成一张图片。

支持图片的存储、检索、查看、导出等处理。

设备对重要数据可进行备份。

支持4个硬盘槽位。

可输出DoC 12V电压给外置设备供电。

具备报警联动的接口,能接收无源的信号接入,实时响应并启动记录和输出联动信号。

工作温度:-40~70℃。

具有公安部安全防范报警系统产品质量监督检验测试中心的检测报告。

符合《公共安全视频监控联网系统信息传输、交换、控制技术要求》(GB/T 28181—2022)。

提供CCC、FCC、EMC证书。

c.环保频闪补光灯。

≥16个原装进口大功率LED频闪灯。

最佳补光距离16~25m;支持5V电平量触发(可选开关量),功率≤30W。

支持自闪、跟随、自动频闪(外部摄像机触发)模式。

支持频率及占空比保护功能。

支持通过RS485远程控制补光灯的亮度、开启/关闭。

支持远程显示补光灯故障、正常、开启、关闭等工作状态。

频闪响应时间≤20ms。

工作环境：-40~85℃。

电源电压在AC 80~264V范围内变化时，能正常工作。

环保措施：配光栅，防止光污染。

防眩目处理：采用防眩目设计，指向性补光，发射角小，补光区域光照峰值基准轴上≤1000lx。

具有LED和气体灯管两种光源，支持可见光补光，红外补光。

防护等级IP66。

⑩逆行抓拍系统、侧面抓拍系统。

嵌入式一体化高清卡口抓拍单元，包含1台900万像素高清一体化嵌入式摄像机、1个内置LED补光灯、1个高清镜头、1个室外防护罩、1个网络防雷器。

应具备公安部型式检验报告、《公共安全视频监控联网系统信息传输、交换、控制技术要求》(GB 28181—2010)的检测报告，达到公安机关交通管理部门联网要求，满足执法需求。

图像传感器：采用≥两个1英寸全局曝光CMOS图像传感器。

最大图像尺寸：≥2160px×4096px。

帧率≥25fps。

最低照度：彩色≤0.03lx。

电子快门：1/1000000~1/25s。

应支持三码流同时并发输出，主码流分辨率支持3392px×2008px、辅码流分辨率支持1920px×1080px。

应内置车牌识别算法、车辆视频检测及视频跟踪算法。

应具备车牌识别、车型识别、车标识别、车辆品牌识别、车身颜色识别、驾驶员接打电话识别等智能识别功能。

支持地感线圈、视频触发、雷达触发、激光触等触发方式。

车辆捕获率白天和晚上均≥99%(视频)。

车型识别：不少于10种车型识别，白天识别准确率≥97%，晚上识别准确率≥92%。

车身颜色识别：不少于11种车身颜色识别，车身颜色识别准确率≥97%。

车标识别：不少于250种车标识别；白天识别准确率≥97%，晚上识别准确率≥87%。

二轮车(包括摩托车、自行车、电动二轮车)捕获率白天和晚上均≥98%。

行人捕获率白天和晚上均≥98%。

支持遮阳板检测功能，主驾驶打开遮阳板检出率大于或等于85%，未打开遮阳板车辆被误检≤8%；副驾驶打开遮阳板检出率大于或等于80%，未打开遮阳板车辆被误检率≤8%。

支持车辆品牌识别功能，可识别常见车辆品牌种类达1500种(区分年份)，识别准确率白天≥95%，晚上≥90%。

支持H.264视频流输出；水平中心分辨力不小于1600TVL；(视频压缩支持H.265、H.264、M-JPEG、MPEG4)支持饱和度、亮度、对比度远程可调，支持自动白平衡、自动增益、3D降噪技术。

支持LED频闪灯同步控制，支持自动光控、时控可选。

预留车辆检测器接入接口。

不少于1个工业级高速SD卡接口,支持不少于64GB高速SD卡。

护照内不得安装硬盘等不稳定器件。

不少于1个10M/100M/1000M自适应网络接口。

不少于5个RS-485接口。

不少于1个BNC接口,不少于1个USB接口。

外部触发输入≥7路,光耦触发输出≥7路(支持同步控制补光灯等)。

网络防雷器应安装于护罩内,防护罩应采用防尘、防水滴面板,不得加装雨刷等不稳定器件。

室外防护罩的防护等级不得低于IP66。

可支持TCP/IP、HTTP、HTTPS、FTP、DNS、RTP、RTSP、RTC、NTP、UpnP、IPv6、DHCP、802.1x等网络协议。

包含摄像机电缆、安装工具等安装辅材等。

⑪监控摄像机。

a.云台摄像机(球形)。

≥400万像素。

含摄像机、镜头、支架及电源。

摄像机靶面尺寸≥1/1.8英寸,摄像机内置镜头,支持不低于36倍光学变倍。

视频输出支持2560px×1440px@25fps、1920px×1080px@25fps、1280px×720px@25fps,分辨力不小于1100TVL。

红外距离不小于400m。

低照度:彩色≤0.001lx,黑白≤0.01lx。

信噪比≥58dB,网络延时不大于100ms。

具备较强的网络自适应能力,在丢包率为20%的网络环境下,仍可正常显示监视画面。

支持透雾、强光抑制、电子防抖、数字降噪功能。

水平旋转范围为360°连续旋转,垂直旋转范围为-35°~90°。

支持7路报警输入接口,2路报警输出接口,1路音频输入和输出接口。

支持256个预置位,支持18条巡航扫描,支持7条以上的模式路径设置,支持预置点视频冻结功能。

支持云台优先级控制,RS485与网络可设置不同优先级。

支持断电记忆功能,支持IP地址访问控制功能,支持定时抓图、事件抓图上传FTP功能。

球机应具备本地存储功能,支持SD卡热插拔,最大支持128GB。

支持采用国标视频编码标准,音频编码支持国标。

支持三码流同时输出,主码流、第三码流同时支持1920px×1080px@60fps、1280px×720px@60fps。

支持《公共安全视频监控联网系统信息传输、交换、控制技术要求》(GB 28181—2010)协议,支持标准开放型网络视频接口论坛(Onvif)协议。

支持噪声过滤功能。

支持区域入侵、越界入侵、徘徊、物品遗留、物品移除、音频异常、人脸检测、人员聚集、快速移动、进入区域、离开区域检测,并联动报警。

车辆捕获率不小于99%,支持车牌识别,同时可在抓拍图片上叠加检测点编号、抓拍时间、车牌号码、违法行为等信息。

支持道路信息设置,道路信息可随球机转动变化显示。

室外球机应具备较好防护性能,支持IP67,TVS8000V防浪涌。

具备较好的环境适应性,电压在AC(24±11)V范围内变化时,设备可正常工作。

具备较好的环境适应性,工作温度范围为-45~70℃。

包含摄像机电缆、安装工具等安装辅材等。

b.云台摄像机(枪式)。

≥400万像素。

支持自动变焦、自动光圈。

内置一体化高速电动变焦,自动跟随聚焦镜头,变焦的同时快速完成聚焦,变焦过程画面不能完全虚焦。

分辨率≥2560px×1440px。

最低照度:彩色≤0.002lx,黑白≤0.0002lx,灰度等级不小于11级。

红外补光距离不小于130m。

需支持8行字符显示,字体颜色可设置;需具有图片叠加到视频画面功能。

需具备人脸检测、客流量统计、区域入侵检测、越界检测、场景变更、虚焦检测等功能。

需具有电子防抖、ROI、数字降噪、强光抑制、视频水印、走廊模式、SVC等功能。

摄像机能够在-40~70℃,湿度小于93%的环境下稳定工作。

不低于IP67防尘防水等级。

包含摄像机电缆、安装工具等安装辅材等。

⑫UPS(6kVA)。

额定容量:6kVA。

输入电压:AC118~300V。

输入频率:45~65Hz。

输出电压:AC(220±22)V。

备用时间:满载时不少于1h。

蓄电池检测:当蓄电池电压低或蓄电池异常供电时,报警并自动关机。

蓄电池过放电保护:低于设定值自动关机保护,市电恢复后自启动。

切换时间:≤10ms。

逆RS-232通信智能监控功能:市电异常、断电、蓄电池容量、遥控UPS开关机。

平均无故障工作时间300000h。

⑬设备房。

要求为室外防雨控制室。

具有防风、防雨、防尘功能。

内部有自动温度控制排风系统。

符合公路相关国标标准。

机房外有交通执法字体和国徽标志,颜色符合相关标准。

含设备房基础。

含设备房的装饰和防护。

防护等级IP65。

(5)信号灯及电子警察(XHD)

①交通信号机。

满足《道路交通信号灯》(GB 14887—2011)中规定要求,C类信号机,具备黄闪控制、多时段控制、手动控制、感应控制、无线缆协调控制、联网控制、单点优化控制、优先控制等功能。

具备单点定周期信号控制、多时段控制、单点感应控制、黄闪控制、行人过街控制按钮、时钟校准、数据采集、故障报警及记录等功能。

配置32位以上MCU。

支持不低于32个相位控制。

至少48个独立的信号灯输出端子,根据交叉口信号灯控制需求扩充,可扩充数不低于96路;能设置至少20个时段,20种以上不同控制方案;能根据不同周日类型对方案进行调整。

信号机出现故障应能按"上位机控制—无电缆协调控制—感应控制—定时控制—黄闪"实现降级。

提供至少2路RS-232接口、1路RS-485接口和1路RJ-4510M/100M自适应网口。

支持绿波控制策略。

可接入不少于32路车辆检测器,包括微波、地磁、线圈和视频检测器。

支持公交信号优先控制功能。

行人信号灯控制具备闪烁提示功能。

能无缝接入交警指挥中心现有信号控制平台(若新建平台,则应接入新平台)。

电源:$(220±44)$V,$(50±2)$Hz。

防雷、防浪涌设计。

工作环境温度:$-20 \sim 60℃$。相对工作湿度:$20\% \sim 95\%$。含3kVA EPS电源。

②机动车信号灯。

信号灯单灯的光学性能、工作条件、机械强度、电气性能均符合《道路交通信号灯》(GB 14887—2011)的要求。

ϕ400型三联体红黄绿圆头信号灯由3个单色(红、黄、绿)单元信号灯组合而成,单元信号灯出光面直径为365mm。

ϕ400型三联体红黄绿箭头信号灯由3个单色(红、黄、绿)单元信号灯组合而成,单元信号灯出光面外接圆直径为365mm。

使用寿命不少于50000h。

功率不小于20W。

额定工作电压:220V/$(50±3)$Hz。

亮度:$≥8000cd/m^2$。

防护等级:不低于IP65。

③非机动车信号灯。

信号灯单灯的光学性能、工作条件、机械强度、电气性能均符合《道路交通信号灯》(GB 14887—2011)的要求。

ϕ400型三联体非机动车信号灯由3个单色(红、黄、绿)单元信号灯组合而成,单元信号灯光面外接圆直径为365mm。

使用寿命不少于50000h。

功率不小于20W。

额定工作电压:220V/(50±3)Hz。

亮度:≥8000cd/m^2。

防护等级:不低于IP65。

④人行信号灯。

信号灯单灯的光学性能、工作条件、机械强度、电气性能均符合《道路交通信号灯》(GB 14887—2011)的要求。

ϕ400型二联体行人信号灯由2个单色(红、绿)单元信号灯组合而成,单元信号灯出光面外接圆直径为365mm。

使用寿命不少于50000h。

功率不小于20W。

额定工作电压:220V/(50±3)Hz。

亮度:≥4000cd/m^2。

防护等级:不低于IP65。

⑤LED显示屏。

a.提供公安部交通安全产品质量监督检测中心出具的符合《道路交通信号倒计时显示器》(GA/T 508—2014)要求的检测报告,且通信方式、报告需在有效期内。

b.提供公安部交通安全产品质量监督检测中心出具的符合《LED道路交通诱导可变信息标志》(GA/T 484—2018)要求的检测报告,报告需在有效期内。

c.电源需提供CCC认证证书,倒计时与电源需同一品牌。

d.自带加密功能,与平台实现加密及控制管理。须提供安全传输检测报告。

e.总体参数。

显示尺寸:960mm×640mm/1280mm×960mm。

灯珠:红色波长(625±5)nm,绿色波长(505±5)nm。

亮度:≥8000cd/m^2。

视认角:≥30°。

IP等级:≥IP66。

检测路数:6路(支持6路信号输入)。

红、绿双色独立显示,黄色复合显示。

箱体外壳采用镀锌钢板制成,表面高温喷塑,前开门工艺,气撑,方便调试和维修。

f.显示功能模式。

快捷控制:一键清屏、时间校正、查询系统信息等。

节目编辑播放：可通过本地计算机编辑、增加、删除和修改宣传文字、图形、倒计时时间等信息。编排的内容储存于控制卡，信息播放按节目列表自动循环显示。

节目多时段设置：软件支持多个时间段，指定日期提示内容显示，随意设置节目生命周期。超过生命周期的节目，可自动删除，并播放下一个节目。同时，支持人工删除功能。节目支持轮流播放、定时长播放，支持按日期段、时间段、星期定时播放。

插播节目：可插入临时播放节目，如临时性的宣传标语或视频，到期后恢复常规节目。

显示效果：快速打出、左右移动、上下移动、左右拉幕、中开合、闪烁等30多种方式。

信息类型：图片、文字、数字时钟等。

亮度调节：16级亮度调节，支持手动调亮，支持4个时间段定时调亮度。

固件升级功能：LED控制系统支持固件升级功能，当功能要求改变或者发现LED控制系统本身存在问题时，可通过升级固件的方法解决，如升级LED控制系统的固件。

g. 倒计时显示方式。

支持显示阿拉伯数字1~60，以1s为单位递减，显示结束时数字为1。

交通信号灯绿灯时显示数字为绿色，红灯时显示为红色，黄灯时显示为黄色。

支持全程显示、定程显示。定程显示方式是，倒计时在非显示阶段为不亮状态或者显示对应颜色的文字(可多屏，每屏通常4~9个字)、广告语、图片等。

h. 倒计时控制模式。

通信方式：支持《道路交通信号倒计时显示器》(GA/T 508—2014)通信协议，根据控制机的实时指令显示。

触发方式：控制机在控制信号相位的特定灯驱闪灭一次作为触发信号输出，倒计时接收到触发信号后开始定时显示；有效触发信号持续时间范围为150~300ms。

跟随方式：按固定信号周期工作时，倒计时进入跟随状态，并在跟随2个周期后开始显示数字。跟随期间倒计时显示黑屏三合一方式，即集成通信方式、触发方式和跟随方式三种控制方式一体的倒计时显示器；控制逻辑为：通信方式优先，触发方式其次，跟随方式最后。采用自动升降级智能控制倒计时切换控制模式状态触发时间自动跟踪学习。

支持信号灯绿闪时不跟随闪烁，可设置是否跟随闪烁。

支持信号灯红闪、红黄同亮工作方式(红灯切换到绿灯的过渡)。

倒计时波特率、ID等可通过RS485设置，方便调试。

支持两组信号灯，自动识别接一组还是二组信号灯。

⑥控制主机(电子警察)。

高性能ARM A9双核数字媒体处理器。嵌入式Linux系统。具备违法图片合成、图片信息存储等功能。支持对通行车辆信息存储7天以上。支持4个"3.5"SATA硬盘，最大支持16TB。含4块4T硬盘。至少1个100M以太网接口及1个10/100/1000M自适应网络接口，1个RS232接口、1个RS485接口。

工作温度：-25~+60℃。

工作环境湿度：0~90%。

⑦900万像素环保电子警察抓拍单元。

包含高清嵌入式摄像机、镜头、室外护罩、电源适配器等。

采用≥2个1英寸全局曝光CMOS图像传感器。

镜头和相机一体化设计,两个或多个图像传感器可分别输出黑白图像及彩色图像,可对视频图像和抓拍图片进行融合输出。

分辨力:彩色≥2100TVL,图像分辨率不小于4096px×2160px。

支持对机动车占用非机动车道违法行为进行检测抓拍,白天和晚上的捕获准确率均≥99%,白天和晚上的识别准确率均≥99%。

支持主码流同时输出不少于30路4096px×2160px@25帧/s图像以提供浏览。

支持识别车头不少于6600种车辆子品牌,在天气晴朗无雾,号牌无遮挡、无污损,白天环境光照度不低于200lx,晚上辅助光照度不高于30lx的条件下测试,白天识别准确率≥98%,晚上的识别准确率≥96%。

支持安全接入功能,开启此功能后,设备只能被管理平台控制,不能通过其他方式登录或者控制设备。

支持越线停车、不礼让非机动车/行人、左转不让直行、右转不让左转、掉头不让直行等行为抓拍。

支持车辆子品牌识别检测功能,背向识别的种类不低于1500种。

支持对主程序和智能算法分别进行升级,可对多台设备同时进行批量升级,升级过程中视频画面不应丢失。

支持连续闯红灯事件检测功能,对某一时间段内连续闯红灯事件进行检测,并自动上报警信息。

支持闯红灯抓拍功能,在天气晴朗无雾,号牌无遮挡、无污损,白天环境光照度不低于200lx,晚上辅助光照度不高于30lx的条件下测试,白天和晚上闯红灯的捕获率均≥99%。

具备不低于4个RS-485接口,1个RS-232接口;2个RJ45 10M/100M/1000M自适应以太网口。

具备至少1路外部触发输入、1路外部触发输出,可作为闪光灯同步输出控制。

支持对违法变道行驶的车辆进行违法检测抓拍,识别准确率≥98%。

支持对不按导向行驶的车辆进行违法检测抓拍,识别准确率均≥98%。

支持13种车身颜色识别,包括黑、白、灰、红、绿、蓝、黄、粉、紫、棕、青、金、橙;在天气晴朗无雾,号牌无遮挡、无污损,白天环境光照度不低于200lx,晚上辅助光照度不高于30lx的条件下测试,白天识别准确率≥99%,晚上识别准确率≥97%。

支持压线、逆行、闯红灯、不按导向行驶、违法变道、路口停止、绿灯停车、机占非、闯禁令(禁左、禁右、禁止大车、公交专用道)、加塞等行为检测功能。

⑧400万像素星光级红外网络高清智能球机。

400万像素,最大分辨率2560px×1440px@30fps;1/1.8英寸CMOS传感器。

最低照度:彩色:0.0005lx。黑白:0.0001lx。

焦距:6.0~192mm,32倍光学变倍。

视频压缩标准:H.265、H.264、MJPEG。

红外照射距离:250m。

工作温度:-40~70℃。

湿度:<95%。

内置GPU芯片。

支持人脸、人体、车辆同时抓拍和结构化属性信息提取,支持人脸、人体数据关联。

防护等级:IP67。

⑨环保多合一补光灯。

≥24个大功率进口LED灯珠,支持频闪、白光爆闪、红外爆闪。

LED频闪支持PWM跟随触发,具有频率及占空比保护功能,发光角度10°。

气体爆闪具有防误触发功能,可覆盖1条车道。闪光指数GN≥64m。

防护等级IP66。

可通过软件记录闪光灯闪光次数。

支持通过485接口对补光灯亮度进行调节,可设置为1~255级。

支持气体脉冲补光、LED频闪补光方式,可通过远程控制切换补光方式。

具有LED和气体灯管两种光源,支持可见光补光和红外补光。

⑩信号灯检测器。

支持不少于16路AC 220V交通信号灯信号输入。

每一路交通信号灯输入信号均有状态指示灯信号;当有电压信号输入时,对应通道的状态指示灯点亮。

检测信号灯电压范围为AC 110~274V;信号灯输入端口有信号输入时,RS485端口会上传该端口的状态信息。

具有不少于6路的RS485接口、1路RS485数据收发状态指示灯、1个5位拨码开关、1路5V电源输出接口。

设备功耗小于3W。

工作温度:-40~80℃。

⑪千兆工业以太环网交换机(含光模块)。

要求至少配置6个100-TX端口和3个千兆RJ-45/SFP,配置原厂3个千兆、1310nm、10km、lc光模块。

SFP端口支持DDM SFP光收发器,提供光纤传输质量监控功能。

支持Multiple Super Ring(Rapid Dual Homing,MultiRing TM、TrunkRing TM、RSR、SR)和RSTP/MSTP。

支持1024个V LAN,在线多端口监控。

至少192Gbps交换性能,64KMAC地址列表。

支持链路层发现协议SNMPv3、RMON和JetView Pro远程管理工具。

支持工厂自动化开放式通信协议Modbus TCP/IP。

多重管理界面-CLI终端机指令,中文浏览器界面,网管协定SNMP V1/V2c/V3、RMON、HTTPS,远程登录Telnet,SSH,高级安全管理功能包括IP Security、Port Security、DHCP Server、IP和MAC绑定,802.1x访问控制。

支持E-mail事件报警(SNMP trap、Syslog、Digital Input)和继电器报警。

适应恶劣工业现场(-40~65℃)。

要求产品与交警后期运维平台提供免费开发接口(生产厂商提供承诺书)。

⑫工业级网管纯千兆光纤收发器。

工业级网管纯千兆光纤收发器,单模双纤,至少一路≥1000M以太网RJ45接口,≥40km传输距离,带防雷保护,适合室外使用,防浪涌电压可达4kV,过载保护,自动恢复,接收机插卡式即插即用,MTBF 10万h以上;必须具备散热性能较好的金属外壳,且适应耐高温(-15~75℃)、抗腐蚀、稳定传输的工作条件。要求产品与交警后期运维平台提供免费开发接口(生产厂商提供承诺书)。

(6)交通量观测站

①激光。

波长:905nm。

范围:0~30m。

频率:62.5Hz。

精度:30mm。

防护等级:Class I(人眼安全)。

②视频。

分辨率:1280px×720px。

视频压缩码率:32Kbps~16Mbps。

帧率:25fps。

存储功能:240GB硬盘。

③主板。

处理器:4核Coretex A9。

内存:DDR4 1G。

FLASH:板载4GB。

RS232:2个(115200 BPS)。

RS485:1个(115200 BPS)。

显示接口:1×HDMI。

以太网:2×10/100/1000Mbps LAN。

USB:5×USB2.0。

防护等级:IP68。

环境温度:-40~+70℃。

11)配套设计

(1)防雷接地

防雷接地的主要内容包括接地体和接地线的采购、挖沟、埋设、回填、夯实、测试、连接等。

结合本项目智能感知设施的特点,防雷、保护采用独立接地,安全接地电阻不大于4Ω,防雷接地电阻不大于10Ω。

所有外场设备立柱均设置避雷针。避雷针与杆体及设备应做绝缘处理,同时在各外场设备网络线、数据线缆以及供电电缆的接口处安装防雷保护器,如加装单相SPD保护器,可按现场实际情况布设。

(2)杆件防腐

外场摄像机等设备立柱的钢结构均采用热浸镀锌后再涂/喷塑的防腐处理方式。地脚螺栓、基础法兰、锚板、连接螺栓采用热浸镀锌防腐处理,镀锌量不小于350g/m²;其他所有钢构件在做热浸镀锌防腐处理后,再进行封装防腐处理。

(3)安全网络

①网络设计。

本项目外场各种感知设施通过工业以太网交换机接入监控室,后通过监控室上传至现有服务中心。考虑到网络安全性需求,接入交换机采用VLAN技术对各类业务进行逻辑隔离,实现各业务互不干扰地实时传输。同时,本方案对网络传输指标提出以下要求:

a.网络传输协议要求:联网系统网络层应支持IP协议,传输层应支持TCP协议和UDP协议。

b.媒体传输协议要求:视(音)频流在基于IP的网络上传输时要求支持RTP/RTCP协议。

c.信息传输延迟时间要求:前端设备与数据中心机房视频安全接入交换机之间的端到端(上行和下行)时延应不大于400ms,时延抖动不大于50ms。

d.传输质量要求:丢包率上限值为$1×10^{-3}$,包误差率上限值为$1×10^{-4}$。

②安全设计。

平台已建设电子政务外网与互联网之间的安全边界设施,实现了电子政务外网与互联网之间的数据交互。按照三同步原则,从物理环境、网络安全、区域边界安全、系统应用安全、数据环境安全、安全管理等方面开展。

a.物理环境安全。

物理环境安全可分为技术和管理两个层面。在技术层面,应采取电子门禁、监控报警系统等技术措施;在管理层面,制定机房维护管理、出入登记申报等制度。

技术措施主要包括如下三个方面:重要区域配置电子门禁系统,从物理层面实现访问控制。桥梁安全监测预警系统和边坡沉降监测预警系统涉及的各类传感器设备,安装牢固,接地符合技术标准,避免安装在强磁、强电环境中;保持有效的安全距离,避免其他障碍物遮挡等。各个系统涉及的设备机箱、机箱内终端模块、通信模块、数据交换类设备,设备机箱安装高度符合要求,机箱内设备安装牢固,接地符合技术标准,机箱内防尘防水符合要求,由专人开启机箱门,并做好防雷措施。

b.网络通信安全。

根据地方政务信息化项目建设管理要求,外场设备各个点位进行统一汇聚后由政务专网接入。对外场桥梁安全监测预警系统、边坡沉降监测预警系统中涉及的交换机、网关、安全预警单元等设备仅预留必要的网络传输接口,对其他预留端口采取网络隔离措施,避免不法人员从系统设备前端通过网络设备端口植入违法信息,确保整个系统在数据传输过程中的完整性和安全性。

(a)网络架构安全。

网络设备冗余:网络设备设计双机冗余结构,并应用堆叠、虚拟集群、热备等技术,实现网络设备故障时的实时切换,降低单台网络设备故障对整个网络信息平台业务的影响。

网络链路冗余：服务器至接入交换机、接入交换机至核心交换机、核心交换机至出口路由器等内部网络链路均采用双路冗余设计，降低单条内部网络链路故障对整个网络信息平台业务的影响。互联网出口、电子政务外网出口等外部网络链路均采用双链路冗余设计，且互联网出口链路选择不同运营商的链路，降低单条外部出口网络链路故障对整个网络和平台业务的影响。

(b)通信传输安全。

通信网络数据传输完整性保护：采用密码等技术支持的完整性校验机制，检验存储和处理的用户数据的完整性，以发现其完整性是否被破坏，且在其受到破坏时能对重要数据进行恢复。

通信网络数据传输保密性保护：根据等级保护的要求，二级业务系统设置加密传输，因此需要部署SSL VPN技术实现应用系统远程访问的加密。

通信网络可信接入保护：应用VPDN（虚拟专有网络业务）等技术，实现基于密码算法的可信网络连接机制，通过对连接到通信网络的设备进行可信检验，确保接入通信网络的设备真实可信，防止设备的非法接入。

异构网安全接入保护：应采用接入认证等技术，建立异构网络的接入认证系统，保障控制信息的安全传输；根据各接入网的工作职能、重要性和所涉及信息的重要程度等，划分不同的子网或网段，并采取相应的防护措施。

可信连接验证：可基于可信根对计算节点的基本输入输出系统（BIOS）、引导程序、操作系统内核、应用程序等进行可信验证，在应用程序的关键执行环节对系统调用的主体、客体、操作进行可信验证，对中断、关键内存区域等执行资源进行可信验证，在检测到其可信性受到破坏时采取措施恢复，并将验证结果形成审计记录，送至管理中心。

c.区域边界安全。

利用电子政务外网、专网，从桥梁安全监测预警系统、边坡沉降监测预警等系统前端设备、组网安全、数据传输安全等方面进行全面优化部署，系统设备所采用的电子政务外网与监测预警系统中的边缘融合网关、无线通信模块等部分设备网络传输所需要的互联网实现逻辑隔离，使各系统业务互不干扰地实时传输，有效地实现数据分层分级应用。

通过网络安全设计，实现分层次的安全体系设计以及安全技术规范的统一。

平台需要用到三个不同的安全域，即内网安全域、外网安全域和互联网安全区。各安全域需要采取的安全技术和采用的设备均利用全市共享基础设施实现。内网安全域主要包括部署内网应用的服务器和网络设备。内网安全域应采用高度安全的设计，具有严格的安全管理设施、制度等，具备如防病毒、入侵防护、安全审计、漏洞扫描等必要的安全技术。外网安全域包括部署外网应用的服务器和网络设备。外网安全域可通过互联网与外部用户进行通信，同时与内网有数据交换，所以划分为单独安全区域进行重点策略保护。外场监测设备部分数据通过电子政务外网安全区与互联网安全区实现数据互通。通常，互联安全区是非常容易遭受攻击的区域，所以应对该区域加强访问控制，采取入侵检测等措施。

互联出口所需部署的防火墙、入侵防护、VPN、流量控制等设备需要新建基础设施实现。

d.系统应用安全。

系统安全的设计和实现技术密切相关，其存在的漏洞也会给系统平台的安全带来严重的隐患,因此应用安全技术和应用系统相结合是保证应用层安全的重要手段。

本项目建设的桥梁安全监测预警系统、边坡沉降监测预警系统等涉及各类外场设备,只有在确保系统物理环境安全、每个系统通信网络安全的前提下,才能确保系统平台应用不受外界侵害。但是,对于系统平台内部管理应用,对于不同用户级别应进行分级管理、分配不同的使用权限,确保智慧公路平台用户使用的稳定性和可靠性。针对不同权限等级的管理人员,采取不同的身份认证方式和授权管理,同时保存每位管理人员的操作记录,提供事后审计和日志统计,保证系统操作的可追溯性和安全性。具体详见以下几个方面。

(a)身份认证。

用户管理:为平台提供统一管理用户的界面。用户管理集中统一后,每个用户账号只申请一次,这样可以减少用户身份的副本,增加安全性,用户数据只维护一次即可多处使用。用户管理除了提供单个录入的方式外,还提供方便的批量导入的方式,批量导入的数据经校验后直接进入系统。用户管理中可以通过维护用户与角色的关系来增加或撤销用户已有的角色,然后通过"用户—角色—权限"三元对应关系,获取用户具有的权限。

统一身份认证:身份认证采用中央认证服务的方式来完成,每个系统不再需要自己的身份认证,实际的身份认证都自动转发到中央认证服务,由中央认证服务来完成。

单点登录:用户经统一身份认证之后,如果需要进入其他系统,不需要再次登录认证,从而为用户提供多应用系统方便的单点登录功能,实现"一点登录、多点漫游"的功能。

(b)授权管理。

通过建立统一用户授权管理系统,为平台的各应用子系统提供通用的、支撑性的用户管理,实现可靠访问控制,实现用户管理的高效性。

统一用户授权管理采用基于角色的访问控制(RBAC)授权管理模型,通过角色信息与应用系统内部权限信息的映射,形成"用户—角色—权限"三元对应关系,对各类用户进行严格的访问控制,以确保应用系统不被非法或越权访问,防止信息泄漏。

角色管理:

在基于角色的访问控制权限模型中,角色处于核心位置。角色可以与用户关联、与权限关联;在有用户组的模型中,角色还可以和用户组关联;在更灵活的RBAC权限模型中,角色还可以和组织机构关联。

访问控制都集中在角色与权限的关联上,不同用户拥有不同的角色,不同角色拥有不同的权限。通过获取用户的角色合集,最终可以得到用户拥有的权限合集,从而可以对用户能访问的内容进行控制,不同权限可以进行不同的访问。

权限管理:

权限管理包括功能权限管理和数据权限管理。功能权限主要是控制菜单、按钮等某项具体功能,数据权限控制主要是控制在同一个功能下能够看到的数据范围(包括数据项和数据记录集的数目)。

与用户管理相似,权限管理可以通过维护权限(包括功能权限和数据权限)与角色的关系来增加或撤销角色已有的权限,然后通过"用户—角色—权限"三元对应关系,获取用户具有的权限。

(c)安全审计。

安全审计对系统的操作记录提供事后审计和日志统计,以保证系统操作的可追溯性和安全性。

系统内提供了详细的日志统计功能,对所有用户角色在各功能模块中的操作进行了记录,形成了详细的日志信息,一旦出现任何问题,可通过日志统计查找根源。

利用市共享基础设施的审计产品开展数据库审计、综合日志审计、运维审计。对数据库攻击事件及其他网络攻击事件进行关联分析,透过事件的表象真实地还原事件背后的信息。对于运维人员日常运维行为进行全程审计,生成操作日志。

(d)软件容错。

软件容错的主要目的是提供足够的冗余信息和算法程序,使系统在实际运行时能够及时发现程序设计错误,采取补救措施,以提高软件可靠性,保证整个计算机系统的正常运行。在系统软件设计时充分考虑软件容错设计,包括:提供数据有效性检验功能,保证通过人机接口输入或通过通信接口输入的数据格式或长度符合系统设定要求;具备自我保护功能,在故障发生时,应用系统应能够自动保存当前所有状态,确保系统能够恢复。

e.数据环境安全

本项目建设的系统数据环境安全主要体现为数据存储的安全和数据传输过程的安全。由于系统平台部署在市政务云上,前端设备通过市电子政务专网接入,系统数据的存储安全主要体现为政务云存储结构安全,软件的安全性采用相应的加密技术进行安全技术实现。

(a)数据存储安全。

数据存储安全通过硬件和软件两方面得以保证。硬件的安全通过采用高可用性的存储结构来实现,在市共享基础设施中已有体现;软件的安全通过数据加密和数据备份来实现。

对于登录密码这样的数据,采用MD5加密方式,直接将MD5摘要与数据库中保存的内容进行匹配。保证操作系统和数据库管理系统用户的鉴别信息所在的存储空间被释放或再分配给其他用户前得到完全清除,无论这些信息是存放在硬盘上还是内存中。确保系统内的文件、目录和数据库记录等资源所在的存储空间,被释放或重新分配给其他用户前完全清除。

桥梁安全监测预警系统和边坡沉降监测预警系统涉及的外场监测数据依靠前端边缘计算技术实现整个系统的运行并预警各主设备的运行状态数据。各种传感器类数据、视频资源数据、气象数据、异常事件数据、交通运行数据、安全预警数据和设备运行数据等通过政务专网接入。前端设备数据在现场汇聚后接入政务专网,并通过市政务数据共享交换平台推送至智慧公路数据平台,确保网络数据传输过程安全关系到整个系统平台能够安全稳定运行。

(b)数据传输安全。

SSL:SSL协议位于TCP/IP协议与各种应用层协议之间,为数据通信提供安全支持。SSL协议可分为两层:SSL记录协议(SSL Record Protocol),即建立在可靠的传输协议(如TCP)之上,为高层协议提供数据封装、压缩、加密等基本功能的支持;SSL握手协议(SSL Hand shake Protocol),即建立在SSL记录协议之上,用于在实际的数据传输开始前,通信双方进行身份认证、协商加密算法、交换加密密钥等。

通过SSL协议传输数据:数据传输安全通过SSL、数据加密等技术来保证。利用SSL协议可以有效提高数据传输的保密性、完整性和真实性,能够防止数据在传输过程中被非法窃取或篡改,从而保证数据传输的安全性。

数据不可抵赖性设计:指采取强制授权访问控制、完备的日志审计记录等技术手段确保读取或是修改数据的主体身份及其行为的确定性、可控性、可记录性和不可抵赖性。

数据备份恢复:平台利用市共享基础设施已有的备份方案和必要的冗余技术来确保丢失数据的可能性尽可能小,恢复数据尽可能完备、方便、快捷。

恶意代码防范:服务器和重要终端设备(包括移动设备)应安装实时监测和查杀恶意代码的软件产品;主机系统防恶意代码产品应具有与网络防恶意代码产品不同的恶意代码库。

f.安全管理中心。

(a)安全管理制度。

在信息安全中,最活跃的因素是人。对人的管理包括法律、法规与政策的约束,安全指南的帮助,安全意识的提高,安全技能的培训,人力资源管理措施,这些措施的实施都是以完备的安全管理政策和制度为前提的。这里所说的安全管理制度是指包括信息安全工作的总体方针、策略、规范各种安全管理活动的管理制度以及管理人员或操作人员日常操作的规程。

安全管理制度主要包括管理制度制定和发布、评审和修订,要求形成信息安全管理制度体系,对管理制度的制定要求和发布过程一样严格和规范,对安全制度的评审和修订要求领导小组负责。

(b)安全管理机构。

建立一个健全、务实、有效、统一指挥、统一步调的完善的安全管理机构,同时明确机构成员的安全职责,是信息安全管理得以实施、推广的基础。在单位的内部结构上必须建立一整套从单位最高管理层到执行管理层以及业务运营层的管理结构来约束和保证各项安全管理措施的执行。安全管理机构的主要工作内容包括:对机构内重要的信息安全工作进行授权和审批;内部相关业务部门和安全管理部门之间的沟通协调以及与机构外部各类单位的合作;定期对系统的安全措施落实情况进行检查,以发现问题并改进。

(c)安全管理人员。

很多重要的信息系统安全问题都涉及用户、设计人员、实施人员以及管理人员。如果这些与人员有关的安全问题没有得到很好的解决,任何一个信息系统都不可能达到真正的安全。通过对人员进行正确、完善的管理,能够降低人为错误、盗窃、诈骗和误用设备的风险,从而减小信息系统因人为错误造成损失的概率。

对人员安全的管理主要涉及两方面:对内部人员的安全管理和对外部人员的安全管理。人员安全管理具体包括人员录用、人员离岗、人员考核、安全意识教育和培训、外部人员访问等的管理,应提高对关键岗位人员的录用、离岗和考核要求,对人员的培训教育更具有针对性,外部人员访问要求更具体。

(d)系统建设管理。

根据基本要求制定系统建设管理制度,应从工程实施的前、中、后三个方面,从初始定级设计到验收评测完整的工程周期角度进行系统建设管理。系统建设管理包括系统定级、安全方案设计、产品采购和使用、自行软件开发、外包软件开发、工程实施、测试验收、系统交付、系统备案、等级评测、安全服务商选择等。

(e)系统运维管理。

根据管理制度以及安全管理中心基本要求进行系统日常运行维护管理,包括环境管理、资产管理、介质管理、设备管理、监控管理和安全管理中心、网络安全管理、系统安全管理、恶意代码防范管理、密码管理、变更管理、备份与恢复管理、安全事件处置、应急预案管理等,使系统始终处于相应等级安全状态中。

(4)网络安全等级保护定级分析

本项目的网络安全等级保护定级分析依据《信息安全技术网络安全等级保护定级指南》(GB/T 22240—2020),结合《交通运输行业网络安全等级保护定级指南》进行。根据等级保护对象在国家安全、经济建设、社会生活中的重要程度,以及其一旦遭到破坏、丧失功能或者数据被篡改、泄露、丢失、损毁,对国家安全、社会秩序、公共利益等侵害程度等因素对项目进行网络安全等级保护定级分析。通过对本项目建设的内容进行业务信息和系统服务等级保护定级分析,综合评定本项目网络安全等级保护定级类别。

①网络安全等级保护定级类别。

网络安全等级保护对象的安全保护等级分为以下五级:

第一级,等级保护对象受到破坏后,会对相关公民、法人和其他组织的合法权益造成一般损害,但不危害国家安全、社会秩序和公共利益。

第二级,等级保护对象受到破坏后,会对相关公民、法人和其他组织的合法权益造成严重损害或特别严重损害,或者对社会秩序和公共利益造成危害,但不危害国家安全。

第三级,等级保护对象受到破坏后,会对社会秩序和公共利益造成严重危害,或者对国家安全造成危害。

第四级,等级保护对象受到破坏后,会对社会秩序和公共利益造成特别严重危害,或者对国家安全造成严重危害。

第五级,等级保护对象受到破坏后,会对国家安全造成特别严重危害。

②安全等级保护定级分析流程。

定级对象的安全主要包括业务信息安全和系统服务安全两类。与之相关的受侵害客体和对客体的侵害程度可能不同,因此,安全保护等级由业务信息安全和系统服务安全两方面确定。其中,业务信息安全是指确保定级对象中信息的保密性、完整性和可用性等;系统服务安全是指确保定级对象可以及时、有效地提供服务,以完成预定的业务目标。由于业务信息安全和系统服务安全受到破坏所侵害的客体和对客体的侵害程度可能会有所不同,在定级过程中,需要分别处理这两种侵害方式。

a.确定业务信息安全和系统服务安全受到破坏时所侵害的客体。

b.确定业务信息安全和系统服务安全对客体的侵害程度。

c.确定业务信息安全和系统服务安全的安全保护等级。

d.将业务信息安全保护等级和系统服务安全保护等级的较高者确定为定级对象的安全保护等级。

③业务信息安全等级保护定级分析。

本项目涉及的预警系统,系统设备出现故障不能正常工作,影响的是公共交通秩序,存在交通事故隐患的概率将增大。但是,单个点位设备故障不会影响项目其他系统功能正常运行,可能会造成较少的财产损失和有限的社会不良影响,对社会秩序公众利用造成一般损害。

桥梁安全监测预警系统和边坡沉降监测预警系统设备出现故障或损坏会导致不能对道路和桥梁进行及时的安全监测和预警信息的提醒,不影响车辆的正常通行,由系统不能正常运行导致发生道路交通事件的可能性较小,对社会造成的不良影响较小。

依据《信息安全技术网络安全等级保护定级指南》(GB/T 22240—2020)中表2(业务信息安全保护等级矩阵表),结合业务信息受到破坏时所侵害的客体以及侵害程度,确定本项目业务信息安全保护等级为二级。

④系统服务安全等级保护定级分析。

由于系统点位分散在各个县区,且各系统独立运行,当某个点位系统故障时会导致无法将安全监测数据实时有效地传递给道路通行人员,会在一定程度上影响公共交通秩序,可能会造成较低的财产损失和社会不良影响,对社会秩序公众利用造成一般损害。

依据《信息安全技术网络安全等级保护定级指南》(GB/T 22240—2020)中表3(系统服务安全保护等级矩阵表),结合系统服务受到破坏时所侵害的客体以及侵害程度,确定本项目系统服务安全保护等级为二级。

⑤网络安全等级保护定级分析。

依据业务信息安全保护等级和系统服务安全保护等级的较高者确定为定级对象的安全保护等级原则,初步确定本项目网络安全保护等级为二级。

(5)运行维护系统

智慧公路平台将依据ITSS/ITIL运维标准规范,参考行业最佳运维实践,结合当地发展目标、建设原则和实际业务需求,开展运维管理体系建设。运维体系建设的主要目标是建成全面可视、标准规范、智能高效的数字化运维体系。同步规划建设与平台建设相适应的运行维护系统,提升平台资源的运维管理能力,为平台长效运行保驾护航。本项目以"稳定、安全、效率、集约"为目标,提升端到端的保障执行力和运维效率。本项目质保期为2年。

①运行维护制度。

建设标准化、规范化的运维管理流程体系制度。

②运行维护管理。

系统体系架构包含的应用维护控制台是提供给系统管理人员使用的。系统中涉及的机构、人员、业务、工作流、表单、地图使用等业务需求变化时,通过控制台进行快速响应、维护,保证不会因为信息系统无法适应这些变化而影响系统正常使用。本项目外场建设安全监测及预警系统设施(各类传感器、数据交换类设备、视频监控、主动安全预警单元等)满足室外安全要求,均符合国家技术标准,无须进行经常性维护保养,能够在室外7×24h无故障运行。对于有可能会被附近林木树枝遮挡的情况,应及时进行修剪,避免影响设备正常运行。

随着系统的逐步应用,会有更多的专业部门和业务内容被纳入信息系统的应用范围,系统运行过程中充分考虑了各专业部门、业务内容和相关信息逐步扩展的需要,如系统中涉及的部件和事件类型可能会根据工作需要逐步扩展。这时,通过维护子系统和基础数据资源管理子系统就可以轻松地配置相应的管理流程,设定相应的管理权限,添加相应的管理功能,从而实现对现有系统的扩展。

③运行维护平台。

部署平台实时运行监控系统,7×24h监测系统平台设备的运行指标、实时运行状态和平台告警信息。

平台展示当前已安装使用设备总数、在线路故障数以及不同类型设备的数量,实现对平台接入的设备状态、类型、故障情况、故障信息等多维度信息综合展示,直观有效地展示各种机电设备的运行状况。结合设备建设实际设计预警阈值,达到预警阈值可以通过App、公众号、小程序等方式及时提醒运行维护人员,在任务处置、故障上报、设备维修等方面责任清晰、分工到人,提高运维效率。

图7-9-9 监控室示意图

(6)监控室配套设备

本项目采用自建监控室机房,位置布置在停车区二楼,平面尺寸7.9m×16.8m,房间面积132.72m²。

在监控室内设置LED显示大屏(图7-9-9),显示尺寸为宽度4m,高度3m,并配置相应的计算机、空调、座椅及其打印机等。其中监控室内的指挥座席采用直线形,席位以直排造型结构分布,为用户提供不同区域的观察和操作功能,以保证指挥台基本功能的实现。

(7)智慧运维和管理平台

本项目在设计阶段采用无人机航测测绘,生成倾斜摄影模型和1:2000地形图;路线设计和选线进行BIM建模,施工过程中采用智慧工地进行施工过程管理;项目竣工根据实际情况再进行一次倾斜摄影采集与BIM进行融合,并将施工期间的各种资料导入运维管理系统。

运维管理系统主要包含智慧运维系统可视化大屏、手机App、PC管理端进行后台(图7-9-10)和前端管理。智慧运维系统可视化大屏(图7-9-11)显示主要的设备运行情况和事件。

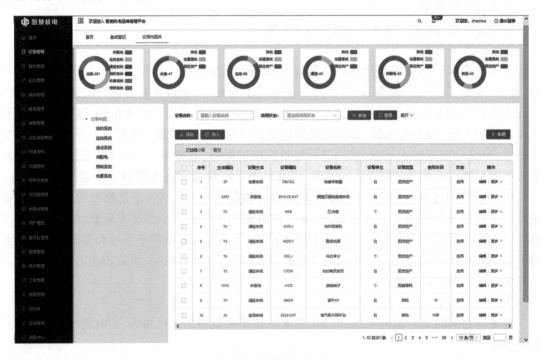

图7-9-10 管理后台

图 7-9-11　智慧运维系统可视化大屏

7.10　某二级路新建隧道健康监测案例

7.10.1　隧道概况

在道路桩号 K242+341 至 K243+196 间设置中隧道一座,隧道全长 855m,单洞净宽 12m,净高 5m,洞轴线为近直线形,路线纵坡坡度为 2.55%。隧道标准段建筑限界和横断面轮廓如图 7-10-1、图 7-10-2 所示。

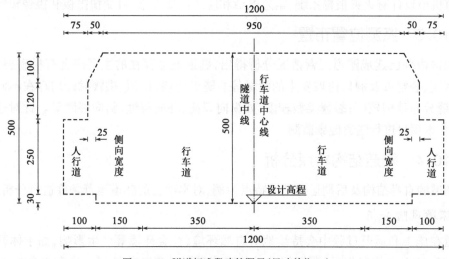

图 7-10-1　隧道标准段建筑限界(尺寸单位:m)

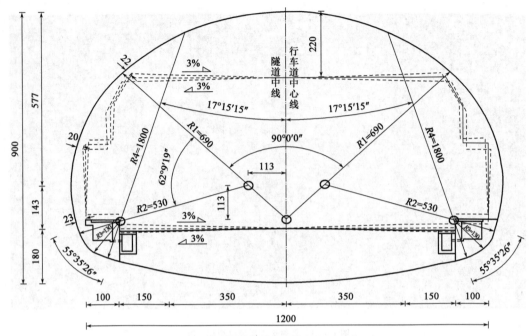

图 7-10-2　隧道标准段横断面轮廓(尺寸单位:m)

隧址区地貌单元属黄土丘陵区和低山区,山脊高程为 1760～1895m,相对高差为 100～200m,山脉走向明显,地势总体趋向西南高、东北低。隧道洞身地形起伏较大,中部地形高,两出口地段地形较低,相对高差约 180m,隧道最大埋深约 160m。隧道附近勘查期间正处于当地丰水季节,隧道附近无地表水,也无地下水分布,隧道入口的西侧冲沟仅暴雨时有降雨汇水,正常情况下,无地表径流。根据勘察报告,隧道围岩等级为Ⅳ、Ⅴ级,属于软岩较低等级。

7.10.2　隧道内已配备设备情况

隧道机电设计有火灾报警系统、紧急电话和应急广播设施、可变情报板和摄像机等。

7.10.3　监测位置布置

根据国内外已建成隧道运营情况分析得出,隧道通常存在的主要病害有衬砌裂缝,衬砌背后不密实、脱空以及洞口边坡发生的滑塌等。隧道边墙、拱顶、拱腰衬砌均存在不同规模的开裂,裂缝分布范围较广;裂缝类型较多,如纵向裂缝、环向裂缝、斜向裂缝等。针对这些常见病害,结合本项目进行隧道健康监测。

7.10.4　隧道结构特点分析

以隧道的自身结构及后期运营环境特点为例,对本项目的隧道运营条件进行分析。

1)环境风险分析

隧道在施工和运营过程中会持续地对自然环境、社会环境等产生影响,如土体开挖导致土层性质和地下水位变化,运营期间造成的噪声等对外界环境造成一定程度的影响。反过来,外部环境也通过持续不断的变化对运营隧道的结构健康产生不可忽视的影响。运营隧道临近范围内的各种水文地质条件、温度和荷载的波动以及周边各种施工活动的进行,都会对隧道周围的土体性质产生不同性质的扰动,对隧道结构产生大小方向各异的荷载,导致隧道结构所处的安全状态发生变化。因此,对运营隧道结构的外部环境进行分析讨论,对感知其结构风险和评价其安全状态都具有重要的意义。根据本项目隧道结构特点,选择降雨量作为外部环境分析指标,具体为监测隧道周边环境的降雨情况,并与隧道内监测指标相结合,对隧道结构的风险感知和安全评估进行综合分析。

2)隧道外风险分析

隧道外部地表沉降对隧道结构健康存在重要影响的因素,如差异沉降、累积沉降等,可将其归纳为其他指标,具体如下。

(1)差异沉降

差异沉降即所谓的不均匀沉降,一般指同一隧道结构体中,相邻的两个基础沉降量的差值。研究表明,累积沉降并不是引起隧道结构及运营期间安全问题的主要原因,纵向差异沉降才是影响隧道结构被破坏的关键因素。差异沉降产生原因的主要有施工阶段对土体的扰动、下卧土层及上方覆盖土层的不均匀性、临近施工活动、地表加卸荷载、运营期间的振动荷载作用等。一般来讲,过大的差异沉降会使隧道外部结构受到更大的应力作用,在这种额外应力的突然作用和长期累积作用下,隧道内部结构会逐渐产生裂缝等变形及结构不可逆破坏。

(2)累积沉降

隧道施工状态、周边建筑工程、隧道运营期间车辆运行产生的循环动荷载、区域性地面沉降、隧道周围土体特点与地质条件以及隧道的渗流特性都会对隧道地表的累积沉降产生影响。累积沉降会对隧道的结构安全和运营安全产生不利影响。对隧道结构安全的不利影响主要表现为累积沉降会导致隧道结构产生新的裂缝或者已有裂缝扩展,引起并加剧隧道渗漏,降低隧道沉降缝的防水性能,造成道床和底板脱空等病害;对隧道运营安全的不利影响主要表现为改变隧道的几何形态,包括隧道曲率半径、坡长、坡度的改变等。

3)结构特点风险分析

(1)衬砌应变

通过对二次衬砌结构受力变化状况进行监测,掌握围岩与初期支护之间及初期支护与二次衬砌混凝土之间的压力发展趋势,为判断二次衬砌稳定性提供数据资料。

(2)裂缝宽度

裂缝是评价隧道表面破坏程度的重要指标之一。裂缝的长度和宽度直观地反映了裂缝的状态,是分析裂缝常用的指标。裂缝宽度一般通过游标卡尺测量得到。结构在制作、隧道施工和运营期间不可避免地产生裂缝病害。导致裂缝形成的因素有很多,包括设计因素(如结构界面设计不合理等)、施工因素(如材料选用不当、混凝土浇筑捣实程度不足等)、使用过程中的因素(如荷载变化、不均匀沉降等)。裂缝的存在,会导致其他结构的连锁反应,如裂缝会在一定程度上降低结构承载能力,导入渗漏水,使钢筋和混凝土暴露在空气和水中,最后钢筋腐蚀、混凝土劣化,进一步导致其他结构病害的产生。裂缝按发展方向分为斜向裂缝、纵向裂缝和环向裂缝三类。斜向裂缝与隧道的轴线不重合，呈现一定角度；纵向裂缝与轴线平行；环向裂缝则与轴线垂直。裂缝按其成因分为变形裂缝（变形引起的裂缝）和受力裂缝（由外荷载直接应力或次应力引起的裂缝）两大类。其中，变形裂缝并不影响隧道结构的承载能力，受力裂缝则表示结构的承载能力存在问题。

7.10.5 隧道结构健康监测系统的设计

隧道结构健康监测系统采用智能硬件终端和软件平台相结合的方式，实现各项监测参数数据的采集、传输、处理、分析和利用，主要包括数据采集和传输。其中软件和硬件采用目前技术先进、稳定可靠、操作方便、便于隧道管养人员操作的产品。

1）设计原则

隧道结构健康监测系统是提供获取隧道结构信息的工具，使决策者可以针对特定目标做出正确的决策。隧道结构健康监测系统除了对安全监控建设中涉及的参数进行综合管理外，还综合考虑隧道环境参数信息等。其设计原则如下：

(1)可靠性。由于隧道结构健康监测系统长期在野外运行，应保证系统的可靠性。否则，先进的仪器在系统损坏的情况下也发挥不出其应有的作用。

(2)先进性。设备的选择、监控系统功能应与现在成熟监控技术及测试技术、结构安全监控的相关理论相适应，具有先进性和超前预警性。

(3)可操作性和易维护性。系统正常运行后应易于管理、操作，对操作维护人员的技术水平及能力不应要求过高，以便更新换代。

(4)完整功能性和可扩容。系统在监控过程能够使监控内容完整，逻辑严密，各功能模块之间既相互独立又相互关联；应尽可能避免故障发生时整个系统瘫痪。

(5)以最优成本控制。利用最优布控方式做到既节省项目成本和后期维护投入的人力及物力，又能最大限度地发挥系统实时监控的效果。

总之，隧道结构健康监测系统设计时应坚持贯彻"技术可行、经济合理"的基本原则，使得自动化监测系统做到可用、实用、好用。

2）总体设计思路

隧道结构健康监测管理系统作为桥隧边坡预警监测平台的一部分，负责单个或附近多个相关联隧道内隧道结构的健康监测和风险预警。通过IoT技术，实时采集各个监测设备的数据和状态，动态掌握隧道的结构运行情况并进行分析，对可能产生的风险进行分级预警，引导和辅助工作人员对风险进行处理。

省部级健康监测管理系统总体架构图如图7-10-3所示。

(1)物理架构

为了保证与前端监测设备通信的稳定性，建议将隧道健康监测管理系统部署所属管辖的公路管理中心，通过隧道内光纤环网进行数据传输和通信，通过光纤专网与监控中心和外部系统及上级系统进行数据交互，备用通信方案为通过4G/5G模块进行设备通信和与外部系统及上级系统进行数据交互。隧道结构健康监测管理系统物理架构图如图7-10-4所示。

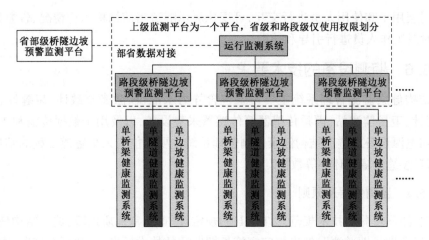

图 7-10-3　省部级健康监测管理系统总体架构图

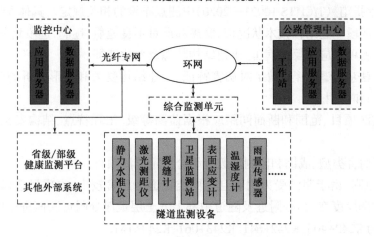

图 7-10-4　隧道结构健康监测管理系统物理架构图

（2）逻辑架构

隧道结构健康监测管理系统分为四个层级，自下而上依次是设备层、采集传输层、数据层、应用层，如图 7-10-5 所示。

①设备层为各个前端监测设备，包括激光收敛计、静力水准仪、表面应变计、裂缝计、卫星监测站、温湿度计等，对当前隧道内的各种健康指标进行实时采集。

②采集传输层主要为隧道内综合监测单元或智能数据网关，实时采集隧道内设备层各监测设备的数据和运行状态，并进行数据的预处理。

③数据层对采集传输层传入的数据进行处理、计算和分析，不断优化分析模型，根据发现的异常情况发出相应的告警信息，并负责与上级系统或其他数据系统进行数据交互。

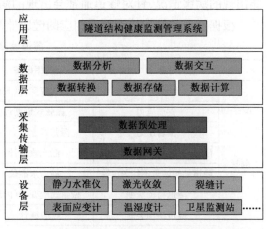

图 7-10-5　隧道结构健康监测管理系统逻辑架构图

第7章　案例分享　299

④应用层用于和使用人员进行交互,可视化展示隧道当前结构运行情况、告警情况,以及告警发生时对工作人员进行引导和辅助。

7.10.6 监测设备的技术要求

隧道结构健康监测管理系统主要设备包含静力水准仪、激光收敛计、裂缝计、表面应变计、温湿度计、卫星监测站、雨量传感器等传感器采集设备,以及用于数据传输和支撑设备运行的通信和电源设备。隧道结构健康监测管理系统主要功能为采集隧道工程的结构变形、衬砌应变、洞身裂缝及隧道环境等数据。

7.10.6.1 监测依据及原则

现行《公路隧道养护技术规范》(JTG H12)规定"严重不良地质地段、重大结构病害或隐患处,宜开展运营期长期监测",但未规定实施长期监测的技术标准,因此可以借鉴《在役公路隧道长期监测技术指南》(T/CHTS 10021—2020)中测点布设的相关规定。具体原则如下:

(1)宜根据区段土建结构技术状况值、隐患和严重不良地质,逐洞、逐段划分监测等级。

(2)长期监测项目应能反映病害、土建结构状态及变化特征。

(3)监测方法应合理易行,满足对病害特征、土建结构受力和变形分析的要求,且不应影响结构正常受力和使用。

(4)长期监测项目、范围和断面间距应根据监测等级、工程特点、结构安全要求等进行合理的确定。

(5)应根据病害类型、成因和监测等级等综合确定监测项目。

根据以上原则,由于明洞受力明确且在同类隧道中病害较少,本项目选择暗洞范围内围岩等级变化(衬砌厚度变化)处附近及隧道中部上方土层最厚处附近断面进行监测,具体监测断面桩号分别为K242+406、K242+641、K243+061、K243+141。

7.10.6.2 监测内容和测点布设

根据隧道设计相关规范结合隧道水文地质条件、围岩情况、结构特点及隧道运营期间可能出现的病害情况,针对隧道通常会出现的病害对本隧道部署健康监测系统。

根据隧道的结构特点部署相应的健康监测传感器,具体拟监测项目见表7-10-1。

隧道监测内容一览表　　表7-10-1

	监测内容	所用设备	监测目的	备注
洞身	钢支撑应力	振弦式应变计(表面)	监测洞身内部钢支撑承受应力	外挂
	钢筋应力	振弦式钢筋计	监测洞身内部钢筋承受应力	预埋
	围岩压力	振弦式土压力计	监测围岩内部土压力情况	预埋
	隧道周边位移及拱顶沉降	激光收敛计	监测隧道洞身收敛变形情况	外挂
	隧道结构墙角不均匀沉降	静力水准仪	监测隧道基础不均匀沉降	外挂
	隧道衬砌应变	振弦式应变计(内埋)	观测洞身衬砌应变情况	预埋
	隧道结构裂缝	裂缝计	观测洞身裂缝变形发展趋势情况	外挂
	隧道区域温湿度	温湿度计	监测隧道区域温湿度情况	外挂

续上表

监测内容		所用设备	监测目的	备注
洞口	仰坡地表位移	卫星监测站	观测地表位移、变形发展情况	外挂
环境	视频监控	摄像机	监测隧道冲沟情况	外挂

1）钢支撑应力

通常在施工过程中选择典型断面,采用振弦式应变计(表面)对隧道结构物内的钢支撑应力的变化进行监测,共计布设4个监测断面,每个断面布置5个测点,分别布置在拱顶、拱腰和拱脚处。监测断面桩号分别是K242+406、K242+641、K243+061、K243+141,合计20个振弦式应变计(表面)。

2）钢筋应力

通常在施工过程中选择典型断面,采用振弦式钢筋计对隧道结构物内的钢筋应力变化进行监测,共计布设4个监测断面,每个断面布置5个测点,分别布置在拱顶、拱腰和拱脚处。监测断面桩号分别是K242+406、K242+641、K243+061、K243+141,合计20个振弦式钢筋计。

3）围岩压力

围岩压力监测通常选择在隧道施工过程中,这样可以起到优化施工顺序、保障施工安全的作用,以及方便后期运营进行相关科学研究和健康监测。根据勘查报告,隧道围岩等级为Ⅳ、Ⅴ级,属于较低等级软岩,针对隧道围岩压力分布特征,监测范围为围岩等级较低位置断面,采用振弦式压力计对隧道内部围岩进行监测,共计布设4个监测断面,每个断面布置5个测点,分别布置在拱顶、拱腰和拱脚处。监测断面桩号分别是K242+406、K242+641、K243+061、K243+141,合计20个振弦式土压力计。

4）隧道周边位移及拱顶沉降

监测范围为隧道易出现严重病害的区域及二次衬砌易产生较严重脱空的区域。监测时应根据隧道结构易产生裂缝的情况、围岩情况(Ⅳ～Ⅴ级围岩段,强风化至弱风化白云质灰岩及大理岩,有裂隙,块状结构,局部破碎带)综合确定监测断面。共计布设4个监测断面,每个断面布设2台激光收敛计(1台用于监测拱顶沉降,1台用于监测周边位移),监测断面桩号分别是K242+406、K242+641、K243+061、K243+141,合计8台激光收敛计。

5）隧道结构墙脚不均匀沉降

监测范围为隧道裂缝病害较严重的区域、二次衬砌雷达检测报告显示脱空较严重的区域及边墙裂缝发育的区域。监测时应根据隧道结构裂缝的宽度及深度、围岩情况(Ⅳ～Ⅴ级围岩段,强风化至弱风化白云质灰岩及大理岩,有裂隙,块状结构,局部破碎带)综合确定监测点,具体如下:

①桩号K242+341隧道断面处布设1个静力水准监测点。
②桩号K242+356隧道断面前后5m处各布设1个静力水准监测点。
③桩号K242+396隧道断面前后5m处各布设1个静力水准监测点。
④桩号K242+446隧道断面前后5m处各布设1个静力水准监测点。

⑤桩号K242+466隧道断面前后5m处各布设1个静力水准监测点。
⑥桩号K242+741隧道断面前后5m处各布设1个静力水准监测点。
⑦桩号K243+016隧道断面前后5m处各布设1个静力水准监测点。
⑧桩号K243+086隧道断面前后5m处各布设1个静力水准监测点。
⑨桩号K243+141隧道断面前后5m处各布设1个静力水准监测点。
⑩桩号K243+181隧道断面前后5m处各布设1个静力水准监测点。
⑪桩号K243+196隧道断面处布设1个静力水准监测点。
⑫桩号K242+311隧道断面处布设1个基准点。
合计布设21台静力水准仪,具体位置可根据现场情况适当调整。

6)隧道衬砌应变

衬砌应变根据隧道结构特点选取一个典型断面,断面选取可依据结构裂缝的长度、宽度、深度情况综合确定。本次选择4个关键断面进行隧道衬砌应变监测,监测断面桩号分别是K242+406、K242+651、K243+071、K243+151;每个断面分别在拱顶、两侧拱腰、两侧拱脚处布设振弦式应变计(内埋);每个断面5支,共计20支振弦式应变计(内埋)。

7)隧道结构裂缝

参照现行《公路隧道养护技术规范》(JTG H12),衬砌纵向开裂对隧道结构安全影响最大,同时考虑裂缝长度(长度≥5m)、宽度(裂缝宽度≥0.2mm)的影响。本次选取4个监测断面,监测断面桩号分别是K242+416、K242+41、K243+061、K243+141,每个断面分别在拱顶1处、两侧拱腰各1处布设裂缝计,共计布设12个裂缝计。

8)隧道区域温湿度

衬砌表面混凝土出现劣化、蜂窝麻面、开裂、渗水等病害,均与周边的环境温湿度变化有着不同程度的关联。实时掌控隧道内温湿度变化,对维护隧道结构健康起着重要作用。依据相关规范,隧道内环境温湿度测点间距一般不大于500m,且每一通风区间内应至少设置1套,并综合考虑病害分布范围,选取4个监测断面进行监测,监测断面桩号分别是K242+406、K242+641、K243+061、K243+141,每个断面左侧拱腰处布设1个温湿度计,共计布设4个温湿度计。

9)隧道衬砌和二次衬砌接触压力

视频监测设备用于对公路沿线的交通运行状况、公路基础设施状况、气象状况等进行实时图像监测;对交通异常事件(包括交通拥堵、交通阻断、交通事故、隧道火灾等)和车辆特征进行实时图像监测,进而掌握实时路况,更好地为管养服务。以普通国、省道为对象,按照《宁夏公路网智能感知设施建设指南(试行)》进行布设。

摄像机主要分为以下几种:

①高速遥控摄像机:将摄像机镜头、云台、解码器等器件融为一体,置于球式防护罩内,其镜头焦距有限。该类摄像机主要用于场区监控,在道路监控中应用较少。

②红外遥控摄像机:由一体化的解码器、云台、球式防护罩及一体化摄像机、长焦变焦镜头等组成,线缆不外露、图像抖动小、速度高、安装方便、可靠性高。

③高清网络遥控摄像机:优点是高清摄像机图像细节更加清晰,尤其对于高速行驶中的车辆来说,高清视频图像包含的信息量更为丰富,对于车牌识别应用具有更重要的意义。同时,高清摄像机具有数字云台功能,使用较小的数字变焦视频窗口在大的图像中移动,并放大图像中的某个部分,具有"画中画"功能,可以同时显示全景和局部,且为一体化设计,集成度高。

④星光级红外网络高清高速摄像机:优点是高清摄像机图像细节更加清晰,星光级球机夜间画面比较清晰,提供全天候的全彩图像,无光污染,环保补光。

⑤黑光级(超高清)网络高清高速摄像机,是星光级的升级版,画质更为清晰,可满足暗夜环境下的图像识别。

本次拟采用高清网络遥控摄像机,设置位置为隧道冲沟,新建8m立杆,供电采用隧道口处市电接口,采用租用运营商网络传输到分中心。

10)隧道口边坡地表位移

根据现行《公路滑坡防治设计规范》(JTG/T 3334)的规定,滑坡施工安全监测阶段的监测断面、监测点布置应符合下列要求:

(1)应根据滑坡的地形地貌、工程地质条件和主体防治工程方案,合理布置滑坡监测断面。监测断面应沿滑坡主滑动方向布设,主滑动面及两侧各布置1~3个监测断面。

(2)对于规模大、性质复杂的滑坡,按变形分区进行稳定性评价与治理工程设计时,应根据分区布设监测断面,每个分区监测断面不少于1个。

(3)深部位移监测,测孔深度应达滑动面以下不小于5m处。

参照相关规范和结合边坡实际情况,对于整体处于稳定的边坡应按照现行《公路滑坡防治设计规范》(JTG/T 3334)的规定选择主断面进行监测点位布设,对于欠稳定或者存在局部滑塌的边坡,则在这些危险位置进行布置,通过以点代线,以线代面,实现对边坡的整体监控。

根据现场实际情况,在隧道进出洞口区域各设置3个GNSS监测站,进行地表位移监测点布设,共计布设6个GNSS监测站,1个基准站。

7.10.6.3 监测设备监测原理

1)振弦式应变计(内埋/表面)监测原理

振弦式应变计适合长期布设在水工结构物或其他结构物的表面,测量结构物表面的应变量,并且可同步测量布设点的温度。振弦式应变计(表面)弹性模量小,与被测结构物的随动性好,测量中不会干扰原应力场,并可回收重复使用。

当被测结构物发生变形时,将带动振弦式应变计(表面)变形,变形通过前、后端座传递给振弦转变成振弦应力的变化,从而改变振弦的振动频率。电磁线圈激振振弦并测量其振动频率,频率信号经电缆传输至数据采集装置,即可测出结构物的应变量。同步测量埋设点的温度值。

2)振弦式钢筋应力计监测原理

振弦式钢筋应力计是一种用于测量混凝土结构内部钢筋应力的仪器。它具有高精度、高稳定性、携带方便等优点。振弦式钢筋应力计适用于监测各类建筑基础、桩、地下连续墙、隧道衬砌、桥梁、边坡、码头、船坞、闸门等混凝土工程及深基坑开挖安全监测中、测量混凝土内部的钢筋应力、锚杆的锚固力、拉拔力等。传感器可同步监测埋设点的温度,自身无须温度修正。加大量程,拉、压应力幅度可达500MPa,振弦式钢筋应力计的工作原理基于振弦效应,即当钢筋受到应力作用时,其振动频率会发生改变。具体来说,当钢筋应力增加时,其振动频率会降低;反之则会升高。振弦式钢筋应力计正是利用这一原理来测量钢筋应力的。

在具体应用中,振弦式钢筋应力计通过焊接或预埋传感器等方式与混凝土结构中的钢筋连接。当钢筋受到应力作用时,应力将传递到传感器上,引起传感器的振动。此时,传感器中的振弦会根据钢筋应力的变化而改变其振动频率。通过信号处理单元和数据采集器,这些频率变化将被转换为数字信号并传输到计算机等设备中进行数据处理和分析。

3)振弦式土压力盒基本原理

先采用电动打磨机对测点处初支表面进行打磨,然后在打磨处垫一层纱布,最后用射钉枪将压力盒固定在初支表面。

振弦式土压力计主要由承压膜、密封盖、感应线、高强度钢丝等组成。在承压膜上有两个夹线器,上面连接钢弦。使用时,结构物上压力的变化引起承压膜变形,这个微小变形量可使钢弦张力发生变化从而影响钢弦的振荡频率,通过测量振荡频率的变化可换算得到膜片上压力的变化。振动频率的平方正比于结构物上的压力。仪器由激振电路驱动传感器线圈,当激励信号的频率和钢弦的固有频率接近时,钢弦迅速达到共振状态。当激振信号撤去后,钢弦仍以其固有频率振动一段时间。用采集仪表监测电路对振动产生的感应信号进行滤波、放大、整形后采集,通过测量感应信号脉冲周期即可测得弦的振动频率。

4)激光收敛计监测原理

激光收敛计具有测量速度快、测量精度高、产品体积小,使用方便等特点,可运用于监测隧道拱顶沉降及收敛。

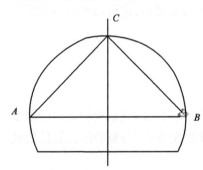

图7-10-6 拱顶沉降和拱腰收敛测点布置示意图

拱顶沉降和拱腰收敛测点布置如图7-10-6所示。

在B点处布置监测仪器,测出AB间距和BC间距,通过前后数据分析可以得到拱顶沉降和拱腰收敛量的量。

5)静力水准仪监测原理

静力水准测量系统多为连通管式静力水准系统,它利用相连容器中静止液面在重力作用下保持同一水平这一特征来测量各监测点间的高差。各监测点间的液体通过管路连通,俗称连通管法。其特点是各个容器中的液体是连通的,存在液体流动和交换。

工作原理:静力水准仪是基于连通管原理的工程应用,测量系统由多个静力水准仪通过一根充满液体的PU管连接在一起,最后连接到一个储液罐上。相比管线的容量,储液罐拥有足够大的容量,能够有效减少管线容量因温度变化导致的细微变化所带来的影响。将储液罐及其附近的静力水准仪视作基点(基点必须安装在垂直位移相对稳定或者可以通过其他人工手段测量确定的位置),接下来通过查看测点静力水准仪的压力变化直接测得该点的相对沉降量。

根据连通管原理，系统搭建完成后各测点基本处于同一高程，当连通管一端（末端）密封后，整个通液管路中的液体是不流动的，当测点随结构变形（沉降或隆起）时，测点相对于基点储液罐中的液面的相对高差即产生变化，测点测值相应改变，此改变量即该测点的相对沉降量。

6）振弦式应变计（内埋）监测原理

振弦式应变计（内埋）主要由夹弦器、钢弦、线圈、不锈钢外护管以及安装头组成，如图7-10-7所示。

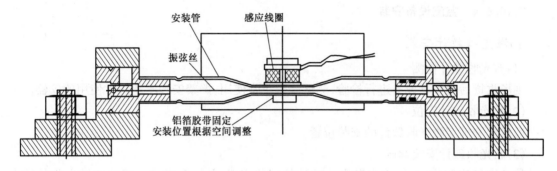

图7-10-7 振弦式应变计（内埋）结构图

工作原理：振弦式应变计（内埋）中的钢弦通过夹弦器与两端安装头相连，钢弦上被预加一定张力固定于传感器内。根据经典弦原理，当弦长一定时，钢弦固有频率的平方与钢弦的张力成正比关系，而钢弦的张力与钢弦的应变成正比关系，也就是说，钢弦固有频率的平方与钢弦的应变也成正比关系。当被测结构物由于外力作用产生形变，并通过振弦式应变计（内埋）两端安装头传递至钢弦使其应变量发生变化时，会导致钢弦固有频率随之改变。通过测量钢弦频率的变化，即可得知被测结构物的应变变化量。

7）裂缝计监测原理

裂缝计中的位移传感器的核心部分是传感器头部分。传感器头一般由拉杆、铁芯、一组初级线圈、两组次级线圈、内管、外管等组成。当铁芯在线圈内移动时，两组次级线圈产生差动电压。这两组电压经检波、相减、滤波、调零、放大等处理，输出一个与铁芯移动量相对应的信号（电压或电流）。

8）环境温湿度监测原理

环境温湿度传感器利用物质各种物理性质随温度变化的规律把温度转换为可用输出信号。温度传感器热电阻是中低温区常用的一种温度监测器，它的主要特点是测量精度高，性能稳定。温度传感器热电阻测温是基于金属导体的电阻值随温度的升高而增加这一特性来进行温度测量的。

湿敏元件是简单的湿度传感器。湿敏电阻的特点是在基片上覆盖一层用感湿材料制成的膜，当空气中的水蒸气吸附在感湿膜上时，元件的电阻率和电阻值都会发生变化，利用这一特性即可测量湿度。

9）地表位移监测原理

地表位移监测通过高精度定位技术实现，其主要技术原理是将卫星测量基准站和监测站(1个或多个)的位置信息采用数据软件(核心算法)进行解算,剔除各种环境影响误差因子,通过相对定位得到各监测点不同时期的位置信息,与首期结果进行对比得到各监测点在不同时期的位移信息(精确度达到毫米级);最后将各监测点的位移信息展示在系统监测平台上,由平台形成各结构物的时程形变参数和相关技术指标,供技术人员和管理人员实时查询和参考。同时,可对超过设定阈值的形变值发出相应警报,提醒相关人员采取相应的处置措施。

7.10.6.4 监测设备安装

1)激光收敛计安装

(1)激光收敛计检测

现场收货后对仪器设备进行检验,测试能否正常使用,严禁安装不能正常使用的仪器。

(2)激光收敛计定位

通过量测确定激光收敛计的安装位置。

(3)激光收敛计安装调试

①确定好安装位置后,固定激光收敛计的安装支架,并注意拱腰位置处的激光收敛计支架与激光收敛计必须保持在同一水平位置。

②调整激光收敛计的角度,保证一束激光打到拱顶,另一束激光打到拱腰位置。

③在拱顶固定顶板安装支架,需保证拱顶的支架轴线与地面垂直。

④连接信号线缆和电路线缆,并对仪器设备进行测试和调试。

2)静力水准仪安装

(1)静力水准仪检测

现场收货后对静力水准仪进行测试并记录,看有无损坏;测试过程中可对静力水准仪进行编号并标记。检测方法详见使用说明书。

(2)安装点位确定

①根据方案或业主的要求确定现场的安装点位,看是否与了解的有出入。

②确定基点、测点的具体安装位置和安装高度。

基点应选择离沉降点位最近的稳定点位。现场安装前,需对安装点位进行高程测量,静力水准仪安装位置安装水平线应精确控制,各测点之间高程相对误差在10mm内(安装后静力水准仪高度误差在10cm以内),保证后续静力水准仪的量程使用率最高。

③确定采集箱的位置。

采集箱位置要方便静力水准仪走线,方便接入电源。

④确定走线方式。

(3)静力水准仪安装方式解析

①先安装再通液。把水管、静力水准仪全部连接好,先不密封最后一个静力水准仪水路出口,使水箱液体通过大气压力流入水管;在水路末端处用一个桶接流出的液体,在通液过程中,按静力水准仪排气钮来排除气泡,提前把此静力水准仪的气泡排除;最后在排液体的过程中对接封闭式水管即可。此方法适用于水管落差较大的情况,若水管落差不大,可能会使液

体流入速度过慢,导致现场工时增加。

②先通液再安装。在安装前把水管全部通满液体,待安装时将水管剪断接入静力水准仪,再安装在测点上;安装时从靠近水箱的安装点开始。此方法适用于水管落差大的情况,但缺点是要按压静力水准仪上的排气钮来排除干净水路中的气泡。

③先装水路,再通液,最后安装静力水准仪。先将水管"手拉手"连接各静力水准仪的水路接口,在安装静力水准仪的位置用扎带扎紧,再通液,将水路中的气泡排出。先从靠近储液罐一端的静力水准仪开始将气泡排向下一个安装点,如此重复,静力水准仪安装完毕,气泡也随之排除完毕。

④安装设备。

a.安装桥架。设计好水路就可以确定桥架的具体安装位置,桥架可以不用安装在同一水平面。先打孔安装桥架的固定支架,然后用桥架组件将两个桥架拼接起来,沿桥架铺设方向,在两个桥架尾部连接相应组件。静力水准仪现场安装示意图如图7-10-8所示。

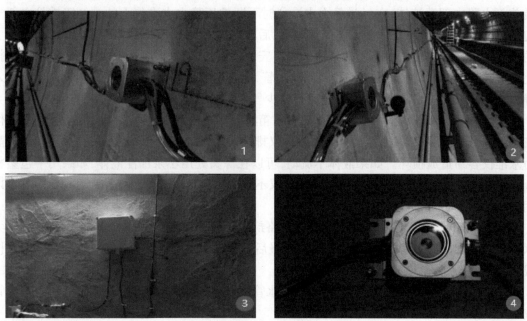

图7-10-8　静力水准仪现场安装示意图

b.抄平放线、记录点位。首先按照图纸确认静力水准仪的安装位置,然后用静力水准仪或水管抄平方法,在安装位置标记出水平点,使用墨斗在确定好的两个水平点之间弹一条墨线。

c.安装静力水准仪支架。静力水准仪支架可根据实际工况灵活选用安装方式,静力水准仪可侧面安装。为保证安装后水路平整,在安装静力水准仪支架打孔定位时直接按照墨斗标记位置安装即可。

在电锤钻头上用记号笔或胶带标记出钻孔深度,钻孔深度应为膨胀螺栓底部至顶部螺母下边沿长度,且电锤可选用直径为12mm的钻头;在标记的位置处钻出安装孔,用气筒把安装孔内的杂质及灰尘吹出,并用530清洁剂把安装孔周围及整个安装面擦拭干净,在$\phi 8$膨胀螺栓外部及内部(膨胀管与螺栓间空腔间隙)均匀涂抹结构胶,塞入安装孔;接着把螺帽拧紧2~3圈后,感觉膨胀螺栓比较紧而不松动后拧下螺帽,再把安装支架圆孔对准膨胀螺栓嵌入,最后逐个安装每个膨胀螺栓垫片、弹簧片及螺母,并拧紧。

d.安装保护罩。安装完静力水准仪支架后用记号笔标记保护罩安装位置,按照安装静力水准仪支架的方法钻孔和安装保护罩。

e.安装储液罐支架。安装储液罐支架的位置要保证储液罐的出水口高于引压口,水箱液面与静力水准仪引压口的高度差不能超过静力水准仪量程(可以通过控制液面的高度达到满足量程的目的,最好安装开始前概算一下)。

f.水路铺设。此步重点在于水管是放到桥架中的,完成所有静力水准仪的接入,接好后的水管放到桥架内。

液体黏性大流动缓慢,一般采用先通液后安装的方式。水路铺设前先将静力水准仪用"手拉手"方式连接,用PVC管刀剪断水管,水管切口需平整,水管连接到储液罐出水口。在安装前将水路内部灌液体,在经过静力水准仪时不断按压静力水准仪上的排气钮排除内部气泡;亦可安装静力水准仪后对水路灌液体,然后在液体通过静力水准仪时按压静力水准仪上的排气钮将静力水准仪水路里的气泡排尽。安装最后一个静力水准仪时将已经灌满液体排完气泡的静力水准仪水路出口连接封闭式水管,即在末端水管不断排液时将封闭式水管接入静力水准仪出水口,接入速度要快,尽可能减少气泡的产生。

通液时,水箱液面必须高于出水口,若水箱液面低于出水口会有空气进入水管。在液体流过静力水准仪后,可以通过按压静力水准仪排气钮排气,切记不能敲打静力水准仪,敲打静力水准仪容易造成损坏。如果液体不流动,可以在源头处用小泵加注液体,如果用平包塑料金属软管防护水管,在静力水准仪接入处建议不完全封闭,以便于查看气泡,后续封闭可考虑用波纹管开口保护。

g.气路铺设。监测系统的重点就在于气路封闭,因此水箱上的出气口需接入三通,各静力水准仪的气管接口采用"手拉手"连接方式,最后一个静力水准仪气管通过水箱上的三通连接成回路即可。

h.注意事项:水管的切口必须剪得平整;水管不能出现弯折,如果水路有拐角,可以使水管成一定角度。

3)振弦式应变计(表面)安装

(1)振弦式应变计(表面)检测

用便携式单通道振弦采集仪逐一采集各振弦式应变计(表面)出厂频率,每个振弦式应变计(表面)各采集5组数据,频率应在一定范围内且波动小。

(2)安装方向确认

安装前,确保安装方向正确。

(3)安装过程

①在测点区域选取振弦式应变计(表面)安装点,并利用角磨机对安装点表面进行打磨,以保证振弦式应变计(表面)安装面平滑。

②把振弦式应变计(表面)按照平行于被测结构物应变监测方向置于测点安装面上,使用

记号笔通过振弦式应变计(表面)两端安装头上的圆孔标记出安装孔位置。

③在振弦式应变计(表面)安装孔标记处中心凿出一个小凹槽,防止后续电锤钻孔时打滑偏位。

④在电锤钻头上用记号笔或胶带标记出钻孔深度。钻孔深度应为膨胀螺栓底部至顶部螺母下边沿长度,且电锤可选用直径为10mm的钻头,然后在第②步标记的位置钻出安装孔。

⑤用气吹把安装孔内的杂质及灰尘吹出(图7-10-9),并用酒精棉把安装孔周围及整个安装面擦拭干净。

⑥在M6膨胀螺栓外部及内部均匀涂抹环氧树脂胶,然后将其塞入安装孔,接着把螺帽拧紧2~3圈感觉膨胀螺栓比较紧而不松动后拧下螺帽,再把振弦式应变计(表面)两端安装头圆孔位对准膨胀螺栓嵌入,最后逐个安装每个膨胀螺栓垫片、弹簧片及螺母,并拧紧。

⑦正弦式应变计(表面)两端螺母应交替拧动,不可一端拧紧后再拧紧另一端。在正弦式应变计(表面)两端螺母拧紧过程中,还需用便携式单通道振弦采集仪不间断地采集振弦式应变计(表面)的频率,以保证正弦式应变计(表面)两端螺母拧紧后输出频率值与安装前频率值之差控制在-80~+80Hz范围内。

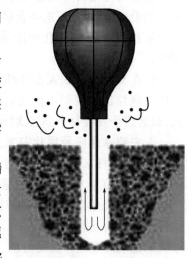

图7-10-9 吹出杂质

⑧记录正弦式应变计(表面)安装信息,如仪器编号、安装日期、测点编号等,填入对应表。

⑨24h后,在被测结构物无外界因素影响下,读取振弦式应变计(表面)数据,每个振弦式应变计(表面)共读取5组数据,取其平均值作为安装初始值记录。

4)裂缝计安装

(1)仪器检测

在安装前,应确保裂缝计导杆能自由伸缩,且导杆在不同的位置采集的位移数据,应同用厂家提供的测试软件采集到的位移数据匹配。

(2)裂缝计初值检测

根据方案或者业主要求,在安装裂缝计之前需检测裂缝计的初值,对于细小的甚至肉眼无法辨认的裂缝,使用裂缝读数显微镜或裂缝宽度测试仪进行检测。

(3)安装过程

在表面水平的待测结构物上安装裂缝计:

①将裂缝计用数据线连接到计算机,并接通电源;打开运行程序,测试裂缝计输出位移值;回压传感器导杆至传感器输出位移值为其满量程的50%,用记号笔在导杆上做好50%量程的标记。

②选定安装点位置,用角磨机对安装区域表面进行打磨,以保证安装座及顶片安装面平滑。

③将裂缝计用不锈钢螺栓紧固在安装座上；将裂缝计及顶片置于被测结构裂缝两端，裂缝计的安装方向应垂直于裂缝，裂缝计的导杆应回压至50%量程标记位置，并用记号笔标记出顶片及安装座安装孔位置。注意：顶片及安装座固定孔离裂缝不得少于5cm。

④利用铁锤和钢钉在安装座底座、顶片安装孔标记处中心凿出一个小凹槽，防止后续电锤钻孔时打滑偏位。

⑤在电锤钻头上用记号笔或胶带标记出钻孔深度，钻孔深度应为膨胀螺栓底部至顶部螺母下边沿长度，电锤可选用直径为8mm的钻头，然后在标记的位置处钻出安装孔。

⑥用气吹把安装孔内杂质及灰尘吹出，并用清洁剂把安装孔周围及整个安装面擦拭干净。

⑦在M6×60膨胀螺栓外部均匀涂抹结构胶，然后塞入安装孔，接着把螺帽拧紧2~3圈感觉膨胀螺栓比较紧而不松动后拧下螺帽，再把安装座底座、顶片上安装孔位对准膨胀螺栓嵌入，最后逐个安装每个膨胀螺栓垫片、弹簧片及螺母，并拧紧。

⑧安装座底座及顶片安装完毕后，将裂缝计用安装座顶座、不锈钢螺栓初步固定于安装座底座上，导杆末端顶到顶片上；然后将裂缝计向顶片方向推进，直至裂缝计导杆回压到量程的50%标记位置，再将裂缝计紧固于安装座上。

⑨安装完成后，读取裂缝计数据，共读取5组。若5组数据波动在精度范围以内，取其平均值作为初始读数。

⑩记录好裂缝计安装信息，如仪器编号、埋设日期、初始读数等。

图7-10-10　PCV管布置图

(4)连接电缆、电缆线序及接线方法

①连接电缆。

裂缝计通常采用四芯屏蔽电缆，其中两芯用于通信，另外两芯用于直流供电。连接电缆外用包塑金属软管或PVC管防护（短距离、转弯处用包塑金属软管，长距离用PVC管）。PCV管布置图如图7-10-10所示。

②电缆线序。

电缆线序为红线——电源正、黑线——电源负、蓝线——RS485A、白线——RS485B。

③接线方法。

裂缝计出厂自带电缆长度为1m，不满足现场使用要求，需增接延长电缆。延长电缆应按照相关规范的要求进行线缆对接，其接线工艺见《项目现场线缆接线工艺》。

(5)仪器安装正常判定方法

①安装数值。

直线位移传感器安装完成后，利用综合采集软件连续读取10组数据，其数据值须处在满量程的40%~60%范围内，且数值稳定；10组数据之间波动不超过其允许误差范围（具体误差范围参照技术指标表）。用铁锤在安装点附近敲击10次，敲击后采集10组数据，10组数据之间波动不超过其允许误差范围。

②位置。

对照设计方案及系统布点图,传感器布点位置须与提交给客户的设计方案及相关资料一致。裂缝计安装示意图如图7-10-11所示。

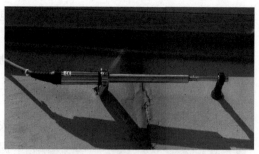

图7-10-11 裂缝计安装示意图

5)温湿度计安装

(1)安装位置选择

①安装温湿度计时一定要选择一个适合的位置。安装温湿度计的位置一般需要测量该环境的温度和湿度,并且温湿度计的周围要有足够的空间,以保证空气的流通。

②禁止把温湿度计直接安装在发热或制冷的物体上,也不要把温湿度计直接安装在有蒸汽、有雾的环境中,这样都会造成温湿度计的损坏。

③温湿度计安装位置一般应该控制在隧道侧壁上,这样对于安装、调试、维护工作更加方便,同时注意走线。

(2)安装过程

①确认安装工具与辅材准备齐全无遗漏后首先安装温湿度计保护罩支架。把保护罩支架的四孔面紧贴在安装面上,调整使支架孔面保持水平,使用记号笔通过支架上的圆孔标记出安装孔位置,利用铁锤和钢钉在安装孔标记处中心凿出一个小凹槽,防止后续电锤钻孔时打滑偏位。

②在电锤钻头上用记号笔或胶带标记出钻孔深度。钻孔深度应为膨胀螺栓底部至顶部螺母下边沿长度,且电锤可选用直径为10mm的钻头,然后在第①步标记的位置处钻出安装孔(若混凝土硬度较高,ϕ10mm钻头钻孔较为困难,可先采用ϕ6mm钻头预钻,之后再用ϕ10mm钻头钻孔)。

③用打气筒把安装孔内的杂质及灰尘吹出,并用530清洁剂把安装孔周围及整个安装面擦拭干净,在M6膨胀螺栓外部及内部(膨胀管与螺栓间空腔间隙)均匀涂抹环氧树脂胶,然后将其塞入安装孔,接着把螺帽拧紧2~3圈感觉膨胀螺栓比较紧而不松动后拧下螺帽,再把支架安装头圆孔位对准膨胀螺栓嵌入,最后逐个安装每个膨胀螺栓垫片、弹簧片及螺母并拧紧。

④安装温湿度计底座。用M3螺钉将温湿度计固定在底座上。

⑤安装温湿度计保护罩。将保护罩的7扇空心百叶箱叶片对齐安装,再将温湿度计底座上的安装孔对齐安装在保护罩上,注意温湿度计电源与信号接口的方向。

⑥将保护罩配套外六角螺帽拧紧在固定杆短螺纹端,将固定杆穿过百叶箱实心叶片上的安装孔,再与第⑤步中的保护罩对齐安装。

6)卫星监测站安装

(1)参考站建设

参考站是变形监测的基础,必须保证其坚固和稳定。参考站要求建立在地基稳定的地点,同时参考站场地应满足以下要求:

①场地稳固,年平均下沉和位移小于3mm。

②视野开阔,视场内障碍物的高度不宜超过15°。

③远离大功率无线电发射源(如电视台、电台、微波站等),距离不小于200m;远离高压输

图 7-10-12 GNSS监测站安装示意图

电线和微波无线电传送通道,距离不得小于50m。

④尽量靠近数据传输网络,观测标志应远离振动源。

(2)卫星监测站建设

卫星监测站是管理人员实时掌握表面变化量的依据,各监测点长期连续跟踪观测卫星信号,通过数据通信网络实时传输观测数据到控制中心,并结合各参考站的观测数据与起算坐标通过控制中心软件准实时解算处理,最终得到各监测点的三维坐标。GNSS监测站安装示意图如图7-10-12所示。

7.10.6.5 关键技术指标

关键监测设备和关键技术指标详见表7-10-2。

关键监测设备和关键技术指标 表7-10-2

监测设备	数量	关键技术指标
振弦式钢筋计	20	量程:0~160kN。精度:±1%FS。工作温度:-20~+70℃
振弦式土压力计	40	范围:0~6MPa。分辨率:≤0.025%。参数测温范围:-40~+70℃。灵敏度:0.004%
激光收敛计	8	量程:0.2~40m。分辨率:0.1mm。精度:±0.5mm。安全等级:Ⅱ级。工作温度:-10~55℃。通信接口:RS485数字信号。供电方式:DC 24~48V。防护等级:IP65
静力水准仪	21	量程:100mm。分辨率:0.01mm。精度:±0.01mm。工作温度:-20~65℃。通信接口:RS485数字信号。供电方式:DC 24~48V。防护等级:IP65
振弦式应变计（内埋/表面）	60	测量范围:1500με。工作温度:-25~60℃。分辨率:≤0.02%FS
裂缝计	12	量程:0~100mm。精度:±0.02mm。工作温度:-20~+65℃。通信接口:RS485数字信号。供电方式:DC 10~48V。防护等级:IP67
温湿度传感器	4	范围:-40~120℃。精度:±0.5℃(25℃)。湿:0%~99%RH。精度:±3%RH(60%RH,25℃)
卫星监测站	6	工作温度:-30~+65℃。精度:××× 静态:××× 水平:2.5mm+1ppm。高程:5mm+1ppm。动态:××× 水平:8mm+1ppm。高程:15mm+1ppm
工控机	1	CPU:≥3GHz。RAM:≥8GHz。LAN:2个1000Mbs接口。存储控制器:提供1个TPM接口、4个SATA2.0接口、2个SATA3.0接口,支持热插拔功能。硬盘:≥2TB。I/O接口:提供2个USB2.0接口、4个USB3.0接口、1个16路数字I/O接口,提供6个串口,其中COM1、COM2支持RS-232/RS-485模式。工作温度:-20~70℃

续上表

监测设备	数量	关键技术指标
交换机	1	接口：电口≥8个，光口≥2个。总带宽：≥3.432Gbps。包转发率：1.8088Mbps。交换延迟：<3us。 功率：<3W。工作温湿度：-30～70℃。湿度：5%～95%。输入电压：DC 12～52V，支持双电源冗余。MTBF：≥300000h
路由器	1	CPU：MT7620A方案。主频：580MHz。DDR2：1024Mbits。Flash：128Mbits。可靠等级：静电3级、浪涌3级、脉冲3级。工作温度：-25～85℃。存储温度：-40～85℃
不间断电源UPS	1	容量≥1.5kVA。输入电压 AC 210～475V。输出电压 AC(220±22)V。可用时间：≥6h

7.10.6.6 监测频率

结构监测项的采集频率可根据人工设置时间段进行设定。常规条件下60min采集一次数据；当发生意外情况或者数据超过一定限值时，可适当提高采集频率，如30min采集一次或者10min采集一次。

7.10.7 数据采集与传输子系统

隧道监测系统数据采集与传输模块是整个传感传输控制系统的中枢，负责完成对传感器获得隧道信息数据的信号调理、模数转换及网络传输，是连接隧道外场和监控中心（内场）的枢纽。数据采集与传输模块主要由数据采集设备、数据传输设备、数据采集软件以及其他附属设备等构成。

考虑到传感器及数据采集设备类型不同，需针对不同传感器的特点和输出信号类型制订与之匹配的数据采集方案，所选用的数据采集设备、传输设备及附属设备需满足以下要求：

(1) 数据采集单元采用先进的、接口兼容性高的成熟产品，确保系统具有良好的稳定性、耐久性、高精度和可扩展性。

(2) 选用市场上通用性好、易于采购的产品，确保系统的可维护性和可更换性。

(3) 选用性能价格比高的产品，确保系统在最低成本下，实现最良好的运营。

(4) 数据采集设备宜选用可原位校准或自校准的产品，应适应所在隧道或隧道构架内的环境条件，必要情况下需配备温湿度控制和保护装置。

(5) 数据采集系统应该既能在无人值守条件下连续采样传输，又能在网络中断的情况下能离线存储180天监测数据。

1) 数据采集与传输子系统设计要求及通信方案

(1) 数据采集与传输子系统设计要求

① 数据采集与传输子系统由采集设备、传输缆线及软件模块组成，它能实现多种类型传感器的数据同步采集与传输，保证数据质量。

② 数据采集应包括数据采集软、硬件和数据采集制度的设计。

③ 数据采集的硬件选型、软件预处理和数据传输软硬件设计与选型应保证及时获得高质量数据，数据采集与传输硬件设备的耐久性和技术指标应满足国家相关规范、标准的要求。

④ 数据采集制度的设计应包括数据采集模式、触发阈值、频次和采样频率的设定。

⑤数据传输软件应能保证监测数据在各子系统和相应的通信协议之间无障碍传输。

⑥数据采集与传输子系统应满足在无人值守的情况下能够连续运行的要求，满足长期稳定工作的要求。

⑦数据传输硬件应能保证安全监测系统各部分之间的物理连接，提供足够传输宽带并留有冗余。

（2）通信方案

隧道健康监测系统设备采用公网模式，即隧道健康监测系统设备通过网线聚到隧道洞口的汇聚交换机和工控机上，再通过租用的运营商网络传输至管理中心。

2）采集与传输设备及其安装

（1）传输设备

传输设备主要包括以下两类：

①数据采集与传输设备，主要包含激光收敛计、压力计、裂缝计、振弦式应变计、温湿度计等传感器采集设备。

②用于接入管理分中心的数据传输和支撑设备运行的通信和电源设备，以及由分中心转发至省级管理中心的设备。

（2）采集和传输设备安装

依据设计方案，拟在隧道洞口（路线小桩号处）安装数据采集仪、工业以太网汇聚交换机以及工业以太网接入交换机，结合使用工控机，将监测系统的传感器数据采集高度集成于数据采集仪，并通过工控机进行数据预处理。

隧道健康监测系统包含多种网络通信设备，必须用交换机将多个网络设备连到同一网络，便于设备管理，数据的传输、存储、查看和维护。设备具有多个网络接口，包含网络电接口和光纤接口，支持行业通信协议，具有良好的稳定性和环境适应性，满足隧道健康监测设备通信带宽需求。

设备安装要点如下：

①数据采集仪、光纤光栅解调仪、工控机需具备防水、防尘、防雷功能。

②保护机柜防护等级宜不低于 IP65，且应符合《电子设备机柜通用技术条件》（GB/T 15395—1994）有关规定。

③数据采集仪在钢构件上固定时可采用焊接或攻螺栓孔的方式，在混凝土构件上固定时可使用膨胀螺栓。

④安装时避免损伤隧道主体结构。

⑤安装时应预留足够的操作空间，方便后期维护。

⑥对在钢构件上的安装固定部位进行防腐处理。

⑦螺栓应使用不锈钢件。

⑧安装完毕，应该对照设计图纸，在现场标注编号。

⑨安装应合理、美观。

3）线缆布设

信号线按照每个断面先引线至桥架处，待二次衬砌施工完毕，在照明配电箱下方合适位置架设不锈钢桥架后,将信号线统一沿桥架接至交换机处。

(1)线缆布设要点

①各类线缆接入传感器及相应的数据采集仪前,使用白色标签纸标记清楚插接的号码或相对应点位。

②根据各外接设备的位置及走线路径,计算出各设备的线缆长度(要加入两端线头预留余量),切取相应长度的电缆。

③根据线缆的编号,在电缆两端贴上标签,并检查标签是否牢固,以防标签破损,然后通过线槽敷设。

(2)线路的监测记录

①按线缆的编号顺序,将传感器终端信号线缆的4根芯线短路连接,在采集子站端用万用表的欧姆挡两两组合测试通断状况。

②若芯线都能互通,则做好标记,表示这条电缆完好,可以使用;若芯线中有不能互通的,则需要排查故障并解决,否则须更换线缆,重新布线。

③按上述方法逐一检查所有信号电缆,保证线路完好。

4)设备连接

根据传感器和采集设备的说明书,在线缆两端分别将相应颜色的芯线与对应的设备及传感器进行连接。若有接头,在接头处必须用电烙铁焊接后再使用绝缘胶布包扎固定。设备连接好后,要保证电缆线头标签仍完好、可识别。

5)设备供电及接地

根据现场调查,隧道健康监测设备用电在K241+900箱变处进行取电。

(1)本项目设计中,外场设备供电电源暂取AC380V/220V,线缆压降小于5%,最大不超过10%。支线电缆需要从主干电缆上接电时,除采用在配电箱内配电外均采用穿刺线夹的T接方式。

(2)电力电缆埋深≥1000mm,电缆接头处应采用防机械损伤的保护措施。

(3)电力电缆采用铠装外皮作为地线,在电缆接头处必须进行电气连接。施工时严格按照《电气装置安装工程 低压电器施工及验收规范》(GB 50254—2014)的规定执行。

(4)直埋电缆横穿公路时,利用预埋的横穿钢管完成。

(5)所有外场设备均做保护及防雷接地,分开制作。工作接地电阻不高于4Ω。防雷接地电阻不高于10Ω,引下线采用小ϕ10圆钢,并与基础内预留的接地引线端子采用焊接方式连接,在圆钢外加保护套。

(6)接地极采用一字形排列,材料选用角钢,接地极与引下线焊接,每个接地极之间相距应≥5000mm,埋深应≥800mm。

(7)接地极的数量根据测得的接地电阻确定,不满足要求时,增加接地极的数量。

(8)避雷针采用中ϕ25镀锌圆钢。安装时,其高度应能使整个设备在保护范围内,顶部呈针状,与立柱绝缘,接地引下线外套PVC套管,与杆体固定。接地引下线与接地极焊接,焊接时,在焊接处涂防腐剂,焊点应饱满、牢固,不应有夹渣、咬边、气孔及未焊透现象。

7.10.8 设备安装注意事项

1) 施工前的准备

（1）施工前应对隧道进行检查确认：隧道内的设备安装环境与温度是否满足各传感器的安装工艺要求，各种预埋件和电缆壁槽、进（出）线洞的数量和位置是否符合设计要求，接地是否已设置完成。

（2）对外场设备的预埋管线进行检查确认：横穿管是否已按要求预埋。

（3）安装前应对管线进行疏导，并准备好工程数量表中的电源线、信号线、视频线、光缆等各种线缆和安装工具、材料，并测量长度。

2) 场内设备的安装要求

（1）设备的安装位置及走线方式应严格按照施工图中的有关说明进行。

（2）对于所有设备的安装应做到整齐、牢固、正确，标志明确，外观良好，内外清洁。

（3）连接设备的电源线和信号线应分别铺设，排列整齐，捆扎固定，长度留有余量，并进行编号。

（4）电缆电线不得有扭绞、压扁和保护层断裂等现象。

（5）当设备之间的电源线和信号线铺设完成后，应分别对各个设备进行线路连接及设备测试，测试过程如下：

①模块测试：对单一设备进行测试。

②整体测试：将各个设备连接后进行测试，测试各设备间的接口是否正常。

③有效性测试：测试各设备上软件的功能、性能、文档资料是否符合招标文件要求。

（6）所有的测试调整工作应按照有关的计算机与网络设备技术标准及机电设备安装的技术规范进行。

（7）有关设备内部、外部接口都应符合电子工业协会（EIA）、电气电子工程师学会（IEEE）等国际通用标准。

3) 外场设备安装要求

（1）按各设备施工图中的安装位置及预埋管线位置进行安装。

（2）设备内部零件和机壳安装一律不准使用自攻螺钉。金属机件用的紧固件螺孔、螺钉应涂上适当的密封剂。所有使用的紧固件应符合国家标准。

（3）模块和电路板应准确、安全地就位，而且易于拆卸和更换。

（4）布线时，电源线与信号线应保持一定距离。所有布线须用线夹、线座、线扎、线捆或其他方式加以固定。当布线线路通到有尖角处时，必须用金属环形材料予以保护。

（5）所有电缆的编号标记要清晰，用于接续和检查回路。电缆在端头处要配有标签。

（6）所有设备的进线孔应安装衬垫，以保证电缆扭动时不影响设备的密封性能。

（7）需接续的电缆，其接续点应在机箱内或电缆沟内。

（8）电缆通过电缆孔洞、电缆管道和类似的地方时要密封，防止害虫和雨水进入。

（9）设备安装完成后，应按照相关技术标准与规范进行调试，在调试过程中，每项试验应做好记录，并及时处理安装中系统出现的问题，编写好调试报告。

(10)有关设备内部、外部接口都应符合EIA、IEEE等国际通用标准。

4)电缆线路工程

(1)电缆敷设和安装

电缆敷设和安装应满足《长途通信干线电缆线路工程设计规范》(YD 2002—1992)的要求。

①电缆、电线将根据相关的原理图做清晰的编号标记,用于接续和回路检查。每根电缆在端头处装有标签,电缆标号系统的细节将提交监理工程师批准。

②电缆按实际长度铺设,铺设时不超过电缆厂家规定的牵引和弯曲半径的要求。穿缆的详细方法将提交监理工程师同意。在电缆敷设时应避免电缆护套的应力损伤。可以使用牵引润滑油,但必须得到监理工程师的批准。

③电缆在所有人孔中给予支托,绑扎固定。

④当电缆通过电缆孔洞、电缆管道和类似的地方时要密封,防止害虫和水进入。

(2)电缆接续与封闭

①电缆芯线接续采用扣型接线子。接线子技术指标应符合《市内通信电缆接线子》(YD 334—1987)的规定。

②采用加强型热缩套管。热缩套管与电缆接合部位的材料必须与电缆护套的材质相容,以保证封闭质量。热缩套管的技术指标符合《市内通信电缆接线子》(YD 334—1987)的规定。

③电缆接续处需在入(出)端预留3m以上冗余。

④热缩套管为电缆接头提供密封防潮的环境,壳层可以填充防水混合物。

⑤热缩套管封闭严格按工艺要求进行,封闭时管内装接头责任卡。

⑥电缆护套内的所有金属部分单独连续地通过接头,每根电缆的接头处与地绝缘,连接线能感应到金属部分而产生的任何电流。

⑦电缆线路上的环境温度处于-20~50℃范围内,光缆及金属电缆以及相应的金属电缆防护设备在上述条件下能完全正常运行。

⑧在电缆线路所处环境条件下,接头盒的预期使用寿命至少为30年。

(3)电缆线路防护

电缆线路防护符合《长途通信干线电缆线路工程设计规范》(YD 2002—1992)的要求。

①对外界电磁影响将采取防护措施。

②电缆线路防雷。

a.电缆线路的所有接头处,分支点和终端处均作跨越线,几条电缆间作横连线,将电缆的钢带、钢丝铠装与其金属护套连通。

b.电缆线路做防雷保护系统接地,每隔2km左右做1处保护接地。雷害严重的地段,保护接地的间距适当缩短。

c.电缆线路作防雷保护接地装置的接地电阻。

土壤电阻率$\rho 10. \leqslant 100\Omega \cdot m$时,$<5\Omega$。

土壤电阻率$\rho 10. \leqslant 101 \sim 500\Omega \cdot m$时,$<10\Omega$。

土壤电阻率$\rho 10. \leqslant 500\Omega \cdot m$时,$<20\Omega$。

土壤电阻率ρ10.≤1000Ω·m时,适当放宽。
③对电缆线路有腐蚀的地段,采取防腐措施。
④对鼠害采取防护措施。

(4)电缆端接
①每根电缆均连接在通信站内总配线架(MDF)外线端子板上,每根电缆的芯线在MDF外线端子板的连接按序排列,两根电缆分开排列,电缆留有余量,余量存放不得有微弯。
②电缆端接所要求的业务电话、指令电话还是端子板,根据要求进行。
③所有电缆进行端接时,均采取有效的防雷保护措施。
④进局电缆有标志,以区别每根电缆的用途。进局电缆的弯曲半径大于电缆外径的15倍,以免电缆损伤。

(5)电缆配置和尺寸
全部电缆有足够的尺寸和规格,将所有需要用金属线支持的服务设施连接到综合通信网。

(6)电缆的开盘监测与验收
①工程所用全塑电缆的规格、程序和型号应符合设计规定。
②成筋电缆、盘号、型号及长度等应与电缆出厂产品质量合格证一致。
③全塑电缆外护套应完整无损。电缆芯线应无断线、混线及接地等不良现象。全色谱电缆A、B端标记要明显。
④全塑电缆芯线色谱排列端别应符合标准。
⑤填充型电缆的填充物应均匀饱满。
⑥电缆现场检验应测试线对环阻、芯线间/芯线与屏蔽层间绝缘电阻、屏蔽层连通性。
⑦人井内部的电缆在敷设完毕后应绑扎标签,标明该电缆的用途,以便将来维护和检查。

7.10.9 可视化监测管理子系统

可视化监测管理子系统包括一套隧道结构健康监测系统和支撑系统运行的服务器系统。隧道结构健康监测系统可兼容国内各类主流传感器,通过有线/无线数据传输,将监测数据实时采集、存储、分析管理、二次开发应用,实时将监测数据和预警信息通过3D可视化模型的方式反馈给隧道管养人员,并配套提供相应的监测报告和解决方案,以满足用户对隧道结构的管养运维需求。可视化监测管理子系统采用C/S、B/S相结合的软件系统架构,使用RESTful API方式进行客户端与服务器、服务器与外部系统的数据交互,使用MySQL数据库存储数据。隧道结构健康监测系统界面示意图如图7-10-13所示。

隧道结构健康监测系统具备以下功能。

1)设备接入及综合管理
系统能实现系统内传感器终端的数据接入,同时可对可控可设置类传感器执行相应的管理操作。系统对设备的管理具有良好的适应性和可扩展性,将设备通信模块封装成动态链接库,方便后期更新和升级。系统为不同类型、不同型号的设备通信协议定义个性化的配置项,对设备的配置简单易用。

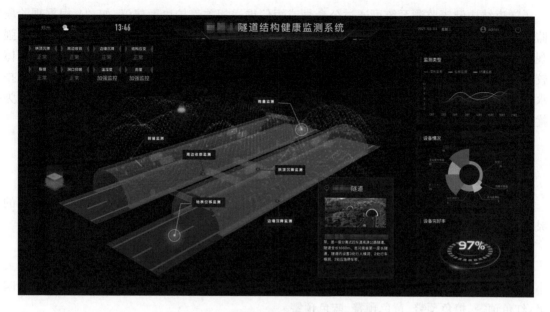

图 7-10-13　隧道结构健康监测系统界面示意图

系统可实时监测各个设备的状态以及统计当前设备的完好率,并可将设备位置展示在隧道三维 GIS 地图上,实现二维和三维的快速切换。

2)数据解析和存储

系统可将多种监测数据进行预处理、解算、解析、格式变换、标准化等处理,并支持原始数据、过程数据、处理结果数据的海量存储。数据解析包括实时数据解析和后台趋势分析。实时数据解析判断当前较短时间内的数据状态和数据变化状态,并产生异常报警信息。后台趋势分析是在另一个服务器中将历史纪录取出进行数据挖掘,通过数理统计、数据拟合等多种方法,描绘出特征量的渐变走势,进而体现整体的性能,做出对隧道运营发展趋势的估计。

3)变形监测分析

通过分析归纳结构物的变形值、变形速率、变形过程、变形规律等,确定发生变形的原因及其规律,进而对结构物的安全性能做出判断,并对其未来变形值做出预报。

4)数据可视化

以隧道结构健康监测系统为载体,通过模型、图表等方式对监测数据进行展示,将分析结果和预警信息反馈到客户端,并配套提供分析报告,以满足用户对结构管养运维的需求。

5)数据预警

隧道结构健康监测系统可通过计算分析,通过对实时、连续获取的监测信息进行简单的数据处理和统计对比,了解和掌握结构和状态的变化,快速、及时地判别灾害可能发生的征兆,并向隧道管养人员发出警报,以便有关部门和管理人员有足够的时间更全面、深入地确认灾害发生的可能性,及时采取有效措施防止灾害的发生或者减轻灾害带来的损失。系统根据分析得到的可能危害结构物安全的变形信息,发出多种形式的预警和报警,为管理决策和应急管理提供支持,同时形成用于决策的预案和响应流程。

隧道结构健康监测系统可通过公众号或短信推送相关养护决策建议,如:"1.根据现阶段监测数据成果分析,地表位移、裂缝等各项监测参数稍有轻微变化,建议对现场实际情况加强观察,发现问题及时上报。2.该处边坡从地形地貌上分析,属于坡前堆积体,土质较松散,岩体较破碎,容易受地表水冲刷,虽目前未处于雨季,但仍需要加强现场的巡查工作及边坡的截排水工作。3.个别监测点数据有怀疑扰动因素异常,需要对所有的监测点予以保护,防止因人为扰动或者破坏,影响对监测数据真实性的判断。"

①数据预警目标。

及时性:及时性为预警的首要特性,不及时或事后的警示不能称为预警。

自动化:预警通过自动的数据解析实现,人工干预的数据解析达不到及时性的要求。

灵敏性:结构的破坏往往是微小损伤的累积,因此需要系统对这些微小损伤具有较高的灵敏性,以及时发现和处理。

②预警等级设定原则。

预警等级的确定结合现场监测数据,通过核查、综合分析和专家咨询等,判定工程风险大小,确定相应预警级别,并对关键参数进行实时预警。预警级别按工程风险由大到小分为四级:红色预警、橙色预警、黄色预警、蓝色预警。

红色预警(*90%):当日监测数据达到监测预警要求,且无有效措施,综合判断为不可接受风险,工程处在抢险状态。

橙色预警(*80%):当日监测数据达到监测预警要求,且周边环境复杂,综合判断为不愿接受风险,工程处在不安全状态,现场须立即采取措施。

黄色预警(*70%):当日监测数据达到监测预警要求,综合判断为可接受风险,现场须采取防范措施。

蓝色预警(*60%):当日监测数据达到监测预警要求,综合判断为可接受风险,现场无须采取防范措施,但需提高警惕。

③预警阈值设定原则。

预警值的设置是一个严谨、严肃的过程。不同结构不同测试部位的预警值均不一样,因此需要有针对性地分析才能确定预警值的大小。预警值的确定有以下几个途径:

a.设计院在设计图纸时已对各个监测指标给出合理的控制值。

b.理论计算,根据结构物工程地质及荷载情况进行稳定性分析计算。

c.施工监控和试验得到的工程经验成果值,可根据同一地区相同或者相似工程经验来进行参考分析。

d.实际测试,相关规范及已有的人工检测数据和报告得到的初始预警值。

在设备安装系统运行后,再对后期3个月或6个月的监测数据进行积累,建立基础预警数据库,对这些数据进行分析后调整初始预警值,使之与结构的实际情况更为接近。因此本设计考虑通过实际测试给出预警值的第一参考。

预警提示界面展示细节图如图7-10-14所示。

图7-10-14 预警提示界面展示细节图

6）数据报警及决策功能

隧道结构健康监测系统根据设置的阈值进行不同级别的报警,最高级别的报警可在管理人员确认后执行相关的应急处理预案。应急预案的执行内容包括:通知相关部门、相关领导、相关工作人员紧急情况的发生;向上级系统上报紧急情况;向其他控制系统上报紧急情况,以触发对应系统的应急预案流程。

报警的方式和处理流程:

隧道结构健康监测系统可灵活设置各个特征值的报警阈值,达到报警条件时,可根据阈值决定报警的级别和报警的方式,以及后续的处理方法。

7）历史数据查询

系统应提供对历史数据的多种查询方式,并可基于历史数据做数据的分析和挖掘。历史数据可按照时间、变形参数等进行查询,以图表等多种方式输出查询结果。

8）数据管理功能

数据管理包括本地数据管理及外部数据交互两部分。

本地数据管理包括对数据库数据的备份、导入、导出等多种操作。

外部数据交互包括对上级平台进行数据上报和指令接收,向外部系统提供标准化数据,向上级系统或外部系统上报报警信息。

9）日常管理功能

系统具备系统管理、操作日志、故障日志、预警记录、值班管理、档案管理等功能。下面介绍系统管理和值班管理:

(1)系统管理包括监测管理系统各个常规配置项的配置。监测管理系统在使用过程中会记录管理人员的操作记录、设备的故障记录、预警和报警记录以及处理记录等数据,可随时通过多种维度进行查询,并可以采用多种形式输出。

(2)值班管理可进行机构管理、工作人员管理、值班表配置、值班记录管理、权限管理等。其中,值班表配置内容包括值班周期、每日班次、值班安排等,系统将根据登录情况自动生成值班记录,提高值班记录的真实可靠性。

7.11 智慧景区

7.11.1 项目概况

旅游业被誉为21世纪的朝阳产业,也是信息密集型产业。旅游信息化有力地支撑着旅游业的发展,并逐渐成为赢得全球资源配置优势的核心竞争力,智慧旅游则是旅游信息化发展的更高层次和深度体现。《国务院办公厅关于进一步促进旅游投资和消费的若干意见》(国办发〔2015〕62号)提出,到2020年,全国4A级以上景区和智慧乡村旅游试点单位实现免费Wi-Fi、智能导游、电子讲解、在线预订、信息推送等功能全覆盖,在全国打造1万家智慧景区和智慧旅游乡村。

借鉴智慧旅游的概念，可以将"公园景区"定义如下：以游客为中心，以新一代信息技术为支撑，实现游客与景区的相互感知，并在感知中产生智慧服务，提升游客在旅游活动中的自主性、互动性，为游客带来超出预期的旅游体验，为景区创造更大的价值。显然，智慧景区是基于游客信息数字化、IoT、互联网、无线传输网等数据信息技术的景区全面信息化，其目的是满足景区信息化、业务与事务管理、旅游与社会服务、决策支持与可持续发展的需求。

通过项目的建设，促进景区旅游资源的整合，加强景区旅游的管理和监督，规范市场，进而为游客提供的一站式平台体验以及更加规范、安全的旅游服务，推进旅游景点，充分利用信息科技手段，提高景点文化与历史内涵的呈现水平。具体体现在以下几方面：

(1) 对于游客，让游客充分享受现代科技带来的便捷、安全的游玩乐趣。

(2) 对于景区，建立安全、智慧、规范、高效、经济的管理运行体系，有效降低旅游资源的管理成本，提高旅游景点的开放效率。

(3) 对于政府，建立旅游资源信息共享、交换、互动系统。

(4) 对于商户，获取更多的旅游商机。

通过智慧景区项目建设，做好四个服务（服务游客、服务景区、服务政府、服务商户），从而提高景区旅游业务的综合管理和运营能力，创建优质的旅游生态环境，提升旅游的服务品质，进而推动地区旅游经济的快速、健康发展。

智慧景区项目具体建设的任务是竭力打造3个平台、6个系统、1个建设，以服务游客为主体，以收集数据为主导，将游客、商户、政府、景区紧密联系。

1) 3个平台

(1) 打造一个智慧景区营销及游客服务支撑平台

智慧营销及游客服务主要是从游前、游中、游后对景区进行营销推广，以及对游客进行全过程服务，内容包括景区资讯的推送及获取、营销活动的推广及参与、景区会员的注册及优惠、门票及商品的订购与支付、旅游行程规划与导航、入园时的智能检票与导游、基于景区景点的各种位置服务、游乐过程中的高效智能客服，以及各种游乐互动分享等。

(2) 打造景区信息化办公平台

景区信息化办公平台包括财务管理系统、OA系统和人力资源系统等。景区信息化办公平台为后期的建设和管理提供保障，特别是人员培训、信息技术的普及、提升景区的品牌影响力，都离不开信息化的办公平台。

(3) 打造一个智慧景区综合管理平台

景区综合管理平台以景区视频监控为核心，可以接入停车场系统、广播系统、信息发布系统、电子地图系统等。与时俱进、不落窠臼是智慧景区不断发展壮大的理念。智慧景区综合管理平台的打造可以细化景区功能，更细致地为游客提供进园轻松、游玩愉快、出园难忘的体验和感受；同时通过景区的视频监控，及时收集景区各方面的信息数据，查漏补缺，细化服务。

2) 6个系统

(1) 无线网络系统

Wi-Fi在景区的应用非常广泛，具体如下：

①直接涉及手机端、Pad端、PC端的使用。

②通过手机连接Wi-Fi可以确定游客分布及人数。

③在用户无线上网的过程中会有必需的认证阶段。在此种需求下,用户接入网络的时候可以由Portal推送各种信息,如景点介绍、天气预报、语音导游、广告页面等。

(2)视频监控系统

视频监控系统的功能包括入园人员安全监控、景区设施设备运行及损坏监控、不良人员识别与跟踪、出入口人员统计、游客集中地段时段人员统计分析、应急与避难、医务救助、突发事件处理等。景区的安全隐患贯穿景区建设的始终,特别是假期旅游人员流量大、车流量多时,给景区内安全防范带来很大难度,而当前的安全管理工作全部由景区管理人员完成,人员配备及客流量大的时候无法在短时间解决。采用稳定可靠的视频监控系统可以实现对各个景点进行安全、科学、有效的管理,对景区现场实施全天候、全方位24h监控及人员流动的记录,达到加强现场监督和安全管理,提高服务质量的目的,使工作管理规范化、科学化、准确化、智能化、信息化,为旅游区安全工作提供有力保障。

(3)景区信息发布系统

景区采用网络和互动技术推出"总部集控管理,终端播放互动"的智能多媒体信息发布系统,助力景区构建LCD、LED、触摸屏、拼接墙等的统一数字标牌管理平台;通过广域网网络远程控制,无须人工换卡、插卡,实现不同场所、不同受众、不同时间段播放不同的广告信息内容,可远程操作软件升级,无须人工到场,极大地减少了人力付出,凸显智慧化;同时,高效稳定的嵌入式设计,即插即用,不感染病毒,避免了病毒侵袭的隐患。

(4)公共广播系统

公共广播系统选择在性能优良的电声设备基础上,通过周密的系统设计、仔细的系统调试和良好的建声条件,达到电声悦耳、自然音响的效果。它能掩盖噪声并创造一种轻松和谐的气氛,使漫步在景区中的游客心情愉悦,进而认可景区的景色、服务、设施等;特殊情况下还可用于广播通知、寻人、失物认领以及突发事件的应急指挥等。

(5)智能停车管理系统

停车管理系统是现代化停车场车辆收费及设备自动化管理的统称,包括车辆人员身份识别、车辆资料管理、车辆的出入情况、位置跟踪和收费管理等。游客对停车管理的要求越来越高,智能停车管理系统在景区中的使用也越来越广泛。智能停车管理系统不仅提高了景区人员的工作效率,还大大节约了人力、物力,降低了景区的运营成本,并使得整个管理系统安全可靠。通过智能停车管理系统能远程查看停车场信息,自助或人工缴费和进出,方便游客,节省景区人力等。

(6)网络系统

智慧景区的各个应用及服务都依赖于高速、稳定、可靠的承载网络,所以网络系统是智慧景区建设的基础。本项目网络建设实现景区外网(含Wi-Fi)、内网(办公网与电子票务网)、设备网(广播、监控)的网络建设。外网、内网、设备网物理隔离,网络的运行具备相当的容错能力,涉及的骨干线路、核心路由交换设备具备容错能力,最大限度地保障业务的正常运行。

3）1个建设

1个建设即信息中心机房建设,如服务器、交换机等景区本身投资建设。

建设过程中,采用1年搭建智慧旅游总体大平台,完成基础平台建设,为景区提供统一的线上线下营销渠道,以及对外服务的通道。3年完成景区旅游数据汇集,实现各类数据实时互通,统一数据管理及分发,同时保证在建设和完善及使用过程中有健全的运维机制及服务模式,保证智慧旅游大平台顺利运行。

7.11.2 效益分析

1）社会效益

本项目的建成将提升景区品牌的影响力、提高游客的体验,对打造服务型景区起到积极的作用。本项目依托区位、交通和环境条件,发挥经济旅游带资源价值,按照高品质、高水准的要求,着力打造休闲聚集、旅游集散的城郊旅游接待休闲景区,使其成为未来的中央休憩区。项目建成后具有非常好的社会效益,具体包括以下几方面:①将有助于加快新型城镇化的建设,有效缩小城乡差距;②有助于促进全县产业转型和升级,提高产业发展水平;③通过促进旅游业的发展,以"旅游+扶贫"的方式,带动农民增收、致富,促进农村和农业发展。

2）经济效益

本项目的建设将有效整合各种管理和服务资源,从而大幅度降低景区管理与服务的成本,有力推进节约型管理和资源节约型景区建设。本项目将改变原有的"一个事项无人处理、多头处理"的做法,有效提升管理和服务的时效性;改变原来决策分析凭个人经验的传统做法,通过建立景区基础信息资源库,整合各种不同业务数据,为领导决策分析提供丰富的数据支撑;在管理方式上进行变革,从而节约大量的人力、物力、财力。

7.11.3 需求分析

1）总体需求

智慧景区项目就是满足全域旅游及智慧旅游建设的需要,通过智能化、信息化等高科技手段,全面实现景区智慧化,打造安全、便利、先进、环保、和谐、智能的全新景区生态。为实现这些目标,需要对景区进行全面规划、顶层设计,开创智慧景区新模式。因此,在景区总体规划及信息化需求方面,本项目建设主要从以下几个方面考虑:

(1)通过信息化建设,打造景区信息化应用支撑平台,支持景区全面精细化管理。

(2)建设智慧景区,通过智能化、信息化等高科技手段为游客提供景区相关的便利服务,做到科技惠民,满足游客信息消费的需要。

(3)为实现相关景区业务管理及为游客提供相关智慧服务,必须对景区的基础及辅助设施进行增加、升级和完善。

(4)导入适合景区管控的管理运行机制和模式。

总体需求主要围绕景区高效管理和服务游客展开:①实现高效管理、精细管理、安全管理;②通过先进的技术手段,实现景区全面、精细化管理,通过智能化集中管理系统(智慧景区综合管理平台)提升景区管理效率;③实现实时动态视频监控,便于全面管控景区一切,及时处理发现的问题,防止意外发生。

2)用户需求分析

景区应满足安全、便利、舒适、环保等需求,景区用户对象群体分析需要考虑建设和运营景区人员。此外,景区定位主要是游玩、休闲,因此它的主体除了景区管理人员及维护人员以外,重点考虑游客的需求及智慧体验。本项目采用面向对象的分析方法,充分考虑使用对象对系统的需求。通过分析我们知道:智慧景区项目利益相关角色有游客(最重要的服务对象)、系统维护人员(对系统进行管理、维护、备份、日志等)、景区管理人员、景区商户、景区领导(景区主管领导、管理单位)几大类(图7-11-1)。

图7-11-1 景区用户分析图

(1)游客

①入园前参与体验。

a.通过微信企业服务号可定制景区信息资讯。

b.通过微信及网站可了解景区基本信息(如基本介绍、景区相关知识、地理位置、游乐设施、基础配套、周围环境等),预订感兴趣的资讯信息(推送)。如果想去景区游玩和提前了解景区动态信息(如今天周围交通及停车现状、景区客流、天气、空气质量状况、游乐活动安排),可以定制景区相关推送信息,便于安排与景区有关的行程。

c.通过智能手机等设备上网完成景区地图查询搜索、游览线路规划和线路选择、景点自助讲解等。

②在景区的途中体验。

a.入园途中能收到景区周围交通信息及拥挤程度信息,便于规划和调整行动路线等。

b.沿路情况通过微信互动推送上网,供其他关心景区的人参考。

c.通过网站或微信平台,根据收到的客流、车流等信息选择出行工具及规划停车地点;通过停车系统辅助导航,可以免受停车之苦、客流之累。

d.通过微信平台,实现景区内商家活动预约等。

③入园后体验。

a.游客进入便在景区全部安全范围内,享受景区智慧化带来的一切便利。

b.景区实现Wi-Fi全面覆盖,游客享受免费无线上网及景区信息化服务。

c.通过智能手机或固定显示屏导航定位,指引路线、关键景点、重要位置GPS导航及GIS标注(如游乐景点、垃圾箱、厕所、小卖部等)。

d.通过微信查询关注位置的生态情况,如不同景点的客流拥挤程度、环境指数;景区温度、天气等显示和查询。

e.当景区较大、景点较多,而游客时间又有限时,游客可以通过标志牌获取景点信息和路线。

f.在休息处,广场设置大屏播放视频,以便游客在休息时观看欣赏,帮助游客打发时间,增加热闹的氛围。

　　g.游客可通过网站或微信扫码等方式了解景区特别生态知识,呈现方式有文字、图片或语音科普知识、访问知识库等。

　　h.游客可登录景区微平台(微信注册手机号绑定)或网站,提出建议、进行投诉、上报景区一些问题。景区建立积分奖励系统,奖励游客互动,对游客主动上报的问题查明属实后可给予微信红包或者其他奖励。游客通过微信平台进行业务预约或参与商家相关推销活动。

　　i.游客进入景区,应对出现的问题及突发事件。

　　遇突发事件需要疏散指引游客时,景区管理人员可通过应用平台调度(广播)或相关智能设备引导或专人指引。

　　j.游客通过微信导航或指示标志牌及语音广播引导实现自助。

　　k.游客离开景区时评价体验——微信互动、发微信吐槽、发信息留念;开车的游客可通过导航系统寻找爱车停放位置;微信评价——对景区投诉和提出建议。

(2)系统维护人员

　　系统维护人员分为系统管理角色及一般系统业务操作人员。系统维护人员通过系统平台实现对景区信息化管理。

　　系统管理角色对整个系统平台进行管理和维护,属于高级角色。通过系统平台,可以实现系统运维、权限角色管理、系统配置、备份日志等。

　　一般系统操作人员根据角色不同,操作不同业务模块,可以分为不同应用角色,对于每个角色根据授权操作不同业务。比如,有系统智能化集中管控平台操作权限的角色,可以对智能化系统进行集中管理和监控。

(3)景区管理人员

　　景区管理人员通过智慧景区综合管理平台,监控景区一切智能化系统,如对景区有些常出事的地方,通过视频监控或其他方式,让死角不死,让游客及管理人员放心。

　　对环境、公共广播、信息发布进行全方位管理和控制等。

　　应急事件处理,广播系统可以准确及时地发挥功能,或者分区广播系统,以最短的时间通知有关游客采取必要的行动,借助导向标识,引导游客有序离开,也就是硬件事件发生时一切行动听指挥。

　　景区管理人员通过综合应用平台完成相关景区管理事务。

　　景区管理人员通过景区管理平台进行景区管理与景区巡航。

　　景区资产的管理和调拨。

　　景区工作人员考勤和考核。

　　景区问题事务的管理及应急处理。

　　景区信息采集、知识库积累等。

(4)景区商户

　　景区商户接收景区管理人员发送过来属于自己的业务内容信息等,第一时间安排处理,然后第一时间将处置结果以信息、图片的形式反馈至平台。

(5)景区领导

　　景区主管领导、管理单位可以对景区整个运行情况进行查询、管理,并对景区内主要问题的处置进行确认、审批等。

3）业务功能需求分析

（1）智慧服务系统需求

景区公众服务是指通过信息化、智能化等高科技手段为景区游客提供休闲、生活、娱乐、工作等全方位全过程的惠民服务。服务形式多样、服务终端不限，真正使游客体会到智慧服务系统带来的便利。

景区游客可通过移动终端登录景区微信平台或网站，查询景区设施及游览各要素信息，查看游览动态信息，定制电子宣传品，在线咨询问题，等等。

景区的建设将充分考虑实现游客通过计算机终端、平板电脑或者手机与景区互动、访问网站相关信息，网站接收游客发来的信息，及时回答问题，处理投诉，并为游客提供远程服务、智慧感知、无线推送、服务推送、导航、报警等服务。

景区公众服务体现为实现游客在景区里享受景区的服务，使用景区提供的设施，通过景区微信等应用与景区工作人员、景区静态动态服务、与景区设施进行互动。

景区公众服务还将为游客和公众提供附近服务、投诉、景区活动等移动互动服务。

智慧游览手机助手集成多种游览服务，满足游客当前移动化游玩的需求。游客通过下载智慧游览手机助手，获取丰富、便捷的智慧游览体验。

（2）景区精细管理系统需求

景区精细管理系统主要针对景区管理人员，帮助他们通过系统管理景区事务，包括信息采集、景区档案、景区人员管理、景区资产管理、景区相关事务、景区监督等。

景区管理服务单位通过内部计算机或移动端或网站发布服务事项的信息，如游览线路、设施情况、使用规则、活动信息、新闻、商业信息等。

（3）景区运营管理需求

从景区综合管理角度出发，将各类业务依据统一的标准进行集约化接入，实现景区运营管理资源的全面整合与共享、业务应用的智能协同，并依托景区信息资源数据库，为景区管理人员提供管理决策支持。智慧运营管理系统的建设使景区管理人员能够及时、全面地了解景区运营管理各个环节的关键指标，以智能分析预测等手段，提高管理、应急和服务的响应速度，逐步实现被动式管理向主动式响应的转型，并以高效率的跨部门智能协同提升景区管理和服务的水平。

（4）性能及安全需求分析

①数据需求。

a. 完整性要求：部件、事件的相关属性（包括时间、空间、位置、权属、对应信息采集员等），要完整无缺地反映在待建系统中。

b. 一致性要求：系统的数据来自多个部门和业务系统，要保证数据的一致性，必须建立统一的数据编码并能够满足各专业管理单位的要求。

c. 准确性要求：权属信息不能有误，完好情况不能有误。

d. 实时性要求：视频数据的传输和转换视数据量及网络负载情况不同，1M 数据量在网络带宽不低于 1M 的情况下，更新（提取、传输、转换、入库）周期不超过 5s。

e. 安全性要求：部件的具体位置信息属于保密信息，如要对社会公众开放，需要经过管理员授权，要防止非法使用。整个平台作为城市景区管理的信息中枢，需要具备较高的灾备、恢复措施。

② 系统性能需求。

a. 基础设施平台性能需求：网络与通信系统，要求数据传输网络畅通、快捷、安全，具有高可靠性、可扩展性、可管理；主机与存储系统，要求采用通用性能好的计算机系统，安全、可靠的操作系统，以及大型数据库系统，保证系统良好的性能。网络规划双联路，互联网出口规划500M，预计2000人同时在线，高峰时段提高出口带宽到1G。

b. 应用支撑平台性能需求：要求应用支撑平台为业务应用系统的定制和运行提供技术支撑，并具有灵活的可扩充性和高度的可配置管理性。

c. 应用系统性能需求：应用系统应满足用户的要求，稳定、可靠、实用；人机界面友好，输出、输入方便，图表生成灵活美观，检索、查询简单快捷，系统便于维护、扩充；采用结构化系统设计技术，使应用系统具有良好的可扩展性、可移植性和可升级性，可支持平台拓展。

d. 安全系统性能需求：应按照国家对电子政务系统的安全保密要求，划分网络安全域，根据信息密级，在不同的信息安全域实施相应的安全等级保护；对不同安全等级的信息，通过身份认证和访问控制，实现授权访问；整个系统具备健全的备份机制，数据安全可靠。

e. 数据性能需求：系统数据应完整、准确和及时。

③ 系统安全需求。

根据公安部、国家保密局、国家密码管理局、国务院信息化工作办公室制定的《信息安全等级保护管理办法》（公通字〔2007〕43号）、《信息系统安全等级保护定级指南》等的规定，数字景区信息系统安全保护等级定为二级，即信息系统受到破坏后，会对公民、法人和其他组织的合法权益产生严重损害，或者对社会秩序和公共利益造成损害，但不损害国家安全。根据《信息系统安全等级保护基本要求》《信息系统安全等级保护实施指南》的规定，本景区信息系统需部署的信息安全产品，包括防火墙、VPN、网闸、认证网关、网络防病毒等。

系统安全体系架构设计包括以下几方面：

a. 身份认证：系统对不同岗位人员实行分级授权，对用户的访问权限实行有效管理。

b. 访问控制：通过设置防火墙和网段划分，实现有效的安全隔离和访问控制。

c. 入侵检测：在系统的关键环节设置入侵监测系统，以便有效防止非法入侵，及时做出应对措施。

d. 漏洞扫描：采用专业漏洞扫描工具，定期地对网络系统及计算机系统进行漏洞扫描，及时发现潜在安全隐患，加以防范处理。

e. 病毒防范：在服务器端安装防病毒系统，以提供对病毒的检测、清除、免疫和对抗功能；在网络内安装网络版防病毒系统，客户端可以在内网升级病毒库，做到整体防御。

f. 数据安全交换：在系统安全、网络安全的基础上，实现内网和外网、内网和专网间的数据安全交换。

g. 安全防护体系：仅有安全技术防护，而无严格的安全管理相配合，是难以保障网络系统运行安全的，因此必须建立完善的安全防护系统，从安全规章制度建设、安全管理手段建设等方面保障系统的安全、可靠、稳定地运行。

应用安全需求主要有以下几个方面：

a.集中用户管理：系统用户在不同的业务系统中有不同的角色定义，对应不同的功能权限，因此需要针对用户特点，构建相应的用户集中管理模式，实现用户统一身份和标识管理、统一认证及点击登录。

b.无线网信息传输：在城市景区管理平台中的无线数据采集系统是在无线网络环境下搭建的，用户的相关信息都通过无线网传输，因此更需要解决身份认证、访问控制、数据保密、数据完整性等安全性问题。

c.用户命名统一：随着各类应用系统的不断增多，实现用户的集中管理及信息共享成为必然需求，其中统一命名规范是前提条件。

资源共享及接口：本项目涉及和本景区系统数据共享，主要包括基础数据、景区应用数据、地理编码数据、地图数据信息等。

客户端软件UI需求：本项目系统的客户端主要以B/S架构为主，因此对客户端UI设计都要简洁明了，同时显示足够的信息量。客户端UI使用Metro风格的UI，Metro风格的特点是简洁明了，不花哨并且耐看。

UI排版层次：每个客户端UI都要对显示设备大小、分辨率进行优化改动。比如，现在很多网页就对智能手机、平板电脑、台式计算机采用了风格完全不同的UI，以保持良好的客户体验。

7.11.4　总体建设方案

1）设计指导思路

(1)通过数据标准，形成统一的数据视图

数据视图标准化是智慧景区管理信息资源整合的关键步骤，只有形成统一的数据视图，才能在各个分散的数据资源之间寻找出相互间不一致、重复的地方，并进而按照这个统一视图进行规范合并、关联，形成整合库加以利用。

(2)设计景区管理数据维护协调工作平台，形成统一的数据更新维护机制

采用SOA设计思想，建设景区管理基础设施维护的协调工作平台，通过SOA设计的互操作服务接口，按照数据管理更新机制，对景区管理数据进行更新和维护。

(3)强调数据管理模式的形成

通过对景区管理信息资源库的挖掘构筑一个物理上的数据中心以及一套景区管理应用系统，形成一套在业务数据库与资源库之间数据的分布流动、循环利用的管理模式。在设计上，需要在分布式数据的统一数据管理视图、数据库的版本管理、数据复制/更新的策略机制、数据交换与共享机制等方面落实对应的长效运行制度。这是系统设计方案中考虑的一个重点。

(4)物联网感知数据、信息采集数据的挖掘和分析展现功效

通过在景区部署基础高速网络系统，采集景区日常运营数据和基础信息，通过大数据挖掘和分析技术，实现与地理信息关联，实现热力图展现、游客关注点的挖掘，既可用于管理也

可为商业运营提供可靠的支撑。

2)总体建设原则

本方案严格以"高起点、高标准、高性能"的设计思路进行规划,结合当今计算机应用技术、IoT感知技术、大数据挖掘技术等信息技术发展趋势和信息化系统建设共性,按照景区建设的特性目标,整体方案遵循"实用性、安全性、拓展性"的原则。

(1)实用性原则

本方案设计在满足景区建设和管理需求的同时,以实用性为首要原则,结合精细化、智能化管理的理念进行信息化建设。因此,系统设计应面向实际需求,易于使用,响应快捷,便于维护,具有优化的系统结构和完善的数据库系统,具有与其他系统数据集成对接,达到大数据共享、挖掘分析的功能,为景区管理人员和用户带来高效、便利、快捷的工作和生活环境。

(2)安全性原则

安全、可靠是技术工作的根本,是信息系统运行的基本立足点。信息化项目应提供多种途径、多个层次的安全控制手段。系统必须具备足够的安全权限,保证数据不被非法访问、窃取和破坏;同时,保证系统操作安全可靠,不让非法用户登录使用系统,从而保障景区管理人员和游客的安全;具备足够的容错控制能力,以保证合法用户操作时不至于引起系统出错,充分保证系统数据的逻辑准确性。在数据安全和网络安全两个方面提供一系列安全、可靠的措施,为系统建立集机密性、完整性、可用性和可控性于一体的切实可行的安全保障体系。

(3)拓展性原则

景区管理与服务需求不断增加,计算机应用水平不断提高,信息技术也日新月异,因而景区管理及游客服务信息化项目所选的应用软件、管理软件、软件总体设计方法以及相应的硬件设备应具有良好的兼容性和拓展性,以保证系统后续的完善、扩展、升级和提高,使资源可重复利用。另外,不同的业务系统应具有开放的标准接口,能与其他系统建立良好有效的无缝链接,使得系统具有良好的扩展余地。

3)总体建设目标

(1)智能:采用一体化监控平台,集成景区内各子系统,解决景区信息孤岛问题;可根据设置预知风险和问题并及时报警,提供应急联动预案,用于应对突发事件,提高应急响应能力。

(2)安全:采用先进的安防集成管理平台,有效提高安保工作效率,提升紧急状态下的事件处理能力,保障游客的财产安全和各业务高效运行。

(3)先进:采用先进的IoT技术,采集景区内真实、详细、实时的信息,及时发现景区事物变化,为精细化、科学化管理提供基础条件;致力于提高景区成熟度,为提升城市形象提供软实力;提升景区的内部管理能力;通过提升景区的服务内容和能力,整合资源,打造景区品牌。

4)总体设计方案

(1)总体框架设计

智慧景区总体架构设计旅游信息化建设的角度,由3个平台(营销平台、游客服务平台、综合管理平台)、4个层次(基础数据层、应用系统层、用户展现层)和6个系统(无线网络系统、视频监控系统、信息发布系统、公共广播系统、停车管理系统、网络系统)构成。

本次建设规划内容着眼于镇景区目前的发展现状,针对景区不完善的部分提出了景区整体信息化解决方案。同时,本方案统一规划,避免重复投资和不必要的投资,综合考虑将来业务发展需要,关键系统保留一定的冗余;方案考虑了未来发展目标,在基础网络建设、营销系统、业务系统、景区管理系统方面都为景区后续业务发展提供了充分的延展空间。本方案设计在"互联网+"的基础上完成"智能控制、多点感知"的部署,构建一套综合性景区管理信息化平台,主要建设包括设计一个稳定、可靠、高效、可扩展性好的系统架构,如图7-11-2所示。

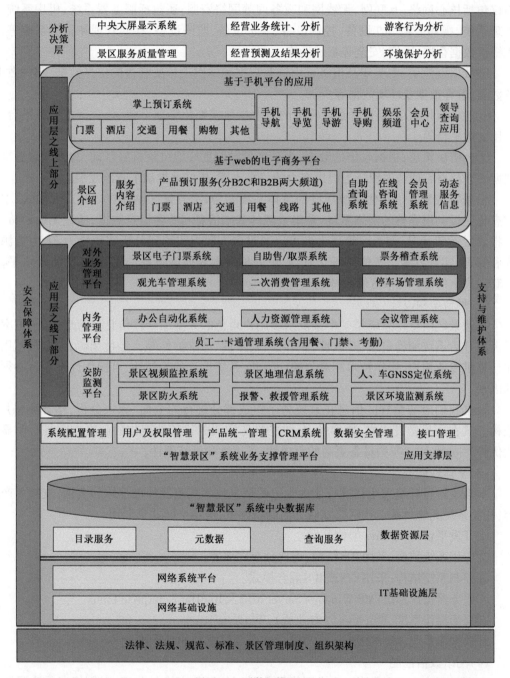

图7-11-2 总体架构图

根据当前信息化系统相关技术规范和设计标准，本方案应尽可能满足现有需求和考虑未来系统扩展需要，采用SOA进行设计，遵循多层体系、业务规范、数据资源标准等标准体系，强调各类基础资源的复用性和可扩展性，实现对现有系统和资源的整合与集成，并扩展新的功能。

①基础设施层：主要指保障上层系统正常运行的硬件设备和运行于硬件上的基础系统，不仅包括核心网络、互联网、无线网和政务网等网络资源，还包括服务器系统、机房系统、网络管理系统、视频监控、IoT设备、控制设备、显示设备、监测设备、存储管理和备份系统等，为系统提供数据存取、通信、安全等基础设施。

②数据资源层：主要涉及市级可用资源数据和本次项目所涵盖的信息数据、部件数据、业务数据、游客数据及环境数据等。

③业务应用层：根据智慧景区管理的需求搭建精细化管理平台、公众智慧服务平台、综合应用支撑平台等。

④分析决策层：根据收集的数据，为景区领导层更好地决策打好基础，为管理层更准确地把握游客消费心理和消费行为提供有力的信息支撑，更好地推动了景区发展。

根据智慧景区信息化系统建设的总体系统架构，结合景区整体规划和运营模式，本方案信息化建设利用完整的网络系统，采集景区的基础信息和游客信息数据，通过无线和IoT技术上报景区运营状况，使景区管理人员可以通过多方数据监测和分析实现物力、人力资源的调度和管理，实现日常事务的精细化管理，更好地为旅客提供服务，提高景区的管理水平，建立一套现代化的信息化景区管理体制和标准。

(2) 平台架构设计

智慧景区信息化系统是一个涉及众多用户角色的大型综合性信息化管理系统，方案设计需考虑日后系统的稳定性、开放性、兼容性、安全性、易维护性等。经过调研，大多数使用者为非计算机专业用户，操作技术相对欠缺。因此，系统设计的简易性、可操作性是平台必须考虑的因素。

根据我们对智慧景区信息化系统各个组成部分进行的全面、深入分析，本方案采用Java架构。其在项目建设成本、兼容性、易维护性等方面相比其他架构的解决方案具有明显的对比优势。同时，NET架构具备更高的集成性、可用性和可管理性。

(3) 整体性能设计

本系统运行环境采用目前行业内先进的信息技术规范及标准部署和实施，支持多产品兼容，相关系统无缝对接。在网络互联互通的条件下，信息全面共享利用。

①开发平台：基于Java架构开发。

②应用系统结构：采用B/S结构，支持分布式部署。

③控制系统结构：采用C/S或B/S混合模式。

④服务器操作系统：MS Windows Server2012及RedHat Enterprise Linux。

⑤桌面操作系统：Windows 7(专业版)、Windows 10。

⑥数据库系统：MS SQL Server 2012中文企业版或MySQL数据库。

(4) 网络数信性能

本项目要实现基础网络、无线网络及物联网信息的交换与共享，对网络通信容量要求比

较高。系统对网络通信的需求如下:

①满足系统内大数据、图像信息传输、交换的需求。

②满足网络传输可靠性的要求。

③满足本系统通过景区管理信息公众发布系统向社会、公众发布和收集信息的需求。

④满足数据传输网络畅通、快捷、安全、可扩展的需求。

⑤提供可靠的线路和网络设备的保障,能支持线路和主要交换机的冗余,平台在网络及硬件配置上充分考虑了可扩展性要求,支持功能扩展和升级。

⑥网络规模的扩展包括:网络的地理分布、接入设备和用户的数量;联网设备预留了多个端口,能够保证接入设备和终端的可扩展性。

⑦应用内容的扩展:网络将不仅提供数据传输的功能,网络体系设计中已经包括视频和语音服务,能够承载多源业务。

⑧网络容量的扩展:关键网络接入设备的选型都采用千兆模块,支持万兆数据模块升级;关键网络线路采用千兆光纤,能够满足终端用户的增加和大容量数据传输。此外,网络的扩展性还表现为系统具有统一的管理平台,满足各种用户不同程度的需求,以及逐步升级的发展规划,避免系统性能的闲置和浪费,节约投资。

(5)基础软件性能

①在系统平台性能方面,要求采用通用性好、安全可靠的操作系统平台;选用大型数据库系统,满足系统数据高效访问、大容量存储等需求;平台具有较短的联机响应时间、较快的处理速度和较大的吞吐量,同时具有安全性、容错性和保密性。

②在应用支撑软件性能方面,要求应用支撑平台为业务应用系统的开发和运行提供技术支撑,并具有灵活的可扩展性和高度的可配置管理性,尽可能采用统一的软件架构和软件技术,以方便不同应用的整合和减少维护工作量。系统基础支撑软件的选择充分考虑到系统用户增长和硬件升级等因素,选用了性能相对超前、能够跨平台的产品。

(6)应用系统性能

本平台应用系统需要处理各种类型的信息(包括图像、视频等多媒体信息),具备以下处理功能:数值型计算功能、文本型信息处理功能、图形图像信息处理功能。应用系统依托高性能、高可靠性、高可用性的计算环境,建立相应的文件系统、数据库系统和业务应用系统,因此在性能上满足如下要求:

①具有海量数据存储和管理能力,支持10TB以上的总数据量的存储和管理。

②数据库结构设计良好,数据检索迅速。

③具有良好的并发响应能力,一般数据查询响应时间小于2s,正常情况下并发访问量应不小于200个。

④稳定性较强,在3000个用户并发访问时,系统仍能稳定运行。

⑤文本信息交换的响应时间小于3s,采用消息中间件对数据交换进行管理。

⑥物联网设备数据采集不大于10s。

本平台的建设以可扩展性为基本原则之一,系统采用开放的系统架构和开发技术,选用主流成熟的关键技术,具有良好的平台移植性,能够满足软硬件升级的要求。

系统采用集中的数据存储和统一的应用部署,因此,能够方便地将系统应用扩展到其他城区，不影响原有系统的正常运转。系统在开发过程中引入了"零编码"思想，通过工作流技术，达到流程建模和动态配置的目的。对于景区管理业务流程和用户角色的变更，系统能够通过工作流定制功能方便地完成。

(7) 应用系统安全

①应用系统安全的层次。

a. 系统级安全。

系统级安全包括访问 IP 段的限制、登录时间段的限制、连接数的限制、特定时间段内登录次数的限制等。

b. 程序资源访问控制安全。

对程序资源的访问进行安全控制，在客户端，为用户提供和其权限相关的用户界面，仅出现和其权限相符的菜单、操作按钮；在服务器端则对统一资源定位(URL)程序资源和业务服务类方法的调用进行访问控制。

c. 功能性安全。

功能性安全会对程序流程产生影响，如用户在操作业务记录时，是否需要审核，上传附件不能超过指定大小等。这些安全限制已经不是入口级的限制，而是程序流程内的限制，在一定程度上影响程序流程的运行。

d. 数据域安全。

数据域安全包括两个层次：一是行级数据域安全，即用户可以访问哪些业务记录，一般以用户所在单位为条件进行过滤；二是字段级数据域安全，即用户可以访问业务记录的哪些字段。

以上四个层次的安全按粒度从粗到细的排序是系统级安全、程序资源访问控制安全、功能性安全、数据域安全。不同的应用系统的系统级安全关注点往往差异很大，有很大一部分的业务系统甚至不涉及系统级安全问题。无明显组织机构的系统，如论坛、内容发布系统，一般不涉及数据域安全问题，数据对于所有用户一视同仁。

②操作系统安全性。

目前，MS Windows 2012 Servers、Linux、UNIX 等主流操作系统都达到了 C2 级安全(NCSC 标准)。考虑操作性和兼容性，本方案设计采用 Windows 2012 Servers 平台。

③数据库安全性。

从总体上讲，MS SQL Server 2012 数据库是业界安全性方面非常完备的数据库产品。在数据库安全性的国际标准中，该系统通过了 14 项标准的测试，是所有数据库产品中通过安全性标准最多、最全面的产品。同时，在 C2 级的操作系统上(如商用 UNIX、VMS 操作系统)，MS SQL Server 2012 数据库不仅满足 NCSC C2 级安全标准，而且已经正式通过了 NCSC C2 标准的测试；在 B1 级的操作系统上，MS SQL Server 2012 数据库不仅满足 NCSC B1 级安全标准，而且已经通过了 NCSC B1 级标准的测试。

(8) 应用系统数据安全

应用系统数据安全需要考虑数据的存储、备份和恢复等。

系统需建设专用高速存储网络，实现系统高速、集中、冗余、易扩展、海量的存储和备份，提供易于维护的存储管理、备份管理的解决方案，预留远程灾备的接口。对重要的业务数据、操作日志、关键数据、数据库及操作系统进行备份。常见数据备份策略有完全备份、增量备份、差分备份等。按备份对象,数据备份主要分为系统备份、数据库备份、归档备份、应用备份等。

①完全备份:备份系统中所有的数据。
②增量备份:只备份上次备份以后有变化的数据。
③差分备份:只备份上次完全备份以后有变化的数据。
④系统备份:主要对文件系统进行备份。
⑤数据库备份:对数据库进行备份,可分为在线备份和离线备份;在线备份又可分为物理备份和逻辑备份。
⑥数据归档:将历史数据拷贝至磁带等储存介质进行长期保存。
⑦应用备份:利用应用程序的接口实现对应用完善的备份管理。

7.11.5 应用系统方案

应用系统方案主要是数据库方案。

1)数据库设计

智慧景区信息化建设项目的数据库分为结构化数据和非结构化数据两类。其中,结构化数据包括景区基础管理表数据、用户数据、角色、权限等传统数据。非结构化数据包括视频数据等。

数据主要是以文档、案卷和多媒体等形式存在。结构化数据主要是指有一定结构,可以划分出固定的基本组成要素,以表格形式表达的数据,用关系数据库的表、视图表示;而非结构化数据是指没有明显结构,无法划分出固定的基本组成元素的数据,主要是一些多媒体数据。多媒体数据分层演示如图7-11-3所示。

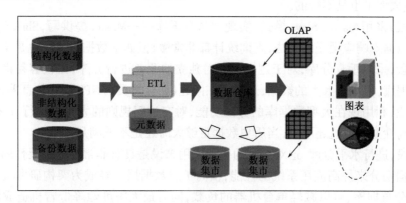

图7-11-3 多媒体数据分层演示

(1)数据采集管理机制

对景区管理数据采集的监控管理主要从管理手段上进行,规定有些资源必须共享,落实责任到领导人。景区管理信息资源更新也需要通过管理制度来确定更新流程,建立"零更新上报"制度,确定责任到人,制定相应的考核制度。

(2)数据采集技术机制

数据采集有多种方式,包括文件填报、邮件、数据交换、公文传输等。数据交换共享平台主要采用两级数据库同步和文件传输的方式采集数据,主要步骤有业务申请、审批、原系统调查、接口设计、资源定义、用户定义、服务配置、系统联调、试运行等,对于每一个应用都要分别进行。

(3)信息资源的统一存储管理机制

景区管理信息的合理存储是数据有效利用的前提。数据安全、备份与恢复机制、历史数据管理规则、失效数据清理机制,存储人员工作制度等构成了一套完整的存储管理机制。

(4)信息资源的统一存储技术机制

信息资源的统一存储技术机制涉及景区管理信息库的逻辑设计、物理设计、命名规则、接口设计等内容。

(5)信息资源的统一利用管理机制

信息资源的有效利用是景区管理数据库建设的根本目的,合理的信息资源的统一利用管理机制能够保障信息资源安全、充分、有效利用。

2)大数据解决方案

本方案设计中海量业务数据的存储和访问成了系统设计的瓶颈问题。对于这种大型联网应用来说,每天大量的用户访问和读写无疑是数据库的高负载,对于系统的稳定性和扩展性提出了挑战。针对大数据量,常规的优化处理一般分为以下阶段:

第一阶段,所有数据都装入一个数据库,当数据量大时肯定会出现问题,如查询和写入速度都非常慢。

第二阶段,一般想法为加入缓存机制,确实可以加上缓存 Memcached,但缓存也是治标不治本,数据量太大了也是不行的。

第三阶段,采用 Master-Slave 模式,实现主从数据库——Master 提供写,Slave 进行读,这适合写入造成数据库响应缓慢的方法,查询统计都非常慢,但如果数据量太大也是不行的。

第四阶段,采用垂直分库,对于逻辑上相对独立的业务进行分库,比较容易将一个数据库分为几个数据库,但对于太大的数据,还是存在问题(如监督员的 GPS 位置信息采集)。

第五阶段,利用现在大型数据库的分区功能,对有访问规则的大数据进行分区处理,从一定程度上提高性能。但这还不够,当历史数据足够大时还是不能满足要求。

第六阶段,进行水平分库,这对系统的拓展应用来说是具有非常好的扩展性的。

通过数据切分来提高应用系统的性能,横向扩展数据层已经成为架构研发人员首选的方式。水平切分数据库,可以减轻单台机器的负载,同时最大限度地降低宕机造成的损失。负载均衡策略有效地减轻了单台机器的访问负载,降低了宕机的可能性;通过集群方案,解决了数据库宕机带来的单点数据库不能访问的问题;通过读写分离策略,最大限度地提高了应用中读取数据的速度和并发量。对于目前大型联网应用系统来说,大量地采用数据切分方案,大都实现了分布式数据访问层(DDAL)。按实现方式和实现的层次来划分,大数据存储和访问大概分为两个层次:数据访问的封装、对象关系映射(ORM)框架层的实现。这种方案的难点在于分库后路由规则的制定和选择以及后期的扩展性,如何做到用最少的数据迁移量,达到扩充数据库容量(增加机器节点)的目的。核心问题的解决将围绕数据库分库分表的路由规则和负载均衡策略展开。

3) 数据分离技术设计

为了保证信息化系统数据的处理和调用性能,利用数据分离技术完成数据处理和优化。根据垂直切分原则,把逻辑上相对独立的数据归为某一个逻辑数据库,每个逻辑数据库按照水平切分原则可以从物理上分为几个物理数据库进行针对性优化,一个或多个数据库可以部署在一台服务器上,这样,既能保持数据的独立性,又能保持相互之间联系。逻辑数据库架构图如图7-11-4所示。

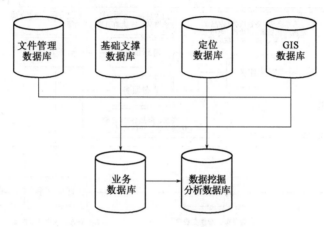

图7-11-4 逻辑数据库架构图

根据垂直切分原则把数据库分为以下6个类型的逻辑数据库:基础支撑数据库、业务数据库(包含数字景区数据、监督员相关数据)、文件管理数据库、定位数据库、数据挖掘分析数据库和GIS数据库。结合每个逻辑数据库,根据业务及技术特点,整合现在的服务器资源。

7.11.6 应用系统建设

1) 智慧营销和游客服务平台

(1) 概述

景区以旅游信息化和旅游数据积累为基础,通过智慧化的技术手段,高度融合旅游服务、旅游管理、旅游营销和旅游保护,实现游客与景区旅游服务要素的相互感知和综合应用。因此,智慧景区建设的关键和基础是旅游大数据积累和智慧化应用及服务。通过对景区现有资源的有效整合、统一管理、统一利用,实现主题公园旅游内部信息资源共享以及外部数据交换,确保景区持续、健康、跨越发展,最终落地到为游客服务的应用上。

智慧营销和游客服务主要是从游前、游中、游后对景区进行营销推广,以及为游客提供全过程服务,内容包括:景区资讯的推送及获取、营销活动的推广及参与、景区会员的注册及优惠、门票及商品的订购与支付、旅游行程规划与导航、入园时的智能检票与导游、基于景区景点的各种位置服务、游乐过程中的高效智能客服,以及各种游乐互动分享等。智慧营销及游客服务场景如图7-11-5所示。

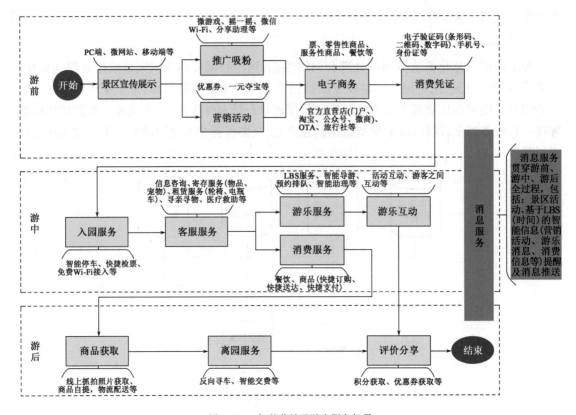

图 7-11-5 智慧营销及游客服务场景

（2）信息化业务系统设计

根据对景区设计任务书内容的理解，从景区的实际业务需求出发，针对智慧营销及游客服务系统设计建设如下子级服务系统：

①智慧营销体系：电子商务平台系统。

②游客服务体系：公共服务门户、微信公众号、电子票务系统等。

③系统后台管理体系：平台综合管理系统、商铺管理系统。

（3）旅游景区公共服务门户网站

通过对旅游公共服务门户网站的建设，建立利用互联网开拓信息的渠道，帮助旅游景区树立景区品牌门户，协助景区挖掘潜在市场客户人群，通过现代电子商务理念帮助景区转换经营机制，建立现代移动互联网营销方式，提高景区的管理水平和市场竞争力，进而推动地区旅游经济的快速、健康发展。这主要表现为服务游客、服务主管部门和景区两个方面。

①服务游客。

通过景区网站建设，将旅游带动地区经济发展所涵盖的六大元素（行、食、住、游、娱、购）进行有序整合，为游客提供便捷的服务，促使旅游经济效益最大化。

②服务主管部门和景区。

通过景区网站建设，提高旅游生态环境检测和保护的能力，提高对游客及工作人员的安全检测和保护能力,提高对景区综合管理监控能力,提高景区的营销和服务能力。

(4)智慧旅游微信公众号

针对景区设立微信公众号,开发相应的配套软件,建设完整的微信公众号前端和后端平台,并提供完整的功能:前端功能包含启动页、首页、导览、攻略、周边等,后端功能包括首页、首页管理、信息管理、系统管理、景点/景区管理、美食管理、主题类型等。

①旅游微信公众号平台。

微信公众号平台是微信用户知晓信息的有效平台,是旅游度假信息供应商进行微信营销的有效渠道。微信公众号平台起到很好的综合服务作用,可以方便关注用户获得有价值的旅游景区信息,也为各地区旅游信息供应商和景区进行微信营销创造了更大的市场空间,拥有更强的针对性和即时性,还可以在很大程度上减少景区营销推广费用。本项目建立"智慧景区"互动专区,为用户提供分享旅游心情和美景、发布旅游攻略的平台;管理员也可通过平台与游客互动,提供咨询服务。

②微信公众号平台营运思路如图7-11-6所示。

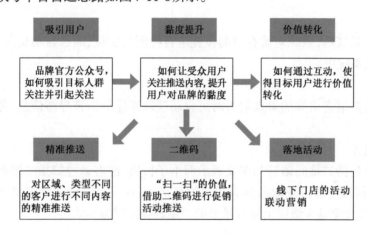

图7-11-6 微信公众号平台营运思路

③微信公众号平台应用。

微信公众号是一个天然的高黏性的社交平台,因此微信电商不局限于传统的售卖,而是集营销与电商于一身,通过微信的社交性进行品牌维护、口碑营销以及产品推广。因此,这一平台对于景区来说是一个机遇,景区需要转变思维,对于这一平台进行更好的利用。

④建设目标。

利用微信公众平台搭建"景区旅游电商平台"微信公众账号,借助微信业态的蓬勃发展,以打造海量粉丝关注的景区微信公众大号为目标,通过开发微点评、微会员、微订票、微票务支付等功能,建立景区与游客的强互动平台。

2)智慧旅游电子自助导览系统

基于GIS开发一套符合本项目湿地公园智慧旅游项目的智慧旅游电子自助导览系统,实现被动式的电子导览,建设基于手绘图的电子导览平台。

(1)根据景区特点,采用卡通景点地图,将本项目湿地公园的特色景点和看点一一标注,使游客对景点分布一目了然,优选自己感兴趣的景点,合理设计自己的行程。

(2)将本项目湿地公园周边的酒店、派出所、医院等场所的地点详细标注出来,并将著名景点按照其观赏价值进行分类以方便游客了解。

(3)线路推荐、最佳旅游时间推介、交通线路等内容设计更是让游客一手掌握景区,更好地观赏和了解风景和文化。

(4)根据GNSS位置信息自动导游:室外基于GNSS位置的实时景点介绍,推荐最佳旅游线路,帮助游客选择更轻松、最近、最省力、最省时、最冒险的抵达方式。

(5)该系统配置专业多风格讲解,挖掘各景点背后的故事,满足游客的求知欲和好奇心。

(6)该系统为游客生成游记,可微信圈、微博、QQ空间、抖音转发分享。当然还有警示、寻找、优惠等信息的推送,给游客不一样的体验。

(7)该系统通过结合GIS、GNSS、二维码等技术为游客提供定位导航、景点详介、游客求助等导游服务,使游客可以清晰地了解整个景区大致情况,方便游客更好地规划游玩路径。

①游客定位。

当游客进入景区后,系统对游客当前位置进行检测与定位,通过自动检测与匹配,将游客当前位置显示在系统中。

②LBS服务。

游客到达需要语音讲解的景点附近时可自动获取相应的语音导游信息,可决定是否需要进行语音播放。

③二维码服务。

二维码服务包括二维码语音和图文展示两个子模块,游客通过扫描二维码获取相应的语音讲解服务。同时,游客可获取兴趣点相关的文字、语音、视频、动画等多媒体形式的相关信息。同时,系统设计全县A级以上景区景点的二维码指示牌或标志。

④游览引导。

游览引导包括游览引导、线路引导推荐等模块,为游客提供旅游线路浏览、附近旅游资源展示等功能,方便游客按照已定旅游线路游玩。旅游引导图如图7-11-7所示。

图7-11-7　旅游引导图

3)VR+AR

5G+现代科技将成为促进文化和旅游产业深度融合发展的重要动力,加速文化和旅游资源的数字化和可视化展示,形成更多可感知、可体验、可互动的文化和旅游产品及服务,促进资源的产品化转化,推动新商业模式和新业态出现,不断增强文化和旅游产业的竞争力。

利用大数据、VR、AR和人工智能技术,游客出行的全过程体验将大大提升。具体体现如下:

(1)出行前的针对性推荐、信用支付,出行中的刷脸或扫码进入车站、酒店、景区等,出行后的旅行轨迹、视频游记等记录,都变得更加快捷而稳定。

(2)在5G、大数据和人工智能等技术支持之下,借助可穿戴设备,游客的身份验证、智能支付、出境旅游中的语言翻译、语音导航和信息获取将会变得即时而简单,而沉浸式和交互式新技术的应用,将提升游客在景区、机场、车站、博物馆等场所的旅行感知体验,让旅行更加便捷、体验更加生动丰富。

(3)VR+AR能提供虚拟旅游体验,以各个核心景点的360°全景图片为基础,创建全域虚拟旅游功能。为游客提供景区的展示服务,使游客不受天气或季节的影响,随时都能够看到该景点最佳的景色,使景区可以保持最美的面貌展示给所有游客。

(4)景区热点区域布置高清摄像头,并进行5G实时传输,游客在观看VR的同时可以选择观看景区高清实时视频,如图7-11-8所示。

图7-11-8 VR+实景融合

VR+AR主要有以下功能:

使用全景摄像头获取景区景点实时图像;通过互联网实时传输当前位置的全景图像;用户通过VR眼镜在家中即可观看;设备小型化后,可以随身携带,随时分享;VR里面配合大量讲解、视频等,提高游客观感度。

4)微商城

微商城系统将门票(包含车票、索道、缆车票等)管理方、旅行社、宾馆饭店、导游(讲解员)

和商户等在统一的旅游服务平台上作为认证商家对外提供互动式服务。

微商城设计满足网络营销需要的前台系统,设计票务、旅行线路、住宿、餐饮、导游服务以及普通商品等的前台呈现模板,并可加入自定义模板。模板可与商品种类绑定,商品发布时自动以其所属种类绑定的模板在前台呈现。

商家可自行发布、管理自己的商品,各种商品由商家发布后,除可在商家店铺中分类展示外,还可在商城各分类页面中集中展示,游客可根据实际需求进行检索。

游客可在前台免费注册为商城会员,在商城享受吃、住、行、游、购、娱一站式的旅游服务和投诉受理服务,通过信用评价体系,对认证商家进行诚信监督,享受商家优惠、会员积分优惠服务。

7.11.7 景区综合管理平台

1)概述

景区综合管理平台以景区视频监控为核心,接入实时客流、停车场、门禁控制、广播和对讲、信息发布、环境检测、智能分析等子系统。基于景区综合管理平台,结合各个业务子系统,可以实现景区资源的数字化、信息化,实现景区综合管理的可视化、智能化。

景区综合管理平台可集成各管理部门的相关数据(包括横向管理部门的天气、环保、交通、运营商、旅游大巴、GIS等数据,纵向管理部门的旅行社电子行程单、资讯网、政务网等信息,内部管理部门的实时监控调度系统、车船调度系统、景区停车场、信息发布系统、电子售票闸机、森林防火、在线销售、内部办公等数据),将电子信息技术、计算机技术、图像技术等先进的科学技术应用到智慧景区中,通过计算机网络和通信网络将功能独立的各子系统有机地集成在一起,实现信息共享,便于统一指挥、调度,形成一个高效的智能指挥管理系统。

景区综合管理平台的功能具体如下:

(1)为日常管理、辅助决策提供服务,促进景区的管理更加规范、科学、智能;强化景区监管,为景区服务质量的提升打下坚实基础;提高各类旅游突发事件应急处置能力,保障游客的生命财产安全。

(2)在景区核心区域处建设一套综合管理平台,将景区公共环境、各项目等视频资源进行统一接入,进行有效监控,从而实现在应对突发事件时的统一监管和调度指挥。同时,建设一套大屏显示系统、一套操作台、高配计算机和一间环境良好的机房,将公共区域监控进行集中显示,为突发事件的应对、指挥调度提供第一手的资料和依据。

(3)通过部署景区综合管理平台,帮助景区实现相关业务管理。业务管理内容如下:

①景区综合管理平台通过对大数据的分析进行深度数据挖掘,利用图、表等方式对各类旅游信息数据(包括客流量数据、经营数据等)进行综合呈现,为智慧旅游管理提供决策依据。

②本项目升级重点在于对全域范围内的大数据采集整合后进行大规模分析预测,并增加很多新的分析内容,如舆情、网络营销、网站热点等。

③景区综合管理平台可以统一管理全域旅游资源,也是全域旅游动态大数据的收集平台,可以随时监测旅游数据,可以根据数据的变化为决策提供依据。

(4)游客自画像分析。利用游客身份证信息、手机通信软件信息、电子商务消费信息、住宿信息、游览位置信息，结合用户手机号码归属地数据库、门禁票务综合数据、视频监控信息以及景区GIS等信息，构建游客分类模型，完成游客自画像属性分析。

(5) 营销决策支持。精准掌控旅游目的地的营销效果，对各个活动的推广渠道进行数据统计和分析，有效评价每个活动的结果及对比不同平台推广的效果，从而为后期合作媒体的选择提供数据支持。

2) 数字监控系统

为建设安全、舒适的旅游目的地，通过现代化信息手段更好地方便游客、服务游客，展示和提升风景区的信息化建设水平，拟规划在景区游客集散中心、主要交通要道、风景区出入口、自然遗产重点保护区域、事故高发地带（防火、防洪、人员密集）、停车场等地建设数字监控系统，对主要风景区要道、重点区域实施全方位24h监控及人员流动记录，达到加强现场监督和安全管理、提高服务质量的目的，使管理工作更加规范、科学、准确、智能、信息，为旅游区安全工作提供有力保障。

安全防范系统为分布式网络结构，以视频监控系统为中心，采用集中管理、分布控制、前端独立的集成方式，在网络环境和安全防范集成系统服务器图形化信息管理平台上，通过信息共享、信息处理和控制互连实现对各子系统的集成管理和监控操作。

各系统之间通过景区的内部网络平台（采用TCP/IP协议）相互连接，建立起各子系统之间的联动链路，使得本系统的授权用户能通过统一的操作界面掌握各子系统的资源；同时，通过子系统之间的联动控制提升系统整体的性能和功能，以提高技术防范工作的自动化程度和处理效率。

数字监控系统主要包括景观监控、查票情况、游人集散地监控、景区交通危险路段监控、进出口要道和门禁监控、重点景点保护监控、游客集散中心监控、停车场监控等。

3) 景区客流监控

通过在检票口、重要出入口布设人流计数监控设备，可以即时统计景区观光游客的人数，园内人员、入园人员、出园人员人数并将数据上传管理服务器。如果达到饱和人数将通知售票处停止售票。同时，可以在特定子景区出入口进行人数统计，如长空栈道，当栈道游人数量达到饱和时，通知入口处暂时停止游客通行。

4) 游客画像

实时监测到来本地旅游的人数、性别、年龄、使用的交通工具、游览的景区、喜欢的饮食、消费状况等，旅游系统根据游客的旅游预订偏好、归属地信息、行为轨迹、逗留时间、刷卡消费、餐饮习惯等数据，向游客提供精准的餐饮建议，更好地带动当地旅游业及其相关产业的发展。

5) 景区停车监控

通过采集停车场出入车辆数据，监控中心可实时掌握景区的停车场情况。

6) 景区环境监控

环境因素对景区的日常运营有重要的影响，如景区的综合环境质量直接影响游客的游览体验。尤其是生态旅游的概念提出后，景区综合环境质量的优劣引起了游客、景区管理部门、政府部门以及第三方组织的强烈关注。另外,由于受到气候恶化以及自然灾害的影响,景区环境的安全问题逐渐引起各方关注。景区综合环境监测不仅为景区生态旅游的实现提供基础,而且能在异常天气、灾害天气为各方提供预警,保障景区内人员的安全。

景区综合环境监测系统在景区中部署多个无线传感器节点,构建物联网平台,在垂直空间和水平空间全面地监测景区内各处的温度、湿度、光照、CO_2等环境指标,并且及时将采集的数据上传至数据中心,对数据进行分析和处理,方便用户随时查阅,为景区的日常管理运营提供指导。

7)酒店监测系统

酒店监测系统将旅游地宾馆、农家乐等住宿资源纳入旅游监管范围。节假日期间,利用酒店监测系统统计酒店每日预订数(率)、入住数(率)、空房数(率);与客房管理系统对接,掌握游客入住天数、消费属性(如年龄、性别、来源地等)等信息。

8)旅行社监测系统

旅行社运行情况监测主要包括旅行社管理信息监测、旅行社接待信息监测等。

(1)旅行社管理信息监测

对旅游地旅行社基本信息进行监测包括旅游地旅行社地理位置展示,可借助GIS应用系统进行,并可设置查询条件(如国内社、国际社、组团社、地接社、复合型旅行社),查询满足要求的某一区域的所有旅行社基本信息,信息可在地图定位,并能展示所有满足条件的旅行社的列表或信息窗口,列表或信息窗口中显示旅行社基本信息,如注册资金、员工数、旅行社类别、名称等。

(2)旅行社接待情况监测

旅行社监测系统可以监测不同类别旅行社某一时间段的接团量、发团量以及接团或发团的游客的信息,如可统计游客量、游客来源、游客年龄段、旅游目的地、旅游时间等信息;通过设定指定统计字段统计客流量信息,如可查询某一天某一旅游目的地的游客量,并可进行相关信息查阅。旅行社监测系统可展现旅游地大型旅行社列表,当用户在GIS地图上点选某个旅行社时,就可以查询该旅行社参团的各种统计分析结果。统计分析结果采用数据表格、线性图、二维柱状图、三维柱状图、二维直方图、三维直方图、二维饼图、三维饼图等多种方式展示。

9)交通监测系统

交通监测系统采集交通主要道路流量数据,掌握区域内道路通行情况,与主要导航软件进行联动,对车辆进行引导。

10)分析预警系统

分析预警系统分析采集的各种监测数据,根据预先设定的超限值进行实时数据报警;根据历史数据分析生成决策预警。分析预警系统的主要功能包括以下几类:

(1)客流预警:如客流超限报警,可用于景区客流月分析,可用于景区客流年报等。

(2)环境预警:如极端天气报警,可用于特定历史时间段空气质量走势分析等。

(3)交通预警:如交通主要道路拥堵情况报警,可用于区域交通堵点分析等。

(4)酒店预警:如旅游高峰期空房预警,可用于酒店入住率分析等。

(5)服务质量分析:根据游客的投诉反馈数据,分析某个时间段某个部分的旅游服务质量存在的问题。

11)舆情监控系统

作为旅游管理和执法的旅游部门,其舆情监测需求主要表现为及时发现网上传播的涉及旅游的各种负面信息、旅游相关的媒体报道、旅游政策的宣传信息、公众对旅游状况的看法和评论、旅游部门工作人员个人言行报道等内容。具体来说,舆情监控主要表现为以下几类:

(1)旅游资源发展类,即对景区旅游产品、地方文化和自然资源的开发与保护的质疑与争论。这类问题往往需要从景区发展角度进行深层次讨论。

(2)旅游资源利益分配类,即对景区收入利益分配问题的舆论讨论。

(3)旅游市场调节类,即景区新政(如门票涨价)的出台、发挥的职能是否正确、决策过程是否科学、舆情处置是否有效得当等相关问题。

(4)服务类,景区服务是否合理、规范、有特色,景区设施是否安全、有保障,导游态度是否违背游客意愿等易引发舆论较高关注。

7.11.8 移动旅游监管平台

将已建设的旅游产业运行监测平台进行升级并移动化,成为移动的政府监管平台,与互联中心对接,采集旅游大数据进行计算和分析,将各级政府部门须监管事项以一幅幅图的方式呈现出来,最终实现"一部手机管旅游"的愿景。

7.11.9 投诉反馈系统

游客通过投诉反馈系统对旅游行业工作人员的服务态度、服务质量等进行投诉、举报。提出批评、建议,对已受理的投诉、举报或提出批评、建议,由职能部门整理后,根据职责分工转到对口部门进行处理。对本级部门无法处理的举报,可采用自动或手工方式移交上级部门处理。处理完成后,系统可通过电话语音、传真、网页浏览、E-mail 等方式将处理结果及时反馈给游客。

投诉反馈系统便于旅游行业管理者收集游客意见,更好地改善服务,加强对旅游行业各项工作的监管,利于旅游行业发现自身难以发现的各种问题,不断完善各项工作,赢得更多游客。

第 8 章

发展和展望

2022年国务院印发《"十四五"数字经济发展规划》(以下简称《规划》),明确了"十四五"时期推动数字经济健康发展的指导思想、基本原则、发展目标、重点任务和保障措施。《规划》提出要以习近平新时代中国特色社会主义思想为根本遵循,全面贯彻党的十九大和十九届历次全会精神,把握新发展阶段,完整、准确、全面贯彻新发展理念,加快构建新发展格局,着力推动高质量发展,统筹发展和安全,统筹国内和国际,以数据为关键要素,以数字技术与实体经济深度融合为主线,加强数字基础设施建设,完善数字经济治理体系,协同推进数字产业化和产业数字化,赋能传统产业转型升级,培育新产业、新业态、新模式,不断做强做优做大我国数字经济,为构建数字中国提供有力支撑。

《规划》明确坚持"创新引领、融合发展,应用牵引、数据赋能,公平竞争、安全有序,系统推进、协同高效"的原则。到2025年,数字经济核心产业增加值占国内生产总值的比重达到10%,数据要素市场体系初步建立,产业数字化转型迈上新台阶,数字产业化水平显著提升,数字化公共服务更加普惠均等,数字经济治理体系更加完善。展望2035年,力争形成统一公平、竞争有序、成熟完备的数字经济现代市场体系,数字经济发展水平位居世界前列。

《规划》部署了八方面重点任务:一是优化升级数字基础设施。加快建设信息网络基础设施,推进云网协同和算网融合发展,有序推进基础设施智能升级。二是充分发挥数据要素作用。强化高质量数据要素供给,加快数据要素市场化流通,创新数据要素开发利用机制。三是大力推进产业数字化转型。加快企业数字化转型升级,全面深化重点行业、产业园区和集群数字化转型,培育转型支撑服务生态。四是加快推动数字产业化。增强关键技术创新能力,加快培育新业态、新模式,营造繁荣有序的创新生态。五是持续提升公共服务数字化水平。提高"互联网+政务服务"效能,提升社会服务数字化普惠水平,推动数字城乡融合发展。六是健全完善数字经济治理体系。强化协同治理和监管机制,增强政府数字化治理能力,完善多元共治新格局。七是着力强化数字经济安全体系。增强网络安全防护能力,提升数据安全保障水平,有效防范各类风险。八是有效拓展数字经济国际合作。加快贸易数字化发展,推动"数字丝绸之路"深入发展,构建良好国际合作环境。围绕八大任务,《规划》明确了信息网络基础设施优化升级等十一个专项工程。

《规划》从加强统筹协调和组织实施、加大资金支持力度、提升全民数字素养和技能、实施试点示范、强化监测评估等方面提出保障措施,确保目标任务落到实处。

编者认为基础设施的数字化是数字经济的基础,基础设施的信息化难度大,任务重,这就需要培养更多的专业人才。其未来的发展要紧抓以下几个方面:

(1)基础数据的采集:无人机倾斜摄影、激光雷达等新的测绘手段配合传统的测绘工具进行基础数据的采集。

(2)基础数据的生产和精细化修正:目前数据的采集受制于软、硬件技术的发展,需要后期对数据进行精细化处理,才能满足需求,在以后相当长一段时间内有较大的需求。

(3)BIM等新技术的应用和推广:BIM作为新的技术手段,推广力度和应用层次还远远无法满足数字化智慧化的需求。

(4)新的综合型的人才缺乏:智慧化不是简单的三维模型,更不是软件工程师做的软件流程,而是基于专业技术的综合分析管理系统,只有赋予专业的知识才能挖掘数据潜力,形成真正意义上的大数据。而我国目前缺乏这样的综合性人才。

（5）BIM建模软件、三维重建软件、传感器等迫切需要国产自主化，目前很多行业发展受限是因为短板没有补齐，造成无法放开手脚去干。软件的国产自主化不仅仅是经济问题，更是涉及行业安全和国家安全的问题，这些问题的解决迫在眉睫。

（6）未来精细化的规划和设计将是常态，设计和规划难度受建成构造物的影响也越来越大。数字化、信息化是未来发展的主方向，数字经济发展将是一种新的常态，各个环节的参与者都应该未雨绸缪，紧跟数字化浪潮，做好自身的转型发展。

（7）未来精细化的管理和智能化的运维是发展的主流方向，如何管好、用好、维护好现在的基础设施是未来需要解决的主要问题。

（8）大数据的形成和数据资产化应用是未来数字化健康发展的必要保证。数据"变现"是各个参与环节需要迫切解决的问题。

参 考 文 献

[1] 任泽平,马家进,连一席.新基建[M].北京:中信出版社,2020.
[2] 李善仓,许立达.物联网安全[M].北京:清华大学出版社,2018.
[3] 刘少强,张靖.现代传感器技术面向物联网应用[M].2版.北京:电子工业出版社,2016.
[4] 董健.物联网与短距离无线通信技术[M].2版.北京:电子工业出版社,2016.
[5] 张王菲,姬永杰.GIS原理与应用[M].2版.北京:中国林业出版社,2023.
[6] 张鸿涛,徐连明,刘臻,等.物联网关键技术及系统应用[M].2版.北京:机械工业出版社,2016.
[7] 王磊,蒋田勇.桥梁结构健康监测及检测技术[M].北京:人民交通出版社股份有限公司,2022.
[8] 王东,张新."治超"非现场执法体系及技术应用[M].北京:群众出版社,2022.
[9] 李明,殷乾亮,李鑫.BIM技术应用基础[M].北京:机械工业出版社,2022.
[10] 刘含海.无人机航测技术与应用[M].北京:机械工业出版社,2020.
[11] 交通运输部.公路桥涵养护规范:JTG 5120—2021[S].北京:人民交通出版社股份有限公司,2021.
[12] 国家市场监督管理总局,国家标准化管理委员会.动态公路车辆自动衡器 第1部分:通用技术规范:GB/T 21296.1—2020[S].北京:中国标准出版,2020.
[13] 交通运输部.公路桥梁结构监测技术规范:JT/T 1037—2022[S].北京:人民交通出版社股份有限公司,2022.